큐브, 칸막이 사무실의 은밀한 역사

큐브,
칸막이 사무실의 은밀한 역사
Cubed, The Secret History of the Workplace

니킬 서발 Nikil Saval 지음

김승진 옮김

이마
YIMA

새년을 위하여

나는 알았네. 연필들의 가차없는 슬픔을…….

— 시어도어 레트키Theodore Roethke, 「비탄Dolor」

존경하옵는 XX사의 임직원분들 귀하,

저는 비즈니스 세계에서 보잘것없고 나이도 어린 무직자로, 이름은 벤첼이라 하옵고 일자리를 찾고 있습니다. 귀사의 밝고 쾌적하며 통풍이 잘되는 사무실들에 혹시 적당한 자리가 하나 있을지 염치 불고하고 감히 여쭙습니다. 저는 귀사가 규모가 크고 자랑스러우며 부유하고 역사가 오랜 훌륭한 회사라는 것을 잘 알고 있습니다. 그래서 제가 기어 들어갈 수 있을 만한, 말하자면 따뜻한 벽장 같은, 자그마하고 편안한 공간을 내주실 수 있을지도 모른다고 행복한 예상을 해 보게 되었습니다.

— 로베르트 발저Robert Walser, 「구직Das Stellengesuch」

차례

머리말

CCTV로 찍은 것이라 화면이 선명하지 못하고 소리도 나오지 않으며 각도도 고정되어 있다. 어떤 공간인지는 대번에 알아볼 수 있다. 큐비클cubicle(한 사람씩 들어갈 수 있도록 칸막이가 된 작은 사무 공간—옮긴이)이 빽빽이 들어차 있고 직원들이 그 좁은 곳에 들어앉아 형광등 불빛 아래 각자의 컴퓨터를 응시하고 있는 사무실이다. 와이셔츠와 넥타이 차림의 한 남자가 책상 앞에 앉아 있고 그 옆자리에 구부정하게 앉아 있던 남자는 캐비닛에서 서류를 꺼낸다. 별일 없이 시간이 흘러가는가 싶더니 갑자기 구부정 남자가 서류 한 다발을 동료 직원에게 집어 던진다. 동료 직원이 뒤로 물러서며 피하는 사이, 구부정 남자는 거대한 컴퓨터 모니터를 들어 올린다. 구시대 유물 같은 배불뚝이 브라운관 모니터다. 그 모니터를 들어서 옆 큐비클 쪽으로 밀치니 모니터가 책상 모서리에 부딪힌 뒤 바닥에 떨어져 연기를 낸다. 구부정 남자는 섬뜩하리만큼 침착하게 바닥에서 서류를 주워 모으더니 조금 떨어진 곳에서 놀라 바라

보고 있는 동료들에게 냅다 던진다. 서류들은 거대한 종이 눈꽃처럼 팔랑팔랑 떨어진다. 그는 책상 위로 올라가서 사무실 공간을 격자로 분할하고 있는 얇은 파티션을 발로 차 구부러뜨리기 시작한다. 구석에 피해 있던 직원 두 명이 휴대폰으로 동영상을 찍는다. 구부정 남자는 분에 차서 사무실을 휘적휘적 돌아다니다가 책상 뒤에서 큰 막대 하나를 찾아내 복사기를 공격한다. 이윽고 한 직원이 용기를 내서 막대를 빼앗고 그를 바닥에 넘어뜨린다. 무기를 빼앗긴 채 카펫 위에서 옴짝달싹 못하게 된 구부정 남자는 전기총을 맞고 얌전해진다. 마지막 장면에서 그는 태아처럼 몸을 웅크린 채 배, 옷깃, 넥타이를 마구 긁고 할퀴면서 고통으로 몸부림친다.

"큐비클 분노의 극단을 보여 주는 CCTV. 모든 큐비클 거주자의 판타지." 2008년 6월에 IT 전문 블로그 '기즈모도Gizmodo'는 이 동영상을 링크한 글에서 이렇게 언급했다. CCTV 동영상이 퍼져 나가는 한편, 휴대폰으로 그 장면을 찍은 사람도 동영상을 인터넷에 올렸다. 휴대폰 영상은 컬러이고 소리가 나와서, 역겨운 치약 같은 초록색 벽, 서류 종이가 떨어지는 와중에 사람들이 지르는 비명, 난동의 장본인이 마지막 몇 분간 느끼는 고통과 흥분이 더 잘 전달된다. 하지만 사무실 공간을 한눈에 내려다볼 수 있다는 점에서는 휴대폰 영상이 CCTV 영상을 따르지 못한다. CCTV 화면에서는 이 공간이 얼마나 갑갑한지가 즉각적으로 와 닿고 이 분노를 일으켰을 여건들이 명백하게 느껴진다. "이 작자 대박! 어떻게 살아야 하는지를 정말로 아는 사람이다. 동료 죄수들도 반란에 참여했어야 했다." 첫 번째 댓글이었다. 수백만 조회 수를 기록한 뒤에, 누군가 그 영상에 대해 조작 의혹을 제기했다. 요즘에 LCD 평면 모니터 안 쓰는 사람이 어디 있느냐고 말이다. 하지만 진짜이든 조작이든 이 동영상은 핵심을 정통으로 건드렸다. 지지자나 반대자나 공통적으로 느낀 것이 하나 있었으니, 한 블로그에 올라온 표현을 빌리면 다음과 같다. "모든 직장인이 내심으로는 이 동영상이 진짜이기를 원한다."

□

1997년에 사무용 가구 업체 스틸케이스Steelcase가 큐비클에서 일하는 직장인을 대상으로 설문 조사를 했는데, 그중 93퍼센트가 업무 공간이 다른 형태였으면 좋겠다고 응답했다. 2013년에 시드니 대학 연구자들이 조사했을 때도 비슷한 결과가 나왔다. 사무직 노동자의 60퍼센트를 차지하는 큐비클인人은 자신이 일하는 공간에 대해 가장 불만족스러워하는 집단이었다(물론 가장 만족스러워하는 집단은 자기 방이 따로 있는 사람들이었다). 사무실 공간에 대한 불만, 더 일반적으로 말하면 사무실 생활(분통 터지는 일과 어이없는 일들, 심각한 실패와 소소한 성취들)에 대한 불만은 문화의 영역으로도 스며들어 소설이나 영화의 소재로도 많이 쓰였다. 영화 〈뛰는 백수 나는 건달Office Space〉에서는 테크놀로지 회사 직원 세 명이 인력 감축에 분노해서 프린터를 발로 걷어차고 야구 방망이로 때려 부순다. 이 장면을 리메이크한 동영상을 유튜브에서 수십 개 볼 수 있다. 에드 박Ed Park의 소설 『월차Personal Days』와 조슈아 페리스Joshua Ferris의 소설 『호모 오피스쿠스의 최후Then We Came to the End』에서는 무엇이 적절한 이메일 에티켓인지를 두고 학술 대회 못지않게 진지한 토론이 오가며, 어느 평범한 날의 최대 하이라이트는 아침 회의 때 남은 공짜 베이글을 발견하는 것이다. 두 소설 모두 시점이 특정 인물을 반영하지 않는 "우리"로 되어 있는데, 오늘날 화이트칼라 풍경의

압제의 프린터를 때려 부수다. 〈뛰는 백수 나는 건달〉(1999)의 한 장면.

수동적인 순응성과 특징 없는 익명성을 잘 나타내는 듯하다. 드라마
〈오피스The Office〉의 영국 원작(미국, 프랑스, 독일, 퀘벡, 이스라엘, 칠레 등에
서 리메이크되었고 스웨덴판과 중국판도 제작 중이다)에는 커다란 젤리 속에
스테이플러를 쑤셔 넣어 놓아서 동료 직원을 미치게 만드는 사람이 나
온다. 또 덴마크 작가 크리스티안 융에르센Christian Jungersen의 세계적 베
스트셀러『예외Undtagelsen』는 직원들이 서로를 살해하려는 음모를 꾸미
는 것처럼 보이게 해서 '사내 정치'라는 개념을 극단으로 밀고 나간다.

물론「딜버트Dilbert」도 빼놓을 수 없다. 사무실의 뻔한 지루함을 간
결하고 들고 다니며 보기 좋은 사무실 풍자로 승화시킨 신문 만화다.
퍽 적절하게도「딜버트」는 캐릭터 상품 브랜드가 되어 자신이 너무나
잘 풍자했던 사무실 환경에 빠지지 않는 비치품이 되었다. 딜버트 탁
상 달력, 딜버트 머그 컵, 딜버트 마우스 패드, 딜버트 탁상 인형(이것들

은 모두 온라인 쇼핑몰의 '큐비클 용품' 코너에서 구매할 수 있다). 「딜버트」에 가끔씩 흐르는 암울함처럼, 이 모두를 관통하는 것은 단순하고도 인간적인 감성이었는데, 〈뛰는 백수 나는 건달〉의 한 등장인물이 이 감성을 간명하게 표현한다. "인간은 온종일 좁은 큐비클에 앉아서 컴퓨터나 들여다보고 있도록 만들어지지 않았다."

혹은 장 자크 루소Jean-Jacques Rousseau의 경구를 본떠 이렇게도 말할 수 있을 것이다. **인간은 자유롭게 태어났지만 어디에서나 큐비클에 갇혀 있구나.**

□

행복은 역사가 없다고 발자크Honoré de Balzac는 말했다. 사무실도 그렇다. 사회학자 C. 라이트 밀스C. Wright Mills는 "화이트칼라는 이 세상에 조용히 스며들어 왔다"고 표현했으며 화이트칼라들이 존재하는 공간인 사무실도 소리 소문 없이 생겨난 것 같았다. 공장 등 여타 일터는 덜그럭 소리나 획획 소리와 함께 등장했지만 사무실은 대체로 조용했다. 밀스가 『화이트칼라White Collar』를 집필하던 20세기 중반엔 사무실에서 일하는 사람이 이미 미국 인구의 다수가 되려 하고 있었다. 하지만 사무실이 어떻게 생겨났는지는 지금까지도 잘 알려져 있지 않다. 진지한 연구의 대상이 되기에는 너무 시시한 주제여서 그랬는지도 모른다.

사람들이 사무실이라는 공간을 인식하기 시작한 때는 19세기 중반이다. 당시에는 이런 공간을 회계실countinghouse이라고 불렀는데, 수백 년 전 이탈리아 상업가의 사무실과 별반 다르지 않았다. 좁고 아늑… 아니, 좌우간 좁은 공간이었다. "스크루지 영감의 회계실은 문이 열려 있어서 영감이 사무원을 지켜볼 수 있었다. 사무원은 일종의 감옥 같은 음울하고 좁은 공간에서 서신을 필사하고 있었다." **일종의 감옥 같은**

공간. 들어올 때는 건강하게 들어오지만 나갈 때는 쪼그라든 몸으로 폐병을 얻어 나가는 공간. 아주 많은 일이 벌어지지만 정작 생산되는 것이라곤 서류뿐인 듯한 공간. 처음부터 사무실은 그것에 부여된 직무, 즉 비즈니스라는 직무의 위상에 걸맞지 않은 곳으로 여겨졌다. 비즈니스는 고귀하고 흥미진진한 것이었다. 비즈니스를 통해 사람들은 모험을 하고, 위험을 무릅쓰고, 번성하고, 부를 쌓았다.

하지만 사무실은 밋밋하고 공허하며 무엇보다 지루했다. 사무실에서 이뤄지는 일은 메마르고 건조한 일이었다. 하지만 바로 이 지루함, 이 밋밋한 고상함 덕분에 사무실은 20세기의 대표적인 담론을 생산하는 토양이 되었다. 계층 상승의 희망과 중산층의 화법이 자라나는 토양이 된 것이다. 좁고 칙칙한 방에서 일하는 사무원도 언젠가는 가장 높은 자리까지 올라갈 수 있을 것이다! 자료 처리실에 파묻혀 일하는 회계원도 뚝심만 있다면 그곳을 벗어나 그 회사의 사장이 될 수 있을 것이다! 큐비클에서 단조로운 일이나 하고 있는 직원도 언젠가는 이 사회의 임원이 될 수 있을 것이다! 가치가 절하되었을 때조차도, 노동의 미래와 안정적이고 고상한 삶에 대해 이렇게나 지속적으로 희망의 원천이 된 일터는 사무실 말고 없었다.

그러니까, 사무실은 지루함의 상징이 될 것은 전혀 아니었다. 오히려 사무실은 미국 노동 대중의 삶에 대해 매우 유토피아적인 개념과 감성을 불러일으키는 원천이었다. 초창기였던 20세기 초부터도(기업 규모가 전에 없이 커지던 도금 시대Gilded Age에, 방대해진 행정 업무의 중심지로서 사무실이 크게 늘기 시작했다) 사무실은 지루함의 또 다른 상징이었던 공장으로부터의 잠재적 피난처로 여겨졌다. 루이스 설리번Louis Sullivan이나 프랭크 로이드 라이트Frank Lloyd Wright 같은 미래 지향적 건축가들은 공장의 조립 라인에 필적하는 효율성과 규칙성은 갖추었으면서도 신체적인 고됨과 위험은 덜하고, 따라서 사회적 특권과 더 많이 결부된 공간을 디자인했다. 1950년대 무렵이면 사무실에 갓 들어온 신참은 차차 서열이 올라가면서 점점 많은 과업을 담당하고 점점 많은 부하 직원을 거느리는 미래를 상상할 수 있게 되었다.

20세기 중반의 미국에서, 화이트칼라보다 사회적 권위와 상징적 힘을 더 많이 지닌 직업은 없었다. 레버 하우스Lever House, 시그램 빌딩 Seagram Building 등 화이트칼라가 일하는 사무용 건물들은 20세기의 가장 상징적인 건축물로 꼽히게 된다. 또 1960년대의 경영 이론가들은 전산 기술의 진보로 '지식 노동자'라는 새로운 사무 노동자 계층이 생길 것이라고 예측하기 시작했다. **지식 노동**에 대해 보수를 받는, 창의적이고 고도로 교육을 받은 화이트칼라 전문직을 일컫는 것이었다. 사무실 디자이너들은 당황스러울 정도로 많은 디자인을 선보이면서, 떠오르는 지식 노동자에게 적합한 공간을 만들고자 했다. 독일의 뷔로란트샤프트Bürolandschaft는 밀려 들어왔다 쏟아져 나가는 서류의 흐름에 잘 맞는 사무실 디자인을 시도했고, 로버트 프롭스트Robert Propst의 액션 오피스Action Office는 활발히 움직이면서 치열하게 지식 노동을 할 미래의 노동자를 위해 이동 가능한 모듈식 벽으로 공간을 구성했다. 1990년대에는 닷컴 열풍을 타고 더 많은 오피스 유토피아가 등장했다. 미니 도시 같은 사무실, 볼링장이 있는 사무실, 대학 캠퍼스만큼 큰 사무실, 직접 꾸민 개인 차고처럼 작고 편안한 사무실…. 그리고 21세기 들어 재택근무를 위한 통신 기술이 더 발달하자 디자이너와 이론가들은 물리적인 사무 공간이 사라지고 그 자리를 집이나 카페에서 일하는 사람들의 네트워크가 구성하는 사무 공간이, 즉 보이지는 않지만 도처에 존재하는 사무 공간이 대신하게 되리라고 내다보기 시작했다. 그러면 뉴케이넌에서 파자마 차림을 하고서도 명목상 소재지가 뭄바이인 회사의 온라인 회의에 참여할 수 있을 것이었다.

하지만 자세히 보면 사무실의 그림은 이보다 우울하다. 공장식 시스템이 사무실에 이식되면서 화이트칼라 노동도 정신을 무디게 하는 반복 작업이 되었다. 20세기 중반의 중간 관리자는 영혼을 회사에 저당 잡혀 정신적으로 덫에 걸려 버린 '조직인'이 되었다고 느끼기 시작한다. 본격적으로 노동 인구에 편입되기 시작한 여성들은 더 높이 올라갈 수 없는 단순 행정직이나 비서직을 부여받았고 성폭력의 위험에도 노출되면서 이중의 예속에 직면했다. 사무실 자체도 무한히 재생산되기 시작했다. 시그램 빌딩 같은 우아한 건물이 하나 나올 때마다 열 개도 넘는 삭막한 모듈식 모조품이 들어섰다. 이런 건물의 인테리어에는 인간적인 온기란 없었다. 문제를 고치려는 시도는 더 많은 문제를 낳았다. 독일의 뷔로란트샤프트는 너무 정신 사나워서 일에 집중할 수가 없었고, 로버트 프롭스트의 액션 오피스는 미국 사무실 세계의 악명 높은 상징인 큐비클로 바뀌어 갔다. 미친 듯이 기발한 닷컴 사무실들도 유토피아적 건축물이 아닌 미친 듯이 긴 근무 시간을 연상시키게 되었고, 사람들은 닷컴 사무실을 '화이트칼라 노동 착취 공장'이라고 부르기 시작했다. 한편, 카페에서 일하는 프리랜서의 삶은 많은 이에게 현실이 되긴 했으나, 재정적인 불안정, 부가 급부의 부재, 고립된 노동 환경을 늘 동반하는 현실이었다. 간단히 말하자면, 화이트칼라의 이야기는 자유와 희망에 대한 약속이 계속해서 배신당한 이야기라고 할 수 있다.

도시 계획가, 건축가, 디자이너, 경영자 들이 좋은 의도로 내놓은 그 모든 시도는 왜 화이트칼라 직장인에게 행복한 환경을 만들어 주지 못했을까? 드물게 성공한 사례들은 무엇 때문에 성공할 수 있었을까? 겉으로는 그렇게나 특권적으로 보이는 사무실의 유혹이 왜 「필경사 바틀비Bartleby, the Scrivener」의 초창기 시절부터 〈뛰는 백수 나는 건달〉의 분노한 직장인의 시대에 이르기까지 계속해서 기만적이거나 실망스럽게 귀결되는 것일까? 사무실 안에서 이뤄진 타협과 변화는 사무실 밖의 세상에 어떤 영향을 미쳤을까?

이 책은 평범한 직장인들을 통해서, 그리고 그들이 사용하는 타자기와 파일 캐비닛, 그들이 앉아 일하는 사무 가구들을 통해서 디자인과 역사를 살펴본다. 그와 더불어, 사무직 노동자의 삶을 개선하려는 의도에서, 그러나 대체로 의도와는 거리가 먼 결과를 내놓곤 하면서, 사무 공간을 물리적·사회적으로 재구성하려 한 사람들의 이야기도 다룬다. 이 책은 이러한 변화를 자신의 책상에서 직접 경험한 사람들의 시각에서 본 역사다.

□

이 책은 C. 라이트 밀스의 『화이트칼라』에서 크게 영향을 받았으며 그를 기리는 책이기도 하다. 『화이트칼라』는 20세기 중반의 비非육체 노동자를 다룬 고전으로, 오늘날까지도 이 분야를 종합적으로 다룬 유일한 책이다. 여기에서 밀스의 책을 자세히 논하지는 않겠지만 그 영향은 곳곳에 녹아 있다. 물론 방법론에서는 차이가 있다. 밀스의 책은 사회학 책이고(그 자신만의 독특한 방식으로 수행한 사회학이긴 했지만), 이 책은 저널리즘 및 미래학과 접목을 시도한 사회사 책이다. 또 밀스는 '화이트칼라'를 '사무실'보다 광범위하고 모호한 의미로 사용한다. 사

환, 사무원, 속기사뿐 아니라 교수, 판매원, 의사, 장교까지도 포함한
것이다. 하지만 나는 사무실로만 주제를 한정하면서, 밀스가 묘사하
는 전문직과 정치인에 대한 더 큰 범위의 문제들은 다루지 않거나 간
접적으로만 다뤘다. 이 책은 사무실을 통해 역사를 본다. 즉, 지난 몇
십 년간의 시기에 사무실에서 일한 사람들, 그리고 사무직 노동자들이
무엇을 할 수 있으며 사무직 노동이란 어떤 모습이어야 하는지에 대해
비전을 제시하려 했던 사람들의 생각과 감정과 태도를 통해 역사를 이
야기한다.[1]

밀스의 『화이트칼라』가 출간된 1951년에 화이트칼라 노동자는 미
국 노동 인구의 절반에 약간 못 미쳤다. 화이트칼라는 새로이 떠오르
는 집단이었고 논평가들은 이들이 소상공인 위주이던 옛 중산층을 대
신하게 되리라고 내다봤다. 하지만 화이트칼라의 속성은 아직 명확하
게 규정되어 있지 못했고 삶에 대한 그들의 전망이나 정치적인 태도도
불분명했다. 화이트칼라에 대한 밀스의 평가는 신랄했다. 밀스는 화
이트칼라가 "보잘것없는 사람들"이며 거대 기업에 예속된 주제에 자
신이 독립적이고 기업가 정신이 넘친다고 믿는 자발적인 종속자들이
라고 보았다. 밀스에 따르면, 사무직 노동도 공장 노동처럼 정형화하
고 있었지만 특권이라든가 사회적 지위라든가 하는 무형의 측면들 때
문에 화이트칼라 노동자는 자신이 특정한 이해관계를 갖는 특정한 계
급에 속한다는 생각을 못하고 있었다. 그래서 어느 정치 세력이건 맘
만 먹으면 이들을 차지할 수 있었다. "그들이 어느 정파나 운동을 지지
하게 될 것 같은가? 답은, 확실히 이길 것 같아 보이는 정파나 운동이
다."[2] 화이트칼라의 자기 인식이 '사회적 권위'와 같은 모호한 범주에
결부되어 있다고 본 밀스의 분석은 타당하다. 그리고 밀스가 묘사한

화이트칼라 일터의 사회적 특성은 지금도 남아 있다. 여전히 사무실은 과장된 악수와 공허한 친교의 공간이자, 정신을 무디게 하는 지루한 작업과 개인의 고립이 존재하는 공간이다.

한편, 밀스는 화이트칼라 노동 인구 전체를 신중산층이라는 하나의 집단으로 볼 수 있다고 전제한다. 하지만 사무직 노동의 역사를 보면 화이트칼라가 집단으로서 갖는 특성은 그렇게 분명하지가 않다. 사무실의 여러 측면 중에 고정적이거나 논란의 여지 없이 분명한 것은 거의 없었다. 특히 사무직 노동자의 자기 인식과 그들에게 열려 있는 사회적 기회는 계속 변화했다. 밀스가 사무실에 대해 개략적으로 그린 상을 역사의 실제 상황들과 맞대어 보면, 계속해서 만들어지고 없어진 이념과 계급들, 그리고 우리가 노동을 하는 방식과 이유에 대한 근본적인 생각들을 살펴볼 수 있을 것이다.

또 밀스는 사무실이 단지 상점, 공장과 더불어 존재하는 또 하나의 일터가 아닌 산업 사회를 대표하는 위치를 차지하게 되었을 때의 상황에 대해서는 잘 파악하지 못했다. 독일 저널리스트 지그프리트 크라카우어Siegfried Kracauer는 1920년대에 베를린을 방문하고서 이 도시에 넘쳐 나는 샐러리맨들을 보면서 '직장인 문화'가 두드러진 것에 크게 놀랐다. 하지만 이제 미국 어느 도시에서도(물론 유럽 도시에서도) 그건 놀랄 일이 아니다. 사무실 문화는 일터의 지배적인 문화가 되었고 미국은 사무직의 나라가 되었다. 이 책은 그렇게 되기까지의 역사와 그것이 현재와 미래에 대해 갖는 의미를 짚어 보는 책이다.

I

사무원 계급의 형성

해어진 코트 소매를 책상에 올리고, 펜촉을 잉크에 담근다.
기록하라! 기록하라! 사실이든 거짓이든. 단어들! 단어들!
사무원은 생각하지 않는다.
　　　—벤저민 브라운 포스터Benjamin Browne Foster, 『다운 이스트 다이어리Down East Diary』(1849)[1]

그들은 어둡고 연기가 자욱한 좁은 방에서 변호사나 상업가, 보험 회
사나 은행에 고용되어 일했다. 속기에 능통했고, 시력은 나빴으며, 화
려하게 차려는 입었으되 쓰지 않아 약해지고 쪼그라든 몸을 가지고 있
었다. 나쁜 자세 때문에 등은 굽어 있었고, 필사를 해 대느라 손가락에
는 굳은살이 박혀 있었다. 비쩍 마르고 창백하거나, 배가 허벅지에 닿
도록 살이 찌고 혈색이 붉었다.
　옛날에는 사무원이 문학에 등장하는 경우가 매우 드물었다. 문학적
고찰의 대상이 되기에 사무원의 삶은 너무 시시하다고 여겨졌다. 비
좁은 사무 공간과 말할 수 없이 지루한 그들의 일도 마찬가지였다. 그
럼에도 사무원을 다룬 훌륭한 단편이 하나 있긴 하다. 허먼 멜빌Herman
Melville은 이국의 섬으로 향하는 장대한 항해 소설과 회고록으로 유명
해진 뒤에(그러다가 고래잡이 항해를 다룬 길고 이상한 책으로 독자를 거의 다
잃긴 했지만), 초점을 안으로 돌려 단편 「필경사 바틀비」(1853)에서 좁

고 숨막히는 사무실의 세계를 다뤘다. 흰 고래를 찾는 웅대한 여정은 완벽한 크기의 펜과 책상 앞에 앉는 가장 좋은 자세를 찾는 여정으로 바뀌었다. "그는 허리를 편하게 하려고 책상 상판을 거의 턱까지 오도록 올려서 마치 네덜란드 저택의 가파른 지붕을 책상으로 삼은 듯이 해 놓고 글을 쓰더니, 팔에 피가 통하지 않는다고 투덜댔다. 책상 상판을 허리춤까지 낮추고 그 위로 몸을 구부리고 글을 쓰더니, 이번에는 허리가 아프다고 했다."[2]

멜빌 자신도 (『모비 딕Moby-Dick』 등장인물 이슈마엘의 표현을 빌리면) "배로 나가기" 전에 올버니에서 필경사로 몇 년간 일한 적이 있다. 그는 사무실 일의 기이한 공허, 목적 없는 노동과 막다른 느낌이 주는 분위기를 자신의 경험으로 잘 알고 있었다. 심지어 『모비 딕』에도 "항해 몽상"에나 빠져 배터리 파크를 어슬렁거리면서 "숨 막히는 벽에 둘러싸인 채, 그러니까 판매대에 묶인 채, 걸상에 못 박힌 채, 책상 앞에 눌어붙은 채" 해야 하는 업무로 돌아가기를 미적거리는 맨해튼 직장인들에 대한 묘사가 나온다.[3] 매우 적절하게도, 바틀비의 사무실에 있는 몇 개 되지도 않는 창문으로 보이는 전망이라곤 벽뿐이다. 서술자(이름이 나오지 않는다)는 이렇게 묘사한다. "한쪽으로는 건물의 꼭대기부터 바닥까지 수직으로 뚫린 넓은 통풍구 안쪽의 흰 벽이 보였고,"[4] 다른 쪽으로는 "우뚝 솟은 벽돌 벽이 훤하게 보였다. 벽은 늘 드리워져 있는 그늘과 오랜 세월의 흔적으로 색이 검어져 있었다." 서술자가 씁쓸하게 말하기를 그 벽은 "거기 숨은 아름다움을 찾기 위해 망원경을 꺼낼 필요가 없었다. 근시에 시달리는 모든 이를 위해 벽이 창문에서 3미터밖에 안 떨어진 곳까지 바짝 다가와 있었으니 말이다."[5] 그러니까 사무실 양쪽에 하나씩, 두 개의 벽이 있는 것이다. 하나는 통풍구의 흰 벽이고, 다른 하나는 검댕으로 검어진 채 전망과 조명을 모두 방해하는 벽돌 벽이다. 벽이 쳐진 창문. 즉 아무 전망이 없는 방.

하지만 이슈마엘과 에이해브의 피쿼드호號처럼,「필경사 바틀비」에 나오는 사무실도 남자들만의 연대와 동지애, 친밀감의 장소다. 서술자인 변호사는 처음에 사무원 세 명을 두고 있었다. 서술자는 애정을 담아 이들을 터키, 니퍼스, 진저 너트라는 희한한 별명으로 부르는데, 이들 각자는 날마다 정확하게 똑같은 방식으로 행동한다. 이를테면 노인인 터키는 항상 점심을 거하게 먹고 그 후에는 일을 하지 않는데, 점심때마다 포도주를 엄청나게 많이 마셔서 얼굴이 "석탄이 가득찬 크리스마스 난로의 쇠살대처럼 붉어진다."6 하지만 마음 좋은 고용주인 서술자는 해고 같은 건 하지 않고, 다소 제정신이 아닌 듯한 사무원들도 고용주에게 맞서지 않는다.

그런데 갑자기 업무가 많아져 새 필경사 바틀비를 고용하면서 이 질서는 통째로 무너진다. 바틀비는 "창백하게 말쑥하고 측은하게 점잖은" 모습이었으며 왠지 "치유할 수 없을 만큼 쓸쓸해 보였다."7 서술자는 바틀비에게 창문 옆자리를 주었지만 다른 창문과 마찬가지로 볼 만한 전망은 없었다. 서술자가 말하기를, "예전에는 어느 지저분한 뒷마당과 벽돌 벽의 옆면을 볼 수 있었지만 건물들이 들어서면서 이제는 빛이 약간 들어올 뿐 아무것도 보이지 않게 되었다."8

바틀비는 처음엔 부지런히 일했다. 바틀비의 마른 체구는 필사할 일거리에 대한 탐욕과 반비례하는 것 같았다. "베껴 쓸 거리에 오래 굶주린 뒤에 내 문서를 게걸스럽게 삼키는 것 같았다. 소화를 시키기 위한 쉬는 시간 같은 것은 없었다. 낮에는 햇빛에, 밤에는 촛불에 의지해서 낮이고 밤이고 필사를 했다. 활기차게 열심히 일하는 것이었다면 나는 그의 근면함에 꽤 기뻤을 것이다. 하지만 그는 말없이, 창백하게, 기계적으로 필사를 할 뿐이었다."⁹ 문제는 이 일상이 교란되었을 때 발생한다. 서술자는 한 문서의 사본 두 개를 비교하는 일을 시키려고 바틀비를 부른다. 하지만 바틀비에게 할 일을 지시한 서술자는 바틀비의 악명 높은 대답에 경악한다. "하지 않았으면 좋겠습니다I would prefer not to." 서술자가 일을 시킬 때마다 바틀비는 이 분통 터지는 말을 되풀이하면서 이 사무실의 안정적이던 예측 가능성을 맹렬한 불규칙성 속으로 던져 버린다. 결국 변호사는 바틀비의 비타협적 태도와 수동적 저항을 어쩌지 못해서 사무실을 다른 곳으로 옮긴다. 바틀비는 감옥에 가게 되는데, 자신의 양식인 문서를 박탈당한 그는 음식을 거부하고 굶어 죽는다.

「필경사 바틀비」가 **무엇을 의미하는가**를 두고 숱한 논의가 있었다. 사무직 노동자들은 바틀비를 자신이 처한 여건을 보여 주는 거울로 여겼고, "하지 않았으면 좋겠습니다"라는 말은 사무실이 거대한 갈등을 소소한 좌절과 부글거리는 부아 정도로 축소하고 있음을 함축한 것이라고 해석했다. 하지만 이 단편이 나온 1853년에는 '사무실'이라는 단어와 사무실에서 수행되는 종류의 노동이 오늘날처럼 보편적인 위치에 있지 않았다. 남북전쟁 직전 몇 년간의 시기에 사무원은 작지만 특이한 현상이었고 알아보아야 할 대상이었다. 그들이 일하는 곳은 기업 활동의 중심이기도 했지만 아무도 일이라고 인정하지 않는 일만 가득한 곳이기도 했다. 사무원은 바틀비가 그렇듯 해롭지는 않지만 불길한 노동자로 여겨졌다. 이 단편이 나온 것은 사무실이 이제 막 세상 사람들의 인식에 잉크 자국을 내기 시작했음을 보여 주는 증거였다.

□

사무실은 언제 처음 생겼을까? 쉽게 답하기는 어렵다. 우선 사무실의 기원을 서류 작업의 시작과 함께 이야기해 볼 수 있을 것이다. 최근까지도 사무직이라고 하면 가장 흔히 연상되는 것이 서류 작업이었으니 말이다(사무실에서 아무 생각 없이 펜이나 굴리는 사무 직원을 일컫는 '페이퍼 푸셔paper pusher'라는 경멸적인 말을 생각해 보라). 문자가 발명돼 체계적으로 기록을 남기는 일이 가능해진 이래로 사무실 비슷한 공간은 늘 존재해 왔다. 수도원, 도서관, 학자의 서재 등이 그런 공간이었다. 그리고 은행업은 특히나 많은 양의 서류 작업을 몰고 왔다. 지금은 피렌체 르네상스 문화의 훌륭한 갤러리가 된 우피치Uffizi 미술관도 원래는 사무 건물이었다. 메디치가家의 획기적인 금융 업무를 보던 회계실이었던 것이다. 사무원 역시 오랜 세월 존재해 왔다. 이들 중에는 17세기 왕정 복고 시대 영국의 풍속을 시시콜콜 기록한 일기로 훗날 유명해진 새뮤얼 피프스Samuel Pepys처럼 책상을 벗어나 저명인사가 된 사람도 많다. 미국 최초의 재무장관 알렉산더 해밀턴Alexander Hamilton은 상업가의 사무원으로 일을 시작했고, 금욕적 생활과 부르주아적 자기 절제의 귀감인 벤저민 프랭클린Benjamin Franklin도 1727년에 잡화점 사무원으로 일을 시작했다. 프랭클린 자신의 지루한 글쓰기도 첫 직업에서 단련된 것인지 모른다. 기록이라는 것을 할 기회가 생긴 이래로 사무원들은 자신이 하는 업무의 지루함에 대해 줄곧 불평해 왔다. 끝없는 필사, 불편한 자세, 일의 무의미함 등등. 일 때문에 글을 쓰지 않는 시간에는 일에 대해서, 또는 말 그대로 일을 둘러싸고 글쓰기 버릇을 적용했다. 중세의 어느 필경사는 문서 가장자리에 이렇게 적어 놓았다. "글쓰기는 불필요한 허드렛일이다. 등이 굽게 만들고, 눈이 나빠지게 하며, 장과 옆구리가 꼬이게 한다." 또 다른 필경사는 이런 낙서를 남겼다. "아, 내 손." 이걸 쓰느라 손이 더 아팠을 텐데도 말이다.[10]

사무실이 허드렛일이나 소외된 일의 장소라는 개념은 이 단어의 어원과는 거리가 멀다. '오피스office'는 라틴어로 '의무'를 뜻하는 말에서 나왔다. 로마 공화정 말기의 실상을 준엄하게 꾸짖은 키케로Cicero의 유명한 철학서 제목이 『데 오피시스De Officiis』로, 통상 '의무론'이라고 번역된다. 키케로가 말하는 의무의 개념은 현대 영어에서 공직에 오르는 것을 뜻하는 'holding office'나 대통령직을 뜻하는 'office of the president'와 같은 표현에 여전히 남아 있는데, 여기에서 'office'는 그 직책에 따르는 책임 사항들을 의미한다(이런 의미에서라면 키케로의 책 제목을 『오피스론』이라 번역했어도 좋았을 법하다). 또 키케로에게 '오피스'는 나에게 적합한 것, 자연스러운 의무로서 나에게 어울리는 것을 의미하기도 했다. 이 또한 일터로서의 사무실에 대한 오늘날의 이해와는 거리가 멀다. 사무실 일을 자연스럽다거나 적합하다거나 자신에게 어울린다고 생각하는 사람은 별로 없을 테니 말이다.

사무실의 등장을 역사 속에서 짚어 내려면 새로운 유형의 건물, 근본적인 경제적 변화, 그리고 (가장 파악하기 어려운 것으로) 노동 인구의 특정한 계층들이 서로에 대해 갖는 인식과 감정의 독특한 결합을 살펴보아야 한다. 영국과 미국에서 산업화가 진전되면서 행정 업무가 많아졌고 장부, 청구서, 거래 원장 등을, 다시 말해 서류 작업을 합리적으로 관리해야 할 필요성이 커졌다. 이러한 일자리를 차지하면서 사무원들이 떠올랐고 점차 이들은 자신이 숫자상으로도 많아지고 있을 뿐 아니라 아직은 모호하지만 어떤 특별한 집단을 구성하고 있다고 느끼게 되었다. 사무실의 변천과 사무원 지위의 변천은 관련이 깊다. 사무원들은 자신이 호락호락하지 않다고 생각하기 시작했고 권력을 가졌음을 느끼게 되었다. 자신의 계급에 대해 확실히 알지는 못했지만 사무원은 더 이상 개별적으로 고립된 존재가 아니었다. 19세기 중반이 되면 사무원과 사무원의 일터가 문학과 언론에 자주 등장한다. 공격적이면서도 내성적인 사무원이 주인공인 단편 「필경사 바틀비」는 사무실 세계의 초창기에 존재했던 양면적 감정을 잘 포착하고 있다.

이 소설이 잘 포착하고 있는 것이 또 하나 있다. 바로 사무직 일이 **자연스럽지 않다**는 느낌이었다. 농사, 건설 공사, 공장 노동, 운송과 같은 일이 노동의 질서를 이루던 세계에 사무직 노동은 잘 맞아떨어지지 않아 보였다. 19세기 중반의 미국에서 사무원은 신기한 존재였고, 익숙하지 않은 사람들이었으며, 설명하기 어려운 현상이었다. 1880년까지도 사무직 종사자는 전체 노동 인구의 5퍼센트도 안 되는 18만 6000명에 불과했다. 하지만 논평가들(이들도 점점 더 사무실 같은 공간에서 일하게 된다)이 밀집한 큰 도시들에서는 사무원이 가장 **빠르게** 증가하는 인구 집단이었다.[11] 상업이 발달한 뉴욕 같은 도시에서는 이미 도처에서 사무원을 볼 수 있었다. 1855년의 인구 통계에 따르면 뉴욕에서 사무원 clerks은 세 번째로 구성원이 많은 직업군이었다(1, 2위는 각각 하인servants 과 노동자laborers였다).[12]

많은 이들이 이런 변화를 끔찍하다고 여겼다. 사무직 노동은 대다수 미국인이 '노동'이라고 생각하는 것에 부합하는 구석이 하나도 없었다. 사무원은 땅에서 일하지도 않았고, 기찻길을 놓지도 않았으며, 공장에서 무기를 만들지도 않았고, 연못 근처에 은거해 내면을 수양하며 콩을 키우면서 살지도 않았다. 농사나 공장 일과 달리 사무직 일은 아무것도 생산하지 않았다. 기껏해야 **재생산**을 할 뿐인 듯했다. 사무원은 끝없이 문서를 베껴 적었고, 회계원은 숫자를 더해서 더 많은 숫자를 만들었으며, 보험원은 말 그대로 더 많은 서류들을 만들었다. 담배 재배농이나 광산 노동자가 보기에 사무직 일은 전혀 노동이라고 볼 수 없었다. 사무원은 말 그대로 무거운 짐을 지는 사람들의 노동에 기생하는 존재였다. 그래서 진짜 노동자의 육체는 근육이 많고 무자비한 태양과 공장의 연기 때문에 검어졌지만 사무원의 몸은 마르고 여자처럼 연약했다.

미국의 활발한(그리고 무원칙한) 언론에는 사무원을 경멸하는 글이 실리곤 했다. "이 나라의 대도시들에서, 젠체하는 잡화점 사무원만큼 비열하고 의존적인 사람은 없다고 감히 주장하겠다."『미국 휘그당 리뷰*American Whig Review*』의 사설이었다.『미 골상학회지*American Phrenological Journal*』는 더 강한 어조로 사무원의 길을 생각하는 젊은이들에게 이렇게 조언했다. "남자가 되라. 그래서 진정한 용기와 남자다움을 가지고, 도끼를 들고 황야로 내달려 눈부신 햇살과 독립적인 가정을 위한 길을 만들라." 가장 강한 어조의 글은『배너티 페어*Vanity Fair*』에서 볼 수 있었다. 여기에 따르면 사무원은 "허영심 많고, 비열하며, 이기적이고, 욕심 많고, 감각적이고, 교활하며, 말이 많고, 소심한" 사람들이었다. 그리고 얼마 있지도 않은 기운은 "**진짜** 노동을 하는 **진짜** 남자"보다 옷을 더 잘 입는 데에나 썼다.[13] 희한하게도, 역시 사무실에서 종이와 펜으로 일하는 저널리즘을 "**진짜** 노동"이라 볼 수 있는지에 대해서는 언론에서 문제 제기된 적이 없다.

사무원의 옷차림은 언론이 자주 다루는 소재였다. 비즈니스 정장이라는 개념 자체가 미국 도시에 사무원이 대거 등장하면서 만들어진 개념이었다. 1856년에『바르게 행동하는 법: 공화국 에티켓 매뉴얼과 올바른 습관 가이드*How to Behave: A Pocket Manual of Republican Etiquette, and Guide to Correct Personal Habits*』의 저자 새뮤얼 웰스Samuel Wells는 이렇게 언급했다. "사무실과 회계실에서 신사들은 프록코트와 색코트sack coat(박스형 양복 재킷—옮긴이)를 입는다. 아주 좋은 원단일 필요는 없고, 번쩍이는 패턴이 있으면 안 된다."[14] 그 밖에도 패션에 대한 기사들은 "비즈니스 코트," "비즈니스 롱 점퍼," "비즈니스 롱 코트" 등 브룩스 브러더스Brooks Brothers 같은 신新상점에서 구할 수 있는 품목들을 언급했다. 노동자 계급의 표식이 밀짚모자나 헐렁한 초록 작업복이었다면, 사무원임을 말해 주는 것은 칼라collar였다. 보통 새하얗게 표백을 하고 빳빳하게 풀을 먹였다. 그런데 칼라 달린 셔츠는 비쌌기 때문에 비즈니스 고객을 상대하는 상점들은 칼라만 따로 팔기 시작했다. 저렴한 셔츠 하나의 반 값도 안 되는 가격으로 칼라 여섯 개를 구입할 수 있었다. 떼었다 붙였다 할 수 있으면서도 지위를 표시하는 데서는 뗄 수 없는 상징이 된 흰 칼라는 가짜 세련됨과 사무직 노동의 이중적 속성을 나타내는 완벽한 상징이었다.

자신의 모습에 신경을 쓰는 흰 칼라의 사무원은 풍자의 단골 소재가 되었다. 단편「군중 속의 남자The Man of the Crowd」에서 에드거 앨런 포 Edgar Allan Poe는 과장되게 차려입고 유행이 한참 지난 귀족 스타일을 흉내 내는 "사무원족族"을 이렇게 묘사했다.

새로 생긴 투기 회사들에는 젊은 사무원들이 있었다. 딱 붙는 코트와 광 나는 부츠, 기름 바른 머리, 남을 얕보는 듯한 입매를 한 젊은 신사들이었다. 말쑥한 행동거지를 제외한다면, 적당한 다른 표현이 없어

책상 매너deskism라고나 할 만한 이들의 매너는 12개월이나 18개월쯤 전에 유행한 상류층 교양의 완벽한 형태를 모조한 것처럼 보였다. 그들은 상류층의 한물간 우아함을 입고 있었다. 이 점이 이 계층을 가장 잘 설명해 주는 요소인 것 같다.

탄탄한 회사의 고참 사무원들, 다른 말로 '꾸준하고 오랜 중견들'은 확실하게 알아볼 수 있었다. 앉기 편하게 만들어진 검정이나 갈색의 코트와 바지를 입고, 크라바트(남성용 스카프―옮긴이)와 조끼, 넓고 튼튼해 보이는 신발, 두꺼운 각반을 하고 있었다. 모두 약간 머리가 벗어졌고 오른쪽 귀는 펜을 꽂는 용도로 오래 쓰여 바깥쪽으로 튀어나와 있었다. 내가 보니, 그들은 모자를 쓰고 벗을 때 항상 두 손으로 했고, 시계에는 고전적인 문양이 있는 짧은 금 시곗줄을 달았다. 그들의 것은 모두 품위를 힘주어 꾸민 가식이었다. 그렇게 영예로운 가식이라는 게 있기나 하다면 말이지만.[15]

남자다운 직업(농부, 건축공, 심지어는 놈팡이나 게으름뱅이)을 많이 노래한 시인 월트 휘트먼Walt Whitman은 사무직이 남자다운 미국 민주주의에 반反한다는 생각을 확고하게 심어 놓았다. 그는 「브로드웨이Broadway」라는 제목의 기사에서 로어 맨해튼의 대로를 슬렁슬렁 걸어서 자신들의 비좁은 공간으로 향하는 "의기양양"한 "다운타운 사무원" 집단을 비웃었다. "어깨가 굽고 말랐으며, 빈약한 다리에 허연 얼굴을 하고, 가슴팍은 구부정히 쑥 들어가 있다." 여기에서도 멋을 많이 부린다는 점이 사무원의 특징으로 언급됐다. "번쩍이는 부츠와 깨끗한 셔츠(때로는, 지금 내 눈앞에 보이는 것처럼, 벌레가 잔뜩 붙은 것마냥 엄청난 무늬가 있는 셔츠), 달라붙는 바지, 다시는 유행할 것 같지 않은 멜빵, 요란한

크라바트, 그리고 역겨울 정도로 기름을 흠뻑 발라 '미끄러운' 머리로
말쑥하게 차리고 있다." 하지만 화려한 옷차림은 몸의 초라한 실상을
가리기 위한 것일 뿐이라고 휘트먼은 지적한다. "옷이 다 벗겨져 허약
하고 홀쭉하고 '가랑무' 같은 몸이 드러난다면, 그들의 말쑥한 몸짓과
행동은 얼마나 우스울 것인가!"[16]

그러나 사무원의 차림새와 행동 양식이 얼마나 우스운지를 까발리
자는 이야기의 기저에는 미국 비즈니스 세계에서 일어나던 변화에 대
한 깊은 두려움이 있었다. 북부에서 빠르게 진전되던 산업화는 제퍼슨
Thomas Jefferson이 설파했던 자영농 중심의 민주주의를 버팔로 떼가 처한
것과 비슷한 운명으로 몰아 가고 있었다. 더욱 중요한 사실은, 원거리
시장에 대한 지식을 바탕으로 상업가들이(그리고 그들이 고용한 사무원들
이) 비즈니스의 중심으로 떠오르고 많은 업계가 복잡해진 회계를 관리
하기 위해 더 많은 회계원을 필요로 하게 되면서, 수공업자이기도 했
던 18세기의 옛 비즈니스맨(즉 손을 써서 일하던 화이트칼라 유형)이 줄기
시작했다는 점이다.

뉴욕은 이런 변화를 보여 주는 대표적인 도시였다. 1818년엔 이미
화물선이 뉴욕 이스트 강과 영국 리버풀 사이를 운항하고 있었다(리
버풀은 영국에서 사무원이 가장 밀집한 도시였다). 1825년에는 이리Erie 운하
가 개통돼 뉴욕이 중서부 도시들과 연결됐다. 또 로어 맨해튼의 수입
업자들은 유럽뿐 아니라 카리브해 연안이나 아시아 시장에서 들어오
는 상품들을 취급하기 위해서도 사무소를 열었다. 제조업이 성장하면
서 도시에 소매점과 도매점 또한 무수히 생겨났고 여기에서도 서류 작
업을 할 사람이 필요했다. 1839년에 『헌트 머천트 매거진Hunt's Merchants'
Magazine』은 "번영의 기반은 교역의 모든 것에 대해 정확하면서도 완전

한 정보를 획득, 분배하는 역량과 시설이 최근에 크게 성장한 데에 있다"고 언급했다.[17] 그리고 이런 일을 하는 사람이 바로 사무원이었다. 휘트먼 같은 논평가들이 놀라 바라보면서 불안해 했을 사람들이 도시를 점점 더 많이 활보했다. 1860년 무렵이면 필라델피아 인구 중 25퍼센트가 비육체노동에 종사하고 있었다. 샌프란시스코 같은 신흥 도시에서는 이 비중이 36퍼센트나 됐고 보스턴에서는 거의 40퍼센트에 육박했다. 비육체노동자가 다 사무원인 것은 아니었지만 점점 많은 사람들이 손이 아닌 머리로 일하게 되었다는 경향은 분명했다. 칼럼니스트들은 "허약하고 홀쭉한" 사무원들을 싫어했을 수 있지만, 그런 혐오감은 비즈니스의 속성에 대한, 그리고 미래에는 사무원이 특이한 현상이 아니라 보편 현상이 될지도 모른다는 데에 대한 강렬한 양면적 감정을 반영하는 것이었다.[18]

□

남자답지 못하다는 데 대해 맹렬한 비난이 쏟아진 것을 제외하면, 19세기 미국에서 사무원은(그리고 그들이 일하는 사무실은) 조용히 등장하고 조용히 증가했다. 도덕철학자들은 산업화가 유발한 갈등과 악마적인 공장 노동에 주로 관심을 쏟고 있었고, 사무직 노동의 세계를 상징하는 거래 원장과 영수증 위를 긁적대는 펜 소리는 무시해도 된다고 여기고 있었다. 「필경사 바틀비」의 서술자가 말했듯이, 사무실 일은 그저 "메마르고 건조한" 일이었다. 하지만 사무원의 증가는 산업화의 진전만큼이나 거대한 변화의 전조였으며, 흰 칼라를 단 변변찮은 사무원은 곧 푸른 작업복을 입은 공장 노동자만큼 중요성이 커진다.

19세기에 사무원들이 관심의 대상이 될 만한 존재로 여겨지지 못한 이유 중 하나는 그들이 하는 일이 오래전 식민지 시절이나 독립 혁명 시절과 다를 게 없어 보인다는 데에 있었다. 상업 회사의 전형적인 구조는 여전히 두세 명의 파트너십 구조였고 흔히 집안 사람들끼리 동업을 했으며 사업은 계약으로 이뤄졌다. 회계의 표준 방식인 복식 부기는 이탈리아에서 14세기에 이미 발명됐다. 사무실도 르네상스 시대 이탈리아의 은행이나 무역상의 사무실과 비슷했고 르네상스 때처럼 미국에서도 회계실이라고 불렸다. 열린 문은 거리에 면해 있고, 안은 어두우며, 하나뿐인 창문은 밖에서 들어오는 먼지로 줄무늬가 져있고, 밖에서 들어오는 먼지는 사무실 중앙의 석탄 난로 검댕과 뭉쳐져 안팎을 연결하고 있었다. 접이식 상판이 달린 키 큰 책상은 파트너의 자리였고 구석에 있는 더 높은 책상은 사무원이 일하는 자리였다. 파트너는 사무실에 없는 경우가 많았다. 파트너가 거래를 위해 이곳저곳의 약속에 다니는 동안, 필경사들은 사무실에서 끝없이 서류를 베껴적었다. 이 공간에서 빼놓을 수 없는 또 하나의 인물은 회계원이었다. 참을성 많고 누르께한 얼굴을 하고 있으며 펜과 잉크를 앞에 놓고 코안경을 쓰고서 거래 원장을 꼼꼼히 들여다보는 사람으로, 그에게는 한 열의 숫자들을 빠르고 효과적으로 더할 수 있는 능력이 자부심의 원천이었다.

1869년에 피츠버그의 존스 앤 로플린 철강 회사Jones and Laughlin Steel Company에 다녔던 한 직원은 당시의 사무실(여기에는 여섯 명이 있었는데 세 명은 파트너였고 세 명은 회계원과 사무원들이었다)을 70년 뒤에 이렇게 회상했다. "전화, 속기사, 타자기는 없었고, 비즈니스는 대면으로 이뤄졌다. 한 차 분량의 철(15톤)이 필요한 사람은 서신으로 거래하지 않고 수백 킬로미터를 직접 와서 거래했다. 그래야 철강 제조업자들을 직접

볼 수 있고, 최저 가격으로 구매하면 출장 비용보다 더 많이 절감할 수 있다고 생각했기 때문이다. 그때가 오늘날보다 사무실에 방문객이 더 많았을 것이다.… 근무 시간은 아침 7시에 시작됐고 저녁 6시는 그날의 할 일이 다 끝났을 경우에만 퇴근 시간이었다. 저녁을 먹은 뒤에도 계속 일하는 날이 흔히 있었다."[19] 근무 시간은 길었지만 비즈니스의 속도는 지금 보면 부러울 정도로 느렸다. 한 파트너가 "바쁜" 날이라고 부른 어느 날의 일과는 다음과 같았다. "일찍 일어나서 아침을 먹고 다운타운에 있는 회계실로 간다. 서신들을 열어서 읽는다. 밖으로 나가 세관이나 은행에 들러 12시까지 몇 가지 일을 한다. 그다음에 델모니코에서 점심과 와인을 먹는다. 아니면 다우닝에서 생굴을 먹는다. 1시 반까지 수표에 서명을 하고 재무 관련 일들을 처리한다.… 회계실로 돌아와 저녁 먹으러 나갈 때까지 회계실에서 시간을 보낸다. (화물선이 들어오는) '화물선의 밤'에는 10시나 11시까지 다운타운에 있다가 집에 가서 잔다."[20]

산업이 대체로 그랬듯이 사무실도 대면 활동이 주로 이뤄지는 공간이었고 사람들로 북적거렸다. 서부와 남부의 농산물을 판매하던 한 중개 회사 사무실은 약 2.3제곱미터밖에 되지 않았지만 파트너 네 명과 사무원 여섯 명이 여기에서 일했다. 모두 남성이었다. 여섯 명 중 한 명은 사무실 관리인이었고, 회계 담당 사무원이 두 명, 회계 보조가 한 명 있었다. 파트너의 비서 역할을 하는 사람이 한 명 있었고 나머지 한 명은 화물과 창고 업무를 담당하면서 "아침 일찍부터 밤 8시나 10시까지" 물품을 받고 배달하는 사람이었다. 영업 직원들은 사무실에 왔다가 외근을 나갔다가 하면서 거래 일정을 조율했고, 청구서 처리나 은행 예금을 담당하는 수금원도 한 명 있었다.[21]

하지만 겉으로는 옛날과 다를 바 없어 보이던 사무원의 삶은 사무직 노동의 구조에서 벌어지는 중대하고 근본적인 변화를 가리고 있을 뿐이었다. 이러한 변화들은 미국의 도시와 그 도시가 담고 있는 노동 세계의 모습을 미묘하게 재구성해 내고 있었다.

그런 변화 중 하나는 비즈니스의 전문화였다. 전에는 한 사람이 다양한 상업 활동을 두루 담당했다. 역사학자 앨프리드 챈들러Alfred Chandler가 설명했듯이, "수출업자, 도매상, 수입업자, 소매상, 운송업자, 은행가, 보험업자"의 역할을 상업가 한 명이 모두 맡고 있었다. 그런데 19세기 중반이 되면 이 업무들이 모두 분화된다. 돈을 다루는 일

보스턴 스트래턴 상업 학교Stratton Commercial School의 일반 사무실. 1884년.

은 은행이, 위험을 최소화하는 일은 보험 회사가, 물건을 나르는 일은 운송업자가 담당했고, 상업가 자체도 여러 가지 물건을 다 다루기보다는 한두 개 품목에, 수입과 수출을 다 담당하기보다는 하나의 분야에 집중했다. 그리고 일상적인 업무는 상업가 본인보다는 점점 밑에 있는 직원들이 담당하게 되었다.[22] 한편, 제조업이 성장하면서 소매점들은 다른 곳에서 제조된 물건을 떼어 와서 판매했고, 이에 따라 점포는 생산 기능(공방 기능) 없이 판매 기능만 담당하게 되었다. 그리고 이런 판매점들에는 그날그날 거래를 기록할 수많은 직원이 필요했다. 이렇게 해서 육체노동이 비육체노동과 분리되었다.[23]

업무의 분화, 그리고 생산과 판매의 분화는 더럽고 시끄럽고 냄새 나는 '**진짜** 노동'의 세계에서 사무실과 사무원을 분리했다. 당시 「도시 주민 및 상업 시설 명부」들을 보면, 도시 안이나 주변에 공장이 있는 기업 중에서 '다운타운'에 별도의 사무실을 두는 곳들이 생겨나기 시작했음을 알 수 있다('다운타운'은 미국 영어에서만 쓰이는 단어인데 첫 용례는 1836년으로 기록되어 있다). 이와 함께 '회계실'이라는 단어는 '사무실'에 자리를 넘겨주었다. 사무실이 공장과 함께 있는 경우에도 공장 작업장과 분리되어 있어서 경영자와 사무원은 공장 노동자와는 다른 입구로 드나들었다(그리고 창고 분위기인 공장 입구에 비해 사무 공간의 입구는 문이 가로대와 기둥으로 더 예쁘게 지어져 있었다). 사무 건물은 자체적인 건축 용어도 갖게 되었다. 이를테면, 도리아식 벽기둥과 소매 영업용 대형 진열창이 있는 '그리스 재현 양식Greek Revival'이 유행했는데, 그 안에서 이뤄지는 노동이 고귀하고 기품 있으며 중요한 일이라는 표시였다.[24]

또 하나의 중요한 분리는 육체노동과 비육체노동 사이의 소득 격차였다. 대다수의 숙련 육체노동자는 하나의 일자리에서 버는 돈으로 가족을 부양할 수 없었다. 1년 수입이 500달러 정도였는데 『헌트 머천트 매거진』에 따르면 4인 가족이 검소하게 살 때 1년에 들어가는 돈이 그 **세 배**인 1500달러였다. 반면 사무원은 첫해에는 끔찍하게 낮은 보수를 받았지만(50달러 정도였다), 빠른 기간 안에 육체노동자 보수의 낮은 천장보다 훨씬 보수가 높아질 수 있었다. 20대 후반에서 30대 초반의 미혼 남성 사무원이 1500달러나 2000달러까지 버는 일도 어렵지 않게 볼 수 있었다. 임금의 수준뿐 아니라 지급 방식도 달랐다. 육체노동은 시간급으로 지급되거나 작업량에 따라 지급됐지만 비육체노동은 연봉으로 지급됐다. 물가가 널을 뛰고 금융 위기가 잦던 시기에, 이는 화이트칼라 노동자가 육체노동자는 못 누리는 안정성을 누릴 수 있다는 의미였다.[25] 권력관계에서 작은 변화가 생겨나기 시작했다. '손으로 일하는 사람들'이 아직도 생산 영역에서 우위를 점하고는 있었지만, '머리로 일하는' 사무원들도 커져 가는 행정과 관리의 영역을 차지하면서 권력에 가까이 가고 있었다.

공장 노동 운동에서 '연대'가 핵심 개념이었던 것과 달리, 사무원들 사이에서는 '자기 계발'이 핵심 윤리로 이야기되기 시작했다. 사무원은 지식이 대를 물려 이어지는 가족과 농촌 공동체에서 떨어져 나와 있었다. 다른 사무원들은 경쟁자일 뿐이었고 자기 자신 말고는 의존할 사람이 없었다. "스스로에게 올해는 적어도 작년보다 나아지자고 다짐하지 않는 사람은 아주 뛰어난 사람이거나 아주 형편없는 사람일 것이다." 한 상업가의 사무원이었던 에드워드 테일러Edward Tailer는 1850년 새해 첫날 일기에 이렇게 기록했다. "인간의 노력에 안정기란 없다. 오늘이 어제보다 나쁘지 않은 사람은 나아진 사람이고, 오늘이 어제보다 낫지 않은 사람은 나빠진 사람이다."[26]

자기 계발을 위해 공부를 한다는 개념은 사무직 세계를 그 밖의 노동 세계와 구별 짓는 특징 중 하나였다. 사무원을 위한 전문 학교가 도시 곳곳에 생겨나서 젊은이들에게 비즈니스에서 성공하는 데에 필요한 새로운 지식들을 가르쳤다. 회계실에서 가장 권위 있는 사람은 회계원이었는데, 이들은 화이트칼라 세계에서 진정한 지식에 가장 가까이 간 사람들이라 할 만했다. 회계 강좌에는 사람이 몰렸고(강좌당 25달러 정도이던 수강료는 꽤 부유한 집이어야 감당할 수 있는 액수였는데도 그랬다) "수강생의 진도를 지켜보면서, 단계마다 기입해야 할 모든 숫자, 익혀야 할 모든 거래, 공부할 모든 교재들을 꼼꼼히 살펴 준다"는 고급 강좌도 있었다. S. W. 크리텐던S. W. Crittenden의 『회계 원리Elementary Treatise on Book-Keeping』 같은 서적들은 "어떤 소년이나 소녀도 알기 쉽게 설명해 준다"는 약속으로 유명해졌다. 필경사도 이런 학교들에서 배워야 할 특별한 기술이 있긴 했지만(이를테면, 60초에 단어 30개를 쓰는 법. 이런 것이 좋은 필사의 기준이었다), 회계야말로 미국 비즈니스의 근본적 진실을 담고 있는 분야였다. 결국에 숫자들은 더해지고 늘어나야 하니 말이다. 회계법 열풍이 미국 사회에 어찌나 널리 퍼져 있었던지, 헨리 데이비드 소로Henry David Thoreau는 『월든Walden』의 1장 「경제Economy」에서 이것을 패러디 대상으로 삼았다. 자신의 검소하고 단순한 삶이 우월하다는 것을 보이기 위해 식품 지출을 회계 원장에 적어 합산한 것이다.

□

오늘날의 직장인이 경험하는 사무실은 에어컨 달린 고층 건물에 빽빽하게 들어앉아 익명의 존재로 지내는 공간이지만, 서구(특히 영국과 미국)의 초창기 사무실은 파트너와 사무원 사이의 끈적끈적한 남성적 유대가 특징인 친밀하고 좁은 공간이었다. 역사학자 해리 브레이버먼 Harry Braverman이 설명했듯이, 사무원은 상사 가까이에서 일하면서 상사에게 "보조 매니저, 오래 곁에 둔 하인, 믿을 만한 사람, 경영 훈련 중인 후계자, 그리고 장래의 사윗감"으로 여겨지곤 했다.[27] 『헌트 머천트 매거진』은 이렇게 표현했다. "(무역상의 사무원과) 비즈니스의 관계는 아내와 가정의 관계와 같다. 아내가 가정의 성공과 질서에 미치는 영향과 비슷하다. 아내처럼 사무원도 다른 사람이 제공하는 번영의 원재료를 가지고 모양을 잡고 다듬을 수 있는 천재적인 사람이다." 물론 이런 비교는 사무직 노동을 '여성성'과 연결 지으며 우려하던 사람들에게 아무런 위로도 되지 못했다.[28]

이와 함께, 사무원과 상업가 사이의 친밀성은 미국 사무원들이 갖고 있었던 강한 시샘과 경쟁심을 가리고 있었다. 상사의 못된 성품과 원칙 없는 처우에 대응해 동료들과 연대해 노조를 만들기 시작한 공장의 형제들과 달리, 사무원들은 자신을 나중에 상사가 될 사람이라고 생각했다. 위로 올라가기 위해서 뭐든지 견디는 전형적인 '중산층적' 참을성은 엄청나게 참을성 없는 태도와 공존했다. 사무원들의 조바심과 징징거림은 유명했다. 미국의 도덕주의자 랠프 월도 에머슨Ralph Waldo Emerson은 유명한 에세이 「자립Self-Reliance」에서 이렇게 언급했다. "뛰어난 사람이 대학에서 공부를 하고서 1년이 지나도록 보스턴이나 뉴욕 같은 도시에서 사무실 일자리를 얻지 못했다면, 친구들은, 그리고 그 스스로도, 그가 낙담해서 평생토록 이에 대해 불평을 하는 것이 마땅하다고 생각할 것이다."[29] 그 불평은 사무실의 자리가 보장해 줄 권력과의 근접성에서 나오는 것이었다. 사무실에서 사무원과 상사 사이를 구분하는 공간은 없었다. 사무원의 지위와 파트너의 지위 사이에 있는 것은 오직 시간뿐이었다.

뉴욕 어느 무역상의 사무원이었던 에드워드 테일러는 꾸준히 일기를 써서 사무원의 직업 세계에 대해 생생한 기록을 남겼다. 또한 (『데이비드 코퍼필드*David Copperfield*』에 나오는 사무원) 유라이어 힙처럼 자기 비하의 장막 아래 욕심을, 징징거림의 장막 아래 자신만만함을 띤 어조로 초창기 화이트칼라들의 생각을 잘 드러냈다. 부유한 변호사의 아들로 태어난 테일러는 열여덟 살이던 1848년에 연줄 많은 집안의 도움으로 리틀, 올던 앤 컴퍼니에서 사무원 자리를 얻었다. 영국, 프랑스, 독일에서 잡화를 수입하는 회사였다. 파트너들(리틀 씨와 올던 씨)을 제외하면 이 사무실에서 일하는 사람은 테일러와 회계원 프레더릭 헤인스뿐이었다. 테일러는 리틀, 올던 앤 컴퍼니에 지불할 돈이 있는 거래처에 청구서를 갖다주거나 거래처에서 받은 돈을 은행에 넣는 일을 했고, 그런 일을 하지 않는 시간에는 영수증을 서류철에 정리하는 단조롭고 끝없는 일을 했다. 그가 만족해서 쓴 어느 날의 일기에 따르면 그날 화물 청구서와 영수증 300장을 서류철에 정리했다고 한다. 사무직에 결부된 마르고 약한 신체 이미지를 매우 잘 알고 있었던 테일러는 규칙적인 운동의 장점을 열렬히 주창했고 자신이 다니는 체육관을 소개하는 칼럼도 여러 번 썼다. 1848년 『뉴욕 인콰이어러*New-York Enquirer*』에 쓴 글에서 테일러는 이렇게 언급했다. "특히 앉아서 일하는 사람들에게 (블리커 근처의 크로스비에서 할 수 있는) 체력 훈련을 권한다." 월트 휘트먼의 조롱에 답이라도 하듯이, 테일러는 규칙적으로 운동을 하면 "볼품없고 좁은 가슴팍은 넓고 쫙 펴진 가슴팍이 되고 운동을 하지 않아서 보잘것없게 된 팔다리는 잘 발달되고 모양이 잡히며 자기도 모르게 건

우턴 책상 앞에 앉아 있는 공증인 토머스 오브라이언. 1900년경.

강과 활력이 되살아난 것을 깨닫게 된다"고 주장했다.[30] 근육질의 남자다운 사무원의 이미지는 몸 관리에 열중해 팔뚝 근육이 셔츠 안에서 불뚝불뚝 움직이는 현대의 직장인을 떠올리게 한다. 일터에서 근육을 써서 드는 것이라곤 서류 뭉치나 사무실에 놓아둔 화분 정도뿐일 텐데도 말이다. 오늘날의 헬스클럽 개념을 만든 것은 사무실(그리고 사무실이 몸을 볼품없게 만들 거라는 두려움)이었다 해도 과언이 아닐 것이다.

또한 테일러는 어두운 사무실이 눈을 나빠지게 한다고 불평했다. "하루 일이 끝날 때쯤 되면 눈이 머는 것 같은 느낌이 든다. 눈에 구름이 끼어 떠다녀서, 망막에 상을 그리려고 준비하고 있던 세세한 사물들을 뚜렷이 볼 수가 없다. 이 현상을 이야기하는 이유는 사무실로 간신히 들어온 미미한 빛에 의지해서만 보느라 눈이 긴장하고 혹사당했기 때문이다."[31] 테일러의 눈이 침침해진 것은 조명보다는 지위에 대한 불만과 더 관련 있을지도 모른다. 같은 날 일기의 앞부분에서 테일러는 사흘 전에 요구한 임금 인상에 대해 상사가 아직 답을 하지 않았다고 불평하고 있다. "150달러로 올려 줄지에 대해 올던 씨의 대답을 날마다 기다리는데 아직 답이 없다. 수천 달러를 버는 사람이면서, 근면하고 충직한 사무원에게 봉급을 약간 올려 주어서 사무원이 더 행복하고 독립적이 되었다고 느끼게 해 주고 자신을 결핍에서 벗어나게 해 준 너그러운 손에 대해 마음속으로 축복을 빌게 할 임금 인상을 거부하는 것은, 비열한 성격을 보여 주는 단면이라고 생각한다."[32] 테일러의 요구는 일을 시작한 지 1년도 안 되어서 연봉을 처음의 50달러에서 100달러나 많은 150달러로 올려 달라는 것이었다. 테일러는 자신이 이 정도의 보수를 받을 자격이 있으며, 무엇보다도 그 정도는 되어야만 스스로를 부양할 수 있어서 (부유한) 아버지의 부담을 덜어 드릴 수 있다고 생각했다. 올던은 신중하고 침착하게 답하기를, 테일러가 지위에 비해 너무 많이 요구한다고 했다. 올던은 보스턴의 사무원은 첫해에 50달러를 받고 이후에는 1년마다 50달러씩 임금이 오른다고 말했다.

올던이 임금 인상을 몇 달이고 미적거리자 테일러의 불평 목록은 점점 불어났다. 일기에는 눈이 나빠지는 것에 대한 불평이 여러 차례 나온다. 또한 그는 자신이 해야 하는 육체노동에 대해서도 불평했다. 머리로 일하는 직업인 사무원에 대한 모독이라는 것이었다. "리틀, 올던 앤 컴퍼니가 견본첩 꾸러미를 운반할 젊은이를 한 명 고용해야 할 때가 아닌가 하는 생각이 종종 든다. 1년도 넘게 일한 내가 그런 일을 해야 하는가? 이런 종류의 어이없고 하잘것없는 일을 아직도 내가 해야 한다는 데에 나 스스로 납득하기가 어렵다."[33] 자신도 "젊은이"였던 테일러가 꼭 나이가 더 어린 사람을 뜻한 것은 아니었다. 그가 원한 것은 짐꾼이었고, 결국 회사는 짐꾼을 고용하게 된다. 테일러가 사무원과 짐꾼 사이에 긋고 있는 구분은 계급적이기도 하고 인종적이기도 했다. 대부분의 짐꾼은 이민자이거나 소수자였다(1855년 뉴욕 인구 통계에 따르면 이민자와 소수자가 적어도 66퍼센트를 차지했으며 흑인은 6퍼센트였다). 그렇다 보니 짐꾼은 낮은 계급의 일이라는 생각이 사무원들에게 박혀 있었다. 화이트칼라의 흰색은 옷깃 색뿐 아니라 피부색과도 관련이 있었다.

신참 사무원과 파트너 사이의 거리가 광대해 보이면서도 쉽게 건널 수 있어 보이기도 하는 사무직의 세계에서, 지위에 대한 테일러의 조바심은 일반적인 현상이었다. 이렇게나 지위에 대해 의식하는 직업도, 이렇게나 지위에 대한 걱정으로 동기 부여가 되는 직업도, 그러면서 또 이렇게나 지위 상승에 대해 확신하는 직업도 없었다. 당장의 일이 얼마나 지루하든 간에 사무원은 의심의 여지 없이 스스로를 견습 중인 비즈니스맨, 훈련 중인 경영자라고 생각했고 상업가도 사무원을 그렇게 생각했다. 큐비클을 못 벗어나고 경력이 끝날 것이라든가 여자라서 몇십 년을 일해도 비서보다 높은 자리에는 못 올라갈 것이라는 식의, 요즘 같으면 흔할 예상을 하는 사무원은 거의 없었다.

당시의 사무원이 갖고 있던 특권 의식은 그들의 업무가 모호하다는 점과도 관련이 있었다. 잡화 비즈니스의 특성상 사무원은 판매점에서 세일즈맨의 역할을 해야 했고 고객에게 매력적으로 보여야 했다. 다른 말로, 사무원의 직무는 어떤 임무라도 포괄할 수 있을 만큼 광범위했다. 이는 사무원의 일이 단순한 생산성 이외에 측정할 수 없는 수많은 면들에 의존한다는 의미였다. 매너는 물론이고 상사의 장래 사윗감으로 적합한지 여부까지도 중요했다. 좋은 사무원은 고객의 마음을 사듯이 상사의 마음을 샀다. 비굴하다 싶을 만큼 아첨을 하면서 상사가 '내 사람을 얻었다'고 생각하게 만드는 것이다. 이러한 인간적인 능력은 사무원이 갖춰야 할 직업 역량 중 하나였고(오늘날 '사내 정치'라고 부르는 것과 비슷하다), 이력서에 드러나지는 않지만 비즈니스에서의 걸출함이라고 여겨지는 것의 비밀이었다. 사무직 노동이 사무원의 인간적 속성을 얼마나 없애든지 간에, 남아 있는 인간적인 측면들은 위로 올라가는 데에 필수적이었다.

이는 사무원이 육체노동자보다 우월하다고 느끼는 이유이기도 했다. 신참 공장 노동자는 미래에 그 공장의 경영자가 되겠다는 환상을 갖는 일이 거의 없었고, 그래서 이들 중 일부는 미국에서 막 생겨나기 시작한 노동 운동에 참여하기도 했다. 하지만 사무원은 '손으로 일하는' 사람들과 달랐고 그것을 인식하고 있었다. 테일러가 "어이없고 하잘것없는 일"이라면서 짐꾼의 일을 자신이 할 일이 아니라고 했을 때 의식하고 있었듯이 말이다. 비즈니스에 첫발을 들인 젊은이는 우선 사무원으로 시작해야 한다는 것을 알고 있었지만, 사무원이 훗날 파트너가 될 수 있으며 실제로 그런 일이 많다는 것 또한 알고 있었다. "그의 걸출한 선배들이 지금 차지하고 있는 자리로 그가 올라가는 데에 필요한 것은 오직 시간뿐이다!" 테일러는 고고하게 스스로를 3인칭으로 칭하면서 일기에 이렇게 적었다. 하지만 참을성이 사무원의 대표적인 미덕이었던 한편으로(바틀비가 '말없이, 창백하게, 기계적으로' 계속해서 문서를 베껴 적었듯이), 참을성이 없다는 점이야말로 사무원의 대표적인 특징이기도 했다. 피츠버그 철강의 공장 노동자는 사장이 아주 멀게 느껴졌을 것이다. 하지만 여섯 명이 일하는 사무실에서는 바로 옆에 앉아 있는 저 사람, 배 나오고 양 갈비 모양 구레나룻을 하고서 담배 연기 자욱한 책상 앞에서 졸고 있는 저 사람이 사장인 것이다.

테일러는 요구했던 임금 인상과 50달러 보너스가 받아들여지자 잠시나마 고마워한다. 그런데 그 후에 회사의 수익이 치솟기 시작했고 자금 사정을 속속들이 아는 테일러는(은행에 돈을 넣고 빼는 것이 그의 일 아니었던가) 자신이 받는 고작 수백 달러의 연봉을 올던의 주머니로 들어가는 수천 달러와 비교하면서 다시 한 번 임금 인상을 강하게 요구해야겠다고 생각한다. 2년 반 뒤 테일러는 다른 회사의 세일즈맨으로 자리를 옮긴다. 그가 리틀, 올던 앤 컴퍼니를 떠날 때 올던은 테일러의 "가장 큰 단점은 스스로를 몰아붙이면서 걱정을 너무 많이 한다는 점" 이라고 말했다. 하지만 그 걱정은 소득이 있었다. 얼마 지나지 않아 테일러는 25세의 나이로 무역상이 되었다. 나중에는 쿠바와 서유럽을 자주 여행할 만큼 돈을 많이 벌었고 모르몬교 지도자 브리검 영, 프랭클린 피어스 대통령(미국의 14대 대통령—옮긴이), 교황 비오 9세와 같은 저명인사와도 친분을 쌓는다.

□

테일러 같은 인간상, 즉 상사에게 참을성 없이 굴면서도 아부를 하는 인간상은 사무원이라는 존재에 대해 사람들이 인식하기 시작하고 나서 한 세기 반 동안 화이트칼라의 대표적인 이미지가 된다. 또 사무실 역시 빠르게 성장하는 미국의 자본주의 세계에서 성격이 매우 모호한 공간이 되었다. 사무원은 옛 경제의 소상공인과 농민을 대체하는 새로운 산업 노동 계급인가? 아니면, '지배 계급'으로 가는 관문에 있는 사람들인가? 답은 '그 둘 사이에 불안정하게 끼어 있는 사람들'이었던 것 같다. 정확히 '중간 계급middle class'은 아니었지만, 혹은 **아직** 아니었지만(19세기에는 중산층이라는 개념이 아직 없었다), 자본가 계급도 노동자 계급도 아니었다. 화이트칼라 노동자들은 자신이 어디에 속하는지, 자신을 누구와 동일시해야 할지 알지 못했다. 이는 해소되지 않는 딜레마였다. 계급 **무**의식이라 부를 만한 이런 상태는 오늘날에도 사무직 노동 세계의 주된 특징이다.

한 가지 면에서 초기의 사무직 노동자들은 상류층의 일부로 볼 수 있었다. 이민자는 사무원이 될 기회가 사실상 가로막혀 있었던 것이다. 인종 차별 때문이기도 했지만 사무원 업무에 유창한 영어가 필요하기 때문이기도 했다. 사무원은 특히 비즈니스 영어에 통달해야 했다. 따라서 이민자들은 언어 역량이 크게 필요하지 않은 육체노동을 하게 될 가능성이 높았다. 또 임금을 지급받는 방식이나 외모, 복식 등의 면에서도 초기 사무직 노동자는 상류층과 비슷했다. 사무원은 시급이나 일당이 아닌 연봉을 받았고, 우아하게 차려입었으며, 가느다란 손목과 하얀 안색 등 육체노동을 할 필요가 없었던 귀족과 비슷한 외모를 하고 있었다(귀족 계급에 대항하는 시민 혁명으로 세워진 나라에서 말이다).

정치·문화적으로도 사무원들은 자신의 계급을 위한 제도들을 만들기 시작했다. 대부분의 사무원은 19세기 도시 정치의 거칠고 야단스러운 분위기(지역구의 보스, 정치 깡패, 상자 연단 위에서의 연설, 노골적인 부패 등, 테일러 같은 사무원들이 "선거 놀음"이라며 경멸한 것들)를 질색하며 피하면서 좀 더 우아한 자신들의 공간에서 정치적이고 지적인 탐구의 장을 발전시켰다. 그들은 토론 모임에 참여했고 회원제 도서관에 등록했으며 학회나 문예 연구회의 핵심 멤버가 되었다. 상업 도서관 협회 Mercantile Library Association(1820년에 세워진 사설 도서관) 회원 중에는 사무원이 상당히 많았는데, 그중 한 명이었던 테일러는 일기에 이렇게 적었다. "이 소중한 도서관은 상업 커뮤니티에서 아직 계몽이 덜 된 사람들에게 무한히 좋은 역할을 할 것이다." 이 모든 것이 '자기 계발' 신조의 일부였는데, 사무원들은 이것을 자신들이 집단으로서 사회에 기여하는 바라고 생각했다.

　이런 활동은 연약한 젊은 사무원이 소매점에서 고객의 도덕성을 훼손하고 더 나쁘게는 술집이나 사창가에서 시간을 낭비한다는 비난이 언론에 자주 나오던 시절에[34] 사무원이 품위와 명예를 소중히 여긴다는 점을 보이려는 것이기도 했다. 테일러 같은 일부 사무원들은 일부러 노력을 들여서 자신의 고결성을 주장했다. 테일러는, 일기에 개탄했듯이, 도시를 돌아다니면서(일 때문이기도 했지만 돌아다니는 것을 좋아하기도 했다) 브로드웨이가 "가장 타락한 여성들로 넘쳐 나는" 모습을 보곤 했다.[35] 하지만 테일러와 달리 훨씬 덜 독실한 많은 사무원들은 남북전쟁 이전의 풍요로운 도시가 제공하는 악덕들에 굴복했다. '포터하우스porterhouses'라고 불리던 술집들은 매춘 여성과 '한바탕' 하려는 하급 사무원들로 우글댔다. 『채찍Whip』, 『난봉꾼Rake』, 『번쩍임Flash』 같은 이름의 잡지와 애정 소설에는 유혹의 기술을 발휘하는 사무원에 대한 가십이 실리곤 했다. 이런 이야기들은 사무원의 남성성을 두고 숱하게 제기된 의심에 대해 사무원들이 남성적 정체성을 구축하는 데에 도움이 되었을지도 모른다.[36]

　19세기에 사무원들이 집단행동에 나선 적도 한 번 있었다. 이는 더 큰 사회 운동으로 발전할 수 있었을지도, 그리고 사무원이 어떤 계급에 속하는가의 문제를 공개적인 논쟁의 장으로 불러올 수 있었을지도 모른다. 하지만 이들은 상사에게 요구하는 바를 최대한 친밀하고 예의 바른 방식으로 전달하기 위해 갖은 노력을 기울이면서, 사무원의 계급적 속성에 대한 문제를 모호하게 만들었다. 사무원들이 벌인 운동은 소매점의 영업 종료 시간을 규칙적으로 해 달라는 것이었다. 19세기 초의 소매점들은 영업 시간이 불규칙했고 상업가는 사무원들을 10시까지도 일터에 붙잡아 둘 수 있었다. 그래서 사무원들은 체육관이나 도서관에 갈 수 있는 얼마 안 되는 여가 시간을 잃기 일쑤였다. 1841년 무렵이면 상점 문을 8시에 닫게 해 달라는 집단적인 운동에 상당수의 사무원이 참여하고 있었다. 하지만 그들의 요구 사항은 사무실의 친밀성과 우애의 언어로 표현되었다. 그들은 "간청으로" 상업가들의 선의를 얻어 내서 일을 해결하기를 원한다며, 한두 시간 더 휴식을 취할 수 있게 된다면 "기꺼이 헌신하는 하인"이 되어 상점을 위해 일할 수 있을 것이라고 했다.[37] 몇몇 고용주와 언론인은 사무원들의 운동에 적대감을 보였다. 이들은 사창가에나 가는 사무원의 부도덕을 비난하는 동시에 사무원의 집단행동이 노동 운동으로 발전할까 봐 두려워하고 있었다. 이에 대해 사무원들은 능란하게 대응했다. 전자에 대해서는, 자신들이 원하는 것은 공부할 시간을 조금 더 갖는 것뿐이라고 주장했다. 후자에 대해서는, 자신들은 파업을 할 생각이 전혀 없으며 온건한 부탁을 통해 고용주들을 설득할 수 있기를 바란다고 했다.

『뉴욕 트리뷴New-York Tribune』의 매우 영향력 있었던 편집자 호러스 그릴리Horace Greeley는 이 운동을 사무원들이 드디어 미합중국의 진정한 시민이 되기 시작했음을 보여 주는 징표라며 환영했다. "사무원의 겉치레, 공허함, 무지는 오랫동안 조롱의 대상이었다." 그는 첫 사설에서 이렇게 언급하고서, 그 조롱이 사실이라면 당연히 "사무원의 상황을 개선할 수 있는 조치를 취하는 것이 그다음에 할 일"이라고 주장했다.[38] 또 사무원 협회가 상점 문을 일찍 닫게 해 달라는 청원을 내자 그 릴리는 이 청원을 받아들이라고 고용주들에게 촉구하는 칼럼을 썼다. 그러면 사무원들이 새로 얻은 자유를 가지고 도덕적인 교육의 이점을 누릴 수 있을 것이라고 주장했다. "옛 시스템에서는 사무원들이 시간 을 너무 많이 빼앗겨서 정신적·도덕적·사회적 여유를 즐기는 것이 전 적으로 박탈되어 있었다. 적극적인 삶에 따르는 책임과 의무를 다하기 위해서는 모두가 누려야만 하는 것인데도 말이다."[39] 그는 "해방된" 사 무원들이 새로 갖게 된 자유를 신성한 은신처(뉴욕 라이시엄 같은, 토론과 교육을 위한 학회들)에서 자발적으로 누리게 될 것을 열렬히 고대했다.

하지만 대부분의 고용주는 근무 시간을 줄여 주지 않았다. 요구가 아닌 부탁을 하고 노조가 아닌 협회를 만드는 사무원들의 방식은 효과 가 없었다. 만약 그들이 파업을 했더라면 뉴욕의 상업을 심각하게 위 협할 수 있었을 것이다. 그러나 청원은 기껏해야 고용주들이 너털웃음 을 터뜨리게 만들었을 뿐이었다. 하지만 사무원들은 여유 시간을 조금 더 달라는 온건하고 예의 바른 부탁이 육체노동자들의 파업과 유사하 게 여겨지는 것을 막아야 한다는 점에서는 단호했다. '잡화 사무원 위 원회' 사무원 중 일부가 영업 시간 단축을 거부하는 특정 상업가를 협 박하는 글을 『뉴욕 트리뷴』에 쓰자("진열장이 부서지는 걸 막으려면 잘 지켜 보아야 할 것이다"), 영업 시간 단축 위원회 위원장은 이런 급진적인 감수 성과 거리를 두려고 애를 썼다. 그는 『뉴욕 트리뷴』에 실린 글이 "우리 의 수단을 꺾기 위해" "사악한 자들"이 저지르는 방해 공작이라고 주 장했다.[40] 더 큰 협회들도 몇 개 있었고 산업별 노조와 연대하는 방향 으로의 움직임도 있었지만, 1852년이 되면 상점 영업 시간 단축 운동 은 김이 빠지고 실패로 끝나고 만다.

사무원들은 이기길 원했을까? 아니면, 여기에서 이기는 것은 노동자로서가 아니라 젊은 비즈니스맨으로서의 계급적 지위를 포기해야 하는 것이었을까? 사무원들은 자신이 어디에도 위협이 되지 않는다고 생각했다. 그들은 노동의 세계에서 언제라도 울음을 터뜨릴 준비가 되어 있지만 상징적인 고무 젖꼭지를 주면 얌전해지는 아기 같은 존재로 스스로를 묘사했다. 멜빌의 단편「필경사 바틀비」는 저자 자신이 경험을 통해 알고 있었던 사무원의 모호한 속성을 활용한 소설로, 사무원이 실행할 수 있었던 유일한 종류의 저항, 즉 **수동적인** 저항에 대해 이야기한다. "**안 하겠다는 건가?**" 서술자가 묻자 바틀비는 이렇게 지적한다. "**하지 않았으면 좋겠다고 말씀드렸을 뿐입니다.**" 완고한 의지의 표현 대신에 온건한 선호의 표현을 써서 상사를 쩔쩔매게 하는 것이다. 한 사무원은 자신들의 처지를 이렇게 설명했다.

　　사무원들이 비즈니스와 상사의 성공에 대해 일반적으로 느끼는 관심은 너무 과소평가되고 있는 것 같다. 여기에는 사무원들 탓만큼이나 상사들의 탓도 있다. 사무원 대다수는 젊은이들이고 자기 앞의 비즈니스에 대해 희망과 기대를 가지고 있는 사람들이다. 그들은 젊은이 특유의 너그러운 우정과 신뢰에 대한 확신을 아직 버리지 않은 사람들이다. 그들은 자기 자신과 세상에 대해 긍정적으로 생각하는 경향이 있고 상사가 너무 거리를 두면 그것을 마음 깊이 느낀다.…
　　좋은 사무원은 자기 연봉보다 상사의 성공과 신용에 더 많은 관심을 둔다. 그리고 성공적인 한 해가 마무리될 때면 자신도 열정과 성의로 상사의 사업에 보탬이 되었다고 생각한다. 사업의 미래 전망에, 그리고 상사가 역경에 처할 때 기댈 수 있는 안전망에 자신도 무언가 보탰다고 생각하는 것이다. 좋은 상업가는 사무원에게 이런 감정들을 북돋고 그에 상응하는 표시를 해 준다.[41]

사무원이 부상하기 전에 미국의 경제학자들은 실제로 일을 하는 생산 계급과 생산된 것을 단순히 누리기만 하는 소비 계급이 점점 벌어지는 것을 우려했다. 하지만 사무원이 미국인의 인식에 빈도는 낮지만 불길한 등장을 하던 1830년대부터 1850년대 사이에, 담론은 계급 갈등에서 멀어져서 고용주와 노동자 간에 '조화로운 이해관계'의 가능성을 논의하는 쪽으로 변화했다.[42] 자본과 노동 사이에 타협 불가능한 갈등이 있다고 주장한 사회주의자들(샤를 푸리에, 카를 마르크스, 로버트 오언, 헨리 조지 등)의 위협에 자극을 받아서, 미국과 영국의 논평가들은 (아마도 의도하지는 않았겠지만) 사무실이 비호하는 세상, 즉 노동자와 고용주가 조화롭게 지내는 세상을 묘사하기 시작했다. 물론 사무실에도 상충 관계, 불만, 노골적인 적대가 늘 있었다. 하지만 전형적인 사무원은 자신의 이해관계와 고용주의 이해관계를 함께 추구하는 것에 모순이 있다고 생각하지 않았다. 남북전쟁은 기존에 미국의 노동 현장에 존재했던 국가적인 안정성을 무너뜨렸다. 특히 가장 불평등한 일터였던 남부의 면화 농장들이 격변을 겪었다. 하지만 뒤이은 시기(사무실이 눈에 띄게 늘고 미국 도시들에 고층 건물이 줄지어 들어서던 시기)에 사무실은 밖에서 벌어지는 소란이 사무실 안으로 들어오는 것을 거의 허용하지 않았다. 개혁가들이 한 종류의 유토피아를 약속하는 한편으로, 사무실은 또 다른 종류의 유토피아를 약속했다. 그리고 모두가 끝도 없이 친절하고 점잖게 악수를 하는 사무실 유토피아가 더 오래 살아남았다.

2

사무실의 탄생

모든 도시, 마을, 농가에 무수히 많은 타자수, 전신 전화
여직원, 점포 사무원이 생겼다.··· 수없이 많으면서도,
계급으로서는 역사학자들에게 알려져 있지 않았듯이
그들 자신에게도 알려져 있지 않았다.

— 헨리 애덤스Henry Adams, 『헨리 애덤스의 교육The Education of Henry Adams』(1907)[1]

1860년의 회계원이 거래 원장을 보려고 고개를 숙였다 들어 보니 갑
자기 1920년이 되었다고 생각해 보자. 익숙하던 작은 공간은 흔적도
없고, 종유석이 가득한 동굴처럼 높은 천장에 큰 기둥들이 있는 공간
으로 바뀐 것에 경악하게 될 것이다. 1860년의 회계실에서 그와 함께
동고동락했던 유일한 사무원은 사라지고, 낯선 사람 수십 명이 깔끔하
게 줄지은 책상에 앉아 있다. 바로 옆의 책상에서 시가를 물고 있던 파
트너도 사라졌다. 이제 일군의 소함대를 이룰 만큼 수가 많아진 상사
들은 성층권 높이의 임원실로 올라가 있다.

　업무는 힘겹고 가차없으며 끝이 없다. 고요하고 나른하던 회계실의
나날이여, 이제 안녕. 공장 같은 사무실의 노동이여, 반갑구나. 시간의
질감은 더 거칠고 빠듯해졌다. 정확히 언제인지 짚기는 어렵지만 결정
적인 변화의 시점을 지난 것은 분명하다. 스톱워치를 가진 사람이 연
필의 움직임, 서류철 만드는 습관, 화장실에 가는지와 언제 가는지, 음

료수대에서 얼마나 노닥거리는지, 몇 분을 낭비하는지 등을 모조리 기록한다. 옛 회계실의 끈끈한 고요함은 이제 타자기와 계산기가 내는 금속 소리와 캐비닛을 여닫는 소리가 가로지른다. 들어오고 나갈 때는 출근 카드를 찍는다. 날카로운 종소리가 하루의 시작과 끝을 알린다. 퇴근 시간이 되면 침침한 눈을 가늘게 뜨고 어둑어둑한 저녁 거리로 나와서 긴 행렬을 이룬 검은 코트 차림의 수천 명 인파에 떠밀린다.

1860년에서 1920년 사이에 비즈니스는 규모가 커졌고 사무직 일의 종류와 수도 크게 늘었다. 노동 환경의 변화는 노동 자체의 변화를 반영하고 있었다. 행정과 관료제가 비즈니스 세계를 접수했다. 『월든』은 남북전쟁 이전 시기 노동의 무의미함에 대한 강력한 저항이었지만, 여기에 나오는 조용하면서도 단호한 촌평은 공격적인 근면성을 주장하는 새로운 목소리에 눌려 들리지 않게 되었다. 남북전쟁 이후 소로의 주장을 반박하는 견해들이 계속해서 나왔다. 노동 세계의 새로운 기조를 보여 주는 사례로 1880년대의 베스트셀러 소책자 『허드렛일에 축복 있으라Blessed Be Drudgery』를 들 수 있다. 저자는 복음주의자 윌리엄 개닛William Gannett이다. 종교인이 쓴 책이므로 탐욕스러운 새 시대의 악덕에 맞서 성찰하는 삶의 중요성을 설교하는 내용일 것 같지만, 개닛은 뜻밖의(그리고 뜻밖에도 많은 사람을 도취시킨) 타협적인 견해를 제시했다. 그는 노동이 끔찍하다는 점, 그리고 노동이 우리가 이상에 도달하지 못하도록 가로막고 있다는 점을 인정했다. 그는 "야외의 삶을 꿈꾸면서도" 여전히 "아침이면 다운타운에 가서 저녁까지 (사무실의) 의자에 앉아 꼼짝없이 일을 해야 하는" 것에 대해 이야기한다.[2] 하지만 개닛은 문화와 여가에 대한 열망은 "관습을 수행하면서 판에 박힌 일상을 뚜벅뚜벅 걸어가는 것"을 통해서만 이룰 수 있다고 주장했다. 한마디로 그것이 "'허드렛일'에 달려 있다"는 것이었다.[3] 허드렛일은 문화의 대척점이 아니라 **모든** 문화의 원천이었다. 이 주장은 성경 이래로 서구 사상사에서 내내 이야기되어 온 바를 뒤집는 것이었다. 성경에서 노동은 낙원에서 쫓겨난 인간에게 내려진 저주였다. 하지만 이제 노동은 부담이 아니라 자유를, 낙원으로 돌아갈 수 있는 길을 의미하게 되었다.

이 자유를 가장 잘 보장해 줄 것으로 기대된 공간이 사무실이었다. 에머슨 이래로 자립이라는 이념을 가장 열심히 설파한 호레이쇼 앨저 주니어Horatio Alger Jr.는 굉장히 인기를 끈 일련의 소설에서 거리의 부랑아가 고귀한 화이트칼라로 신분이 상승하는 믿지 못할 이야기를 여러 번 제시했다. 통계 수치로 보나 개인의 성공담으로 보나 이러한 종류의 상승은 그리 있을 법한 일이 아니었다. 앨저의 소설 주인공들도 항상 부유한 원조자의 개입에 의존한다. 그럼에도 '호레이쇼 앨저 이야기'는 밑바닥에서 시작해 꼭대기까지 올라가는 계층 상승의 상징이 되었다. 가난한 부랑아의 길에 장애물은 없다는 믿음은 뿌리를 내렸을 뿐 아니라 계속 자라났다. "시작은 나만큼 초라했던 저 유명 인사들처럼 나라고 되지 말란 법은 없지 않은가?"『러프와 레디: 뉴욕 신문 배달원의 삶Rough and Ready; or, Life Among the New York Newsboys』의 주인공은 이렇게 자문한다.[4] 이런 감성은 즉시 수천 명을 사로잡았고 1920년이 되면 수백만 명을 사로잡는다.

앨저의 책에서 영감을 받아, 보드 게임 회사 파커 브러더스Parker Brothers(나중에 '모노폴리'로 유명해지는 회사다)는 1889년 '오피스 보이'라는 어린이용 판타지를 선보였다. 일종의 주사위 보드 게임으로, 나선형 벌집 모양의 보드판에는 사환(오피스 보이)이 성공 가도에서 거쳐 가는 기착지들이 그려져 있다. 이 게임은 인내와 불굴의 용기가 있으면 어린 사환도 회사의 최고위직까지 올라갈 수 있다는 메시지를 담고 있다. '사무실 사환'에서 시작해서 '짐꾼', '재고 담당 사환' 등을 거치면서 '부주의한', '성의 없는', '부정직한'과 같은 칸을 없애고 고전적인 부르주아 덕목인 '역량 있는', '성실한', '야망 있는'과 같은 칸을 채워 나간다. 그렇게 해서 보드판의 중앙에 도달하면 '회사의 최고 책임자'가 된다.

하지만 이는 세기 전환기의 사무실 세계에서는 거의 적용될 수 없는 낡은 환상이었다. 오래도록 사라지지 않는 강력한 환상이기는 했는데, 이 환상은 노동자들이 변화를 파악하게 만들기보다는 변화에 적응하게 만들었다. 독특하고 영웅적인 분위기가 얼마나 남아 있었든 간에, 1900년이면 운치 있는 도시의 좁은 길을 따라 간판도 없이 존재하던 작은 회계실이나 멋 부리는 잡화점 사무원은 다 사라져 버린다. 이제 사무원들은 땅에 가까운 낮은 층에서 일하지 않고 무수히 들어선 고층 건물에 수백 명씩 들어가서 일한다. 지평선을 없애면서 솟아올라 스카이라인을 뚫고 서 있는 고층 건물의 처마 장식에 비하면 교회의 첨탑은 가소로워 보인다. 수십 미터 이상의 고층 건물들은 성층권의 주인 같다. 인간의 위력과 창의성을 증거하는 동시에 자연에 도전하는 듯하다. 뉴욕과 시카고 고층 건물에 타자수들이 줄줄이 앉아 타자를 치는 공간은 오하이오 주나 펜실베이니아 주, 영스타운이나 피츠버그에 있는 철강 공장 작업장에 비견할 만하다. 사실, 철강 공장들에서 생산되는 철강의 상당량은 이런 고층 건물들을 짓는 데에 들어가고 있었다. 그리고 철강 회사의 사장은 그런 고층 건물에서 자신의 산업 제국을 지휘했을 것이다.

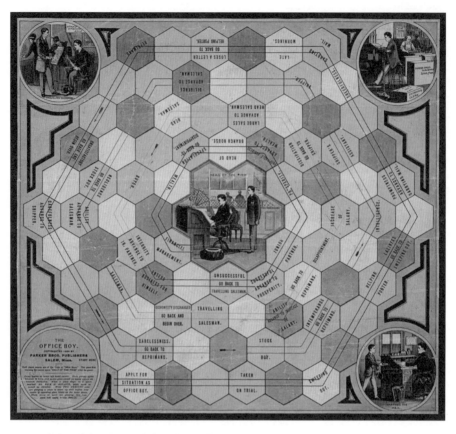

파커 브러더스의 보드 게임 '오피스 보이'. 1889년.

이러한 역사적 격변 속에서, 예전 같으면 소상공인이 되었을 수백만 명의 평범한 사람들이 새로운 거대 기업의 직원이 되었다. 높은 지위에 올라갈 수 있는 사람은 이들 중 소수에 불과했다. 하지만 사무직 노동에 대한 담론에서 계층 상승과 존중받는 삶의 가능성은 여전히 의례적으로 긍정되었다. 사람들이 믿고 있는 사무직 노동의 잠재성과 사무직 노동의 실제 속성 사이의 괴리는 해결되지 않은 채 계속 남는다. 이 괴리는 화이트칼라를 중산층으로 보는 개념에 도전하기도 했지만 그 개념의 근본 바탕이기도 했다.

사무실의 확장은 엄청나게 진보한 기술의 뒷받침 덕에 가능했다. 1860년 무렵에는 철골이 쓰이면서 건물을 더 높이 지을 수 있게 되었다. 1870년이면 엘리베이터 덕에 높은 층을 편히 오르고 내릴 수 있게 되었다. 1874년에는 레밍턴 타자기가 사무실에 들어왔다. 2년 뒤에는 벨의 전화기가 특허를 받았다. 모스 전신은 이미 몇 년 전부터 사용되고 있었다.[5]

인구 통계에 따르면, '전문 서비스직' 종사자가 1860년에는 75만 명이었는데 1890년에는 두 배 이상 증가한 216만 명이 되었다. 20년 뒤인 1910년에는 다시 두 배로 뛰어서 미국에 442만 명의 사무 직원이 존재하게 되었다.[6] 그리고, 당시 사람들로서는 너무나 놀랍게도, 그중 거의 절반이 여성이었다.[7]

어떤 일이 일어났기에 미국에 갑자기 이렇게 많은 사무실이 필요해진 것일까?

□

　회계실의 작은 세계는 18세기와 19세기 초 미국의 작고 분절적이던 세계에 잘 조응했다. 그때 미국에는 수많은 소도시와 마을이 있었는데 대체로 농가들이 불규칙하게 모여 구성된 형태였다. 하지만 19세기 말에 철도가 등장하면서 이 목가적인 풍경을 흩뜨려 놓았다. '펜실베이니아 철도', '미시건 센트럴', '유니언 퍼시픽', '시카고 벌링턴 앤 퀸시'와 같은 이름들은 미국인의 상상에 완전히 새로운 지리 감각을 입혔다. 철도 덕분에 운송 비용이 낮아지고 시장이 확장됐으며, 그에 따라 상품 가격도 내려갔다. 또 전신과 전신 회사들 덕분에, 예전 같으면 도저히 닿을 수 없었던 곳과 사상 처음으로 즉각 소통할 수 있게 됐다. 전신은 미 대륙의 동쪽과 서쪽을 연결하면서 기존의 시간과 공간 개념을 단번에 무너뜨렸다.

　경영사학자 앨프리드 챈들러의 유명한 분석에 따르면, 철도는 조직 혁명을 불러왔고 이는 기차에 동력을 제공한 기술 혁명에 맞먹을 정도로 사회에 큰 영향을 미쳤다. 기차들의 운행이 잘 연결되도록 조정하기 위해서는 여러 단위의 활동을 조율하고 통제할 관리자들이 필요했고 이들이 머물면서 일할 조직도 각지에 있어야 했다. 전 시대의 플랜테이션이나 소규모 직물 공장 등에 적합하던 파트너십 형태로는 철도를 감당할 수 없었다. 이 시기에 투기자나 자본가들은 여러 가지 일로 신문 지면을 숱하게 장식했지만, 회사의 조직 형태를 바꾸는 데에는 기여한 바가 거의 없었다. 조직 형태의 변화를 일구기 시작한 사람들은 노동자와 최고위 경영진 사이의 '중간'을 차지하기 시작한 새로운 관리자 계층이었다. 머지않아 이들 중간 관리자는 미국 전역의 풍경을

지배할 사무실에서 핵심 위치를 차지한다.[8]

철도 회사들은 간단해 보이지만 사실은 매우 획기적인 조직 형태를 도입했다. 하나의 회사를 여러 부서로 나누는 사업부제 조직 형태였다. 맨 위에는 이사회가 있고 그 아래에 회장이나 사장이 있다. 하지만 그 아래부터는 재무, 물류, 건설 등으로 부서가 나뉘면서 조직도가 M자 형태로 퍼지기 시작한다. 각 부서는 다시 구매과, 회계과, 설비과 등으로 세분되었고 관리자들이 각 지역 사무소에 퍼져서 전국적으로 기업 활동을 조정했다. 미국이 기업 조직의 나라가 되는 데에는 정부의 역할도 컸다. 기업에 '법인격'을 부여하면서 소유와 경영을 분리한 것이다. 사무원과 파트너가 온갖 다양한 업무를 다 다루던 시대는 가고, 그들의 자리에 경영 관리자들이 들어왔다. 이들은 복잡하고 정교해진 사다리를 오랜 세월에 걸쳐 오른 사람들로, 같은 사다리의 아래 칸을 올라오고 있는 직원들을 채용하고 관리했다('사다리'가 회사의 직급 체계를 의미하는 말로 쓰인 것도 대략 이때부터다).

아늑하고 끈끈하던 '바틀비' 시대의 끝자락과 넓고 휑뎅그렁한 새 고층 건물 사이의 변화는 한 사람의 일생을 통해서도 볼 수 있다. E. P. 리플리E. P. Ripley는 보스턴의 잡화점 사무원으로 일을 시작했다. 고등학교를 마친 열일곱 살 때였다. 4년 뒤인 1866년에는 유니언 철도 보스턴 사무소에서 계약 담당원으로 일자리를 얻었다. 1870년에는 다른 철도 회사인 시카고, 벌링턴 앤 퀸시의 시카고 사무소에서 물류 담당원이 되었다. 시카고에서 곧이어 교통과 과장이 되었고 다음 해에는 부장이 되어 1888년의 철도 파업을 분쇄하는 일을 맡았다. 1890년에는 또 다른 철도 회사에서 부사장이 되었고 1896년에는 산타페 철도의 사장이 되었다. 51세 때였다. 예전에 사무원과 파트너라는 두 개의 직위가 있었다면 이제는 일곱 개의 직위가 있는 것이다. 그리고 이 이야기에서는 잘 드러나지 않지만 사무원들 자체도 세분화되었다. 인구 통계상의 '반半숙련semiskilled' 노동만 보더라도 서류 담당, 화물 담당, 회계 담당 등 다양한 직군이 포함돼 있었다. 당시의 철도 회사 임원 대부분이 리플리와 비슷한 경로를 밟았다. 물론 잡화점 사무원 대부분은 철도 회사 임원이 되지 못했지만.[9]

사실, 회사 규모가 커지면서 사무원이 이전 시대에서처럼 '경영 견습'을 할 수 있는 가능성은 줄었다. 사무원 업무의 세분화는 사무원이 회계면 회계, 서류 정리면 서류 정리, 과금이면 과금 등 하나의 일만 할 뿐 전체 사업이 돌아가는 것을 배울 유인이나 기회는 적어졌다는 의미였다. 거대하고 사람 냄새 없는 조직의 바닥을 차지하면서, E. P. 리플리와 비슷한 시기에 비즈니스 세계에 들어왔던 신참 사무원들은 자신의 친밀한 세계가 무너진 뒤 책상 수백 개 중 하나로 재배치되었을 가능성이 크다.

철도는 회계실 시절 소규모 파트너십을 지탱해 주었던 상업가들의 네트워크도 파괴했다. 전에는 상업이 특정한 지역이나 시장에 대한 지식에 크게 의존했다. 그런데 철도로 여러 지역에 빠르게 접할 수 있게 되면서 각 시장의 고립성과 특수성이 사라졌고, 그에 따라 해당 지역과 시장을 꿰고 있는 소수의 상업가가 가졌던 강점도 사라졌다. 여기에 1870년대와 1890년대에 불황이 닥치면서 미국의 제조업체들은 비용을 줄이기 위해 기업 결합과 수직 합병에 나섰다.[10] 야전장에 내던져진 것 같은 새로운 경쟁 압력 속에서, 수익을 내려면 합병하는 수밖에 없었다. 1890년대에 인수 합병의 대물결이 기업계를 휩쓸었고 철강, 석유, 담배, 식품, 육가공 등 많은 산업에서 기업 결합이 이루어졌다.

1897년부터 1904년 사이만 보더라도 4000개가 넘던 기업이 257개로 통합됐다.[11]

원거리 통신의 발달로 사무실이 공장이나 창고에서 떨어져 나와 별도로 존재할 수 있게 되었고, 이는 다시 사무직 일자리의 범위를 넓혔다. 우편 주문 회사와 물류 센터를 생각해 보자. 이제 상사와 사환은 대면으로 소통할 필요가 없다. 때때로 메신저(배달 사환—옮긴이)는 여전히 필요했지만, 창고, 공장, 인쇄소 등과 연락할 일이 있으면 모스 부호나 전화기로 해결할 수 있게 되었다. 건물 안에서도 기송관(기체의 압력을 사용하는 물질 수송관—옮긴이)으로 여러 층에 문서 등을 전달할 수 있었다. 또 딕터폰(구술 녹음기—옮긴이)은 꼭대기 층 임원실에서 나오는 위스키와 시가 담배 밴 목소리를 아래층 속기사실에서 분주히 받아 적을 수 있게 전달해, 임원의 지시를 합리적이고 사람 냄새 배제된 형태의 문서로 만들 수 있게 되었다.

빠르고 효율적인 커뮤니케이션 수단은 역설적으로 더 많은 일을 가져왔다. 물건도 더 많이 처리해야 했을 뿐 아니라 신용장, 영수증, 계약서, 메모, 손익 계산서 등 서류 작업도 더 많이 해야 했다. 더 많은 타자기가 필요해졌고, 따라서 더 많은 타자수가 필요해졌으며, 따라서 더 많은 업무 지시와 메시지가 필요해졌고, 따라서 더 많은 메신저가 필요해졌다.

"노동을 절약해 준다"며 등장한 기기들로 새로운 산업들과 더 많은 노동이 생겨났다. 마셜 매클루언Marshall MacLuhan은 『미디어의 이해 Understanding Media』에서 이렇게 설명했다. "역설적이지만, 타자기의 상업적 도입을 촉진한 것은 바로 전화기였다. '그 문제에 대해 메모를 보내시오'라는 지시가 하루에도 수백만 번씩 전화기를 통해 내려지면서 타자수의 업무가 엄청나게 늘어난 것이다."[12] 싱클레어 루이스Sinclair Lewis의 사무실 소설『일자리*The Job*』(1917)에서 주인공 우나 골든은 노동을 절약해 주어야 마땅할 기계들(편지를 열고 봉하는 기계, 자동 타자기, 구술 녹음기, 기송관)이 늘어난 상황에 대해 의미심장한 불만을 제기한다. "그런데도 여직원들은 전과 마찬가지로 아무 희망 없이 오랜 시간 힘들게 일해야 한다. 우나는 시간을 절약해 준다는 도구들이 사장의 시간만 절약해 줄 뿐, 다른 누구의 시간도 절약해 주지 못하는 사회 시스템에 뭔가 문제가 있다고 생각한다."[13]

종이를 세워서 꽂는 파일 캐비닛의 발명은 타자기나 전신만큼 찬사를 받지는 못했지만 중요성은 그에 못지않았다. 서류를 정리해 보관하는 일은 사무실 자체만큼이나 오래되었지만 파일 캐비닛은 1880년대가 되어서야 등장했다. 처음에는 나무로 만든 서랍장 형태였는데 서류 상자를 넣어 두거나 서류를 금속 집게로 고정해 두는 방식이었다. 그 이전에는 사무원 책상에 달린 우편함처럼 생긴 작은 보관함들에 보관했는데 나중에 다시 찾아보는 것이 거의 불가능했다. 지금으로서는 믿기지 않지만 종이를 펴진 상태로(처음에는 눕혀서, 그다음에는 세워서) 보관한다는 개념이 널리 퍼지기까지는 오랜 세월이 걸렸다. 하지만 세워서 보관하면 어마어마한 양의 서류를 보관·관리하기가 훨씬 쉽다는 사실이 명확해지자 이 시스템은 곧 도처에 존재하게 되었다.[14] 건물이 높아지면서 방염의 중요성이 커지자 나무 캐비닛은 철제 캐비닛으로 바뀌었다. 키 큰 철제 캐비닛은 고층 건물의 모양과 비슷했고, '파일'은 사무실 자체에 대한 은유로 보이게 되었다. C. 라이트 밀스는 몇 년 뒤에 이렇게 주장한다. "고층 건물 안의 각 사무실은 거대한 파일의 영역이다. 현대 사회의 일상에 형태를 부여하는 서류들을 수십억 장씩 생산하는 상징적인 공장의 일부분이다."15 올더스 헉슬리Aldous Huxley는 디스토피아 소설 『멋진 신세계Brave New World』에서 완전히 관료화한 사회를 보여 주는 강력한 상징으로 모든 사람이 태어나기도 전부터 각자의 서류에 이름과 정보가 올라와 있는 상황을 보여 준다.

이제 익명이 아니고 이름과 아이디가 붙은 시험관의 행렬이 느리게 행진해 오고 있었다. 벽에 난 구멍에서 나와서 천천히 '사회 계급 결정실'로 들어갔다.…
"88세제곱미터의 카드 인덱스입니다." 들어서면서 포스터 씨가 쾌활하게 말했다. "매일 아침 정보가 갱신되고 매일 오후에 다시 조정이 되지요." (부화실의) 디렉터가 덧붙였다.16

그러나 사무실의 모습을 바꾼 더 미묘한 요인은 이제는 층층이 된 경영진의 직급이 구별되도록 공간을 디자인할 필요성이 생긴 것이었다. 회계실의 느슨하고 비공식적인 관계에서는 사무원이 파트너와 불과 몇 발짝 떨어진 곳에서 일할 수 있었고 파트너가 사무원보다 가시적으로 나은 점이라면 조금 더 좋은 책상을 쓴다는 것뿐이었다. 하지만 상무, 전무, 부사장 등이 생겨나면서, 권력관계가 명백하게 위계적으로 보이면서도 헷갈리게 비슷비슷해 보이기도 했다. 과장과 부장은 임금 몇백 달러의 거리 이외에 물리적 거리로는 얼마나 떨어져 있어야 하는가? 지위에 따른 보상이 정교해지는 추세 속에서, 사무실은 지위구분을 시각적으로 드러내는 방식으로 구성됐다. 어떤 사람에게는 책상만 주고 어떤 사람에게는 개인 사무실을 주었으며, 어떤 사람에게는 대량 생산된 철제 의자를 주고 어떤 사람에게는 손으로 조각한 초콜릿

빛의 마호가니 의자를 주었다. 카펫의 질이나 탁자 다리의 마감 모양도 한 종류의 직원을 다른 종류의 직원과 구별하는 기능을 했다.

가장 명백한 차이는 책상에서 볼 수 있었다. 옛 회계실의 고전적인 책상은 우턴 책상이었다. 크고 등이 높으며 작은 보관함들이 벌집처럼 달린 거창한 물건으로, 접었다가 펼칠 수 있는 날개가 있었다. 날개는 팔을 내밀어 자리 주인을 안락하게 껴안아 주는 듯했다. 사람이 안에 파묻혀서 숨을 수 있는 책상이었고, 그런 점에서 집을 상징하기에 손색이 없었다. 하루 일과가 끝나면 책상을 닫아서 잠가 둘 수 있었다. 그러면 작업하다 만 서류들은 내일 아침까지 책상 안에서 얌전히 당신을 기다리고 있을 터였다.

하지만 사무원이 만능의 멋쟁이가 아닌 거대한 사무실의 일원으로 전락하자, 그렇게 훌륭한 책상을 주는 것은 비용의 낭비라고 여겨졌다. 본질적으로는 일을 하지 않는(적어도 서류 작업은 하지 않는) 임원들은 나무로 마감한 '제2제정 양식Second Empire' 가구를 사용했고, 사무원들은 '현대적인 효율성 책상Modern Efficiency Desk'을 배정받았다. 1915년에 스틸케이스 코퍼레이션(당시 사명은 금속제 사무 가구 회사Metal Office Furniture Company)이 선보인 이 책상은 평평한 철제 책상이었는데 파일 서랍이 달린 것도 있었다. '현대적인 효율성 책상'의 특징은 여기서 일하는 사무원과 그가 다루는 서류들이 숨을 곳이 없다는 점이었다. 새로운 관리자 계층은 이를 좋아했다. 슬며시 복도를 지나가면서 직원들이 뭘 하고 있는지 쉽게 살펴볼 수 있었기 때문이다.

□

규모와 영역 면에서, 또 전문화와 세분화 면에서 사무실이 너무나 빠르게 확장되고 경영진을 꿈꾸는 사람들이 대거 사무직에 몰려들면서, 피할 수 없는 문제점 하나가 분명하게 드러났다. 사무실을 어떻게 관리해야 할지 누구도 알지 못한다는 점이었다. 1890년대에 한 논평가가 기록한 바에 따르면 "선조들이 채택했던 주먹구구 방식"이 사무실 디자인의 대세였다. 다시 말해서, 디자인이랄 게 없었다.[17]

　세기 전환기에 이는 특히나 긴요한 문제가 되었다. 공공과 민간을 막론하고, 미국의 조직들은 통제 불능의 상태로 운영되고 있었다. 문제는 공장에서 먼저 제기됐다. 공장은 최적의 상태로 운영되고 있지 못했다. 노동 쟁의가 일면서 장비가 자주 파괴됐고 작업 중단이나 대규모 파업도 수시로 일어났다. 관리자들은 거의 날마다 노동자들이 꾀병을 부리거나 꾸물거리면서 의도적으로 작업 속도를 늦춘다고 불평했다. 이는 태업이라고 알려진 전술이었다. 어떤 공장을 가 보더라도 관리자가 얼굴이 벌게져서 속도를 높이라고 소리 지르고 노동자들은 태업을 하려 하는 광경을 흔히 볼 수 있었다.

　관리자라고 자신이 해야 할 일을 분명히 알고 있는 것도 아니었다. 조직적 위계의 도입이 항상 효율성을 높여 주지는 않았다. 기업들은 수익 추구의 방편으로 합병을 하고서는 그리 적합하지 않은 조직 형태를 모방하곤 했다. 조직은 감당이 안 되게 커져서 누가 무엇에 대해 책임이 있는지를 알 수가 없었다. 1차 대전 이전에 제너럴 모터스General Motors는 수많은 공장과 출고 시설을 갖고 있었으나, 경영진은 그에 맞게 분화되어 있지 못해서 최고 경영자 윌리엄 C. 듀런트William C. Durant가 모든 의사 결정을 사실상 혼자서 내렸다. 듀런트가 딴에는 지혜롭게 내린 의사 결정의 사례를 하나 들자면, 그는 자동차 산업이 성장 일로에 있는 산업이므로 현금을 보유해 둘 필요가 없다고 생각했다. 그 결과, 1910년에 불황이 왔을 때 이 회사는 거의 파산할 뻔했다. 한편, 스탠더드 오일Standard Oil은 현금을 많이 보유하고 있었지만 그것으로 뭘 해야 할지 몰랐다. 얼마나 있는지를 파악하지 못하고 있었기 때문이다. 그 오랜 세월 사업을 해 왔으면서도 회계 시스템을 표준화하지 못해서 어떤 장부들을 견줘 봐도 숫자가 맞지 않았다. 주 정부들도 거래와 회계 내역을 파악 못하고 있기는 마찬가지였다. 캘리포니아 주의 한 의원은 1909년에 주의 재정 상태를 이렇게 요약했다(물론 고질적인 문제였다). "주 정부의 지출 관리에 대해 말하자면, 혼돈이나 다름없었다. 20년 넘게 주 재정에 대해 감사를 하지 않았고, 상하원의 재무위원회는 온갖 조직과 부서들이 그나마 파악된 정부 재정 중에서 최대한 많은 돈을 확보하려고 마구잡이로 싸우는 곳이었다.… 예산안을 놓고 의원들 사이에서 짜고 치기와 투표 맞교환 등이 흔하게 행해졌다."[18]

모든 일이 수행되는 공간인 사무실이 끔찍한 상태라는 점은 문제를 가중시켰다. 1894년에 어느 사무직 노동자는 한 매체에 기고한 글에서 독자들에게 사무실을 다음과 같이 소개했다.

바닥이 인도 높이보다 약간 낮은 방 하나를 생각해 보자. 좁고, 먼지가 많고, 해가 안 들어서 어둡다. 한쪽 면에 창문 두 개가 있는데 환기를 오히려 악화시킨다. 하나는 비슷하게 음울한 다른 사무실 쪽으로 열려 있고, 다른 하나로는 악취와 연기로 무거워진 주조 공장의 공기가 곧바로 들어온다. 우아하게 창문을 장식한 거미줄은 때와 검댕이 뭉쳐 세 배로 커져 있다. 서쪽으로 난 측면 창문은 좁은 찻길로 열려 있다. 찻길 반대편에는 더러운 보일러실과 시끄러운 엔진이 있다.… 이 매력적이지 않은 그림은 전혀 과장된 것이 아니다. 뉴욕의 유명한 대

기업 사무실을… 아주 조금만 보여 준 것이다.[19]

　예전 같으면 두세 명의 동료 및 상사와 쉽게 형성할 수 있었던 친밀한 관계를 형성하지 못하게 된 사무직 노동자들은 이제 공장 작업장을 모방해 군대식으로 사열한 책상들 속으로 녹아 들어갔다. 이 세계는 어느 각도에서 보아도 무수한 책상들의 끝없는 바다로 보였다. 상사는 위층에 있기 때문에 여기에서는 보이지 않았다. 그리고 상사가 있는 층에 이 건물의 유일한 화장실이 있기 때문에 직원들은 화장실에 한 번 가려면 계단을 몇 층이나 올라가야 했다.

　공공, 민간 할 것 없이 엉망인 조직 상태에 더해서 도금 시대의 대표적 특징인 부정부패, 살인적인 공장, 심각한 계층 불평등까지 생각해 보면, 당시 지배층이 미국은 희망이 없고 위험하다고 여길 만했다. 동요하기 쉬운 농촌과 공장의 노동 대중을 선동하기 위해 혁명주의자들이 총을 들고 임원실에 돌진하거나 대통령에게 폭탄을 던지면서 사방에서 튀어나오는 것 같았다. 그리고 노동자들을 지시하고 관리해야 할 사무실은 서류 더미에 깔려 가라앉아 버린 듯했다. 사라진 주문서, 분실된 영수증, 조작된 회계 장부,… 다 합하면 족히 수백만 달러는 분실된 상태였을 것이다. 관리자들은 어떻게 관리를 해야 할지 몰랐다. 미국의 산업이 유지되려면 경제의 핵심을 통제하는 곳에서 구원이 와야 했다. 사무실, 그리고 사무실을 관리하는 새로운 계층에서 말이다. 사무실을 합리화하고 비즈니스의 효율성을 높이기 위해, 이제 경영은 과학이 되어야 했다.

□

1898년에 베들레헴 아이언 컴퍼니Bethlehem Iron Company(이름과는 달리 철iron이 아닌 강철steel 제조 회사로, 미 해군에 무기를 공급하던 업체였다)는 프레더릭 테일러Frederick Taylor를 컨설턴트로 고용했다. 테일러는 '미국 기계공학회'의 회원이었으며 제조 공정의 효율성과 인센티브 문제를 다룬 논문들로 조용히 이름을 알리기 시작하면서 몇몇 경영자의 관심을 끌고 있었다.

친구들 사이에서 테일러는 기인으로 유명했다. 너그럽지 않은 사람이 본다면 집착광이라고 부를 만했다. 평생에 걸쳐 그는 측정에, 그리고 모든 신체 행동을 최대의 효율성으로 수행할 수 있게 만드는 일에 집착을 보였다. 어린 시절에는 라운더스 경기(야구의 전신)의 구장 크기를 센티미터 단위까지 정확하게 재야 한다고 주장했다.[20] 성인이 되어서는 테니스 시합을 할 때 직접 개발해 특허를 받은 라켓을 가지고 나왔다. 가운데가 구부러져 있었는데 그렇게 하면 스윙의 효과가 더 커진다고 했다. 더 효율적인 네트와 네트 지지대도 특허를 받았다. 골프 치는 것도 희한했다. 테일러의 드라이버는 일반적인 것보다 25센티미터가 길었다. 또 양손을 다 쓰는 퍼터를 직접 만들어 사용했는데 이것을 크로켓 치듯이 휘둘렀다. 그는 동작 연구를 바탕으로 특이한 스윙 자세를 이미 개발해 둔 상태였다. 한쪽 다리를 구부리고 한쪽 어깨는 올리고서, 공을 치는 것과 동시에 용수철처럼 위로 뛰어올랐다. 그러면 놀랄 만큼 긴 거리가 나오긴 했다. 스윙 자세를 비웃은 친구에게 보낸 편지에서 테일러는 다음과 같이 쿨하게 언급했다.

자네는 전적으로 도구에만 신경을 쓰는 것 같지만 나는 동작 연구 쪽으로 더 신경을 쓰네. 지난해에 내가 수행한 연구의 놀라운 진전 몇 가지가 자네에게 적절한 인상을 줄 수 있으면 좋겠군. 결점이라면 공이 아직도 홀 안으로 조용히 들어가려 하지 않는다는 것과(그렇게 되어야만 하는데 말이지) 대부분의 경우 내가 원하는 거리나 방향으로 가려 하지 않는다는 것이네. 이런 몇몇 단점을 빼면 이론은 완벽하네.[21]

테일러의 집착은 상당 부분 어린 시절로까지 거슬러 올라간다. 그는 1856년(프로이트가 태어난 해)에 필라델피아의 부유한 집안에서 태어났다. 부모는 아들이 문화적으로 풍부한 소양을 갖추도록 키우고 싶어 했고, 3년 동안 유럽에서 교육하기도 했다. 그 덕분에 테일러는 프랑스어와 독일어를 유창하게 할 수 있게 되었다. 하지만 문화적 소양을 키우는 데는 거의 흥미가 없었다. '필립스 엑세터 아카데미'라는 명문 학교에 보내져 하버드를 목표로 공부를 하긴 했지만 성적은 그저 그랬다. 그리고 공부를 열심히 해서 성적이 나아지기 시작했을 때는 눈이 나빠졌고 두통에 시달렸다. 단순히 의료 조치를 취하지 않았기 때문으로 보이지만(안경만 쓰면 되었을 것이다) 테일러의 부모는 아들의 시력 저하와 두통이 공부를 너무 열심히 해서 생긴 문제라고 여겨서 대학에 보내는 것을 다시 생각하기로 했다. 테일러의 전기 작가인 정신과 의사 수디르 카카르Sudhir Kakar는 테일러의 두통이 존재론적 위기에 대한 심리 문제가 신체 증상으로 발현한 것이라는 다소 기이한 주장을 폈다. 아버지의 엘리트적 유산을 상징하는 하버드를 거부하고 진정으로 남자다운 일을 하고 싶다는 열망 때문에 두통이 생겼다는 것이다.

이유가 무엇이었건 간에 테일러가 자신의 계급에 걸맞게 안전하고

프레더릭 테일러(별명은 스피디),
(1856~1915)

덜 험한 사무원 일자리를 얻지 않고 형편없는 조건을 감수하면서 수력 발전소에서 기계 운전공의 견습이 되기로 한 것은 이상한 일이긴 했다 (그는 공장에서 임금을 받지 않고 아버지에게서 용돈을 받았다). 나중에 테일러는 이 견습 생활 덕에 노동자들의 태도를 속속들이 알게 되었다고 주장했다.[22] 하지만 그래서 노동자들의 생각에 공감하게 된 게 아니라 적대감만 커졌다. 테일러가 보기에 노동자들은 일을 열심히 하지 않았고 노닥거리고 담배 피우고 일의 속도를 늦추는 데에 많은 시간을 쓰고 있었다. 또한 테일러는 일의 효율성을 높이기 위해 무엇이 필요한지를 모르고 있는 경영자들에 대해서도 비판하기 시작했다. 견습이 끝난 뒤 테일러는 미드베일 철강Midvale Steel Works에서 경영 수업을 받는다. 그는 여기에서 태업에 대해 잘 알게 되었다고 하는데, 이후로 태업은 평생 그를 따라다니면서 분노하게 만드는 개념이 된다.

미드베일에서 테일러는 일터의 악마가 되었다. 노동자들이 일부러 속도를 늦추거나 지시를 정확하게 따르지 않으려 하면 테일러는 계속 소리를 질러 댔다. 물론 노동자들도 그들의 방식으로 응수했다. 테일러는 나중에 의회에서 다음과 같이 증언한다. "나는 한동안 나이가 어린 축에 드는 사람이었지만 그 모든 빌어먹을 것들의 비열함, 경멸스러움, 그것에 쏟은 걱정의 양으로 치면 지금보다 그때 내 나이가 훨씬 더 들었을 것이다. 나에게 적대적이지 않은 노동자라고는 한 명도 볼 수 없는 상황에서 지내는 것은 누구에게라도 끔찍한 일이다."[23] 미드베일에서 베들레헴으로 옮긴 다음에 테일러는 이 적대감을 완전히 없애기로 마음먹었고, 그러려면 지식을 노동자에게서 분리해서 별도의 계급이 갖게 만드는 것이 핵심이라고 생각했다.

테일러는 반복해서 이렇게 말하곤 했다. "어떻게 하면 일을 천천히 하면서도 상사에게 그럭저럭 속도를 내고 있는 것처럼 보일 수 있을까에 대해 상당한 시간을 들여서 연구하지 않는 노동자는 한 명도 없다."[24] 하지만 비난받아야 할 것은 경영진의 태만하고 부주의한 경영이었다. 각 업무에 어느 만큼의 시간이 들어야 하는지를 아는 경영자는 없었다. 하나의 업무에 수반되는 동작의 종류에 대해 연구한 경영자도 없었다. 도구와 장비가 제품을 가장 효율적으로 만들도록 디자인되었는지 아닌지를 아는 경영자도 없었다. 그가 테니스 코트에서 한 것과 같은 일이 사무실에도 필요했다. 베들레헴에서 테일러는 어디에 빈틈과 비효율이 있는지, 불필요한 업무를 하는 노동자를 없애도 될지 등을 파악하기 위해 노동의 전 과정을 분석하고 도표로 그릴 팀을 꾸려야 한다고 주장했다.

"이런 방식으로 노동자 각자를 개개인으로 다루려면 이 업무를 담당할 사무원과 감독관으로 이루어진 노동 사무실을 두어야 했다." 테일러는 한 공장의 사례를 들어 이렇게 기록했다. "이 사무실에서 각 노동자의 업무는 미리 계획이 되었고, 노동자들은 정교한 도표, 도해, 지도를 지닌 사무원에 의해 한 장소에서 다른 장소로 이동했다. 체스 말이 체스 판 위에서 움직이는 것처럼 말이다. 이를 위해 전화와 메신저 시스템을 도입했다."[25] 그는 노동자 각각을 따로따로 관찰, 연구, 독려해야 한다고 주장했다. 그리고 (이것이 가장 악명 높은 것인데) 모든 노동자가 일을 최대한 빠르고 효율적으로 할 수 있도록 모든 동작에 드는 시간을 스톱워치로 재는 전문가를 고용해야 한다고 주장했다. 관찰이 끝나면 작업을 일련의 동작들로 분할해서 각각에 적합한 임금 단가를 부여했다. 이러한 '작업 단가piece rate' 기반의 보수 지급은 인센티브 시스템이기도 했다. 모두가 동일한 임금을 받는 게 아니라 각자 업무를 완수한 정도에 따라 임금을 받게 되므로, 업무 속도를 높일 수 있는 사람은 더 많은 보수를 받게 될 터였다. 〈머니볼Moneyball〉의 팬이라면 테일러식 접근법이 얼마나 광범위하게 퍼졌는지 알 수 있을 것이다(〈머니볼〉에서는 테일러주의가 야구에 적용된다). 감과 배짱을 밀고 나가는 방식은 사라져야 했고, 측정 가능한 결과들이 신성시되어야 했다. 차트, 도표, 그러니까 '과학'이 말이다.

하지만 테일러의 주장은 더 높은 효율성만 말하는 것이 아니었다. 테일러주의는 노동에 대한 인식과 노동의 속성을 완전히 바꿔야 함을 의미했다. 과업을 나누는 것 자체는 새로운 현상이 아니었다. 노동이 기술적으로 점점 세분화하는 현상은 『국부론The Wealth of Nations』의 핀 공장 이야기에서도 볼 수 있듯이, 적어도 애덤 스미스Adam Smith 이래로 관찰돼 온 일이다. 기계화한 공장은 이미 작업 대부분을 동질적이고 자동적인 일로 만들고 있었다. 두세 명이 여러 가지 복잡한 일들을 다 처리하던 수공업 방식이 수십 명이 분업을 하는 방식으로 바뀌었고 이제 노동자는 정확한 시점에 크랭크를 당기는 것만으로 최종 생산품에 기여했다. 전에는 자신의 일에 자부심을 가졌을 노동자들이 이제 '기계의 부품'으로 전락했다. 다른 노동자와 구별되지도 않았고, 자부심의 원천이 될 특별한 기술이나 역량도 더 이상 갖고 있지 않았다. 그리고 테일러주의는 노동을 최소 단위로까지 분할하려 했기 때문에, 많은 이들이 테일러주의를 한층 더 심각한 형태의 노동 비하라고 생각했다.

이상하게 들리겠지만, 원래 테일러주의는 분업의 단점을 보완하고 개별 노동자를 해방하려는 시도로서 촉진되었다. 테일러는 노동자들이 단합해서 공통의 이해관계를 지킬 수 있다고 주장하는 노조를 싫어했다. 노조의 주장과 반대로 그는 노동자 각자가 개별적인 이해관계를 가지며, 각자 자신의 성공에 책임을 질 수 있고 져야 한다고 주장했다. 노동자들은 공통의 이해관계를 가진 것이 아니라 서로 경쟁하는 존재였다. 테일러가 만든 인센티브 시스템은 개별 노동자가 자신의 업무 역량을 향상시키고 그 향상을 시간 기록표를 통해 측정 가능한 결과로 만들어 낼 수 있음을 보여 주었다. 20세기 초의 일터가 '개인'을 파괴하고 있었다면, 테일러의 시스템은 개인을 되살리려는 시도가 될 수 있을 터였다.

물론 이 주장은 명백히 틀렸다. 노동자에 대한 테일러의 도발적인 언명들의 기저에는 훨씬 더 공격적인 비전이 있었고 노동자들은 이를 간파했다. 테일러는 이렇게 주장했다. "과거에는 인간이 우선이었다. 미래에는 시스템이 우선해야 한다."[26] 테일러주의는 노동자가 시스템에 대해 갖고 있는 지식을 없애야 성립할 수 있었다. 육체노동에 존재하던 어떤 지적인 요소라도 모두 분리되어서 특수하게 훈련된 감독관에게 주어져야 했다. 그러면 감독관은 어떤 노동자 집단도 노동 과정을 통제하지 못할 방식으로 일을 재조정할 터였다. 필요하다면 어떤 수단을 통해서라도 말이다.

> 오로지 **강요된** 표준화를 통해서만, 최적의 노동 도구와 노동 조건을 **강제로** 도입함으로써만, 협업을 **강요**함으로써만, 더 **빠른** 업무가 가능하다. 그리고 이렇게 표준을 도입하고 강요하며 협업을 강제해 내는 일은 **경영자**만이 담당해야 한다.[27] (강조는 원문대로다.)

기업에 실제로 도입되기까지는 시간이 걸렸지만 테일러의 시스템은 서서히 명성을 얻어 나갔다. 추종자도 생겼다. 테일러의 추종자들은 프리랜서 컨설턴트로 일하면서 테일러의 시스템을 여기저기에 알리고 다녔다. '경영 과학 촉진회'는 테일러의 원칙이 언젠가 유행하기를 고대하면서 뉴욕의 스테이크 전문점 킨스 참하우스에서 첫 회의를 열었다.

그러던 중, 1910년 11월에 획기적 진전을 가져올 사건이 일어났다. 철도 회사들이 화물 요금을 2700만 달러 올리고자 하고 있었다. 철도 회사 경영진과 함께 철도 노동자들과 보험 회사들(철도 채권을 가진 투자자를 대표해서)은 이를 지지했고, 요금 인상의 타격을 가장 크게 받을 운송업자들은 반대했다. 보스턴의 중년 변호사 루이스 브랜다이스Louis Brandeis는 무보수로 철도 회사와 싸우기로 마음먹었다. 그는 법적 사안에서 사회경제적 요소들을 끌어내는 것으로 어느 정도 명성이 있었다. 소송 초기에 그는 철도 경영진이 비용을 올려야 하는 재무상의 이유에 대해 계속해서 의구심을 제기했다. 그러나 누구도 브랜다이스에게 명쾌한 답을 주지 못했다. 재판이 휴회된 동안 브랜다이스는 자신의 주장을 더 탄탄하게 뒷받침하기 위해 정보를 더 구하고자 했다. 그때 친구인 해링턴 에머슨Harrington Emerson(산타페 철도의 효율성 전문가였는데, 당시에 산타페 철도는 이 소송의 당사자가 아니었다)이 프레더릭 테일러를 찾아가 보라고 알려 줬다. 브랜다이스는 나중에 이렇게 회상했다. "테일러가 굉장한 사람임은 금방 알아차릴 수 있었다." 테일러 및 추종자들과 가까이 지내면서 브랜다이스는 과학적 경영 운동이 "중요성과 가능성의 측면에서" 비할 데 없이 훌륭하다는 확신을 갖게 되었다. 재판이 재개되자 브랜다이스는 효율성을 높일 방법이 있다고 주장했다. "비용을 줄여서 가격을 낮출 수 있도록 협동을 하자고 제안하는 바입니다. 과학적 경영을 도입하면 됩니다." 테일러의 모든 추종자들이 이에 대해 증언했다. 1910년 11월 10일 『뉴욕타임스New York Times』에 다음과 같은 제목의 기사가 대서특필됐다.

> 철도는 하루에 100만 달러를 절약할 수 있다.
> 브랜다이스, 과학적 경영으로 이것이 가능하며 요금 인상은 불필요하다고 주장하다.

이후 두 달 동안 신문사들은 새로 떠오른 "과학적 경영"의 배후가 누구인지 알아내려고 노력했다. 그리고 『뉴욕 트리뷴』에 인물 기사가 게재된 날 아침에("비즈니스에서 낭비를 없애는 것이 이 사람의 특별한 즐거움이다. 철도 회사들이 그의 말을 따르면 하루에 100만 달러를 절약할 수 있을 것이다") 테일러는 일약 유명해졌다.[28]

테일러의 기사가 더 유력한 매체들에 실리기 시작하면서 그때까지는 잘 알려지지 않았던 테일러주의자들도 마치 파문당했던 종교 결사의 회원들처럼 효율성에 대한 사랑을 품어 안고 서로를 끌어안으면서 세간의 주목을 받았다.[29] 볼셰비키 혁명이 일어나고 얼마 되지 않아 레닌Vladimir Lenin도 『프라우다Pravda』에서 테일러주의가 소비에트의 산업 발달에 유용할 것이라고 주장했다.

> 테일러 시스템은… 자본주의에서의 진보가 다 그렇듯이, 부르주아적 착취의 정교한 야만성과 다음과 같은 분야에서 이룬 위대한 과학적 성취의 결합에서 나온 것이다. 노동의 기계적 동작에 대한 분석, 불필요하고 서투른 동작의 제거, 정확한 작업 방법의 정교화, 최선의 통제 방법 도입 등. 소비에트 공화국은 어떤 비용이 들더라도 이러한 분야에서 과학과 기술이 이뤄 낸 성취의 가치 있는 점들을 모두 받아들여야 한다.[30]

테일러와 '효율성 전문가' 캐릭터는 그들이 순수한 효율성의 장애물로 여긴 모든 불필요한 동작들(호루라기 소리까지)과 함께 캐리커처에 단골로 등장했다. 테일러는 자신의 이론을 『과학적 경영의 원리The Principles of Scientific Management』라는 책으로 펴냈는데 이는 멀리 일본에까지 영향을 미쳤다. 일본의 경영자들은 성공적인 전후戰後 복구에 테일러의 영향이 컸다고 보았다. 테일러의 아들 로버트가 1961년에 도시바Toshiba 공장을 방문했을 때 이 회사 경영진은 그의 위대한 아버지의 손길이 닿았던 것이면 무엇이든(사진이나 심지어 연필까지도) 달라고 난리였다.

효율성 전문가, 사환 에디가 휘파람으로 거슬리는 재즈 곡조를 불며
회계부를 돌아다닐 때마다 기업에 수천 달러의
손실을 입힌다는 사실을 발견하다.

뉴스를 요란하게 장식한 한편으로, 공장에서는 테일러주의가 바이러스처럼 은밀하게 퍼져 나갔다. 공장 노동자들은 '흰 와이셔츠'를 입은 사람들이 나타난 것을 알아차리기 시작했다. 처음에는 한 명씩 나타나더니 그다음에는 흰 무리를 지어서 도처에 보였다. 모든 노동자의 동작을 효율적으로 만들기 위해 공장에 들어온 흰 셔츠들은 혁명적인 사진가 에드워드 마이브리지Eadweard Muybridge가 발명한 동작 캡처 카메라를 공장에 도입했다. 매사추세츠 주 에버렛의 뉴잉글랜드 볼트 컴퍼니New England Bolt Company 기계 운전공들은 이렇게 증언했다. "앞에 카메라들이 있었다. 뒤에도 있었다. 오른쪽에도 있고 왼쪽에도 있었다.… 테일러주의자들이 노동자의 생각을 읽을 수 있는 기계를 갖고 있었다면 인간으로서 하는 모든 생각을 '잘라 내서' 한층 더 높은 '효율성'을 달성하려 들었을 것이다."[31]

테일러주의 모델에서 가장 악명 높았던 부분은 스톱워치였다. 처음에는 스톱워치를 손에 든 흰 셔츠 한 명과 함께 시작되었을 것이다. 뷰익Buick 자동차 공장에서 일하던 윌 포이페어 주니어Will Poyfair Jr.가 1915년 5월 28일에 쓴 일기는 딱 한 줄이었다. "오늘 스톱워치 당했다." 이 짧은 말은 불길함을 담고 있다. 1주일 뒤 그는 네 명으로 구성됐던 드립 팬 담당 팀이 해체됐다고 기록했다. 이들의 일은 개별 업무로 나뉘었고 각 노동자는 할당량과 작업 단가를 부여받았다. 워터타운 군수공장Watertown Arsenal에서는 한 노동자가 스톱워치 앞에서 일하기를 거부하자 다른 이들도 동참해서 일군의 주물 노동자가 작업을 중단해 버렸다. 이 파업을 계기로 테일러주의의 속성에 대한 청문회가 5개월에 걸쳐 열렸다.[32]

테일러는 1915년에 폐렴으로 사망했다. 그는 거의 종교적인 인물이 되어 있었다. 추종자가 있었고 그들 각자는 스승의 이론에 대한 신심에서 동료들을 능가하고 싶어 했다. 테일러가 동시대인들에게 그렇게 큰 영향을 준 것은 놀라운 일이 아니다. 순전한 집착에서 그는 노동을 수행하고 관리하는 새로운 방식에 당대의 시대정신을 연결해 거인이 되었다. 경영 이론가 피터 드러커Peter Drucker는 프로이트, 다윈과 더불어 테일러를(그러니까, 마르크스 대신) 근대 세계를 창시한 세 명으로 꼽았다. 옹호하기 위해서든 비판하기 위해서든 간에, 경영 관리나 분업이나 노동사에 대해 글을 쓴 사람 중 테일러를 언급하지 않은 사람은 거의 없다. 하지만 테일러에 대해 가장 조용하면서도 냉소적인 촌평을 한 사람은 소설가 존 더스패서스John Dos Passos일 것이다. 그가 쓴 실험적인 3부작 소설 『미국U.S.A.』에는 테일러가 아침에 일어나서 가장 먼저 한 일이 시계 태엽을 감는 것이었다는 일화와 관련된 이야기가 나온다. "그는 놀고 있는 기계도, 놀고 있는 사람도 참지 못했다. 그에게 **생산**은 토요일 밤의 술이나 여자처럼, 잠들지 않는 그의 신경에 자극제였다.… 50번째 생일 새벽 4시 반에 간호사가 그의 방에 가 보니 그는 시계를 손에 들고 숨져 있었다."[33]

□

테일러의 적대감은 전적으로 공장의 게으름에 대한 것이었다. 하지만 그가 가장 큰 영향을 미친 곳은 공장이 아니었다. 노동자들이 자신만의 작업 방식을 만들지 못하게 하기 위해(노조 조직가 '빅 빌' 헤이우드'Big Bill' Haywood는 이를 "노동자의 모자 아래에 경영자의 뇌를 심어 넣었다"고 표현했다), 테일러가 경영과 관리의 업무를 다른 곳에 이식했기 때문이다. 그러니까, 사무실에 말이다. 테일러주의를 도입하려면 전에는 노동자들이 알아서 수행했던 노동 과정을 아주 상세한 부분까지 차트에 적어 놓아야 했는데, 그러려다 보니 사무실이 간접비를 막대하게 잡아먹게 되었다. 스톱워치와 카메라를 든 흰 셔츠들이 있을 공간을 마련하기 위해서만이라도 큰 사무실이 필요했다. 테일러주의가 엄격한 형태로 적용되지 않은 곳에서도(대부분이 그랬다) 관리의 필요성을 설파한 그의 철학은 널리 퍼졌다.

과학적 경영이 도입되려면 사무실 관료제가 크게 확장돼야 했다. "이 모든 것(과학적 경영)은 경영진의 협조, 그리고 예전 시스템에서처럼 그저 떼 지어 일하던 것보다 훨씬 정교한 조직과 시스템을 필요로 한다"고 테일러는 언급했다. "(베들레헴 사례에서) 이 조직은 다음과 같은 팀들로 되어 있었다. 한 팀은 앞서 묘사한 시간 연구 등을 통해 노동 작업을 과학화하는 일을 전담했다. 또 다른 팀은 작업 방법을 노동자에게 가르쳐 주는 일을 전담했다. 이 팀은 대부분 숙련 노동자들로 구성됐다. 노동자에게 적절한 도구를 제공하고 그 도구들이 완벽하게 유지·보수되도록 책임지는 팀도 있었다. 또 다른 팀은 작업을 미리 계획해서 노동자가 한 작업장에서 다른 곳으로 시간 손실 없이 이동할 수 있게 하고 각 노동자의 수입 등을 정확하게 기록했다." 베들레헴 아이언 컴퍼니가 도입한 단순화된 테일러 모델만 보더라도 과학적 경영을 도입할 때 부서의 수와 수직적 위계의 측면 모두에서 관료제가 막대하게 증가함을 알 수 있다. 테일러 시스템이 비용을 얼마나 절감해 주었든지 간에, 새로 고용해야 하는 사람과 사무실에 들어간 비용이 족히 그만큼은 되었을 것이다.

그 시대에 효율성 벌레에 물린 사람이 테일러 한 명뿐이었다면 그의 시스템은 편집광의 기이한 시도 정도로 치부되다 사라졌을 것이다. 워터타운 군수 공장 파업 이후로 노동자와 노조가 흰 셔츠들을 경계하고 있었기 때문에 과학적 경영의 도입에 제동이 걸릴 수 있었을지도 모른다. 하지만 일터의 체계화를 시도한 이론은 테일러주의 말고도 많았다(테일러주의가 가장 유명하고 영향력 있기는 했지만). 펜실베이니아 철도는 테일러가 그것을 정당화하기 한참 전에 작업 단가에 따른 급여 시스템을 도입했다. 게다가 미국의 산업계가 도금 시대의 혼란과 무기력에 빠져들면서 효율성은 이미 국가적인 좌우명이 되어 있었다. 1900년에는 효율성 집착적인 경영자들이 시대정신에 걸맞게 『시스템System』이라는 매우 적절한 제목의 잡지를 펴냈다. 부제는 '실무가를 위한 월간지'였고, 사무실 생활의 세세한 부분에 대해 새로운 모델을 제안하는 기사들로 구성되어 있었다. 서류를 철하는 새로운 시스템이라든지 봉투에 침을 묻히는 효율적인 방법 같은 내용들이었다. 「시스템으로 성공하기」라는 코너에는 성공한 경영자가 비즈니스 조직에서 시스템의 필요성과 중요성에 대해 언급한 말이 인용됐다. "조직과 시스템적 방법에 대한 지식과 훈련은 현대 비즈니스맨의 교육에서 가장 중요한 과목이다." 시카고 연방 신탁저축은행Federal Trust and Savings Bank 회장 토머스 필립스Thomas Phillips는 이렇게 말했다. 뱅커스 내셔널 뱅크Bankers' National Bank 회장 에드워드 레이시Edward Lacey도 비즈니스의 속성이 변화하면서 이제는 잘 굴러가는 기업이 되려면 시스템이 매우 중요하다고 말했다. "기업의 세계가 더 작은 단위들로 이루어져 있었을 때는 시스템의 필요성이 두드러지지 않았다. 하지만 기업 규모가 커지면서 시스템적인 원칙과 방법을 도입할 필요성이 대두되었다."[34] 시스템적 사고와 사무실의 관계도 명시적으로 논의되었다. 『시스템』에는 「비즈니스의 전쟁터」라는 사진 코너가 있었는데, 본받을 만한 사무실

레이아웃을 보여 주는 코너였다. [『시스템』의 인기는 '광란의 20년대Roaring Twenties'(미국, 프랑스 등에서 경제적 번영과 함께 문화와 예술이 폭발적으로 발달한 시기—옮긴이) 동안 치솟았다. 『시스템』은 1929년에 주간지로 바뀌면서 새 이름으로 2009년까지 지속되었다. 새 이름은 『비즈니스위크BusinessWeek』였다.]

창시자의 정신을 따라서 테일러의 추종자들은 보이는 족족 모든 것을 시스템화하기 시작했다. 의약, 벽돌 쌓기, 스포츠 등 무엇이든 그들은 더 효율적으로 만들고자 했다. 부부인 프랭크 길브레스Frank Gilbreth와 릴리언 길브레스Lillian Gilbreth는 열두 자녀가 있는 자신의 가족을 테일러화한 것으로 유명하다. 이는 영화 〈열두 명이면 더 싸다Cheaper by the Dozen〉에 잘 나와 있다. 프랭크가 사망한 후, 릴리언은 남편의 사명을 이어받아서 과학적 경영의 원칙을 직원 채용과 해고에 적용했다. 릴리언은 테일러식 과학적 경영이 '인간적 요소'를 간과한 나머지 노동자들의 동의를 무시한 채 시스템을 강요하려 한다고 지적했다. 채용에 쓰일 심리 테스트와 인성 테스트 등을 개발하면서, 릴리언의 '인사 관리personnel management'는 곧 과학적 경영만큼 유명해진다. 하지만 테일러 시스템의 더 인간적인 버전을 표방하며 등장한 릴리언의 인사 관리는 사실상 노동자들이 테일러주의를 풍자하며 비판했던 것을 정확하게 수행했다. 노동자의 머릿속에 파고들어서 노동자가 경영진의 요구에 온순하게 응하도록 만드는 것 말이다. 인사 관리는 과학적 경영의 가장 오래가는 성취가 되었고 이름이 약간 바뀌어 아직도 이어지고 있다. 익숙한 그 이름은 '인적 자원 관리human resources'이다.

사무실 업무의 혼란상을 볼 때, 과학적 경영의 지휘소인 사무실 자체가 과학적 관리의 대상이 되는 것은 시간 문제였다. 비효율적인 동작을 줄이자는 내용을 담은 프랭크 길브레스의 『동작 연구Motion Study』

서문에서 로버트 서스턴 켄트Robert Thurston Kent는 효율적으로 벽돌 쌓는 법에 대한 길브레스의 연구를 보고 자극을 받아 자신의 공학 잡지사 사무실에서 외부로 나가는 우편물의 순환을 조사해 보았다고 했다. 그에 따르면, 우표 붙이는 데에 동작 연구를 적용했더니 1분에 100장에서 120장까지 속도가 올랐다. 그는 사무실이 더 체계화될 여지가 있다는 사실은 1분만 생각해 봐도 알 수 있는 일이라고 했다.[35]

사무실을 조직화하는 실험을 가장 멀리까지 밀고 나간 사람은 테일러의 사도인 W. H. 레핑웰W. H. Leffingwell이었다. 그는 초기의 발견들을 『시스템』에 기고했고 나중에는 자신의 연구를 묶어 장황한 두 권의 책 [『과학적 사무 경영Scientific Office Management』(1917)과 800쪽짜리 『사무 경영Office Management』(1925)]으로 출간했다. 공장에서의 테일러주의자들처럼(주부들에게 과학적인 가사 경영을 알려 주는 소책자들도 있었다), 『과학적 사무 경영』도 개별 노동자에 대한 관찰의 중요성과 시간 및 동작 연구의 결과들을 칭송했다. 다른 점이 있었다면, 사무실에서는 합리화해야 할 생산 수단이 도르래나 선반이 아니라 펜, 봉투, 타자기, 영수증 양식, 파일 캐비닛, 책상이라는 점이었다. 레핑웰은, 다 안다는 듯하면서도 전혀 몰랐다는 듯하기도 한 독특한 어조로, 관찰 연구를 하지 않아 비효율적인 사무실이 얼마나 끔찍한지에 대해 설명했다.

불필요한 동작은 수백만 개쯤 있다. 그리고 사무실을 관찰해 보면 그것들 대부분이 사무실 안에 있다고 생각하게 된다. 여직원이 종이나 카드 뭉치를 톡톡 쳐서 간추리는 것을 보라. 다 되었는데도 한참이나 계속해서 이쪽저쪽으로 종이 모서리를 친다. 급히 일을 하면서 서류를 어지럽게 쌓아 놓고는 똑바로 다시 정리하느라 몇 분을 들이는 사무원을 보라. 애초에 잘 맞춰 놓았으면 됐으리라는 생각은 들지 않는 모양이다. 봉하거나 우표를 붙여야 하는 편지가 몇 장 있는 경우를 보라. 사무원은 먼저 풀이 묻은 곳을 조심스럽게 축인 후, 꾹꾹 누르고, 주먹으로 쾅쾅 두드린다. 사무원들이 인쇄물을 봉투에 넣는 것을 보라. 숙련된 전문가는 비숙련자보다 네 배 이상 잘한다. 하지만 절반 정도만 속도의 차이이고 나머지는 불필요한 동작의 차이이다.[36]

이 책의 사진 설명에 따르면, 과학적으로 경영된 사무실이 봉투에 내용물을 넣는 일에서 비용을 20퍼센트 절감했는데, 신체에 더 좋은 가구를 구매하고 불필요한 동작을 제거해서 달성한 성과라고 한다. "동작 연구에 기반해 제작된 우편물 개봉 탁자는 산출을 20퍼센트 늘렸다. 이 여직원은 봉투에서 돈과 편지를 꺼내 핀으로 꽂고 분류하는 일을 시간당 310개의 속도로 처리한다. 움푹 들어간 바구니와 발받침을 주목하라."[37] 관찰 연구는 타자수의 일에서도 피로와 비효율을 줄일 수 있었다. "매우 빠르게 타자 치는 능력이 있는 어느 타자수는 내용을 읽기 위해 계속해서 고개를 돌리는 버릇이 있었다. 많게는 각 문장에 네다섯 번이나 고개를 돌렸다. 기억력 탓은 아니었으므로(한 번만 읽고도 그 문장을 다 기억해서 말할 수 있었으니 이 점은 확실하다), 이는 단순한 습관에 불과한 것이 틀림없었다. 1분에 머리를 여덟 번에서 열 번이나 돌린다고 말해 주었더니(한 시간이면 500번 이상이다) 그 버릇은 멈추었고 즉각적으로 속도가 올랐으며 피로도 줄었다."[38] 한편 레핑웰은 시간 연구와 경영 기법들을 제도화하는 것의 어려움에 대해서도 언급하면서, 직원 참여를 독려하기 위해 게임을 하듯이 수를 써야 한다고 말했다. "사무실에 스톱워치 사용을 성공적으로 도입한 어느 경영자는 실험 대상자에게 무심코 흘리듯 가볍게 말한다. '이 일을 하는 데 얼마나 걸리는지 궁금한데요?' 직원 두세 명의 시간을 잰 뒤에도 별일이 생기지 않으면 대체로 나머지 직원들도 '시간 연구 대상'이 굉장히 되고 싶어 한다."[39]

직무 분할과 시간 사용에 대한 테일러주의자들의 집착도 집착이지만, 레핑웰의 책이 정작 드러내 주는 것은 사무실 생활 자체가 완전히 새로운 무엇이었다는 점이다. 관리자들이 사무실을 운영하고 조직하는 법을 모르고 있었다는 사실에서 알 수 있듯이 말이다. 저서 중 시간 연구와 동작 연구에 대한 부분 이외에서 레핑웰은 피상적이면서도 기초적인 방식으로 사무실 생활에 꼭 필요한 것들에 대해 이야기했다. 그는 "많은 사무실에서 연필을 고르는 데에 관심을 거의 기울이지 않는다"고 놀라워하면서 이렇게 설명했다. "어떤 일에는 부드러운 흑연이 필요하고 어떤 일에는 중간 정도가 필요하며 또 어떤 일에는 단단한 흑연이 필요하다. 어떤 때는 지우개도 필수적이다."[40] 조명에 대해서는 과학자적인 발견의 자세와 훈계조의 권위가 섞인 어조로 이렇게 언급했다. "어떤 일은 더 밝은 조명이 필요하다. 가장 밝은 조명을 필요로 하는 사람들이 그들의 선호에 맞는 조명을 취할 수 있게 배려해야 한다."[41] 사무실 배치에 대해서는 공장의 조립 라인 방식을 도입할 것을 제안했다. 업무상 관련이 많은 부서는 가까이 있어야 한다는 것이었다. 또 정확한 계산과 함께 제시된 식수대 사례는 테일러주의에 대한 풍자로 읽어도 손색이 없을 정도다. "평균적인 사람은 하루에 적어도 5, 6회 물을 마셔야 한다. 100명의 직원 각각이 하루에 식수대까지 50피트(약 15미터—옮긴이)를 다섯 번 왕복한다면 한 사람당 하루에 500피트가 된다. 100명을 곱하면 5만 피트, 거의 10마일(약 16킬로미터—옮긴이)이나 된다! 여기에 근무일인 300일을 곱하면 1년에 식수대까지 3000마일을 걷는 셈이 된다."[42]

한편, 레펑웰은 "복지적 일"이라고 부른 것의 중요성도 강조했다. 오늘날이라면 사무실이 제공하는 편의 시설이나 편의품(휴식 공간, 맛있는 커피, 조찬 회의에서 남은 베이글 등)을 말하는 것이겠지만, 테일러식 사무실의 기계 같은 세계에서는 의미가 좀 달랐다. 여기에서 말한 것은 "휴식실"로, 여성들이 소파에 앉아 쉬거나 축음기 옆에서 춤을 출 수 있는 공간, 혹은 남성들이 15분의 휴식 시간 동안 담배를 피울 수 있는 공간을 의미했다.

이 모든 것들은 이제 막 사무실 세계가 그 자체로서 의미를 갖게 되었음을 보여 주는 신호였다. 자체의 규율과 분위기와 문화를 갖는 별도 세계로서의 사무실이라는 개념은 경영 언어로 정당화되고 있었다. 사무실은 더 이상 공장이나 논밭에서 벌어지는 "진짜 노동"에 기생하는 행정실이 아니라 진짜 노동이 수행되는 장소가 되었다. 역시 테일러의 사도인 리 갤러웨이Lee Galloway는 저서 『사무 경영Office Management』의 서두에서 이 점을 언급했다. "생산과 분배 활동이 '사무 노동'을 통해서만 가능하다는 것을 인식하면, 사무실을 경제의 필수 요소로서 정당하게 평가할 수 있다. 그러면 사무실의 관리자와 직원들은 더 이상 기업 활동에서 기생적인 존재로 간주되지 않고 그들의 노동도 더 이상 비생산적인 노동으로 치부되지 않는다. 이들은 생산적인 아이디어를 내놓는 적극적인 세력으로서, 그리고 거대한 규모와 권력을 가진 조직의 작업 단위들을 조율해서 비즈니스가 원활하게 돌아가도록 하는 존재로서, 즉시 위엄을 얻게 된다."[43] 달리 말해, 사무실은 진짜 일이 벌어지는 장소가 되어 갔으며, 과학적 경영은 사무실을 잠재적인 유토피아의 장소로 보려 하고 있었다. 여름 매미처럼 번성하는 관리자들이 있는 곳, 흠 없이 질서 잡힌 책상이 지평선 끝까지 줄지어 있는 곳, 미국의 비즈니스가 거침없이 연마되고 자랑스러워지는 곳으로 말이다.

□

테일러주의를 비롯한 현대 효율성 이론들이 사무 노동자의 세계에 미친 영향에 대해 좀 더 생각해 보자. 물론 그 영향은 세대에 따라 달랐다. 타자기와 딕터폰의 마지막을 목격하고 개인용 컴퓨터와 복사기 사용법을 배워야 했던 오늘날의 사무 노동자와 마찬가지로, 세기 전환기에 이은 20년간의 사무 노동자가 경험하는 노동은 양과 속도와 본질이 이전과 완전히 달랐다. 고작 몇 명이 일하던 사무실에 이제는 수백 명이 있었다. 바로 옆에 있던 상사는 임원실로 가서 보이지 않게 되었다. 상업가의 작은 사무실은 서류 제국으로 바뀌었고 대도시뿐 아니라 전국으로 확산됐다. 사무실은 여러 부서로 나뉘었고 각 부서에는 관리자와 직원의 위계가 생겼다. 대다수 사람들에게 노동은 더 세분화되었고 덜 재미있어졌다. "허드렛일에 축복 있으라!"

자신의 신체와 동작에 대해서도 전에 없이 민감하게 인식해야 했다. 엄격하게 적용되었든 아니든 간에 테일러주의는 지속적인 관리 감독을 불러왔다. 이 시절의 사무실이 나오는 사진이나 그림을 보면 고개를 책상에 숙이고 일하는 직원들 사이사이로 돌아다니면서 관리 감독하는 사람이 보인다. 아무도 가벼운 대화는 나누는 것 같지 않다. 아무도 자신의 일에서 다른 데로 감히 눈을 돌리지 않는다. 잘못된 동작을 하면 벌점을 받는 경우가 많았다. 테일러주의가 확산된 덕에, 관리자들은 사무실의 배치를 약간만 바꾸면 직원들의 습관과 충성도와 행동을 바꿀 수 있을 것이라고 거의 교조적으로 믿었다. 사실이 그렇기도 했다. 초창기 경영 이론가인 R. H. 구델R. H. Goodell은 복도를 지나가는 방문객 때문에 직원들이 계속 방해를 받던 사례를 하나 소개했다. 그는 해결책으로 책상이 문을 등지도록, 그리고 그와 동시에 관리자의 자리도 등지도록 방향을 바꾸기로 했다. 그래서 직원들은 방문객의 방해도 받지 않게 되었지만 자신을 항상 감시하는 상사를 볼 수 없게도 되었다.[44] 즉 직원들은 자신을 감시하는 상사의 눈길을 내면화하게 되었는데, 그러면 일을 지속하는 것이 더 쉬웠다. 물론 옛 회계실의 느슨한 분위기가 남아 있는 사무실도 있긴 했지만 그건 주로 소규모 기업이었다. 옛 사무실의 즉흥적이고 주먹구구인 방식은 이후로도 살아남긴 하지만, 이것을 일반적인 현상으로 여긴다면 속는 것이나 마찬가지가 될 것이었다. 미래의 사무실에서는 한가로운 속도가 표준이 아니고 시간은 주어지는 것이 아니라 빼앗기는 것이 될 터였다.

테일러주의는 테일러의 별난 성격 때문에만 성공한 것은 아니었다. 테일러주의는 인간의 신체 동작을 해부하는 방향으로의 더 큰 문화적 변화와 궤를 같이한다. 조르주 브라크Georges Braque, 파블로 피카소Pablo Picasso 같은 입체파 화가부터 에드워드 마이브리지 같은 사진가에 이르기까지, 19세기 말과 20세기 초에는 사물, 시간, 신체의 분할에 집착하는 사람이 많았다. 이는 정신의 속성이 분해되는 것과도 일맥상통했다. 고전 발레의 엄격한 동작은, 더 자유로워 보이지만 그만큼이나 정교하게 동작이 계획된 현대 무용에 자리를 내주고 있었다. 또 영화의 탄생은 동작의 흐름을 잡아냈다가 장면마다 분할해서 느리게 흘러가게 만들 수도 있음을 의미했다. 물론 영화 관객 중에는 사무원이 많았다. 테일러주의적 환경에서 일하는 노동자들은 전에는 잘 인식하지 못

테일러주의에 대해 노조는, 화이트칼라 경영진이 엉뚱한 지시를 강요하는 바람에 업무
가 혼란에 빠져 버리는 상황을 강조하며 그에 반대했다.

했던 삶의 측면들까지 세세하게 분석당하는 거대한 조류에 휩쓸리고
있다고 느꼈다.[45]

　감시당한다는 느낌은 노동 과정에서 벌어진 더 큰 변화의 일부였
다. 이 변화 속에서 사무직 노동자들은 자신이 자본주의의 주체가 아
니라 대상이 되었다고 느꼈다. 세기 전환기가 되기 전까지는 '칼라 라
인collar line'(옷깃에 따른 구분. 피부색에 따른 인종 분리를 말하는 '컬러 라인color
line'의 패러디—옮긴이)에 의한 구분이 가능했다. 육체노동자와 비육체노
동자 사이의 구분으로 사무원들은 자연스럽게 더 높은 사회적 지위에
속한다는 느낌을 가졌다. '화이트칼라'라는 말 자체가, 사회주의 작가
업턴 싱클레어Upton Sinclair가 『부패 언론The Brass Check』에서 공장 노동자

를 깔보는 1920년대의 저널리스트를 묘사하기 위해 만든 말이었다. 싱클레어는 이렇게 비웃었다. "그들은 흰 칼라를 다는 것이 허용되어 있다는 이유만으로 자신이 자본가 계급이라고 착각한다."[46] 테일러 시스템을 그린 만화에는 오만하고 창백한 기득권 남자들이 때투성이에 땀 흘리고 있는 공장 노동자에게 지시를 내리는 모습이 자주 나온다. 이런 이미지에서는 사무실이 공장보다, 화이트칼라가 블루칼라보다, 숙련된 지식 노동자가 강제로 탈숙련된 단순 노동자보다 우위에 있었다.

하지만 대부분의 사무 노동자는 이런 우월함의 이미지를 더 이상 경험할 수 없게 되었다. 소유와 경영이 분리되고 복잡한 위계 시스템이 생겨나면서 사무직 세계도 분절됐다. "사무직 노동자는 더 이상 전처럼 친밀하지 않다." 1920년에 『비즈니스위크』(예전의『시스템』)는 이렇게 언급했다. "그는 아무도 아니다. 하나의 노동자일 뿐이고 공장 노동자처럼 그저 하나의 숫자에 불과하다."[47] 사무실에서 이루어지는 깨끗한 노동을 이제는 더 이상 중산층과 쉽게 연결 지을 수 없었다. 한때 에드워드 테일러는 사무원인 자신과 고용주인 상업가를 연결 지어 생각했지만 이제 이 둘의 지위는 건널 수 없이 멀어졌다. 노동 과정에서 지식을 분리하면서(해리 브레이버먼은 "실행에서 개념을 분리"한 것이라고 표현했다), 테일러주의 이데올로기는 공장과 사무실 모두에서 일터를 분할했다. 이렇게 공간 면에서도 업무 면에서도 일터가 분절되면서, 지시에 따라 단순히 업무를 수행할 뿐인 노동자와 그들에게 작업 방법을 알려 주며 통제하는 관리자가 생겨났다. 사무직 노동자들 모두가 계층 상승 중이라는 개념은 이제 매우 의심스러워졌다. 사무직에서도 어떤 사람들은 소득, 지위, 삶의 기회 등의 면에서 때 묻은 육체노동자와 더 비슷했다. 사무실의 형태에서, 그리고 '사다리'의 위아래 거리에서, 어떤 사람들은 경영진으로 절대 올라갈 수 없으리라는 사실이 점점 분명해졌다. 사실 어떤 사람들에게는 노동이란 언제나 힘들고 구질구질했다. 이런 변화들에 대한 이들의 반응이 이후 몇 세대간 사무실의 변화에 영향을 미치게 된다.

□

테일러가 유명해지기 몇 년 전인 1906년에 사무 건물 하나가 등장했다. 건축, 레이아웃, 디자인, 경영에 대한 이 건물의 통합적이고 조화로운 콘셉트는 사무직 노동과 경영에서의 문제들을 모조리 예견하고 해결한 것처럼 보였다. 뉴욕 주 버펄로의 라킨 본사 빌딩Larkin Administration Building으로, 젊은 프랭크 로이드 라이트Frank Llyod Wright가 라킨 비누 컴퍼니Larkin Soap Company를 위해 설계한 건물이었다. 곁에서 보면 육중하고 그리 특이하지는 않아 보였다. 단단한 벽돌 건물에, 코너에는 계단 타워가 따로 있었다. 겉모습은 연기와 눈에 둘러싸인 업스테이트 뉴욕의 세기 전환기 풍경을 연상시켰다. 하지만 건물 안에 들어가면 중앙 홀의 밝고 쾌적함이 방문객을 놀라게 했다. 중앙 홀에서는 높은 천장 아래에서 직원들이 단정히 앉아 무지막지한 속도로 쏟아져 들어오는 서신을 부지런히 처리하고 있었다. 당시의 사무 건물로서는 특이하게도 내부 공기가 시원했다. 한여름의 열기가 버펄로를 내리쬐고 있었지만 건물 내부는 쾌적한 수준으로 온도가 유지되었다. 직원들의 생활은 관리 감독당하는 동시에 잘 조직되어 있었다. 식사실, 사우나, 병원, 안전 훈련, 체육관, 구내 매점, 후생 복지 기금, 소풍, 주간 콘서트, 이윤 공유 제도 등이 제공됐다.[48] 진보적인 회사의 최고봉과 모범적인 사무실의 모습을 동시에 구현하고자 한 라킨은 향후에 생겨날 많은 기업 건물들이 보이는 가족적이고 모든 것을 포괄하는 특성을 예고하고 있었다.

1875년에 비누 제조업체로 출발한 라킨 컴퍼니는(비누는 행상인이 돌아다니면서 판매했다) 곧 향수와 파우더도 만들었다. 1881년에는 소매점에 우편을 보내 주문을 이끌어 내는 방식을 시도했는데 뜻밖에 주문이 폭증했다. 라킨은 구매를 독려하기 위해 고급 손수건이나 예술 사진 같은 사치품을 사은품으로 받을 수 있는 쿠폰을 비누 상자에 동봉하기 시작했다. 이는 매우 효과가 있었고 당연한 수순처럼 점차 라킨은 자전거, 식기, 유모차, 의류, 총 등 온갖 제품을 제조업체에서 대량으로 떼어 와, 확장되고 있는 우편 주문 방식을 통해 판매하게 되었다.[49] 라킨은 한 세기 이후의 아마존닷컴처럼 원래의 사업 분야를 훨씬 넘어서 우편으로 주문되는 방대한 품목을 처리하게 되었다. 1880년대에 비누 공장이 열두 개나 새로 지어졌지만, 우편 판매업이 부차적인 사업이 아님은 명확했다. 1903년이면 라킨은 하루에 5000건의 주문을 받게 된다.[50] 회계 담당자인 다윈 D. 마틴Darwin Martin은 주문을 추적하는 매우 효율적인 회계 관리 시스템을 만들었다.

하지만 이런 혁신으로도 공간 부족은 어쩔 수가 없었다. 경영진은 직원들이 덥고 더럽고 시끄러운 환경에서 비누통에 둘러싸인 채 일하게 둘 수는 없다고 결정했다. 35세의 프랭크 로이드 라이트는 건축가로서는 젊은 축이었고 주로 주택 디자인으로 유명했다. 다윈 마틴은 존 라킨John Larkin에게 보낸 서신에서 "라이트의 주택은 '괴짜' 주택이라고 불리지만 우리가 만나 본 바로 집주인들은 괴짜가 아니"었다며 라킨을 설득했다.[51] 라이트는 라킨 경영진을 직접 만난 자리에서 깨끗한 공기와 조명이 잘된 공간에 대한 신실한 믿음으로 경영진에게 깊은 인상을 주었다. 거의 메시아적인 열정의 힘으로 라이트는 이 일을 따 냈다.

라킨 빌딩을 디자인하는 데는 어려움이 아주 많았다. 하루에 여섯 번이나 나가는 주문 물량을 처리할 직원 1800명이 있을 공간을 마련 해야 했고 그러면서도 안락하고 널찍한 환경을 조성해야 했다. 장소 문제도 있었다. 버펄로는 깨끗하고 빛이 잘 드는 사무실을 만들기에 좋은 도시가 아니었다. 이미 라킨의 공장들이 들어서 있었던 회사 부 지 주변에는 철도, 제철소, 주조 공장, 석탄 적재소 등의 중공업 업체들 이 있었다. 비누 회사가 있기에는 더럽고 먼지 나는 환경이었다. 공기 를 통제하지 않으면 검댕이 사무실 구석은 물론 책상에도 쌓일 판이었 다. 사무 직원이 일하던 원래의 공장 건물에는 에어컨이 없었다(발명되 기 전이었다). 환기가 잘되면서 조명도 적절히 유지할 수 있게 만들어진 다른 건물의 선례도 없었다.

라이트의 디자인은 이 모든 난제를 해결하면서 사무실 디자인을 예 술의 경지로 끌어올렸다. 완성되고 나서 몇 달 뒤에 라이트는 담담하 게 다음과 같이 말했다. "단순하고 진정성 있는 건물이기만 하다면 그 곳에서 일하는 사람들에게 축복이 될 수 있을 것이다. 건물은 어느 정 도는 그것을 지은 사람들을 대신해 직원들이 위대한 의무 두 가지를 달성할 수 있게 해 줄 것이다. 올바른 생각을 하는 모든 사람이 스스로 에게 부과하는 두 가지 의무, 즉 과거에 대한 의무와 미래에 대한 의무 말이다."[52]

라이트는 견고한 벽돌 건물이지만 내부가 "마치 밖처럼 환할 것"이 라고 약속했다. 이 건물의 가장 눈에 띄는 성취는 풍부한 자연 채광이 었다. 오늘날 진보적이라는 건물들에서도 자연광이 들지 않는 곳에서 종일 일하는 사람들이 많다는 점을 생각하면 놀라운 일이다. 지하에도 천장 채광창과 기초벽을 통해 자연광이 들어왔다. 안 그랬으면 답답해 보였을 계단 타워에도 천장 창과 옆 창 모두에서 빛이 들어와 분위기가 밝아졌다. 로비 입구에는 유리 문이 있었다. 당시로서는 대단한 일이었는데, 라킨 이후에 이는 건물 로비의 표준으로 자리 잡는다. 하지만 뭐니 뭐니 해도 라킨에서 가장 유명한 것은 천장에서 빛이 드는 중앙 홀이었다. 위로는 트이고 둘레는 발코니로 둘러싸인 중앙 홀에 금속과 유리로 된 천장을 통해 빛이 쏟아져 들어와 흰 벽에 반사되었다. 이러한 중앙 홀은 시카고 고층 건물에 흔히 있는 공간이었지만, 대부분의 건물에서 상점 등으로 활용한 것과 달리 라킨은 중앙 홀을 사무 공간으로 사용했다. 본사의 중앙 행정 공간으로 쓰였는데, 여기에서 다윈 마틴과 윌리엄 히스William Heath가 질서 있게 줄지어 일하는 행정 보조원들과 나란히 앉아 일했다.

하지만 빛이 잘 드는 이런 구조와 버펄로의 습한 여름 기후 때문에 환기와 온도 유지가 어려웠다. 라이트에게 해결책의 영감이 번뜩 떠올랐다. "진척을 이룰 수 있을 것 같은 해결책이 섬광처럼 떠올랐다. 나는 바로 다음 기차로 버펄로에 가서 라킨 컴퍼니에 건물 본체와 별도인 (건물 본체 안쪽에 건물의 일부로 들어가 있는 것이 아니라 건물 바깥쪽에 붙어 있는) 계단 타워를 짓는 데에 3만 달러를 추가로 쓸 용의가 있는지 알아보았다. 위아래층을 오르내리고 위험할 때 탈출할 수 있는 계단의 기능 이외에도, 환기 시스템의 일부로서 공기 흡입구의 기능까지 할 수 있도록 말이다."[53] 그러니까, 계단 타워를 외부에 별도로 세운 것은 내부 환경을 더 쾌적하게 만들기 위해서였다. 즉 사무실이 기능적으로 필요로 하는 바와 환기 시스템의 기계적인 구조가 건물의 모양을 결정한 것이다. 정말로 '형태가 기능을 따른' 드문 사례라고 할 수 있었다. 계단 타워 벽면의 통풍관을 통해 들어와서 지하로 들어간 공기는 걸러진 뒤 데워지거나 (새 냉각 시스템 도입 이후에) 식거나 했다. 이렇게 '조절된conditioned' 공기는 다시 각 층으로 분배되었다. 냉각 시스템이 본격적으로 도입된 이후의 건물에 비하면 덜 발달된 것이긴 했지만, 라킨의 혁신적인 디자인으로 이 건물은 거의 미국 최초의 '온도 조절air conditioned' 건물이 되었다.

책상과 사무실의 배열 자체는 기존 사무실과 비슷했다. 중앙 홀의 양옆에 세워진 가슴 높이의 벽 옆으로 모듈식 파일 캐비닛이 있었고 홀 안쪽으로는 맞춤으로 디자인된 책상이 줄줄이 들어서 있었다. 책상은 네 개씩 한 팀을 이루었고 각각에는 금속제 캔틸레버 접이식 의자가 있었다(멋지긴 했지만 하루 종일 앉아 있기에는 불편한 의자였다).[54] 쾌적한 환경 덕분에, 고도로 조직적인 서류 업무로 인한 딱딱한 분위기는 다소 부드러워졌다. 서류들은 아래층의 접수 영역에서 위층으로 올라갔다가 다시 위에서부터 여러 부서들을 거쳐 내려와 최종적으로 공장으로 가게 되어 있었다. 주문 문의에 대한 답변은 녹음기로 녹음한 뒤, 왁스 디스크에 찍어서 메신저들이 타자수에게 날라다 주었다. 그러면 타자수가 답변을 타이핑하고, 이 답변들은 검수를 거친 뒤 창고로 보내졌다(라이트는 서서히 아래로 내려가는 커브 구조를 50년쯤 뒤에 뉴욕 솔로몬 구겐하임 뮤지엄 내부의 나선형 인테리어에 활용한다). 많은 공간이 휴식과 오락에 쓰였다. 건물 안에 YWCA가 있어서 직원들이 상담을 할 수 있었다(YMCA를 사내에 두기에는 젊은 남자 직원이 그렇게 많지 않았다). 도서관에는 대출 가능한 책 400권과 최신 잡지가 있었고 '휴식실'에는 가죽 의자와 자동 피아노가 있었다. 옥상 정원은 봄가을에 탈출구를 제공했다.[55]

라이트가 디자인한 라킨 빌딩의 중앙 홀. 1904년.

직원들이 남긴 증언은 많지 않지만 남아 있는 것들을 보면 회사의 따뜻함에 대한 특별한 자긍심이 드러나 있다. 한 비서는 "버펄로에서 가장 일하기 좋은 곳"이라며 "회사가 직원들을 **잘 챙겨 준다**"고 언급했다.[56] 한 방문자는 수십만 명이 찾아와서 이 건물을 보고 감탄한다고 말했다. 여기에는 러시아 귀족도 있었고 세계 각지에서 온 공학자나 디자이너도 있었다. 그저 사무 건물에 대한 관심치고는 특이한 일이었다.

하지만 많은 방문자가 암시하듯이, 라킨 디자인의 완벽성은 기능적인 문제의 해결이나 직원에 대한 복지보다 더 근본적인 것을 의미했다. 라이트와 라킨 사람들은 모든 세부 사항이 이 회사의 계몽된 분위기를 물씬 풍기도록 종합적인 사무 환경을 만들어 내려 했다. 오늘날 구글 Google 사무실이 그렇듯이, 라킨 빌딩은 회사 자체의 브랜드가 되었다. 작업 프로세스를 면밀히 고려했다는 평판은 제품 판매에도 도움을 주었다. 건물 벽에는 생산적인 정신을 북돋는 말들이 새겨져 있었다.

> 너그러움 이타주의 희생
> 정직 충실 충성
> 상상력 판단력 주도력
> 협력 경제 산업
> 지성 열정 통제

이 건물은 외국인 방문객에게뿐 아니라 직원들에게도 미국 비즈니스의 강점과 건전성을 광고하는 역할을 했다. "바퀴를 굴리는 것은 기업, 바로 미국의 기업이다. 면밀하게 조직된 시스템은 보석 베어링이다. 선의는 윤활유다." 논평가 조지 트위트마이어George Twitmyer는 『비즈니스맨 매거진*Business Man's Magazine*』에 이렇게 적었다.[57] 라이트도 라킨 건물이 필연적으로 담고 있는 미국적 속성을 이렇게 선언했다. "성조기는 이 건물에 어울릴 유일한 국기다. 단순한 별과 막대 디자인으로 된 성조기만이 직사각형의 단순한 외관 및 직선적인 내부 디자인과 조화될 수 있다." 랠프 월도 에머슨을 연상케 하는 말투로, 라이트는 이 건물이 유럽의 사악한 영향을 받지 않은 건물이라고 주장했다. "나는 우리 건물이 직접적이고 참신하다는 점에서 전적으로 미국적이라고 생각한다. 외국의 '스타일'에 복종한 흔적 없이, 조상이 물려준 지혜와 보물을 감사히 담아 내고 있다."[58]

미국의 도시들에 우후죽순 생겨나기 시작한 고층 건물들의 본때 없는 디자인에 비하면 훨씬 발전되고 세심해진 것이기는 했지만, 라킨 빌딩에는 사무실의 역사에 계속해서 나타나는 전체주의적 속성의 위험도 있었다. 직원 복지를 위한 것이라며 제공된 것들은 조금만 생각해 보면 사회적 통제를 위한 것으로도 볼 수 있었다. 중앙 홀의 사진을 다시 보자. 똑같은 옷에 똑같은 머리 모양을 한 여성들이 일렬로 모여서 일하고 있고 네 코너에 앉은 네 명의 남성 임원에게 지시를 받고 있다. 팀에 초점을 둔 공동체적 환경인가? 아니면 감시와 감독을 용이하게 해서 규율과 통일성을 강요하기 위한 디자인인가? 레크리에이션 활동조차 협동과 충성을 강조하고 있었다. 1916년에 경영자들과 비서들을 위해 열린 가면극의 주제가 팸플릿에 소개되었는데, 17세기 풍자 우화에 20세기 경영 이론의 용어를 섞어서 다음과 같이 말하고 있었다. "산업이 무지와 무지에 따르는 무질서, 게으름, 탐욕, 비효율, 불화 같은 특질에 지배받는다면 인류에 기여할 수 없으리로다. 그러나 산업이 상상력과 상상력에 따르는 봉사, 협동, 질서, 시스템, 야망 같은 특질에 의해 무지에서 해방될 때, 인류의 진정한 하인이 되고 인류의 행복에 필수 불가결한 것이 될 수 있으리라."[59]

"시스템", "질서", "비효율" 등은 과학적 경영을 도입하려 하는 관리자에게 상투적인 단어이자 두려운 단어였다. 이를테면, 긴장을 풀고 휴식을 취할 수 있도록 마련된 회사 파티에서 분위기를 망칠 수도 있는 말이었다. 하지만 '긴장을 풀고 휴식을 취하는' 것은 문자 그대로의 중립적인 의미가 아니었다. 휴식도 경영이 고려하는 요소라고 보아야 했다. 당시에 '산업적 복지 증진'이라고 부르던 것에 라킨 컴퍼니가 공들인 데서도 볼 수 있듯이 말이다. 동기 부여가 되지 않은 노동자들이 막무가내로 일으키는 태업과 파업에 놀란 온건한 개혁가들은 (직무를 순환시키고 직원에게 더 많은 통제력을 주는 등의 방식으로) 노동의 단조로움을 줄여 주는 것이 해결책이 될 수 없다고 보았다. 그들이 보기에, 오히려 단조로움은 산업화된 노동에서 **좋은** 부분이었다. 지식사학자 대니얼 로저스Daniel Rodgers는 이렇게 설명했다. "19세기 심리학자들이 즐겨 쓴 개념을 빌리자면, 당시 개혁가들은 판에 박힌 일상이 신경계에 깊고 안락한 길을 새김으로써 사람들에게 생각할 필요를 없애 주기 때문에 노동자들을 해방한다고 주장했다. 따라서 산업 노동자들이 업무에서 불만을 느낀다면, 효과적인 해결책은 업무를 바꾸는 것이 아니라 노동자들의 정신적 태도를 바꾸는 것이어야 했다."[60] 그래서 일터 안팎에 편의 시설들을 마련해야 했고, 라킨 빌딩은 이러한 이상에 부합했다. 노동 과정은 테일러식으로 엄격하게 규율하되, 그에 대한 보상으로 직원들에게 점심 강의, 교양 강좌, 사보 등을 제공하는 것이다. 사보 『우리들Ourselves』은 직원들이 직접 발행할 수 있었다.

하지만 신경을 무디게 하는 노동 작업 자체는 달라지지 않았다. 라킨 빌딩이 노동 과정과 노동 환경을 향상시키기는 했지만 노동이 조직되고 위계가 합리화되는 방식을 바꾸지는 못했다. 사무실이 단지 더 나은 '노동 환경'만이 아니라 더 나은 '노동'도 제공하도록 하는 데에는 기여하지 못한 것이다. 라킨 빌딩은 이후로도 오랫동안 최고의 사무 건물이라는 명성을 유지한다. 하지만 이 디자인은 20세기 초에 점점 커지던 사무 노동의 문제점들과 그에 대한 불만들을 반영만 했을 뿐 해결하지는 못했다.

3
흰 블라우스 혁명

할아버지 세대의 사무실에는 철골과 파일도 없었고
엘리베이터와 라디에이터도 없었으며 전화도 없었고,
그리고 치마도 없었다.

—찰스 로링Charles Loring(건축가)[1]

노벨 문학상을 탄 최초의 미국 작가 싱클레어 루이스는 초기 소설『일
자리』에서 새로우면서도 아주 일반적이던 현상 하나를 묘사하고 있
다. 바로 사무직 일자리를 찾아 시골에서 도시로 올라온 여성의 성공
담이다. '화이트칼라 걸'이라는 유형으로 정형화되기 전에 이미 루이
스는 이런 인물의 개요를 그려 냈다. 여주인공 우나 골든은 펜실베이
니아 주 파나마에서 자란다. 파나마는 이름이 주는 이국적인 느낌이
무색하게 미국 중서부 시골의 외진 동네다. 우나는 "예쁘지도, 요란하
지도, 특별히 세련되지도 않았지만 본능적으로 통찰력이 있으며" 타
고난 매너와 에티켓을 가지고 있다. "천성적으로 지도자"인 우나는 아
버지 리우 골든이 절대 나이프로 음식을 먹지 못하게 하고 어머니가
싸구려 연애 소설에 정신없이 빠지는 것도 못하게 한다.[2]
  야망은 있었지만 교육을 받지 못했고 자유가 뭔지도 모르면서 자유
를 갈망했던 우나는 고등학교 시절에 닥치는 대로 책을 읽었다. 그러

면서 파나마에서 살아가야 할 생활에 대비했다. 파나마에 있는 몇 안 되는 괜찮은 남자 중 한 명과 결혼해서 집안일을 하는 짬짬이 개인적으로 즐길 수 있는 소소한 기회들을 누리면서 사는 것 말이다. 그런데 아버지의 죽음으로 우나는 스물넷의 나이에 불행한 엄마와 숨겨져 있던 빚을 떠안게 되었다. 엄마는 나이가 많고 일을 할 수 없었다. 그래서 우나는 이런 처지의 시골 아가씨 수백만 명이 앞으로 가게 될 길을 간다. 상업 학교에서 속기, 타자, 서류 정리, 부기를 배운 뒤, 새로 익힌 기술들을 가지고 뉴욕에 가서 사무실 일자리를 얻어서 적으나마 여기서 받는 임금으로 빚쟁이들을 근근이 막으며 살아가는 것이다.

"그들은 자신의 매력은 알고 있지만 자신의 사랑스러움은 모르고 있다. 물론 그들은 여성이고, 쿨하고, 확신에 차 있으며, 능력까지 있는 새로운 세대이다." 인기 소설가 크리스토퍼 몰리Christopher Morley는 1921년에 지하철에서 화이트칼라 걸들을 보고 신문 칼럼에 이렇게 썼다. "그들은 행복하다. 너무 많은 생각을 하지 않기 때문에. 그들은 사랑스럽다. 너무나 부서지기 쉽기 때문에. 사람들은 즐거워하면서 그들을 (스스로는 안다고 믿고 있지만) 너무나 아는 것이 없는 비즈니스 세계의 순진한 장식품으로만 생각하기 때문에."[3] 루이스는 화이트칼라 걸의 소외를 더 강한 비판, 심지어 증오의 어조로 이야기한다. "광대하고 능란하지만 대체로 쓸모없는, 사무실들의 우주"이며 "그 세계의 위기는 2-A 연필과 2-B 연필의 차이가 런던과 티베트의 차이 정도 되고, 평소에는 자기 통제를 잘하는 여성이 늘 쓰던 타자기가 아닌 청구서 기계를 써야 해서 1주일 동안 극심하게 우울해질 수 있음을 이해해야 비로소 파악할 수 있다."[4] 루이스는 자신의 (다소 걱정스러운) 풍자 아래에 사무실 삶의 어떤 본질이 흐르고 있음을 잘 알고 있었다. 사무실이 한 세대 인구 전체의 생각 속에서 굉장히 큰 자리를 차지하게 되었다는 점 말이다. "오늘날의 영웅은 늑대가 울부짖는 숲이나 보랏빛 협곡이 아닌, 타일 깔린 복도와 엘리베이터를 돌아다닌다." 루이스는 이렇게 말한다. "불합리한 세상. 새들의 노래와 고요한 황혼과 아름다운 낮 시간을 허섭스레기를 판매하느라 희생하는 세계. 그렇지만 이 세계가 우리를 지배한다." 루이스는 그렇다고 사무실을 무시해 버리면 안 된다고 말한다. 그곳에서 "삶이 펼쳐지기" 때문이다. "사무실에는 사랑, 불신, 야망의 스릴이 가득하다. 책상 사이의 각 통로에서는 전쟁터의 참호나 노르망디 전선에서만큼이나 끊임없이, 은밀한 로맨스의 화살들이 날아다닌다." 그런데 그는 (몰라서는 아니었겠지만) 한 가지를 덧붙이는 것을 잊었다. 사무실에서 남녀의 역할 규정이 다른 어떤 곳도 필적하지 못할 만큼 다르게 새로 쓰이고 있었다는 점 말이다. 20세기의 사회 변화 중에서 이렇게 조용하면서 혁명적인 변화도 찾기 어려울 것이다.

□

교육받은 남성 노동력의 상당수가 빳빳한 화이트칼라 대신 피 묻은 푸른색의 북군 군복을 입게 된 1860년대에 미국 정부는 여성 사무직원을 채용하기 시작했다. 재무장관 프랜시스 엘리어스 스피너Francis Elias Spinner가 남성만의 신성한 영역이 깨질 것을 예감한 재무부 사람들의 반대를 무릅쓰고 추진한 것이었다. 스피너는 새로 고용된 위험한 사람들을 중요하고 민감한 업무에 배치하지는 않고 채권과 현금을 분류하고 포장하는 등의 가벼운 일에 배정해 보았다. 놀랍게도 여성들은 업무를 아주 잘 수행했다. 게다가 남자보다 보수를 덜 줘도 된다는 장

점까지 있었다. 그래서 스피너는 전쟁이 끝난 후에도 계속해서 여성을 고용했고, 여성 고용의 비용이 너무 많이 들지 않도록 연방 의회가 개입했다. 1866년에 여성의 최고 임금은 연 900달러로 정해졌다. 남성의 경우에는 1200~1800달러였다.[5] "900달러만 받고도 두 배나 더 받는 남자들보다 훨씬 일을 잘하는 여성들이 있다." 1869년에 스피너는 만족스러워하면서 이렇게 말했다.[6]

여성이 사무직 업무를 수행할 역량이 있다는 사실이(그리고 종종 남성보다 뛰어나다는 사실이) 완벽하게 증명되고 나자, 사무직 일자리에 여성이 본격적으로 진입하기 시작했다. 남북전쟁 이전에는 남성만의 세계이던 곳에서 이제 성비가 달라졌다. 전체 사무직 인력도, 또 그중에서 여성이 차지하는 비중도 모두 크게 증가했다. 1870년에는 미국에 8만 명의 사무직 노동자가 있었고 그중 3퍼센트만 여성이었는데, 50년 뒤에는 사무직 노동자가 300만 명으로 증가했을 뿐 아니라 거의 절반을 여성이 차지했다.[7]

하지만 여성 채용은 특정한 일자리로만 한정되었고 그런 직군은 사실상 여성이 독점했다. '독점'이 의미하는 바가 제약 없는 권력 행사가 아니라 노골적인 차별과 종속을 겪어야 한다는 것이어서 문제였지만. 여성 직군 중 대표적인 것이 속기사였다. 타자수보다는 손으로 쓰는 속기사가 더 중요했다. 어차피 남이 쓰는 것이라고 해도 타자기로 친 것보다는 손으로 직접 쓴 것이 더 기품 있다고 여겨졌기 때문이다. 그래서 손으로 쓰는 속기사의 지위와 보수가 타자수보다는 조금 높았다. 하지만 개인 비서보다는 낮았는데, 비서는 어쨌든 임원의 권력과 물리적으로 가까운 곳에 있었기 때문이다. 사무 직군이 일반적으로 그렇듯이, 속기사 직군의 안정적인 특성, 즉 다른 일터에서보다 상대적으로 노사 갈등이 덜한 상태는 속기사의 지위가 모호하다는 점에 기인했다. 하지만 속기사 일의 속성에는 모호한 점이 없었다. 손으로 쓰는 것이건 타자로 치는 것이건, 속기사의 일에는 상상력이나 주도권이라 할 만한 것이 필요치 않았다. 그리고 이런 생색 안 나는 일에는 여자들이 잘 어울린다고 여겨졌다.

속기와 타자 직군이 '여성'과 너무 깊이 결부된 나머지, 여성 사무직 노동자를 일반적으로 일컬을 때도 '타이핑 걸'이라고 부르는 일이 흔했고, 인간과 기계의 구별마저도 필요 없다는 듯이 그저 '타자기'라고 부르기도 했다.[8] 사무실에 광범위하게 도입된 초창기 타자기인 레밍턴 타자기 광고에는 키 위에서 타자 칠 준비를 하고 있는 가늘고 섬세한 여성의 손가락과 부드러운 손목이 늘 등장했다. 1867년에 최초의 상업용 타자기를 디자인한 크리스토퍼 숄스Christopher Sholes는 타자기가 "인류에게 명백한 축복이며, 특히 여성 인류에게 큰 축복"이라고 말했다.[9] 또 미국 경제가 불황에 시달리던 1870년대에 『네이션Nation』에 실린 레밍턴 타자기 광고는 타자기가 젊은 여성들이 가난에서 벗어나도록 돕고 싶어 하는 고귀한 사람들을 위해 한 가지 길을 열어 주었다고 말했다.

여성에게 좋은 수입과 적합한 고용을 '타자기'보다 쉽고 광범위하게 열어 준 발명품은 없었습니다. 그리고 타자기는 '여성에게 적합한 일'에 관심 있는 모든 사려 깊고 이타적인 분들의 신중한 고려 사항들에 잘 맞아떨어집니다.

그저 소녀에 불과하던 여성이 이제는 '타자기'를 가지고 주당 10달러나 20달러를 법니다. 그리고 저희는 이 도시의 사무실에서 일하는 전문 타자수 100명에게 좋은 여건을 확보해 줄 수 있습니다.

전시장에 와서 제품을 살펴보시고 제품 정보도 확인하세요.[10]

비서도 점차로 여성 직군으로 간주되었다. 속기사나 타자수의 일이 지루하다는 점에서 여성의 일로 여겨졌다면 비서의 일은 더 위로 올라가지 못한다는 점에서 여성의 일로 여겨졌다. 테일러주의를 사무실에 적용한 W. H. 레핑웰은 "여성이 이 일에 더 적합하다"고 선언했는데, "잡다한 일 처리와 세세한 것까지 신경 쓰는 것을 싫어하지 않기 때문"이라고 설명했다. "이런 일들은, 다른 이가 더 낮은 보수를 받고도 할 수 있는 일은 중요성이 낮은 일이라고 생각하는 야망 있는 젊은 남성에게라면 짜증스럽고 화가 나는 업무일 것이다."[11] 철도 회사의 어느 임원은 여성 사무원 채용을 선호하는 이유를 이렇게 설명했다. "여성들이 남성들보다 꾸준하다. 남자 사무원처럼 그 일에서 벗어나려고 조바심 내지 않는다.… 여성 사무원은 자신이 철도 임원이 되리라고 절대로 생각하지 않으며 자신의 일을 계속해 나가는 데에 만족한다."[12]

1926년이 되면 비서직의 88퍼센트를 여성이 담당하게 된다. 타자수, 속기사, 서류 정리원, 교환수는 거의 100퍼센트가 여성이었다.[13] 어떤 사무실에서라도 가장 낮은 직위는 여성들 몫이었다. 사무실에서 가장 적은 보수를 받으면서 가장 하찮은 일을 하는 사람을 의미하는 '오피스 보이'라는 말도 성별에 관계 없이 쓰이게 되었다. 1920년대에 나온 한 채용 광고는 다음과 같았다. "오피스 보이 구함. 남녀 불문."[14]

물론 회사로서는 값싼 노동력이 좋기는 했지만, 남녀의 임금 격차가 딱히 이때 생긴 새로운 현상은 아니었으므로 이 시기에 회사들이 여성 채용을 갑자기 늘린 것을 임금 차이만으로 설명하기는 어렵다.

마찬가지로, 하찮고 반복적인 일에 여성이 더 적합하다는 생각도 이때 갑자기 나온 것이 아니었다. 사무실에 여성 노동력 공급이 급증한 데는 경제 상황의 격변이 영향을 미친 것으로 보아야 한다. 남북전쟁 무렵까지만 해도 가족 단위의 농가에는 여성이 할 일이 많았다. 돈을 받는 일은 아니었지만 생산적인 일이었다. 부모들은 딸이 집에서도 할 일이 많은데 도시로 나가는 것을 좋아하지 않았다. 하지만 여러 산업에서 기업 합병으로 거대 기업들이 생겨나면서 예전에는 지역 농가에서 직접 생산되던 것들이 이제 도시에서 제조되어 상점에서 판매되었다. 공장에서 만든 옷과 통조림 식품과 베이커리에서 만든 빵이 손으로 짠 옷과 직접 기르고 만든 음식과 집에서 구운 빵을, 즉 농가에서 여성들이 만들던 것들을 대체하게 되었다. 자영 농민 자체도 농업 대기업들로 흡수되었고 농촌은 도시와 공장에 잠식되었다. 여기에서도 옛 중산층이 사라지고 '신'중산층이 대두되는 경향을 볼 수 있다. 하지만 이 경우는 근본적으로 성별에 따른 분업을 낳고 고착화했다는 점에서 특징적이다. 소상공인과 자영농이 쇠락하고 가내에서 여성 노동력이 덜 생산적으로 되면서, 사무실은 여성들에게 거부할 수 없는 기회가 되었다. 노동력 공급상의 이러한 변화는 경영 관리의 기능이 급증하던 경향과도 잘 맞아떨어졌다. 테일러주의가 공장에 도입되면서 숙련공들은 아래로는 비숙련공들을 두고 위로는 관리자의 지시 감독을 받았다. 그런데 사무실에서는 이것이 더 잘 이루어졌다. 노동력 중 '비숙련'의 자리를 여성 인력이 채우게 된 것이다. 여성은 이중으로 열위에 있었다. 기계 앞에 앉혀 놓고 계속 단순 작업만 시켜도 되었고, 절대로 관리자가 될 수 없었다. 과학적 경영의 확산은 사무실에 여성 노동력이 존재했기 때문에 가능했다고도 볼 수 있다.

업턴 싱클레어가 '화이트칼라'라는 말을 만들어 냈을 때, 이는 하찮은 서류 작업이나 필사를 하고 있으면서도 자신이 가난하고 더러운 공장 노동자와 달리 지배 계층으로 가는 중간 단계에 있다고 믿는 사람들을 비웃기 위한 것이었다. 앞에서 살펴보았듯이, 이러한 구분은 거대한 '공장식 사무실'의 세계에서는 점점 더 현실성이 없어지고 있었다. 하지만 이제 그 모든 하찮은 작업은 여성의 몫이 되었다. 이런 일은 보수가 점점 낮아졌고, 그에 따라 그 일들은 더 하찮게 여겨졌다. 여성이 기업의 사다리에서 남성처럼 올라갈 수 있느냐 아니냐의 문제는 아예 제기되지도 않았다. 여성들도 경영진의 일을 할 수 있다는 생각은 대부분의 남성 임원들에게 상상도 할 수 없는 개념이었기 때문이다. 사무실에 성별에 따른 계급 구분이 생겨났다. 여성을 사무실의 프롤레타리아로 여길 수 있는 한, 여성들이 집에 보탬이 되기 위해 결혼 전까지만 일을 하거나 (『일자리』에 나온 표현을 빌리면) "이슬 맺힌 촉촉한 입술을 가진 소녀가 삶을 발견하기도 전에 입을 꼭 다문 노처녀가 될 때까지" 사무실의 하찮은 일에 묶여 있는 한, 남성들은 자신을 '중간 계급'이라고 생각할 수 있었다.

□

그래도 많은 여성에게 사무실은 자유를 의미했으며 이것을 과소평가해서는 안 된다. 사무실도 여성을 선택했지만 여성도 사무실을 선택했다. 또 사무실 여성 모두가 자신이 전적으로 가치 절하되었다고 느낀 것도 아니었다. 노동자 계급에서 태어난 여성에게 사무실은 중산층의 품위 있는 삶으로 가는 탈출로를 제공했다. 사무실 일자리는 이들이 구할 수 있는 다른 일자리보다 보수도 더 나았다. 중산층 자녀의 경우에도, 특히 부모가 비싼 대학 교육을 감당할 수 없는 경우에, 상업 학교에서 교육을 받아 사무직 일자리를 얻는 것은 비즈니스계에 진입할 수 있는(그리고 교사 등 흔히 말하는 '여성 직업'이 아닌 일을 할 수 있는) 기회를 제공했다. 러시아계 유대인인 로즈 처닌Rose Chernin의 말이 이를 잘 보여 준다. 로즈는 1차 대전 때 공장에서 포탄을 제조했다. 그러면서 야간 학습반에서 고등학교 과정을 배웠다. 일 때문에 학업을 희생시키지 않기 위해서였다. 로즈는 언젠가 공장을 벗어나 사무실로 갈 수 있는 기회를 교육이 열어 주리라는 희망을 놓지 않았다.

> 시끄럽고 더러운 공장에서 하루에 열 시간씩 포탄을 만든다는 게 어떤 것인지 아는가? 정신이 멍해질 때까지 포탄을 이렇게 돌리고 저렇게 돌리는 것이 어떤 것인지 아는가? 화장실에 갈 수 있는 5분간의 휴식 시간만을 기다리는 것이 어떤 것인지, 그 시간만이 열 시간 중 가장 유의미한 시간이라는 것이 어떤 것인지 아는가? 그러면, 다른 길이 있어야만 한다는 생각이 들게 된다. 나는, 어린애처럼 순진하게, 교육을 받고 고등학교를 마치면 사무실에서 일자리를 얻을 수 있을 거라고 생각했다. 사무실에서! 뜰을 가로질러 공장으로 가는 길에는 늘 사무실을 지나쳤다. 깨끗한 옷을 입고 책상 앞에 앉아 있는 여직원들이 보였다. 나는 생각했다. 다른 세계가 있구나.[15]

노동자 계급 여성에게 열려 있었던 길과 기회는 중산층 여성과는 매우 달랐다. 그 차이의 상당 부분은 교육에서 기인했다. 1900년까지만 해도 남녀를 막론하고 고등학교를 마치는 경우가 드물었다. 14세 인구의 상당수가 4학년을 마치지 못했고 이민자이거나 노동자 계급은 더욱 그랬다.[16] 학교를 그만두겠다는 결정에는 합리적인 면이 있었다. 낮은 계층 사람들이 구할 수 있는 일자리 중에 특별한 교육을 필요로 하는 일은 거의 없었고, 어쨌든 공교육은 직업 훈련을 하지 않았다. 하지만 산업계에는 유능한 사무직 노동력이 점점 더 많이 필요했고 이 수요는 충족되지 않고 있었다. 그래서 기업인들은 학교로 눈을 돌렸다. 학교 개혁가들과 기업 임원들은 손을 맞잡고 아이들이 학교를 떠나지 않도록, 그리고 미래의 사무원으로 훈련받을 수 있도록 하는 프로그램들을 만들었다. 대부분의 도시에서 학교 이사회에는 기업인이 많았기 때문에 직업 교육을 고등학교 수업에 포함시키는 것은 어려운 일이 아니었다. 그리고 이는 효과가 있었다. 학생들이 학교를 그만두지 않고 부기나 속기 등을 배우면서 자퇴율이 낮아졌고, 졸업 후 바로 일자리를 얻을 수 있다는 약속도 점점 현실이 되었다. 공부를 더 하고 싶으면 상업 전문 학교에 가면 되었다. 이 시기는 사무실의 역사에서뿐 아니라 교육 시스템의 역사에서도 중요한 분기점이었다. 미국의 공교육이 사무직의 직업 역량을 갖춘 인재를 키워 내는 것을 목표로 삼게 된 것이다. 미국은 빠르게 사무원의 나라로 바뀌고 있었다.

하지만 학교는 남성과 여성을 매우 다르게 교육했다. 남성은 회계나 부기 등 '비즈니스 리더십'을 기르는 데 필요한 기술을 습득하도록 독려받았다. 반면 여성은 천성적으로 속기에 더 적합하다고 여겨졌다. 숫자를 다루는 어려운 일을 하는 임원이 비서나 속기사에게 명령을 내린다는 근거 없는 구분, 그리고 여성은 숫자 다루는 일보다 단순하고 가벼운 일에 천성적으로 더 적합하다는 생각은 오늘날까지도 완강하게 이어지고 있다. 하지만 몇몇 여성들은 그보다 더 완강하게 그 구분을 유지하는 것을 거부했다. 수많은 지침서들이 속기사 생활이 얼마나 즐거운지, 속기사 일이 얼마나 비즈니스에 가까운지를 찬양했지만, 정말로 '비즈니스다운' 영역(즉, 숫자를 다루는 회계나 부기의 영역)에 들어간 소수의 여성은 자신이 사내에서 가장 높은 임금을 받는 여성임을 알게 되었다(같은 일을 하는 남성보다는 여전히 낮았지만).

한편 중산층 여성에게는 속기사가 특히 낮은 형태의 직종으로 여겨졌다. 그들에게 더 적합한 일은 권력과 가까이 있을 수 있는 비서직이었다. 비서 지침서들은 비서직이 기업에서 사다리를 올라가는 것의 흥분과 재미를 줄 것이라고 약속했지만, 사실 비서직에서 상향 이동이 가능했음을 뒷받침하는 통계는 없다. 비서들은 자신의 일이 '전문적'이라는 생각에, 그리고 호화로운 임원실이라는 상류층의 공간에서 일한다는 점에 매료되도록 부추김 당했다. 임원실의 환경은 가정과 비슷했다. 희한한 방식으로, 상사의 기분을 맞춰 주면서 본질적으로 가사 노동 비슷한 서비스를 제공하는 비서가 숙련 기술을 갖추어야 하는 속기사보다 높은 계층으로 여겨졌다. 경영사학자이자 경영 이론가인 로자베스 모스 칸터Rosabeth Moss Kanter는 이를 '지위 의존성'이라는 개념으로 설명했다. 비서직에 결부되는 사회적 지위는 노동에서 얻는 만족에서 나오는 것이 아니라 남성이 소유한 권력에 가까이 있다는 데서 나오는 것이었다. 비서가 상사의 신임을 받아서 마호가니와 카펫이 있는 사무실을 갖게 된다는 이야기가 계속 생산되었다. 어느 비서는 "그 기업이 소유한 건물 17층에 도시 전망이 보이는 사무실"을 갖게 되었으며[17] 상사가 부재 중일 때는 그녀가 사무실을 책임졌다고 한다. 이런 사례는 실제로는 매우 드물었지만, 비서들에게 강력한 유인이 되었다.

□

여성의 존재와 그에 수반되는 남녀 사이의 문제에 대한 당시 남성들의 담론에는 상당한 혼란과 공포, 때로는 엄청난 분노와 절망이 드러나 있다. 새로이 떠오른 사무실 세계가 너무나 많은 암묵적인 규칙들에 의해 규율되고 있었음을 생각하면 당연한 일이기도 하다. 빅토리아 시대식의 엄격한 남녀 구분이 더 이상 지켜질 수 없다는 점은 분명했지만 남성만 있던 일터에 여성이 들어와서 어떤 결과를 낳게 될지는 아직 아무도 알지 못했다. 여성은 우월한 도덕성을 타고났으니 사무실에 문명과 질서, 그리고 나약하고 계집애 같은 남성 사무원에게 남자다움을 가져다줄 것인가? 아니면 여성은 유혹에 잘 빠지고 남성의 금욕적인 직업 윤리도 쉽게 파괴하니 사무실에서 성적인 혼란을 일으키면서 기업 세계를 타락시킬 것인가? 당시에 '결혼 퇴사'가 일반적이었다는 점은 이 질문을 더욱 긴요한 문제로 만들었다. 여성들은 미혼인 동안에만 일을 하다가 결혼을 하면 '본연의 자리'인 가정으로 돌아갔고, 사무실의 일은 가정을 꾸리는 일과 병행할 수 없다고 여겨졌다.

기혼 상태로 취직을 하거나 결혼 후에도 일을 그만두지 않는 여성이 증가하기는 했지만, 대부분의 여직원이 미혼이었기에 이들은 미혼 남성과 기혼 남성 모두에게 문제적인 존재로 여겨졌다. 속기사와 상사의 관계에 대해 페센든 체이스Fessenden Chase가 쓴 소책자를 보면 속기사들은 곧 창녀가 될 사람처럼 묘사된다. "상사의 안락한 방이나 개인 '스튜디오'에서 유혹과 기회는 그치지 않고 생겨난다. 잘 넘어가는 상사는 부드러운 눈길로 유혹하고 매혹하는 똑똑한 여직원에게 쉬운 먹잇감이다." 체이스는 관음증을 자극하는 듯한 묘사로 다음과 같이 설명을 이어 간다. "부드러운 눈빛에서 만족스러운 입맞춤으로 넘어가는 것은 한순간이며, 일반적으로 개인 사무실에서 일하는 여직원이 특별한 호의와 임금 인상을 얻어 내기 위해 잘 넘어가는 상사에게 입맞춤을 하거나 당하는 것을 꽤 원한다는 사실을 우리는 부인할 수 없다."[18]

사무실에 여성 인력이 대거 진입한 것은 여성 참정권 운동의 성장과 함께 이루어졌다. 이는 우연이 아니었다. 노동 영역에서 독립성이 커지면서 여성들은 시민 영역에서도 자유와 권리를 요구했다. 그리고 여성들 사이에서도 사무실이 여성에게 제공하는 위험과 기회가 많이 논의되었다(당시에는 모든 사회 문제에 대해 개선점을 찾으려던 여성들의 공적 담론이 활발했다). 산업 복지 운동의 창시자인 제인 애덤스Jane Adams는 사무실의 개방적인 환경이 저항하기 어려운 유혹으로 가득 차 있으며 여성들이 성적인 요구에 응하여 상사에게 돈이나 선물을 받는 상황에 몰리고 있다고 우려했다. 일터에서 감당 못할 자유가 주어지면서, "사회적 제약의 부재로 여성들이 자발적으로 나쁜 삶으로 떨어질" 수 있다는 것이었다. 좀 더 현실적으로는, 재닛 에그몬트Janette Egmont가 속기사 저널에 쓴 표현에 따르면, 직업 세계에서 여성의 가치에 대한 남성들의 판단 기준을 올리기 위해(혹은 전에 없던 판단 기준을 새로이 설정하기 위해) 여성들이 "내숭과 아양 사이에서" 불가능한 줄타기를 해야만 하리라는 우려가 있었다.[19] 에그몬트는 이 문제에 탈출구가 없다고 보았다. 그가 보기에, 섹스의 유령은 저항할 수 없는 것이었다. 사무실에서의 관계는 불가피하게 타협이 되어야 했다. 그리고 해결책은 어디에도 보이지 않았다. 그러는 동안, "사무실에 예쁜 여직원 두세 명이 있어서 남성들이 금발과 갈색 머리를 비교하는 광경"은 언제나 존재할 것이었고 "여직원들에 대한 이러한 토론은 길고 열띠게 이어질" 것이었

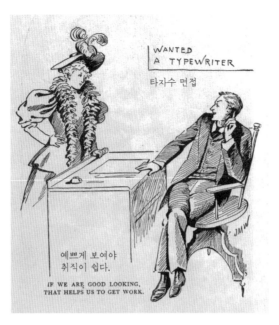

속기사 저널에 실린 만평. 초기 사무실의 성 정치를 담고 있다.
1895년 5월.

다.[20]

하지만 남성들은 여성이 남성에게 행사하는 권력에 대한 두려움
도 드러냈다. 그리고 사무실에서 벌어질 수 있는 위험에 대해 여성
을 위한답시고 오히려 여성 탓을 하곤 했다. 물론 여성들은 이에 반박
했다. 1900년에 애틀랜타 주 침례 성막 교회의 목사 렌 G. 브로턴Len
G. Broughton은 뉴욕 브루클린의 YMCA에서 전부 남성뿐인 청중에게
강연을 했는데, 화이트칼라 일터의 음탕함에 대해 맹렬한 비난을 담
아 장황한 연설을 했다. 그는 속기사 자격증이 비즈니스 성공의 티켓
도, 훌륭한 남편감을 구하는 티켓도 아니고 "음탕함에 대한 티켓"이라
며, "여성에게 위층 상사의 문 닫힌 사무실로 가게 해 주는 속기사 자

격증을 주느니 지옥으로 가는 직행 열차 티켓을 주겠다"고 말했다. 이 연설 내용을 전해 들은 사무직 여성들은 여직원이 남자 앞에서 사족을 못 쓴다는 메시지를 조용히 넘기려 하지 않았다. 하지만 오늘날의 입장에서 보면 이들의 반응이 늘 정치적으로 올바른 것은 아니었다. 한 속기사는 '미스 물품'이라는 필명으로 『애틀랜타 컨스티튜션*Atlanta Constitution*』에 보낸 글에서, 속기사가 "사악하고 순수하지 못하다"는 브로턴의 언급을 반박했다. '미스 물품'은 적어도 "99퍼센트"의 속기사가 덕망 있는 기독교인이라며, 상사의 요구에 넘어가는 사람은 가난하고 절박하고 종교가 없는 여성들뿐이라고 말했다. 뉴욕의 논평가들은 한술 더 떠서 사무직 여성을 더 낮은 계층과 구분하면서, 브로턴이 "자신이 이야기하는 대상이 남부의 유색 인종이 아니라 고상하고 지적인 유형의 여성임을 잊은 모양"이라고 꼬집었다.[21]

여성 사무직 노동자들이 덕망 있는 기독교인이었건 아니었건 간에 (그 시대에 모두 백인이기는 했다), 이들은 직장에서의 성희롱에 대해 사실상 아무런 보호도 받지 못하고 있었다(성희롱이라는 단어는 20세기 말에나 등장한다). 지침서들은 애매한 조언을 했다. 여성은 남성의 신체 접촉에 대해 참을성 있게 침묵하거나 짐짓 쾌활하게 모르는 척해야 한다는 것이었다. 1919년에 발간된 비서 지침서는 이렇게 주장했다. "비서는 상사의 열정적인 눈길을 모른 척하고, 손을 더듬거나 팔을 쓰다듬거나 허리를 감싸는 상사의 손을 느끼지 않는 법을 배워야 한다." 그것도 "요령 있고 예의 바르게" 그래야 했다. "거절 자체보다 더 중요한 건 거절하는 방식이기 때문"이었다.[22] 지침서들은 여성이 일자리를 잃을 각오를 하지 않는 한 남성은 도전받지 않을 것이라는 가정을 깔고 있었다. 그리고 여성들은 정말로 일자리를 잃었다. 1937년에 해고된 비서

1만 2000명을 대상으로 조사한 바에 따르면, 적어도 3분의 2가 당사자나 상사의 "성격 결함" 때문이었는데 "(비서가) 상사와 밤에 클럽에 가려고 하지 않은 것"도 포함되어 있었다.[23] 모든 사무직 노동자가 그렇듯이, 화이트칼라 여성도 프로답게 행동해야 했다. 즉 자신의 일과 성공에 대해 온전히 자신이 모든 책임을 져야 했다.

직장에서 섹슈얼리티에 대한 공포는 남성 사무 직원들이 지위에 대해 느끼는 불안과도 관련이 있었다. 지위 불안은 남성 사무원이 남자답지 못하다고 조롱받던 회계실 시절부터 존재했다. 사무실에 여성이 들어오면서 남성들, 특히 관리자들은 중산층적 우월함과 권력을 다시 가질 수 있었지만, 1900년대 들어 사무직 노동자들이 노조를 결성하지 못하고 임금이 줄면서 공장 노동자보다 높았던 경제적 이점을 잃게 되자 이들의 남성성은 다시금 의구심에 봉착했다. 1920년대에 전국을 떠들썩하게 한 살인 사건 하나가 이 모든 두려움과 불안을 잘 보여 준다.

뉴욕의 체이스 내셔널 은행Chase National Bank에서 속기사 셜리 매킨타이어Shirley McIntyre는 회계원 월터 메이어Walter Mayer를 만났다. 회계원이므로 메이어는 회사에서 그리 지위가 높은 사람이 아니었다. 메이어는 매킨타이어에게 푹 빠져서 충동적으로 청혼했다. 매킨타이어는 처음에는 받아들였지만, 높은 사람들이 불러내면서 (메이어의 표현으로) "상류층의 맛"을 알게 해 주자 메이어를 거절했다. 메이어는 간청도 해 보고 자살하겠다고 협박도 해 보았다. 그러나 매킨타이어는 메이어를 "열등한 사람"이라고 하면서 자신은 그런 사람과는 결혼할 수 없다고 했다. 그러자 메이어는 잔인하게 대응했다. 매킨타이어의 아파트에서 매킨타이어를 쏘아 죽이고 자신에게도 총을 쏘았다. 하지만 메이어는 죽지 않았다. 1, 2년 뒤 몸이 회복되고서 살인죄로 법정에 선 메이어는 그에게 매우 호의적인 배심원단에게 약혼녀가 물질주의적으로 변해서 "물건"을 사랑보다 우위에 두었다는 진부한 주장을 했다. 매킨타이어의 어머니조차 메이어가 상식적인 청년이었으며 자신의 딸이 좋지 못한 태도를 가지고 있었다고 증언했다. 이는 효과가 있었다. 배심원들은 살인보다 가벼운 죄로 평결을 내리면서 선처를 바라기까지 했다.[24]

언론도 메이어에게 매우 동정적이었고 이는 판결에 영향을 미쳤다. 이 사건은 1급 살인에 해당함을 뒷받침하는 증거가 많이 있었다. 이를테면 그가 쓴 편지에 드러나듯이 메이어는 분명히 매킨타이어의 살해를 사전에 준비했다. 그런데도 언론에서 메이어는 상처 받은 화이트칼라 남성성의 상징으로 제시됐다. 메이어는 실제로 매킨타이어보다 임금이 적었다(매킨타이어는 주급 60달러를 받았는데 메이어의 주급은 10달러가 더 적었다). 그래서 그는 어떤 남성이라도 그의 상황에 처했다면 했을 일을 한 것일 뿐으로 묘사되었다. 신문들은 19세기였다면 메이어와 매킨타이어가 만족스러운 결혼 생활로 쉽게 정착할 수 있었겠지만 이제 상황이 달라졌다고 언급했다. 재정적 독립성을 얻은 여성과 달리, 메이어 같은 남성들은 더 이상 발전할 길이 없는 일자리에 묶여 있었다. 신문 보도에 따르면 메이어는 친구에게 이렇게 말했다고 한다. "아주 소수의 남성을 위한 거창한 자리들이 있지만 나머지 남성들은 노를 젓는 노예들이야." 그저 루저의 심리라고 볼 수도 있었을 말이 화이트칼라 남성의 비장한 비애감을 나타내는 말이 되었다. 그 비애감을 직장의 여성들은 받아 주어야 했고, 아니면 적어도 부드럽게 거절해야 했다.[25]

경영인들과 승진의 길이 별로 보이지 않는 남성 사무원들의 자신감을 꺾어 놓은 대공황 이후, 여성이 사무실을 망치고 있다는 암시는 대중문화의 대표적 모티프가 되었다. 영화 〈베이비 페이스Baby Face〉 (1933)는[헤이스 규약(1934년부터 실행된 영화 검열 제도—옮긴이)이 할리우드의 노골적인 외설 추구에 대해 서둘러 종말을 선고하기 직전에 나왔다] 당시 무명이었던 바버라 스탠윅Barbara Stanwyck이 주인공을 맡은 영화로, 사무직 남성이 갈망하면서도 두려워하는 사무직 여성의 전형으로 '골드 디거 gold digger'(돈만 보고 남자를 사귀는 여자—옮긴이)의 이미지를 굳혔다. 스탠윅이 분한 릴리 파워스는 어느 공장 마을에서 아버지가 운영하는 지저분한 주류 밀매점에서 일한다. 주요 고객은 신체적으로도 무너지고 사회적으로도 절박한 노동자 계급 남성들이다. 릴리는 그들의 지분거림을 계속 뿌리친다. 그러던 어느 날 아버지 같은 구두 수선공으로부터 천성적으로 지닌 권력을 활용하라는 조언을 듣는다. "너는 너의 **잠재력**을 이해하지 못하고 있어. 내가 읽으라고 준 니체는 읽지 않은 거냐?" 독일계 이민자인 그는 작업실에 릴리와 둘이 있는 자리에서 여성이 지닌 권력 의지의 본질에 대해 짝퉁 철학을 설파한다. "너처럼 젊고 아름다운 여성은 원하는 것은 무엇이라도 할 수 있단다. 너는 남성들을 능가하는 권력이 있어. 하지만 그들을 이용해야 해. 그들이 너를 이용하게 하지 말고.… 너 자신을 활용해! 남자들을 이용해! 강해지고 반항적이 되란 말이다. 원하는 것을 갖기 위해서 남자들을 이용해!" 아버지가 갑작스러운 사고로 숨진 뒤, 릴리는 주류 밀매점에서 같이 일하던 흑인 친구 치코(테레사 해리스 분)와 함께 자신의 '잠재력'을 더 잘 파악하기 위해 뉴욕으로 간다.

채용 담당관과 잔 덕분에 릴리는 고담 트러스트 컴퍼니라는 극중 은행의 말단 일자리를 얻는다. 이 은행은 아르데코 스타일로 된 고층 건

물에 위치해 있다. (치코는 릴리의 하녀가 되는데, 치코가 화면에 나올 때는 블
루스 음악이 깔린다. 해리스는 스탠윅과 함께 화면에 꽤 많이 등장하지만, 〈베이스
페이스〉는 흑인인 치코가 화이트칼라가 될 수 없음을 기정 사실로 깔고 있다.) 기
발하면서도 기괴한 모티프로, 릴리가 남자들과 잠을 자면서 은행에서
점점 위로 올라가는 것(외환부에서 서류부로, 주택 대출부로, 부동산 금융부
로, 회계부로, 그리고 가장 높은 곳까지)을 카메라가 창문에서 창문으로 따
라 올라가면서 보여 준다. 릴리는 심지어 젊은 존 웨인John Wayne마저 버
리고 그의 상관과 만난다. 존 웨인이 버림받은 남자의 애처로운 표정
을 하고 있는 것을 보고 한 여직원이 이렇게 말해 준다. "정신 차려, 젊
은이. 베이비 페이스는 당신 계급 밖으로 벗어났어." 릴리는 어려움에

〈베이비 페이스〉(1933)에서 릴리 파워스(바버라 스탠윅 분)가 '잠재력'을 발휘하는 중이다.

빠질 때마다 매력에 스위치를 켜서 간단하게 해결한다. 매력을 발동하는 것은 화사하게 미소 짓는 릴리의 얼굴을 카메라가 클로즈업하는 것으로 표현되며 더 환상적으로 보이도록 일부러 약간 흐릿하게 처리되어 있다. 하지만 릴리의 열망은 오로지 물질적인 것이다. 화면은 릴리의 아파트를 계속 보여 주는데 신분이 상승될 때마다 더 넓고 더 사치스러워진다. 결국 예전의 연인 중 한 명이 지금의 연인인 회장을 총으로 쏜 뒤 자살하는 스캔들이 벌어지고, 릴리는 파리 지사의 밑바닥 일자리로 보내진다. 그러던 어느 날 파리 지사를 방문한 새 회장 코틀랜드 트렌홀름이 릴리의 매력에 빠진다.

그러나 이때는 대공황이었고 은행들은 전처럼 안정적이지 못했다. 고담 트러스트도 어려움에 빠졌고 트렌홀름은 은행을 구하려면 자신의 돈 100만 달러를 넣어야 할 상황에 처했다. 그는 릴리에게 가진 것을 팔라고 간청한다. 하지만 릴리는 "그럴 수 없다"고 대답한다. "나 자신에 대해 생각해 보았어요. 나는 이것들을 얻기 위해 많은 일을 겪어야 했어요. 내 삶은 아프고 힘겨워요. 나는 다른 여자들과 달라요. 부드러움과 친절함은 내 안에서 다 죽어 버렸어요. 이 물건들이 내가 가진 전부예요. 이것들이 없으면 나는 아무도 아니에요. 그러면 원래의 나로 돌아가야 하겠죠. 아니, 나는 이것들을 포기하지 않을 거예요." 놀랍도록 속을 드러내는 말이다. 처음으로 릴리는 자신의 동기를 솔직히 인정한다. 아쉽게도 영화는 엉성한 도덕적 결말로 흐지부지 끝이 난다. 트렌홀름은 자살을 기도하고, 릴리는 그를 병원으로 실어 가는 구급차 안에서 자신이 그를 사랑하고 있었음을 깨닫는다. 릴리는 돈을 버리고 자신의 계급으로 돌아간다.

〈베이비 페이스〉는 적어도 릴리에게 주체적인 모습을 부여하기는 했다(스탠윅은 이를 표현하기 위해 매우 애썼다). 주체적인 모습이 결국에는 그녀도 다른 여성들과 같다는 것, 권력이 아니라 결혼을 원한다는 것을 보여 주는 데에 쓰였지만 말이다. 당대의 많은 영화들처럼, 〈베이비 페이스〉는 남성 집단 전체가 가졌던 무의식적인 공포를 드러낸다. 정신력 부족으로 비즈니스에서 결국 실패할지 모른다는 두려움 말이다. 또한 당대의 많은 영화들처럼 〈베이비 페이스〉는 계급 없는 미국에서 계급 구분이 극복되지 않으리라는 점도 분명히 보여 주었다. 릴리는 노동자 계급을 벗어나려 했지만 결국에는 가난해진 트렌홀름과 결혼한다.

물론 모든 사무실이 남직원이 순정을 받아 주지 않는 여직원을 살해하거나 회사가 돈만 바라는 여직원의 탐욕으로 무너질 때까지 보고만 있는 것은 아니었다. 남성과 여성이 한 공간에서 일할 때 발생할 수 있는 일들이 남녀 모두와 사회에 악영향을 미칠 것이라는 우려에서, 어떤 회사들은 성별에 따라 근무 공간을 분리하는 한편 근무 공간에서 남성적 특권의 낡은 흔적들을 없애는 조치를 취했다. 메트로폴리탄 생명보험 빌딩은 20세기 초 맨해튼의 대표적인 고층 건물이었는데, 옛 상업가의 사무실에 흔히 놓여 있었던 타구가 금지되었고 허용된 공간 외에서는 흡연도 금지되었다. 사무실은 얼룩 하나 없었다. 역사학자 올리비에 준즈Olivier Zunz는 이를 "가정과 같은 청결함의 모델"이라고 설명했다. 또 남성과 여성은 입구, 복도, 엘리베이터, 계단을 따로 사용했다. 휴식실도 남성용과 여성용으로 분리됐다. 테일러주의를 따라서 근무 시간에는 한눈 팔 새가 전혀 없을 만큼 업무가 주어졌고 시계가 엄중히 시간을 쟀으며 관리자들은 큰 소리로 웃고 떠드는 것은 물론 조용히 대화하는 것조차 허용하지 않았다.[26]

'메트로폴리탄 미녀들.'

그와 동시에, 남녀 직원들은 극장, 나이트클럽, 공원 등 남녀 구분이 엄격하지 않은 외부 사회의 분위기를 반영해, 사무실 밖의 개방된 세계에 더 잘 준비될 수 있도록 만남과 대화의 방법들을 개발해 나갔다. 적어도 업무 지시를 받기 위해서라도 남녀의 상호 작용은 필요했다. 속기사는 상사에게 받아 쓸 말을 들어야 했고 타자수는 남성 사무원의 관리 감독을 받아야 했다. 하지만 이보다 중요한 것은 메트로폴리탄 생명보험의 레크리에이션 프로그램이었다. 그중 하나는 전국의 도시를 휩쓸던 재즈 댄스 열풍(지르박, 찰스턴)에 부응해 만들어진 댄스 강습이었다. 메트로폴리탄 생명보험 여성들(브로셔의 광고에 나오는 표현에 따르면 "메트로폴리탄 미녀들")은 여성끼리만 모여서 춤을 배우도록 되어 있었지만 종종 남직원과 여직원이 건물 옥상에서 함께 춤을 추곤 했다.

여비서와 상사의 관계도 새로운 종류의 남녀간 상호 작용으로 이어질 수 있었다. 비서가 상사와 너무 가까워져서 그의 부인보다도 더 친밀해지는 상황을 지칭하는 말로 '오피스 와이프'라는 말이 생겨났다. 소설가 페이스 볼드윈Faith Baldwin은 사무실에서의 남녀 관계에 대해 소설을 많이 썼는데, 베스트셀러 『오피스 와이프The Office Wife』(1929)에서 이렇게 말하고 있다. "성취했을 때나 성취가 목전에 있을 것 같을 때면 상사는 수다스러운 소년처럼 유쾌한 기분이 됐다. 그것을 보면 자신이 상사와 매우 가깝다고 느껴졌다. 그녀는 생각했다.… 그를 얼마나 잘 알게 되었는지… 회의에서 그를 보면 그가 피곤한지 지쳤는지, 그날이 좋았는지 나빴는지, 전투를 고대하고 있는지 아니면 지루해 하며 억지로 앉아 있는지를 대번에 알 수 있었다."[27] 볼드윈의 소설에서 비서는 속기사실에 있지 않고 임원실 내부의 성소를 차지할 특권을 가지고 있으며 얼마 지나지 않아 상사가 가는 곳이면 어디든 함께 가서 부인이 맡았어야 할 법한 모든 내조의 역할을 제공한다. 그녀는 자신의 일을 열심히 익히고 연마해 매우 모범적인 직원이 된다. 동화 같은 결말에서 오피스 와이프는 상사와 결혼한다. 사무실이 원치 않는 신체 접촉과 성추행의 장소가 아니라 행복한 삶을 가져다줄 수 있는 곳이라고 말하는 듯하다. 하지만 여기에서 직장 여성의 직업적 성취는 경력상의 지위 상승이 아닌 상사와의 결혼으로 귀결된다. 당신은 일을 잘하지만 직업 세계에서 위로 올라갈 수는 없다. 당신이 얻을 수 있는 보상은 위로 올라갈 수 있는 사람과 결혼하는 것이다. 이는 여성이 부당한 상황을 다뤄 나가는 한 방법이자 여성의 역량을 훼손하는 사회적 갈등에 대해 그나마 가능한 해결책이었다.

지금 보면 이것들은 사무실 생활의 사소하고 짜증스러운 면들로 보인다. 하지만 당시로서는 이러한 종류의 상호 작용이 매우 새로운 현상이었다. 좋게든 나쁘게든 간에, 사무실은 오늘날 우리가 접하고 있는 남녀 세계를 상당 부분 만들어 냈다. 뭐니 뭐니 해도, 사무실은 남녀가 만날 수 있게 해 주었다. 평등한 관계로는 분명코 아니었다 해도, 적어도 사무실은 (여성이 어떤 우려되는 상황에 처해도 외부로 노출되지 않는) 가정을 벗어나서 남녀가 만날 수 있는 공간이었다. 이후로도 한참 동안 여성 직원은 사무실에서 종속적이고 차별받는 처지였고 경영진으로 가는 길에서도 거의 완전히 배제되어 있었지만, 사무실 생활의 전형적인 모습에서 빼놓을 수 없는 존재가 되었다.

이는 문화에도 반영됐다. 1920년대와 30년대의 대중 소설에는 '화이트칼라 걸'이 많이 등장한다. 그리고 이런 소설을 읽는 여성들은 이런 소설에 등장하는 여성들과 비슷했다. 일하는 여성들은 이전에도 있었지만, 이들은 공장에서 일했고 영어로 된 매체에 접하지 못하는 이민자이거나 노동자 계급이었다. 하지만 소설이 묘사하는 '사무실에서 일하는 중산층 여성'은 소설 독자와 비슷한 계급이었고 소설 독자는 대부분 여성이었다. (19세기 말과 20세기 초 초창기 영화에서부터 그랬듯이) 사무실을 배경으로 한 소설과 영화는 그것을 소비하는 사람과 그것이 묘사하는 주인공이 비슷한 직업을 가지고 있었다.

화이트칼라 여직원에 대한 소설은 다들 놀랍도록 비슷한데, 아마도 오랫동안 이런 소설들을 남성 작가가 썼기 때문일 것이다. 루이스의 『일자리』, 비슷한 시기에 나온 부스 타킹턴Booth Tarkington의 『앨리스 애덤스Alice Adams』, 그리고 대공황기의 베스트셀러인 크리스토퍼 몰리의 『키티 포일Kitty Foyle』에서 여자 주인공은 생전에도 변변찮은 남성 가장 (대체로 아버지)이 숨지고 나서 어쩔 수 없이 화이트칼라 일자리를 얻는다. 어쩔 수 없이 일터에 내던져졌다는 일반적인 스토리는 많은 여성이 스스로의 선택으로 일터에 나왔다는 사실과 배치된다. 하지만 당시 작가들은 에밀 졸라Émile Zola에 이어 시어도어 드라이저Theodore Dreiser나 잭 런던Jack London 같은 작가들이 표방한 자연주의 사조에서 영향을 많이 받았다. 여기에서는 인물이 취할 수 있는 선택의 여지가 타고난 유전적 기질과 거대한 사회적 요인들에 의해 좁게 제한되고 사실상 거의 결정되어 버린다.

그중 여성이 직업적으로 성공을 거두는(현실에서는 그리 있을 법하지 않은 일이었더라도) 이야기를 제시해 페미니스트 소설이라 칭할 만한 것은 루이스의 소설뿐이다. 처음에 우나 골든은 회사 사람 중 좋은 결혼 상대를 찾을 때까지만 사무실의 허드렛일을 할 것이라고 생각한다. 우나는 더 나이 많은 여직원들이 사무실에서 고전하면서 그들이 하는 일의 무의미함에 좌절하는 것을 본다. "때때로 전염병처럼 히스테리가 일어나서, 보통은 만족스럽게 지내던 35세나 40세 여성들이 더 나이든 여성들과 함께 흐느낀다. 우나는 자신도 35세에 그들처럼 울게 될지, 또 65세가 되어도 지난 30년의 황량한 세월을 떠올리며 그렇게 흐느끼게 될지 궁금해 한다." 우나는 젊은 동료 월터 밥슨과 사랑에 빠진다. 그는 말이 빠르고 야하게 매력적인 편집자로, 때때로 노조와 사회주의를 지지하는 발언을 하기도 한다. 하지만 월터는 회사의 계급 사다리를 오르는 데 실패하고 결혼할 돈도 없어서 서부로 가고 우나는 독신으로 살 생각을 한다. 어머니가 숨지자 우나는 슬픔과 자신이 쓸모없다는 생각에 어느 세일즈맨과 결혼한다. 남편의 이름은 에디 슈워츠로, 술을 너무 많이 마셔서 일자리를 잃고 우나에게 빌붙어 산다.

우나는 오래 학대당한 끝에 슈워츠를 떠난다. 그리고 더 나은 사무직 일자리를 얻은 뒤 여성들만 거주하는 곳으로 이사를 한다. 여기서부터 소설은 이상하고 급진적이기까지 한 선회를 보여 준다. 다른 여성들의 삶에 대한 이야기를 들으면서 우나는 새로운 확신을 갖는다. 우나는 자발적으로 화이트 라인 호텔의 낮은 관리직을 맡는다. 업무 역량으로 승부해서 사다리를 오르고 비서를 고용하게 되는데, 알고 보니 그는 예전의 연인 월터 밥슨이다. 우나는 화이트 라인 호텔의 임원이 되고 월터와 결혼한다. 소설의 끝에서 우나는 아이를 갖고서도 일을 계속하는 미래를 상상한다. "나는 일을 계속할 것이다. 사무실이라는 세계에 있게 된 이상, 적어도 나는 그 세계를 정복할 것이고 내 직원들이 괜찮은 여건에서 지내게 해 줄 것이다." 이는 호레이쇼 앨저 이야기만큼이나 허황되고 완전히 실현 불가능해 보이는 성공담을 그린 판타지였다. 하지만 결혼이 직장에 전혀 장애가 되지 않는 상황을 상상하고 있다는 점에서 여성주의적인 판타지였다. 당시에는 사실상 어떤 여성도 이를 실현하지 못했지만, 그럼에도 사무실은 그런 판타지를 생산해 낼 수 있었다. 그리고 이것을 현실화하기 위한 힘겨운 노력이 이어진다.

□

어떤 이들은 사무실이 여성에게 평등한 존재로서 지내기에 좋은 환경은 아니라 해도 최대한 좋은 환경이 되도록 만들 수는 있을 것이라고 주장했다. 이들이 보기에 사무실은 집처럼 깨끗하고 효율적인 곳이 되어야 했다. 일터를 성性적인 장으로 만드는 것은 사무실에서 고양되어야 마땅할 중산층의 미덕을 위협하는 일이었다. 그래서 몇몇 여성들은 여자들만이라도 사무실의 신성성을 훼손하지 않아야 한다고 생각했고, 그렇게 만들기 위해 발벗고 나섰다.

섭리 교회 신도인 중년의 주부 캐서린 깁스Katherine Gibbs는 1909년에 남편이 사고로 사망하고 홀로 두 아들을 키우게 되었다. 집안일 말고는 배운 것이 없어서 깁스는 필사적으로 이런저런 일에 뛰어들었다. 처음에는 옷 만드는 일을 했는데 금방 망했다. 점차로 깁스는 당시 비슷한 처지의 사람들이 간 길을 밟게 된다. 보스턴의 시몬스 칼리지에서 속기 수업에 등록한 것이다. 시몬스는 좀 특이한 비서 학교였다. 속기뿐 아니라 외국어 수업도 있어서, 학생들은 기술적 역량과 함께 코즈모폴리턴적 교양과 분위기를 갖출 수 있었다. 외모와 지성을 겸비한 비서들을 두고 싶어 하는 회사에 시몬스 졸업생들이 전문 직업인으로서 매력적으로 보일 수 있게 말이다. 깁스는 이 교훈을 깊이 새겼다.

깁스는 가진 보석을 1000달러에 팔고 그 돈으로 1911년에 프로비던스 비서 학교를 인수해 자신의 학교를 열었다. 통상 '케이티 깁스 학교'라고 불리는 이 학교는 조금만 다듬어 주면 될 똑똑한 여성들이 가고 싶어 하는 학교가 되었다. 깁스 학교는 그 다듬어 주는 것을 담당했고, 그 외에도 많은 것을 담당했다. 깁스 학교는 좋은 사무직 여직원이 갖춰야 할 덕목이라고 생각되는 자질들을 육성하는 데에 집중했다. 얌전하고, 지적이며, 효율적이고, 상사에게 도전하거나 상사를 불편하게 만들지 않으면서 상사의 지시나 요구를 처리할 줄 아는 여성. 깁스 학교의 수업에는 타자, 속기, 사무 절차, 전화 응대 등과 함께 법률, 수학, 영어 같은 것들도 있었고[28] 나중에는 생산 관리, 노무 관리, 기초 재무와 회계, 시사도 포함되었다.[29] 당연히 옷 입는 법과 외모 가꾸는 법에 대한 수업도 있었다. 케이티 깁스의 학생들은 예쁜 외모가 아닌 '기품 있어 보이는 외모'를 추구했다. 성적 매력을 풍기기보다는 현명한 판단력을 갖추었음을 풍기는 외모 말이다. 15주년을 맞아『비즈니스 위크』에 실린 깁스 학교 기사에 따르면, "비즈니스적 터치"에는 "스커트와 블라우스보다는 야외복을 입고, 장신구와 화장은 가볍게 하며, 굽 높은 구두와 스타킹을 신고, 밖에 나갈 때는 모자와 장갑을 착용하는 것" 등이 포함되었다.[30] 부유하고 자녀에게 특별히 관심을 많이 쏟는 집에서는 딸을 버뮤다에 있는 이른 봄 학기 수업에 보낼 수 있었다.[31] 깁스 학교를 다닌 남학생은 딱 한 명이었다.[32] 프로그램은 아주 빡빡했다. 1주일에 50시간을 공부해야 했는데 절반은 강의실에서 했고, 나머지 절반은 숙제였다. 규율도 엄격했다. 한 학생은 회상하기를, 어느 여학생이 타자 시험에서 초반에 실수를 하자 새 종이를 끼워서 다시 시작했고 결국에는 학교에서 쫓겨났다.[33]

'케이티 깁스 유형'의 여사무원은 문화적인 본보기가 되었다. 깁스 자신이 학생들에게 육성하고자 했던 부드러운 위엄의 상징이었다. 주디스 크란츠Judith Krantz의 소설『망설임Scruples』(1970년대 말에 출간되었는데 배경은 성 혁명이 일었던 1960년대 초다)에서 주인공 빌리는 엘리베이터에서 내려 깁스 학교에 처음 들어설 때를 이렇게 회상한다. "가장 먼저 눈에 들어온 것은 고인이 된 깁스 여사의 눈길이었다. 안내 데스크에 걸린 초상화 속에 그 모든 위엄을 갖춘 무결점의 존재가 있었다. 무섭거나 못돼 보이지는 않았지만, '나는 너에 대해 모든 것을 알고 있고, 너를 본격적으로 탐탁지 않게 여길지 말지를 아직 생각 중이야'라고 말하는 것 같아 보였다."[34] 깁스 학교의 빡빡한 교육 과정이 여기에서도 생생하게 묘사된다.

빌리는 생각했다. 대체 왜 인류는 속기라는 것을 발명했을 만큼 잔인한 것일까? 왜 속기라는 것을 발명해서 매시간 지긋지긋한 부저가 울릴 때마다 나로 하여금 다급하면서도 정확하게 속기실에서 타자실로, 다시 속기실로 종종걸음을 치게 만들었을까? 케이티 깁스에 들어오기 전에 타자를 이미 배운 사람들도 있었지만, 시작할 때 남들보다 낫다고 생각한 사람들도 금세 자기 실력에 회의를 느꼈다. '깁스 걸'이된다는 것은 빌리가 보기에는 어이없을 만큼 높은 수준으로 숙달이된다는 뜻이었다. 그들은 정말로 학생들이 졸업할 때가 되면 속기로 1분에 100단어를 쓸 수 있고 타자기로 최소 60개의 단어를 틀리지 않고 칠 수 있게 되기를 기대했을까? 그들은 정말 그렇게 기대했다.[35]

엄격하기로 유명한 깁스 학교의 규율도 빌리가 성관계를 즐기게 되는 것을 막지는 못했다. 오히려 엄격한 규율과 자유분방한 성생활은 서로를 부추기는 것 같았다. "빌리는 자신의 강하고 집착적인 충동이드디어 도움이 되고 있다고 느꼈다. 그러한 충동 덕에 빌리는 수업에서 배우는 것들에 완전히 능통할 수 있다는 확신을 가지고 달려들 수있었다.… 어떤 때는 성욕이 너무 넘쳐서, 수업 시간 사이에 화장실에앉아 허벅지 사이를 손가락으로 급히 문질러 꼭 필요한 오르가슴을 빠르고 조용하게 느꼈다."[36] '깁스 걸'이 되면서 빌리는 어른스럽고 당당하고 자신감 있는 사람이 되었다. "21세가 되기까지 5개월이나 남았지만 외모와 말투는 건전하고 균형 잡힌 25세처럼 보였다." 빌리는 졸업을 하자마자 아이크혼 엔터프라이즈에서 비서직을 얻어, 그랜드 센트럴 터미널과 파크 애버뉴가 내려다보이는 새 팬암Pan Am 건물의 높은층에서 일하게 된다.

비서의 역사를 다룬 책에서 린 페릴Lynn Peril은 깁스 학교가 "사무실

게이샤" 양성 교육을 한 셈이라고 설명했다. 깁스 걸들은 전화로 가벼운 한담을 하는 매너에서부터 칵테일 파티에서 시사 문제에 대해 날카롭고 재기 넘치는 토론을 하는 법까지 알고 있었다. 다른 말로, 자신의 사무실을 치장하고 싶어 하는 상사에게 유려한 장식품으로서 완벽한 '마감재' 역할을 했다. 사무실 여성들은 제인 오스틴Jane Austin의 소설에 나오는 것에 못지않게 미묘한 규율과 매너 체계에 준비되어 있어야 했다. 그들은 자신이 들어갈 세계의 질서를 뒤엎지 않을 터였고, 단지 그 질서를 능란하게 다루기만 할 터였다. 깁스 본인도 자신이 훈련한 여성들이 나갈 세상이 정의롭지 않다는 것을 알고 있었다. "여성의 커리어는 기회가 적고 부당한 방식으로 남성과 경쟁해야 하며 편견이 있고 실력에 대한 인정과 보수도 적절하지 않다는 점에서 제약이 많다."[37] 하지만 취업이 보장된다는 점을 논외로 하면, 깁스 걸이 되는 것은 이런 문제 중 어느 것도 해결하지 못했다. 깁스는 '비즈니스 우먼'이었을지 모르지만 깁스의 학생들은 단지 '비즈니스 맨'을 위해 일하도록 훈련받았다. 이전 세대의 지침서들이 여성 사무원에게 원치 않는 상사의 성적 접촉을 짐짓 모른 척하라고 조언했듯이, 깁스도 학생들에게 사무실 세계를 어느 정도 평정심을 가지고 대하라고 조언했다. 이것이 그들이 요구할 수 있는 최선으로 보였다.

4
고층 건물로

건물 정면을 꿰뚫어 안을 볼 수 있다면 믿을 수 없는 장관을
보게 될 것이다. 30만, 50만 명, 아니 아마도 더 많은 남녀가
한 공간에서 일을 한다. 인류는 땅에 묶여 있었던 1000년간의
운명을 부수었다. 그리고 하늘과 땅 사이의 공중에서 20명씩,
200명씩 무리 지어 빠른 속도로 오르내린다.
이것은 새로운 연옥의 모습인가?
—르코르뷔지에Le Corbusier, 『대성당이 흰색이었을 때Quand les Cathédrales Etaient Blanches』[1]

20세기 중반, 미국이 조심스레 몸을 낮추고 있던 냉전의 첫 10년 동안
미국 비즈니스의 역동성을 무엇보다 잘 보여 준 것은 도시의 스카이라
인이었다. 공산 국가들은 이를 두고 자국 인민이 누리는 평등을 자랑
하며 우월함을 주장했겠지만, 들쭉날쭉 불평등한 스카이라인으로 말
하자면 베이징이나 하노이는 물론이거니와 모스크바나 동베를린도
국내총생산 그래프마냥 격렬하게 치솟았다 내려오는 뉴욕과 시카고
의 스카이라인에 비할 바가 아니었다. 브루클린 다리에서 로어 맨해
튼을 바라본 당시 사진들을 보면 뾰족한 산마루 같은 건물들이 밀집해
있다. 어떤 건물은 매끄러운 유리로 되어 있고, 어떤 건물은 근엄한 강
철과 석조 건물이 첨탑과 피니얼로 장식되어 있다. 한편 시카고 루프
지역의 고층 건물들은 좀 더 평평하고 부드러운 고원 같아서, 미시건
호수의 부드러운 곡선을 조용히 배려하는 듯하다. 고층 건물은 사무실
의 탄생과 성장을 가시적으로 드러냈다.

냉전 이후 세계화가 다시 진전되면서 중국 남부와 아라비아 반도에 초고층 건물들이 들어서기 전까지, 고층 건물은 미국 화이트칼라 조직 특유의 현상이라 볼 수 있었다. 고층 건물은 지루한 사무실들을 높이 쌓아 놓은 것이기도 했지만, 강하고 가차없는 미국 자본주의의 상징이기도 했다. 외국에서 미국의 고층 건물은 비즈니스계 사람들의 야망의 대상이었다(미래주의적이고 희한한 디자인의 고층 건물이 즐비한 상하이 푸동 지구가 오늘날 중국의 성장을 보여 주는 상징적인 이미지라는 것은 놀라운 일이 아니다). 테일러주의류의 경영 이론이 전 세계로 퍼지면서 서유럽에서도(미국에서만큼 빠르지는 않았지만) 금융, 행정, 경영 관리 분야가 크게 성장했다. 하지만 유럽 도시들은 동일한 패턴으로 발달하지 않았다. 유럽 도시들은 더 오래됐고 인구 밀도도 더 높았으며 수백 년을 이어 온 건축 전통과 촘촘하게 짜인 도시 구조 때문에 건축에 제약이 컸다. 고층 건물이라는 현상이 미국에서 두드러지기 한참 전부터도 유럽 도시들에서는 건물 높이에 제한이 있었다. 1894년의 런던 건축법은 높이를 30미터로 제한했다. 독일에서는 아주 오랫동안 최대 높이가 22미터였다. 전쟁으로 건물이 많이 무너져 더 높은 건물을 새로 지을 수 있는 공간이 생겼고 건축 제약도 다소 느슨해졌지만, 토지 개발업자가 사회민주주의의 적으로 간주되던 강력한 복지국가 분위기에서 고층 건물에 대한 제약은 어느 정도 계속 유지되었다. 1950년에 미국에서 가장 높은 건물은 373.5미터에 달하지만(엠파이어 스테이트 빌딩Empire State Building), 런던에서는 15년이 지난 뒤에도 가장 높은 건물(셸 센터 Shell Center)이 107미터였다. 두 번째로 높은 건물(포틀랜드 하우스Portland House)은 100미터였고 그다음으로 높은 세 건물은 모두 70미터가 되지 않았다.[2]

고층 건물의 가차없는 증가는 미국 도시의 특성이 극적으로 변했음을 의미했다. 이 변화는 너무나 거대하고 강력하며 지속적이어서, 오늘날에는 이렇게 많은 사무실이 없다면 도시의 삶이 어떤 모습일지 상상하기가 쉽지 않다. 한때 금융 지구뿐 아니라 산업 단지로도 유명했던 시카고(육가공 등)와 뉴욕(해운 등)에는 고층 건물이 넘치도록 들어찼다. 인구 밀도가 낮고 소규모였던 거주 지역은 도시 재구획으로 철거되었고 그 자리에 사무직 노동자 수천 명을 수용할 수 있는 건물들이 들어섰다. 1871년에서 1923년 사이에 뉴욕에는 약 700만 제곱미터의 사무 공간이 새로 생겼고 1920년대에서 1930년대 사이에 약 350만 제곱미터가 더 생겼다. 대공황이던 1930년에서 1933년 사이에도 약 120제곱미터의 사무실이 새로 생겼다. 세계 경제의 붕괴도 건물이 들어서는 추세는 막지 못했다.

건물을 세울 땅이 끝도 없이 계속 생겨나는 것, 더 많은 사무실을 짓기 위해 낮은 주택이 모조리 철거되는 것, 그리고 그렇게 생긴 공간에 점점 더 높은 건물을 지을 수 있다는 것은 몹시 흥분되면서도 무서운 일이었다. 고층 건물이 무한히 들어서는 것과 함께 건물 내부의 폭과 깊이도 더해졌다. 고층 건물에 둘러싸여 소외감을 느끼는 보행자의 경험은 미국 문학에 단골로 등장했다. "그들의 두개골을 강타하고서 뇌와 상상력을 먹어 치우고 있는, 저 시멘트와 알루미늄으로 된 스핑크스는 누구인가?" 앨런 긴즈버그Allen Ginsberg는 『하울Howl』(1955)에서 이렇게 한탄하면서 그것이 아이를 제물로 바쳐야 하는 신 '몰록'이라고 말한다. "몰록의 건물들은 판결을 내리는 자이고… 그의 눈은 수천 개의 창문이다. 몰록의 고층 건물들은 긴 거리에 끝없는 여호와들처럼 서 있다." 긴즈버그가 고층 건물의 존재를 이야기한다면, 몇 년 뒤 시인 제임스 메릴James Merrill은 고층 건물 때문에 사라져 간 것들을 이야기한다. 그는 「도시의 요양Urban Convalescence」(1962)에서 도시 재개발 중에 새 고층 건물들에 자리를 내주기 위해 철거돼 사라져 간 수천 개의 건물을 불러낸다. "알 수 없는 화재처럼 오래도록 우리의 도시를 위협한 간단한 사실 하나를 생각하라." 또 20세기 중반이 되면 삐죽빼죽한 스카이라인은 다양성의 겉모습을 한 신기루에 불과하다는 비판도 나온다. 어떤 아름다운 모습을 한 고층 건물이라 해도 사실은 똑같아 보이는 화이트칼라 노동자들로만 층층이 채워져 있고, 반짝이는 야경이 강물에 비치는 도시도 사실은 수백만 제곱미터의 사무 공간으로만 이뤄졌을 뿐이라고 말이다.

고층 건물의 성장을 다룬 건축사 책은 수없이 많다. 하지만 대체로 위압적인 크기, 규모, 권력 등 건물의 외관에만 초점을 맞추고 있다. 건축사 책에서는 이런 건물들에서 실제로 일을 했던 사람들 이야기는 별로 찾아볼 수 없다. ("우리의 위대한 건물들에 대해 비평가들이 경탄하는 것이라고는 건물의 사진들뿐이다." 루이스 멈포드Lewis Mumford는 1924년에 『막대기와 돌멩이*Sticks and Stones*』에서 이렇게 개탄했다.) 그러나 고층 건물들이 미국 도시의 하늘로 인정사정없이 올라가는 동안, 건물 안에서 벌어지는 일들도 건물 꼭대기의 장식만큼이나 사람들에게 큰 관심사였다. 또한 고층 건물의 형태 자체도 건물 안에서 벌어지는 일들의 영향을 받았다. 킹 비더King Vidor의 영화 〈군중The Crowd〉(1928)의 유명한 장면 하나가 이를 잘 보여 준다. 카메라가 전형적인 아르데코 고층 건물로 접근해 줄지은 창문을 따라 올라가다가 한 창문으로 들어간다. 그러면 수없이 많은 사무원이 공허하고 폐허 같은 책상의 바다에서 장부의 빈칸을 세세하게 채우며 일하는 광경이 나온다. 나중에 우리는 이들이 일제히 건

킹 비더의 영화 〈군중〉 (1928)에 나오는 사무실 좀비들.

물 밖으로 나와 다른 고층 건물에서 일하는 친구들과 만나는 모습을 보게 된다. 하늘로 솟은 고층 건물을 경이와 두려움으로 바라보던 사람들은 차츰 그 건물 안에 들어가서 일하게 되었다. 이들은 고층 건물에서의 삶을 구성한 사람들이었다. 그들은 무엇을 보고 무엇을 겪었을까?

□

기술이 발전함에 따라 건물은 더 높아졌다. 1870년대까지만 해도 가장 높은 건물은 대략 6층이었다. 건축사학자 휴 모리슨Hugh Morrison 이 설명했듯이 "사람들은 다섯 층이 넘어가면 걷기 싫어하기 때문"이었다.[3] 증기 엘리베이터는 1850년대에 발명됐지만 1871년이 되어서야 사무 건물에 적용됐다. 1872년에는 유압 엘리베이터가 특허를 받았고 뉴욕 트리뷴 빌딩에 도입돼 10층까지 사람들을 실어 날랐다. 고층 건물을 가능하게 한 또 하나의 기술적 요소는 철골이었다. 철골은 1884~1885년에 시카고의 홈 인슈어런스 빌딩Home Insurance Building에 적용되었는데 이 건물은 최초의 고층 건물로 꼽힌다. 1891년에 루이스 설리번과 당크마어 아들러Dankmar Adler의 웨인라이트 빌딩Wainwright Building이 건축 디자인의 새 장을 열며 세인트루이스에 세워진 이후로 고층 건물은 맹위를 떨치면서 거침없이 들어섰고, 특히 시카고에 유명한 건물이 많이 지어졌다. 이런 건물을 지은 건축가들의 이름은 미국 건축의 정전이 되었다. 흔히 시카고 학파라고 불리는데, 설리번과 아들러 이외에도 대니얼 번햄Daniel Burnham, 존 웰본 루트John Wellborn Root 등이 여기에 속한다. 이런 건물이 미술사에도 등장하는 오늘날에는 상상하기 어렵지만, 당시에 사람들은 이 건물들에서 공포와 두려움을 느꼈다. 『프로테스탄트 윤리와 자본주의 정신』에서 막스 베버Max Weber는 고층 건물에서 영감을 받은 비유를 사용하면서, 근대 관료제가 인류를 "강철만큼 단단한 골조로" 옥죄고 있다고 주장했다.[4]

물론 철골은 벽 안쪽에 들어가는 것이므로 건물이 한창 올라가던 동안에는 사람들을 경탄과 두려움에 빠지게 했지만 오늘날의 우리 눈에는 보이지 않는다. 사실 유리와 콘크리트를 가장 과장되게 쓴 형태의 건물에도 익숙해진 우리에게는 이국적인 벽돌 벽, 세련된 석조 부분, 아치 모양의 철 세공과 금 상반으로 장식된 장엄한 로비 등이 있는 뉴욕과 시카고의 옛 고층 건물들이 로코코 스타일에 맞먹을 세련됨을 풍기면서 훨씬 더 오랜 과거의 고풍스러운 건물을 연상시킨다. 고층 건물은 사용된 자재가 현대적인 데다 거대함 자체가 힘을 발산하긴 했지만, 잔인하고 차가운 효율성과 탐욕의 상징처럼 보일 것을 누그러뜨리기 위해 의도적으로 현대성에 반대되는 디자인이 적용됐다. 설리번이 디자인한 고층 건물은 악명 높게도 정말 거래 원장의 행과 열을 연상시키도록 구획되어 있었다. 큰 창문과 높은 천장이 있는 1층의 트인 공간은 내부의 중앙 홀과 밖으로 면한 상점들의 아케이드로 쓰일 수 있었고, 위로는 사무실이 끝없이 층층이 쌓여 몸통을 이뤘으며, 건물 맨 위는 평평한 상판이 덮고 있었다. 아래에서 보면 옥상의 코니스는 바깥쪽과 위쪽을 향해 뻗어 있어서 건물이 찌르듯이 솟구쳐 있다는 느낌을 더했다. 하지만 과시적인 장식, 의장 기둥과 벽 기둥 등이 위로 향하는 흐름을 중간 중간 끊어 주면서 건물의 거대함이 내리누르는 압력을 완화했다. 뉴욕에서는 고층 건물이 더 노골적으로 화려하게 장식됐다. 신고딕풍의 울워스 타워Woolworth Tower, 베네치아의 종탑 모양을 한 메트로폴리탄 생명보험 빌딩 등은 과거의 스타일과 개념을 대놓고 빌려 온 현대 건물의 사례였다.

설리번을 비롯한 당시의 건축가들은 고층 건물이 미국 비즈니스의 힘을 드러내면서도 귀족적 영웅주의를 담아내게 하는 데에 매우 집착했다. "이 무미건조한 덩어리에, 이 조악하고 거칠고 야만적인 복합체에, 노골적으로 영원한 갈등을 외치는 부르짖음에, 어떻게 하면 더 차분하지만 강렬한 열정에 의존하는 교양과 감성의 고차원적 형태의 우아함을 부여할 수 있을 것인가?" 1896년에 쓴 「고층 사무 건물을 예술적으로 고찰하다The Tall Office Building Artistically Considered」에서 설리번은 이렇게 언급했다. "이 이상하고 현대적인 평판 옥상의 어지러운 높이에서, 어떻게 하면 미와 감각의 평화로운 복음을, 더 고차원적인 삶에 대한 믿음을 선언할 수 있을 것인가?"[5] 진보의 상징이자 창조적이면서도 파괴적인 비즈니스의 힘을 상징하는 고층 건물에 사람들은 왜 이렇게나 집착적으로 "더 고차원적인 삶의 믿음"을 부여하려 했을까? 현대적 비즈니스의 거인들이 현대성을 왜 이토록 두려워한 것일까?

답을 찾기 가장 좋은 곳은 시카고다. 고층 건물의 고향이자 비즈니스 지구의 고향이기도 한 시카고는 미국 어느 도시에 견주어도 가장 순수한 형태의 '다운타운'을 처음 만들어 낸 도시다. 바로 시카고의 '루프Loop'로, 전적으로 화이트칼라 노동자를 위한 지역이다. 1871년의 대화재 이전부터도 루프 지역은 시카고의 전통적인 거주자들에게 우려의 근원이었다. 사무 건물뿐 아니라 창고와 공방도 있었는데, 고층은 아니었지만 이런 상업 건물들은 시카고의 교회와 거주지에 그림자를 드리우고 있었다.[6] 그리고 대화재 이후, 이 지역의 모습을 바꿀 수 있는 기회가 강력하게 떠올랐다. 원래 이곳에는 노동자 계급의 거주지도 있었지만 중산층은 그것을 읽어 내지 못했다. 부동산 개발업자 말론 D. 오그던Mahlon D. Ogden에 따르면 이 지역은 "낡은 거주지와 비참한 판자촌이 너무나 많고 지난 20년 동안 악행의 소굴이자 도박굴로서 온갖 피부색의 도둑, 부랑자, 강도, 살인자 들이 모여서, 우아함과 비즈니스적 목적을 모조리 배제해 버리는 곳"일 뿐이었다.[7] 대화재가 기존의 구조물들을 쓸어 버리면서 이 지역은 투기적인 부동산 개발업자에게 매력적인 땅이 되었다. (주변 환경을 좋게 만들어) 임대료를 올리기 위해 기업들은 창고와 공장들을 더 북서쪽으로 옮겼다.

부동산 값을 비싸게 유지하려는 목적 말고도 공장과 가축 사육장 등을 본사에서 멀리 보내야 할 이유가 또 있었다. 시카고에서 산업이 맹렬히 발전하면서 노동 운동이 점점 치열해진 것이다. 산업이 성장하면서 노조의 명분과 조직화 수준도 높아졌다. 1860년대에 시카고는 8시간 노동제 운동의 중심지였다. 1880년대에는 시 정부가 노조에 호의적이어서, 기업들이 파업 노동자를 파업에 참여하지 않는 사람들로 대체하려고 했을 때 경찰이 협조를 거부하곤 했다. 고층 건물을 짓는 것 자체도 노동자들의 임노동에 의존하고 있었기 때문에 잦은 파업으로 공사가 중단되기 일쑤였다. 시카고 학파의 대표적 건물로 꼽히는 헨리 홉슨 리처드슨Henry Hobson Richardson의 마셜 필드 도매 상점Marshall Field Wholesale Store, 번햄과 루트의 루커리 빌딩Rookery Building, 아들러와 설리번의 오디토리엄Auditorium은 목수, 석공, 벽돌공의 파업으로 건설 과정에서 곤란을 겪었다.[8] 시카고의 건축 저널들은 노동 운동의 성장을 경악한 어조로 보도하면서, 파업에 동참하지 않는 노동자들을 지지했다.

시카고의 기업인들과 그들을 위해 고층 건물을 짓던 건축가들이 특히 우려한 것은 노조 중에서도 급진적인 무정부주의자 분파였다(시 정치인들로서도 무정부주의 분파는 달갑지 않았다). 급진적인 평등주의를 표방하는 것도 문제였지만, 기업 입장에서는 이들이 다른 노조 분파들은 신경 쓰지 않았던 이민자들을 조직화하려 했기에 특히 걱정스러웠다. 노조원과 노조 지도자 중 상당수(이민족을 혐오하는 노조 반대자들이 주장하는 만큼 많은 수는 아니었지만)가 독일 이민자여서 독일의 사회주의와 무정부주의 좌파들의 사상을 미국에 들여왔다. 그들은 자본가와 노동자 사이의 간극이 점점 벌어지는 데 대해 급진적 해결책을 주장했는데("협동조합 형태로 생산이 조직된 자유로운 사회의 건설"), 이는 자본가 계급이 완전히 없어져야 한다는 의미였다. 무정부주의자 저널인 『알람 Alarm』의 사무실은 도시 주변부가 아니라 루프 가까운 곳에 있었다. 적지 않은 아나키스트가 주변에서 우후죽순 생겨나는 고층 건물을 경멸했다. 1885년에 『알람』에 기고한 글에서 루시 파슨스Lucy Parsons(해방 노예로, 남편과 함께 북쪽으로 와서 무정부주의자 지도자가 되었다)는 고층 건물을 미국 비즈니스의 완성으로 보았다. 여기까지는 건축가나 기업인들이 환영했을 해석이지만, 파슨스는 여기에서 정반대의 도덕적 의미를 도출했다.

> 우리는 어지러울 정도로 높은 건물을 짓는다. 높은 벽의 견고한 벽돌, 화강암, 강철 등을 눈으로 따라 올라가 보면 건물의 층과 층을 가로막고 있는 것은 오직 유리 평판뿐이다. 다시 한 층 한 층 눈으로 따라 내려가 보면 이러한 웅대한 건물의 그림자 안에 집 없는 사람들, 집 없는 아이들, 다락방 하나 빌릴 푼돈을 위해 자신의 미덕을 내어놓아야 할 집 없는 소녀들이 있음을 알 수 있다.… 하지만 문명의 증거인 고층 건물들을 짓는 것은 바로 이들의 노동이다.[9]

또 다른 글에서 파슨스는 특정한 방식의 저항 행동을 촉구했다. "이 글을 읽는 부랑자 각자는 가난한 자의 손에 과학이 쥐여 준 전쟁 수단을 활용해야 할 것이다. 그러면 이 땅에서, 그리고 다른 곳에서도, 권력이 될 수 있을 것이다. 폭발물 사용법을 배우자!" 고층 건물에 폭발물을 장치하는 식으로 도시에서 폭력 행위가 벌어질 수 있다는 위협은 1871년에 대화재를 겪고 여전히 충격에 빠져 있는 시카고 사람들을 경악케 했다. 1885년 1월, 시카고 루프 한복판에 있는 벌링턴 퀸시 철도 사무실에 누군가 폭발물을 설치했다. 이 사무실은 번햄과 루트가 디자인한 새 고층 건물에 있었는데, 폭발물은 폭발 전 발견돼 해체되었다. 1886년 5월 4일에는 헤이마켓 광장에 노조 활동가들과 노조원들이 모인 자리에서 폭발물이 터져 경찰 일곱 명이 숨지고 많은 사람이 다쳤다. 누가 설치한 것인지는 밝혀지지 않았지만 무정부주의자 서른한 명이 체포돼 재판을 받았으며 네 명이 사형 선고를 받고 교수형에 처해졌다. 1880년대 전체가 무정부주의자의 시대로 기억되기 시작했고, 이는 전국적으로 관심이 집중된 사안이었다. 헨리 블레이크 풀러Henry Blake Fuller의 1893년 소설 『절벽 거주자Cliff-Dwellers』(시카고 고층 건물을 배경으로 한 소설)에 나오는 인물은 이렇게 말한다. "무정부주의자들의 시대에는 동부 사람들이 우리보다 훨씬 더 공포에 빠져 있었다."[10]

헤이마켓 폭발 사건과 뒤이은 재판은 노동 운동 중 급진 분파의 힘을 (일시적이나마) 약화시켰다. 하지만 그들이 시카고 루프의 도시 계획가와 건축가들에게 심어 놓은 공포는 지속되었다. 건축 저널인 『건물 예산Building Budget』에 실린 글이 이를 전형적으로 보여 준다. "건축 양식과 거대한 건물은 법과 질서의 상징이다. 그런데 이단자들이 그것들을 무너뜨리려 한다. 사회가 불안정해지고 자산을 지킬 수 있을지가 불안해지면 사람들은 크고 아름다운 구조물을 시도하지 않는다.… 아나키스트들은 건축과 건물주들에게 명백하고도 실질적인 적이다. 예술은 아나키즘과 공존할 수 없다. 이들은 빛과 어둠, 코스모스와 카오스, 질서와 혼돈만큼이나 대척적인 존재다."[11] 상업 건물과 급진적 변혁은 양립할 수 없는 것으로 상정되었다. 노동 운동이 이기면 고층 건물은 패배해야 했다. 노동자 계급은 비즈니스의 이상에 스며드는 위험의 원천이었다.

시카고의 기업인과 건축가들에게 해결책은 공장 노동을 비즈니스 행정과 구분해서 블루칼라 노동을 사무실 노동에서 강제로 분리하는 것이었다(의도해서 계획한 해결책이었다기보다는 우연히 온 해결책이었지만). 그 결과, 순수한 화이트칼라 구역이 탄생했다. 한 논평가는 이렇게 언급했다. "이 도시의 풍습은 고도의 중앙 집중화 경향을 확고히 했다."[12]

건축가들은 사무직 노동의 고양된 속성, 즉 공장이라는 위험한 세계보다 위에 있는 고상한 영역으로서의 사무실을 강조하고자 하는 기업을 위해 이런 건물들을 디자인했다. 건축사학자 대니얼 블루스톤 Daniel Blueston이 설명했듯이, 그들은 "상업과 문화가 필연적으로 결합되는 미학을 창조하고 있었다. 상업과 미학이 상충하는 게 아니라, 아취 있게 구성되기만 한다면 오히려 일터에서 세련됨이 풍겨날 수 있다고 암시하는 것이다."[13] 많은 건축 비평가들이 고층 건물에 미학적 아름다움이 없다고 비판했지만(미국 소설가 헨리 제임스Henry James는 오랜 외국 생활 뒤에 귀국해서 이렇게 말했다. "안도감, 객관성, 위엄, 그리고 의미가 완전히 사라져 버린 것들의 엄청난 무더기"[14]), 사실 건축가들은 이 실용적인 대상에 미학적인 힘을 불어넣으려 안간힘을 쓰고 있었다. 이들은 건물의 겉을 장식하기보다는 고객이 건물 안에 들어올 때, 그리고 고위 임원들(이들도 고객을 접대해야 할 일이 많았다)이 사무실에 있을 때 접할 공간에 장식을 넣었다. 예를 들면, 건물 입구는 다양한 옛 건축 양식들을 풍성하게 차용했다. 그 안쪽에서 벌어지는 사무직 노동의 고귀한 속성을 암시하기 위한 것이었다. 당시에 나온 도시 가이드북에서 클린턴 워런 Clinton J. Warren이 디자인한 '유니티 빌딩Unity Building'(1892) 항목을 보면, 방문자가 이런 건물에서 체험하는 것이 잘 묘사돼 있다.

입구의 거대한 아치를 통해 들어가면, 현관의 천장이 한 층 반 높이이며 그 벽은 누미디아, 알프스, 그린, 시에나의 대리석으로 되어 있다. 안쪽 문 위에는 예술적인 유리와 청동 스크린이 있다. 원형 홀을 가로질러 가면 이탈리아 르네상스 양식의 놀라운 아름다움에 눈이 휘둥그레진다. 대리석 바닥은 구세계 르네상스의 최고봉을 보여 주는 우아한 디자인과 조화로운 색상들로 모자이크 되어 있다. 이 바닥에서부터, 대리석 난간과 기둥이 있는 발코니들이 1층을 구성하고 있다.[15]

옛 건축물 관광을 가 본 사람은 알겠지만, 엘리베이터 입구도 아름다운 문양의 연철과 청동으로 장식되는 경우가 많았다.

사무실 자체는 그렇게 대단하지 않았다. 직위가 낮은 직원들은 테일러식 효율성 개념을 따른 밋밋한 사무실에서 일했다. 그리고 사무직 노동자들 사이에서도 20세기 초의 어느 영역에서만큼이나 분명한 계급 구분이 있었다. 이는 화이트칼라가 전체적으로 '중산층적' 속성을 지닌다는 통념과는 달랐지만, 자신이 공장 노동자보다 우위에 있다고 생각하는 사무실 노동력을 유지하는 것은 '아나키스트 시대'를 거치면서 더욱 중요해졌다. 그래서 건축가들은 사무실 자체는 칙칙하게 만든다 해도 부대시설을 많이 만들어서 직원들이 거대한 중산층에 속한다는 느낌을 받을 수 있도록 해 달라는 요청을 받곤 했다. '거대한 중산층의 일부'라는 느낌에는 임원과 지리적으로 가까이 있어서 임원 자리로 올라갈 열망을 품을 수 있게 되는 것도 포함되어 있었다. 페이스 볼드윈의 소설 『고층 건물*Skyscraper*』(1931)에서 하급 사무직 노동자 린하딩은 자신이 일하는 사무실을 "엄격하게 실용적인 곳"이라고 묘사한다. "화려한 직물 장식도, 거대한 가구도 없고 휘장이나 벽화도, 두께가 몇 센티미터나 되는 카펫도 없으며, 초록색의 금속제 파일만 줄줄이 있었다."[16] 하지만 상관의 방에 들어설 때면 "차분한 흥분으로 가득 찼다. 방은 넓고 기둥이 있었다. 바닥에는 두꺼운 벨벳 카펫이 깔려 있었다. 벽에는 비싸고 아름답지만 간결한 장식이 있었다. 마호가니 책상은 린의 책상보다 덜 비즈니스적으로 보였다."[17] 사무직 노동자 대부분은 기둥과 벨벳 카펫 깔린 방의 바깥에서 일하고 있었지만, 그런 방을 볼 수 있고 또 언젠가는 그런 방의 주인이 될 수 있을지도 모른다는 것은 큰 의미가 있었다. 어느 지침서는 비서 교육을 받는 것의 장점으로 고전적이고 안락한 환경에서 일할 수 있다는 점을 꼽았다. "기업을 이끄는 사람의 믿을 만한 비서가 된다는 것은 근무 시간 동안 호두나무 목재와 마호가니 가구, 잘 손질한 가죽 가구, 아름다운 러그가 있는 공간에서 일하게 된다는 의미"라는 것이었다.[18] 사무직 노동의 특권이라고 많이 이야기된 것 중 하나는 최고의 건물들에서 누릴 수 있었던 자연 채광이었다. 물론 타자, 서류 정리, 회계 처리와 같은 사무직에 조명이 매우 중요하긴 했지만, 기능적으로 자연 채광이 가스등이나 전깃불보다 딱히 우월할 이유는 없었다. 하지만 커다란 창문과 자연 채광은 사무직 노동을 '문화적인' 의미에서 한층 높은 위치에 두는 데에 필수적이었다. 사무직 노동자들이 수행하는 노동은 특별한 종류의 노동이어서 채광과 통풍이 잘되는 환경을 보장해 주는 것이 사회적으로 마땅하다고 암시하는 것이었다.

시카고 사무직 노동자들은 오락이나 휴식을 위해서도 건물을 벗어날 필요가 거의 없었다. 옥상에는 정원이 있었고 날씨가 좋은 계절에는 회사에서 연극이나 영화, 콘서트, 보드빌 쇼 등을 유치했다. 시카고의 좋은 건물들에는 이발소, 신문 가판대, 은행, 세탁소, 재단사, 병원, 치과, 도서관, 레스토랑, 오락실 등 모든 것이 있었고, 미국 전역의 건물 관리자와 건축가가 이를 앞다퉈 따라 했다.[19] 어떤 건물은 아예 미니 도시여서, 직원들이 건물 밖 도시 생활을 완전히 피하는 것도 가능했다. 솔론 S. 비먼Solon S. Beman이 디자인한 풀먼 빌딩Pullman

Building(1883~1884)에 대해 당시의 비평가들은 이 건물이 "으리으리한" 환경(이 건물에는 레스토랑, 도서관, 직원과 가족을 위한 휴식 공간, 그리고 직원을 위한 모델 아파트도 있었다)으로 인해 "사무 목적만을 위한 것보다 훨씬 광범위하고 세심하게 공들인 건물이 되었다"고 평했다.[20] 조지 풀먼George Pullman 자신도 거대한 건물을 지으면 "좋은 감정과 조화로움을 북돋워서 직원들이 자신의 일에 더 흥미를 갖게 할 수 있게 될 것"이라는 기대를 갖고 있었다(풀먼은 1873년에 이렇게 언급한 바 있다).[21]

이러한 감수성은 불길함을 담고 있었다. 풀먼은 1860년대에 빠르게 성장하는 철도 산업에 발맞춰 침대칸 제조로 큰돈을 벌었다. 암살된 링컨 대통령의 시신도 워싱턴에서 일리노이 주 스프링필드까지 풀먼의 침대칸으로 이송됐다. 노동 운동이 시카고를 휩쓸자 풀먼은 1880년에 공장을 시카고 바로 남쪽에 세우기로 결정했다. 그리고 공장 주위에 '공장 노동자들에게 고상하고 세련된' 영향을 미칠 수 있는 거주 단지를 짓기로 했다. 고층 건물이 사무 직원들에게 그런 영향을 미쳤듯이 말이다. 거주 단지는 내부에 모든 것을 갖추고 있었다. 단지에는 많은 독채 주택과 다세대 건물 열 채가 있었는데 모두 벽돌로 지어졌다. 아케이드 건물에는 상점 30개, 1000석짜리 극장, 은행, 도서관(풀먼이 책 6000권을 기증했다)이 들어섰다. 그 밖에 호텔, 호텔 바, 학교, 공원, 잔디밭도 있었다.

하지만 노동자들은 집을 소유하는 것이 아니라 임대하는 것이어서 이는 회사에 직접적인 수익이 되었다. 게다가 임대료는 계속 오르는데 임금은 계속 줄었다. 1894년에 풀먼 노동자들은 노조를 만들고(풀먼 노조는 '미국 철도 노조'의 분회가 되었는데, 철도 노조는 훗날 사회주의자 대통령 후보로 나오는 유진 뎁스Eugine V. Debs가 이끌고 있었다) 임대료 인하와 임금

또 하나의 회사 마을. 풀먼 객차 컴퍼니의 시카고 본사 건물.

인상을 요구했다. 회사가 협상을 거부하자 노조는 파업에 돌입했고 풀먼 거주 단지 노동자 4000명 외에도 다른 노동자 5만 명이 파업에 동참했다. 결국 연방 정부가 개입해 파업은 끝났지만 노동자들의 유토피아를 만들겠다는 풀먼의 꿈도 부서졌다.[22] 풀먼이(그리고 풀먼과 비슷한 시도를 한 사람들이) 성공한 곳은 루프의 비즈니스 구역뿐인 것 같았다. 철도 노동자들이 파업을 했을 때도 벨벳 카펫 깔린 방은 조용했다. 그래서 시카고 여행 가이드북들은 북쪽의 제조업과 물류 단지는 가지 말고 메이소닉 템플Masonic Temple(당시 세계에서 가장 높은 건물이었다)의 꼭대기에서 "모든 것이 다 보이는 전망"을 구경하라고 조언하게 되었다.[23]

하지만 시카고 루프의 유토피아는 다른 도시에서는 복제가 불가능했고, 루프 안에도 풀먼 빌딩 같은 것보다 훨씬 덜 계몽적인 건물들이 들어서기 시작했다. 특히 뉴욕에서는 고층 건물들이 어지럽게 폐허로

방치된 듯했고 어느 것도 미학적 이론을 따른 것은 없어 보였다. 1893년에 소설가 윌리엄 딘 하우얼스William Dean Howells는 뉴욕의 스카이라인을 이렇게 묘사했다. "이빨이 듬성듬성 빠졌거나 깨어진 말의 턱뼈 같다." 하지만 이는 건축가들의 잘못이 아니라고 하우얼스는 덧붙였다.[24] "이 끔찍한 효과에 대해 비난을 받아야 할 것은 높은 건물을 지으려고 혈안이 된 토지 주인의 탐욕이다. 스카이라인을 가장 많이 망쳐 놓은 사람이 그들이다. 이 거리를 비천하고 빈약하게 만들어 좋은 디자인이라는 이루지 못한 목적에서 멀어지게 했고, 혼돈을 다시 불러왔다."[25] 건물 높이에 대한 불평은 도시를 논할 때 계속 등장하는 주제였다. 또 다운타운에 사람이 몰리면서 점점 혼잡해지는 것도 걱정거리였다. 이 시기에 나온 『시카고 트리뷴Chicago Tribune』의 유명한 만평은 모나드녹 빌딩Monadnock Building에서 6000명이 동시에 쏟아져 나올 때의 모습을 상상해 그린 것으로, 검은 코트를 입고 모자를 쓴 수많은 사람들이 서로를 밟고 올라서면서 거리 하나를 완전히 메워 버린다. 루이스 설리번이 그렇게도 열정적으로 원했던 "적나라한 상업과 유기적인 건축의 통합"은 계속되는 회의와 의심 속에서 성취되기도 전에 무너져 내리기 시작했다.

설리번 자신이 쓴 글 「고층 사무 건물을 예술적으로 고찰하다」가 이미 그런 문제를 드러내고 있다. 고층 건물을 내부로부터 파악하려고 하면서, 설리번은 고층 건물의 가장 기본적인 단위를 '셀cell'이라고 불렀다. 셀, 즉 세포는 신체의 기본 단위이기도 하지만 설리번이 생각한 것은 벌집을 구성하는 육각형 칸이었다. (벌집은 사무실 건물에 대한 은유로 흔히 쓰인다. 파커 브러더스가 만든 보드 게임 오피스 보이의 보드판 그림도 벌집 모양이었다. 그보다 최근에는 '프리랜서 노조'의 로고에 벌집 은유가 사용됐는데, 벌들—그러니까, 프리랜서들—이 벌집 밖을 붕붕 날아다닌다.)²⁶ 설리번은 건물의 몸통은 "똑같이 생긴 사무실이 무한하게 층층이 쌓여 이뤄진 다"며 "벌집에서 (똑같이 생긴) 각 셀이 무수히 모여 벌집의 몸통을 이루 는 것과 비슷하다"고 설명했다. 그리고 사무실 자체의 크기는 다른 모 든 것의 크기를 결정한다. "각 사무실에서 우리는 힌트를 얻을 수 있 다. 셀 하나에는 받침 기둥, 문틀, 가로대가 있는 창문 하나가 필요하 다. 그렇게 셀을 만든 다음에는 별 어려움 없이 모든 셀을 다 똑같아 보 이게 만든다. 다 똑같기 때문이다." 다른 것들도 모두 그에 따라 표준 화한다. "수직·수평의 실용적인 분할, 즉 사무실의 단위 공간은 편안 한 공간과 높이가 무엇이냐에 따라 자연스럽게 정해지며 이 표준적인 방 크기가 다시 표준적인 구조물 단위와 창문 크기를 자연스럽게 결정 한다."

건물의 장엄한 높이를 밋밋한 사무실들의 합으로 분석하면서, 설리 번의 "예술적인 고찰"마저도 고층 건물의 핵심적인 역설을 드러낸다. 고층 건물은 사무실 단위(셀)를 표준화하는 것에 기초하는데(이들 각각 이 곱해져서 허용된 건물 부지를 채우고, 그 과정에서 평면도는 건물 자체의 기본 형태를 구성한다), 셀들은 "다 똑같기 때문에 다 똑같아 보인다." 건물 높 이를 따라 위아래로 "무한하게" 곱해지면서, 평면들도 모두 똑같아 보 인다. 신이 인간에게 주신 가장 위대한 '기회' 중 하나인 창조가 정점 에 달하자 다 똑같아 보이는 붕어빵 사무실을 생산하는 메커니즘이 되 었다. "형태는 기능을 따른다."²⁷ 이는 개별화되었으면서도 전체에 순 응하는 건축의 원칙을 설명하기 위해 설리번이 한 말로, 곧 건축사에 서 흔히 쓰이는 유명한 말이 된다. 건물 외관도 특정한 디자인 양식이 나 공허한 이상을 따르기보다는 최대한 건물 내부의 모양과 느낌을 따라서 만들어져야 했다. 즉 고층 건물의 모양을 결정한 것은 그 안의 사무실이었다. 이 개념은 어쩌면 사무실의 형태가 좋아지는 쪽으로 바람직한 효과를 낼 수 있었을지도 모른다.

하지만 결과는 반대였다. 역설적으로 들리겠지만, 사무실에 관한 개념 중에서 '예술적'이라고 주장하는 이 개념보다 인간의 작업 환경에 더 크게 해를 끼친 것도 없을 것이다. 20세기 초 무렵이면 표준적인 사무실 단위(설리번이 말하는 '셀')도 표준화한다. 작은 사무실들은 보통 복도에서부터 투명 유리벽으로 구획되었고 큰 사무실들은 T자 모양으로 구획되었다. 안내 데스크 영역에 속기사 한 명과 파일들이 있었고, 그 뒤에 개별 사무실 두 개가 각각 11제곱미터 크기로 들어섰다. 사무실을 균일하게 만들려는 충동이 너무나 강했던 나머지, 이 평면도는 미국 고층 건물의 사무실에 거의 보편적으로 적용되었다. '형태는 기능을 따른다'는 설리번의 모토만으로는 미국의 고층 건물 디자인을 지배하기 시작한 조잡한 건물들의 급증을 설명하기에 부족할지 모르지만, 이 모토의 패러디 하나는 이를 매우 잘 설명한다. 건축사학자 캐럴 윌리스Carol Willis는 저서 『형태는 재정을 따른다Form Follows Finance』에서 씁쓸하긴 하지만 매우 적절한 설명을 제시했다. 대개 사무실을 '기능적'으로 만든다는 의미는 공간을 특정 기업의 기능적 필요에 부합하게 만든다는 것이라기보다는 **어느** 기업에라도 적용 가능하게 만든다는 의미였다. 핵심은, 특정한 기업을 염두에 두고 건물을 만드는 것이 아니라(간혹 그런 경우도 있긴 했지만) 어떤 기업이라도 별 어려움 없이 들어오고 나갈 수 있는 건물을 만드는 것이었다. 즉 공간은 **임대 가능성**이 좋도록 만들어져야 했다. 따라서 사무실은 기껏해야 아주 부분적으로만 예술과 노동을 반영할 수 있었다. 이 새로운 미국적 모델에서, 승자는 사무실의 노동자도, 건축가도, 임원도, 회장도 아닌 부동산 개발업자였다. 이제 미국 도시의 스카이라인은 인간의 독창성과 기업의 기량이 아닌, 단위 면적당 임대료를 나타내게 되었다.

□

　1920년대 고층 건물의 화려한 장식 열풍이 지나간 후에, 고층 건물들은 심지어 더 불합리한 방향으로 간 것 같아 보였다. 『시카고 트리뷴』이 새 본사 건물 디자인을 공모하자 수백 개의 기이한 디자인이 쏟아져 들어왔다. 유럽에서 온 출품작 하나는 시가 판매점 레드 인디언 모양이었다. 오스트리아의 모더니스트로, 건축에서 장식은 범죄로 여겨져야 한다고 주장해 악명을 얻은 아돌프 루스Adolf Loos는 설리번의 이상을 패러디한 듯한 작품을 제출했는데, 칸칸이 들어선 창문들로만 장식된 거대한 건물이었다. 당선작은 레이먼드 후드Raymond Hood(나중에 록펠러 센터Rockefeller Center를 짓는다)가 출품한 신고딕 형태의 안전한 디자인이었다. 차점자인 엘리엘 사리넨Eliel Saarinen(더 유명한 에로 사리넨 Eero Saarinen의 아버지)은 아직 서구에서 선보이지 않은 장식 없고 날씬한 현대적인 평판 건물을 제안했다. 훗날 유리 평판이 일반화된 것을 보면 사리넨의 2위작이 진정한 우승작이었다고도 말할 수 있을 듯하다. 트리뷴 공모전은 고층 건물에 대한 대중적 열정의 정점을 보여 준다고 흔히 알려져 있지만, 사실은 고층 건물 건축의 첫 단계가 쇠락하기 시작하는 시점을 보여 준다. 끔찍하도록 많이 들어선 고층 건물들은 마땅히 기대된 것과 달리 효율적으로 굴러가지도 않았고 노동자들에게 적합한 업무 환경을 제공해 주지도 않았다. 사무실 내부에서 벌어진 중대한 변화들은 점차 건물의 외부 조건까지 바뀌게 된다.

사무직 노동자에게 1920년대의 시작은 호의적이지 않았다. 전쟁(1차 대전—옮긴이) 시기에 사무직 노동자들은 임금 사안에서 힘을 잃은 반면, 노조는 산업 노동자의 권리들(8시간제, 친노동적인 중재 위원회, 단체 교섭 등)을 견고하게 획득해 나갔다. 그 결과, 육체노동자와 사무직 노동자의 임금 격차가 줄기 시작했다. 1915년에 평균적인 화이트칼라 노동자는 평균적인 공장 노동자보다 두 배 이상 많이 벌었지만, 1920년이 되면 격차는 1.5배 이하로 줄어든다. 그런데 같은 기간에 생계비는 두 배 가까이 늘었다.[28]

전쟁 이후에 닥친 짧지만 심각했던 불황은 화이트칼라 노동자들에게 특히 큰 영향을 미쳤다. 실업, 임금 삭감, 상향 이동 기회의 감소 등으로 많은 이들이 중산층의 꿈을 잃었다. 화이트칼라 사무직과 숙련 공장 노동자 사이의 거리가 좁아지면서 화이트칼라에게도 노조의 호소력이 커졌다. 전쟁 중에, 그리고 전쟁 직후에는 더 활발하게, 미국에서 화이트칼라 노동 운동이 성장했다. 국제 소매 사무원 보호 협회The Retail Clerks International Protective Association, RCIPA는 전쟁 이전에 1만 5000명이던 회원이 1920년에 2만 1000명으로 늘었다. RCIPA는 여성 사무원도 조직화하기 시작했고 기관지 『권리 옹호자The Advocate』는 급진적인 어조로 미국의 "고통 받는 대중"인 화이트칼라에 대해 이야기했다.[29] 경리원, 속기사, 회계원 노조들도 규모가 커졌다. 전쟁 전에는 여덟 개 도시에 지부가 있었는데 전쟁 후에는 마흔 개 도시에 지부가 생겼다. 철도 사무원들의 노조도 1915년에서 1920년 사이에 노조원이 5000명에서 18만 6000명으로 늘었다.[30]

하지만 1920년대의 '정상적 상태로의 회귀return to normalcy' 분위기와 뒤이은 경제 호황으로 노동 운동의 성과들은 만들어질 때만큼이나 빠른 속도로 파괴됐다. 기업 이윤의 상당 부분이 주주와 투자자에게 배당이나 이자 등으로 나가긴 했지만 노동자들에게 가는 실질 임금도 1920년에서 1929년 사이에 계속 증가했다. 화이트칼라 노조는 상대적으로도 절대적으로도 회원 수가 줄었다. 화이트칼라 노동자 자체는 증가했지만 노조는 이들을 조직화하지 못했고 탈퇴하는 노조원도 많았다. 미국이 전반적으로 보수적으로 선회한 것도 노조에는 좋지 않은 흐름이었다. 이전 20년 동안 가장 급진적인 아나르코생디칼리슴 분파였던 세계 산업 노동자 동맹The Industrial Workers of the World, IWW은 1924년 무렵이면 힘없는 집단이 된다. 그리고 이보다 덜 과격한 노조들 역시 쇠락하고 있었다.

이런 흐름에서, 좌우파를 막론하고 사람들 사이에서 화이트칼라에 대한 인식이 특정하게 고착되었다. 물론 사무직 노동자들은 단일하지 않으며 계급과 성별에 따라 나뉘어 있다. 하지만 '화이트칼라'는 마치 흰 옷깃만 두르면 교육 수준이나 성별이나 역량이나 사회적 기회에 상관 없이 누구라도 삶에 대해 동일한 태도와 전망을 갖게 된다는 듯이 대중에게 호소력 있는 주제가 되었다. 통상 사무직 노동자는 기업에 더 충직한 직원으로, 상향 이동의 가능성과 정당성을 가장 깊이 믿는 사람들로 여겨졌다. 경영진의 야망을 품은 사람들을 위한 전문 학교들(하버드 경영대학원 등)은 높은 사무직에 오르려면 경영 기법에 대해 전문적인 교육을 받아야 한다는 생각을 유포했다. 영화, 소설, 광고 등의 대중문화도 사무직 노동자들을 겨냥해서 자기 계발이라는 개념을 읊어 댔다. 여기에는 종종 대중적인 유사 프로이트주의가 동원됐다. 프랑스의 심리학자이자 대중 강연자인 에밀 쿠에Emile Coué는 "자기 암시"를 하면 성공한다는 내용의 대중 연설로 인기를 끌었다. 그는 화이트

칼라 청중에게 "날마다 모든 면에서 나는 점점 더 나아지고 있다"고 되풀이해 말하라고 했다.[31]

1920년대 급진주의자들이 제시한 화이트칼라 이미지는 화이트칼라 노동자를 미국 개인주의의 완벽한 형상으로 보는 인식보다도 더 과장되어 있었다. 미국 좌파가 패배한 시기에, 허위의식에 사로잡힌 중하층 사무직 노동자 이미지는 널리 활용된 조롱의 대상이었다. '화이트칼라 맨'은 자기보다 보잘것없는 사람들이 도처에서 성공하는 것처럼 보이는 상황에서 기반을 잃고 허둥지둥하는 사람의 표준적인 이미지였다. 만평 작가들은 일반 대중을 그리고 싶을 때 화이트칼라 노동자를 등장시켰는데, 당시의 한 설명에 따르면, "나약하고 소심하고 내성적이고 왜소한 사람이 중산모에 근심 어린 눈주름을 하고 앉아 있는" 모습이었다.[32] 〈군중〉 같은 영화들은 사무실을 순응성을 생산하는 기계로 묘사했다. 휑뎅그렁한 공간에 똑같은 복장을 하고서 똑같이 생긴 책상에서 일하며 똑같은 지루한 이야기를 하는 얼간이를 수천수만 명씩 찍어 내는 기계 말이다. "화이트칼라 노예"라는 말이 언론에 많이 나왔는데, 특히 자신이 착취당하고 있다는 사실을 인식하지 못하는 노동자를 묘사할 때 많이 쓰였다.

사무직 노동자들은 1970년대의 인종 혐오주의적인 '하드햇hard hat' (딱딱한 건설 안전모를 의미하는 말이지만, 1970년 5월 8일 맨해튼에서 반전 시위 중이던 학생들을 하드햇을 쓴 사람들 200여 명이 습격한 사건 이후 '보수 반동'을 뜻하게 됨―옮긴이)과 비슷한 반동주의자의 이미지를 갖게 되었다. 70년 대의 하드햇처럼 전형적인 좌절한 화이트칼라 맨은 일자리를 빼앗는 소수자들을 비난하면서 자신의 문제를 회피했다. 엘머 L. 라이스Elmer L. Rice의 연극 〈계산기The Adding Machine〉(1923)에서 주인공 제로는 좌절한 경리 담당원으로, 하루 종일 걸상에 앉아서 조수 한 명과 함께 숫자를 더한다. 그러면서 상관에게 칭찬받는 몽상이나 사장에게 불만을 토로하는 몽상을 한다. "잘 들으세요. 나는 만족하지 않아요. 나는 25년을 일했는데, 계속하려면 내 앞에 미래가 있어야 한다고요." 상상 속에서 그는 이렇게 말한다. 하지만 사실 그는 25년 동안 그저 "계속하"고 있으며 승진을 하지도 목소리를 높이지도 못한다. 연극 중반에서 제로는 계산기에 밀려난다. 좌절한 제로와 화이트칼라 동료들은 술을 마시면서 온갖 집단의 사람들을 적으로 삼아 격렬하게 외친다. "빌어먹을 가톨릭, 빌어먹을 유대인, 빌어먹을 깜둥이. 다 죽여, 다 불태워, 다 패버려, 다 쏴 버려!" 결국 그는 사장을 살해하고 사형당한다. 연극 마지막에 나오는 내세 장면에서 제로는 '초강력 계산기' 작동원으로 자신이 환생할 것임을 알게 된다.

노조 지도자들은 사무직 노동자 조직화의 어려움을 토로하면서 화이트칼라 노예들의 허위의식을 비난했다. 1929년 8월에 『아메리칸 페더레이셔니스트*American Federationist*』(미국 노동 총동맹American Federation of Labor, AFL의 기관지)에 실린 글은 사무 노동과 공장 노동이 유사하다고 지적하면서 사무직 노동자들이 더 "현명해져야 한다"고 주장했다. 그리고 "그들의 미래 수호와 복지를 위해 낭비할 시간이 없다"고 촉구했다. "진보를 멈춰선 안 된다. 진보의 현명한 일부가 될 준비를 해야 한다."[33] 하지만 이 절박하면서도 정중한 어조는 오래가지 않았다. 노조에 가입하지 않는 화이트칼라 노동자가 많아지는 상황에 봉착해서 당시 AFL의 강력한 지도자였던 새뮤얼 곰퍼스Samuel Gompers는 이렇게 소리쳤다고 한다. "집회에 참가하는 화이트칼라 두 명만 보여 준다면 나는 노동자 계급 전체를 조직하겠다."[34] 곰퍼스의 말은(아마 실제로 이렇게 말하지는 않았을 테지만) 사무직 노동자의 모순적인 이해를 잘 포착하고 있다. 노동자 계급에 '속하면서도', 자신이 노동자 계급임을 믿거나 노동자 계급의 활동(집회 같은 정치적 활동이든 다른 어떤 것이든 간에)에 참여하지는 않으려 하는 것이다. 게다가 자본과 노동 사이에서 완충 역할을 하게 되면서, 사무직 노동자는 자신들의 조직화를 거부할 뿐 아니라 전체 노동 계급의 조직화까지 방해하고 있었다.

□

미국에서 사무직 노동의 계급적 속성이 열띤 논쟁의 대상이 되고는 있었지만, 그 분석 내용은 한편으로는 미국 비즈니스의 강점을 재확인하고 다른 한편으로는 정치적인 어리석음의 상징으로 여기는 예측 가능한 양상을 보였다. 하지만 유럽에서 벌어지던 정치적 격변이 미국에도 영향을 미치면서 미국에서의 담론도 돌이킬 수 없게 바뀌게 된다. 여기에서 특히 중요한 나라는 전쟁으로 사회가 가장 크게 흔들린 독일이었다.

사무직 고용의 성장에 대해서는 어느 나라에서보다도 독일에서 가장 풍성하게 논의가 이루어졌다. 독일 사회학자들은 오랫동안 '신중산층'의 성장에 크게 관심을 갖고 있었다. 2차 대전 이전의 미국 화이트칼라에 대한 대표 저서는 독일인인 위르겐 코카Jürgen Kocka가 쓴 것이었다. 그리고 밀스의 『화이트칼라』도 이론적 도구는 독일 이론에 많이 의존하고 있다. 이러한 논의가 만개하는 데에 불을 지핀 주요 동력은, 독일 사회주의자들과 그들이 만든 독일사민당이 20세기 전환기에 독일 사회의 계급 구성에 대해 펼쳤던 고전적이면서도 치열했던 논쟁이었다. 당시에 소위 정통 마르크스주의자들은 『공산당 선언』의 일반적인 해석을 따라서 사회가 적대적인 두 계급, 자본가와 프롤레타리아로 분할되고 있으며 정치는 이 중에서 노동자 계급의 권력을 떠받쳐야 한다고 주장했다. 한편 '수정주의자' 집단은 독일 사회의 계급이 하나의 도식으로 단순화되지 않으며 복잡해지고 있다고 주장했다(그들이 마르크스의 후기 저작을 볼 수 있었다면 이와 비슷한 계급 다양성 논의를 마르크스에게서도 발견할 수 있었을 것이다). 그 증거로 화이트칼라 노동자가 증가하고 있을 뿐 아니라 화이트칼라 자체도 분화하고 있음을 들었다. 화이트칼라는 정통 마르크스주의가 말하는 계급 중 어디에 속하는가? 정통 마르크스주의자들에게는 답이 간단했다. 화이트칼라는 '빳빳한 칼라를 한 노동자 계급'이었다. 점점 더 심해지는 자본주의의 내적 모순으로 압력을 받으면 그들도 자신이 노동 대중에 속한다는 사실을 깨닫게 될 터였다. 하지만 수정주의자들에게는 답이 그렇게 간단하지 않았다.

이러한 질문들은 1920년대 바이마르 공화국에서 특히 긴박한 문제로 대두됐다. 화이트칼라가 제공해 줄 것으로 기대됐던 완충 효과가 통제 불가능하게 흔들리기 시작했기 때문이다. 19세기 중반에 사무원들을 두고 생겨난 질문들(그들은 누구인가, 그들은 어디에 충성하는가 등)이 다시금 무시할 수 없는 질문이 되었다. 그 이유는 정치적인 위기에 있었다. 1차 대전 패전으로 바이마르 독일은 인플레이션과 불황을 다른 나라들보다 먼저 맞았고 사무직 노동자들은 실업자 신세가 됐다. 경제 위기는 패전의 정치적 상처에 소금을 뿌린 격이었다. 극우와 극좌의 거리 싸움이 일상이 되었다. 독일 공산당이 산업 노동자들에게만 집중하는 것을 보면서, 언론인들과 사회과학자들은 목적 없고 조직되지 않은 사무직 노동자('봉급생활자')가 나치당 쪽으로 쉽게 넘어갈 수 있다고 우려했다.

이러한 격동 속에서 독일 사회학자 에밀 레더러Emil Lederer는 화이트 칼라 노동자가 '신중산층'에 속한다는 개념을 탐구하기 시작했다. 소상공인 등 옛 중산층은 (정치인들이 그들에게 계속해서 표를 얻으려 노력하긴 했지만) 실질적으로 사라진 계층이었다. 그리고 그 자리를 사무직 노동자들이 차지했다. 레더러는 한때는 수적으로도 강했던 봉급생활자들이 자신들을 치열해지는 자본과 노동의 싸움에서 '중개자'(즉 완충)로 생각할 수 있었다고 보았다. 레더러 본인도 이 주제에 대해 처음 글을 쓴 1912년에는 그렇게 주장했다. 하지만 그는 전쟁과 경제 위기로 봉급생활자의 중개자적 위치가 뒤흔들렸다고 설명했다.

> 고용주에게 영구적으로 의존하고 있다는 것, 노동 시장 상황에 크게 좌우된다는 것, 보수 시스템이 경제 전반의 상황에 연동되는 식으로 발달했다는 점, 노동자의 효율성대로 임금을 주는 방식이 증가했다는 것(나이가 들면 봉급이 줄게 된다), 이와 같은 요인들이 봉급 노동자의 경제적·사회적 지위를 떨어뜨렸다. 따라서 그들은 이제 자신이 프롤레타리아가 될 위기에 처했음을 알게 되었다.[35]

즉 봉급생활자는 자신이 노동자 계급으로 전락할지 모른다는 생각에 처했고, 따라서 어느 편에 설 것인가를 택해야 했다. 1920년대 독일의 종말론적 분위기를 풍기면서, 레더러는 앞으로 몇 년이 사무직 노동자들이 어느 쪽이 될지를 판가름하게 될 거라고 언급했다. 레더러 자신의 예측은, 결국 이들이 모든 피고용자들과 연대하면서 노동자 계급이 되리라는 것이었다.

하지만 이러한 예측에 회의적인 사람들도 있었다. 레더러와 비슷한 시기에, 좌파 언론인이자 초창기 영화 이론가인 지그프리트 크라카우어는 이 주제를 다른 방법론으로 탐구했다. 그의 말을 빌리면 "아프리카로 영화 로케를 가는 것보다 더 모험적인" 것이었는데, 기자로서 "봉급생활자 계층"과 함께 생활해 보기로 한 것이다. 그는 봉급생활자를 일터에서, 그리고 퇴근 후 시간을 보내는 곳들(여자 있는 술집, 스포츠 경기장, 고급 레스토랑 등)에서 만나 인터뷰했다. 그가 연구한 베를린은 "확연한 직장인 문화가 있는 도시"로 보였다. 베를린이 "직장인들이 직장인들을 위해 만든 문화이자 대부분의 직장인들이 문화로 여기는 문화"를 가지고 있다는 것이었다.[36] 대체로 화이트칼라와 서비스직으로 구성된 도시에 사는 우리에게는 이러한 감수성이 이상해 보인다. 하지만 공장의 산업화가 진전되던 1920년대에는 이것이 너무나 특이한 현상이었다. 크라카우어가 사무직 노동자들을 거리감을 가지고 관찰할 수 있었을 정도로 독특한 문화였던 것이다. 크라카우어는 봉급생활자 계층에서 "정신의 고향이 없는" 세대와 계급을 보았다. 그들은 "목표를 바라보지도, 원칙을 추구하지도 않으면서 현재를 살고 있었다." 그래서 "그들은 위를 보면서 자신의 종착지가 어디일지 생각하는 것을 두려워하고 있었다."[37]

크라카우어는 사무직 노동자가 다층적이며, 일하는 장소나 생활 양식에서 블루칼라와 구별된다고 보았다. 독일 기업들은 미국을 본받아 성격과 적성 테스트를(때로는 수기나 골상학까지) 해서 사무직 노동자들이 조직에 완전히 적합해지도록 만들려 했다. 블루칼라를 고용할 때는 아무도 적용하지 않는 기준들이었다. 테스트의 엄격성과 테스트 범위의 포괄성은 베를린에 "봉급생활자 유형"이 형성되기 시작했음을 보여 주는 것이었다. "말투, 의복, 몸짓, 표정 등이 비슷해지고 이 고분고분한 동일 외양이 사진 기술의 도움으로 널리 재생산될 수 있다."[38] 옛 중산층의 자녀들은 자신의 부르주아적 기술을 새로운 용처에서 사용할 수 있음을 알게 되었다. "지금 천공 카드를 치는 여성들이 전에는 집에서 피아노로 〈에튀드〉를 쳤다." 또 크라카우어는 사무실 위계가 주는 느낌을 소설을 통해 설명했다. "문학이 현실을 모방한다고 하지만 이 경우에는 문학이 현실에 앞선다. 프란츠 카프카Franz Kafka의 작품들은, 어떻게 해도 최고의 권위에 닿지 못하는 상황, 그리고 거대 기업의 미로(벼락부자의 성을 어린이용으로 만든 판자 모형처럼 경이롭다)를 잘 표현한다."[39] 한편, 크라카우어는 사무직 노조들이 일터의 기계화를 막는 데에 아무 역할도 하지 않는다는 점도 지적했다. 한 노조 간부는 "기계는 해방의 도구"라고 말했다.[40] 봉급 노동자 노조들은 독일에서 수천수만 노동자를 대표했지만 사민당이나 공산당과 연계된 블루칼라 노조와 자신은 다르다고 생각했다. 많은 봉급 노동자 노조들은 본질적으로 친기업적이었다. 화이트칼라 노조들은 서로서로, 그리고 무엇보다 자신보다 더 낮은 지위로 여긴 블루칼라 노동자와 차이가 있음을 주장했다. "독일 부르주아들이 약간의 서열을 수단으로 삼아(그나마 상상 속의 서열일 뿐인데도) 자기 자신을 대중으로부터 들어 올리려고 하는 사회적 구분병에 빠져서 사무직 노동자들끼리의 연대마저도 잘 이루어지지 않고 있다." 화이트칼라 노동자들이 점차 프롤레타리아화 할 것이라고 본 레더러의 예측과 반대로, 크라카우어는 이렇게 지적했다.[41]

독일 경제와 바이마르 공화국에 위기가 연달아 닥치면서(정점은 1929년의 대공황이었다) 화이트칼라 노동자 중 낮은 계층이 반동적인 대중을 형성하기 시작했으며 이들이 자연스럽게 나치당의 기반이 되고 있다는 모호한 우려가 좌파들 사이에서 고착되었다. 사회주의자 테오도어 가이거Theodor Geiger는 중하층 사무직 노동자들이 지위와 특권에 대한 선동에 특히 잘 넘어간다고 주장했다. 그가 보기에는, 미끄러지는 경제적 지위가 중산층이라는 고양된 감정과 충돌하는 상황에서(사회학에서 '지위 공포'라고 부르는 현상) 그들이 나치에 투표하는 것은 당연한 정치적 귀결이었다.[42]

이러한 주장의 문제점은 (미국에서 '화이트칼라 노예'에 대한 좌파의 주장도 그랬듯이) 실증적 근거가 없다는 점이었다. 화이트칼라 노동자 중 일부가 1920년대에 우경화한 것은 맞지만 이들은 더 안정적이고 부유한 층이었다. 나치당 자체도 화이트칼라 노동자들을 특별히 더 끌어들이려 한 것은 아니었고, 화이트칼라 노동자들이 실제로 나치에 특별히 많이 투표한 것도 아니었다. 1929년에 실업이 화이트칼라를 강타한 뒤에도 화이트칼라 노동자 대다수는 다른 정당(사회주의적인 사민당, 민족주의적인 독일국가인민당, 자유주의적인 독일민주당 등)에 투표했다. 하지만 나치의 승리 이후, 반동적인 중하층 사무직 노동자 이미지는 사라지지 않은 것은 물론이고 더 많은 사람들에게 사실로 받아들여졌다. 파시즘의 근원은 어느 한 요인으로 설명할 수 없는 복잡한 것이며 나치의 권력도 어느 한 계층이나 계급에만 기반한 것은 아니었다. 그렇더라도 굳이 나치가 성공적으로 부상한 이유를 찾자면, 독일 좌파의 분열과 기존 정당들의 실패를 요인으로 꼽을 수 있을 것이다. 하지만 이런 부분들은 제대로 파악되지 않은 채로, 중하층 화이트칼라 노동자들만 반동 성향이 있는 집단으로 치부돼 문제의 주범으로 몰렸다. 어떤 정치 운동의 성공이나 실패를 사무직 노동자 탓으로 돌리는 것은 쉬운 일이었다. 그리고 미국에서도 사무실 노동자의 성향에 대한 논쟁이 시작되었다.

□

'화이트칼라 나치'에 대한 논의가 미국에 오기까지는 오래 걸리지 않았다. 미국에서도 파시즘에 대한 우려가 커지고 있었고[『일자리』의 저자 싱클레어 루이스가 전체주의적인 미국을 그린 소설 『여기에서는 일어날 수 없는 일*It Can't Happen Here*』(1935)에 잘 드러난다], 그 우려 중 상당 부분은 어느 정도 사무 노동자들과 관련이 있었다. 미국에서 파시즘 공포는 상당히 빠른 속도로 독일에서 있었던 논의의 기본 골격을 동일하게 생산했다.

사무실 노동자를 파시즘의 대행자로 묘사하는 어조를 살펴보기에 가장 좋은 것은 미국 마르크스주의 잡지 『신대중*New Masses*』일 것이다 (『신대중』은 놀랍게도 인기가 있었는데, 시어도어 드라이저, 존 더스패서스뿐 아니라 리처드 라이트Richard Wright와 랠프 엘리슨Ralph Ellison의 초기 작품들도 실렸다). 이 잡지에는 회색 양복을 입은 얼간이들의 반동적 성향을 비난하는 글이 많이 실렸다. 한 기고자는 월스트리트에서 경찰이 급진 시위대를 구타하자 화이트칼라들이 덩달아 여기에 동참한 사건을 언급했다. "급진주의자들이 구타당하는 광경이 이 화이트칼라들에게는 서커스처럼 보였던 모양이다. 경찰이 시위대의 머리를 곤봉으로 때리는 동안, 재무부 건물 계단 위에서, 사무실 건물 밖에서, 고층 건물 밖에서, 주급 20달러를 받는 대학 나온 사람들이 환호하며 즐거워했다."[43] 또 「화이트칼라 노예」라는 엉성한 무운시는 "연필이나 굴리는 사람들"이 힘겨운 노동을 팔랑거리는 거래 원장의 숫자로 바꾸는 사악한 일에 대해 멍하니 노래하는 것을 그리기도 했다.

　　우리는 300명의 강자들.

　　날마다 책상에 허리를 구부리고서

　　우리의 연필은 숫자들, 숫자들, 숫자들을 쓰지.

　　한 무더기의 녹슨 철이건, 임금 삭감이건, 새로 발견한 보물이건 간에

　　우리는 그것을 숫자로 만들지.

　　노동자들은 자기들이 약간의 보수를 위해 허리를 구부리고 땀 흘리며

　　일할 때 '하루 종일 앉아서 연필이나 굴리는 뺀질이 바지'라고 우리를

　　비웃지만

　　그들도 우리가 더 강하다는 것을 알아.

　　우리는 이상한 의미를 가진 숫자들을 쓰니까.

　　그들은 결코 알 수 없을 비밀 이야기가 담긴 숫자들을.[44]

　비난의 어조는 거침이 없었다. 사무 노동자들은 "우리 사회 시스템
에서 가장 불안정하고 기만적인" 사람들이었다. 『신대중』의 문학 비
평가 마이클 골드Michael Gold는 1920년대의 헤밍웨이 유행도 "어쩔 줄
모르는 화이트칼라 계급의 영혼"을 잘 표현했기 때문이라고 해석했
다. 그는 헤밍웨이 소설에 등장하는 전형적인 인물의 모델이 되었을
법한 화이트칼라들을 묘사하면서 이렇게 언급했다. "나는 유쾌하고,
초췌하고, 위트 있고, 술 좋아하고, 여자 좋아하는 광고인, 언론인, 치
과의사, 의사, 엔지니어, 기술자, 변호사, 사무직 임원을 100명쯤 알고
있다. 매일 아침 출근해서 자신이 아는 유일한 세계에서 생존하기 위
해 여덟 시간 동안 지친 뇌를 긁어 대면서… 미국 비즈니스의 경쟁 속

'단호한 개인주의'

"근무 시간 줄여 주고 지난해에 삭감한 임금도 돌려주지
않으면 파업하겠다고 했을 때 늙은 사장 표정 봤어?"(왼쪽)

'어, 그럼 나도 지난주 임금 안 준 것 달라고
사장한테 말해도 되나?'(오른쪽)

1930년대에 화이트칼라 노조는 사무직 노동자도 블루칼라 형제
들의 '남자다움'을 본받아야 한다고 촉구했다.

에서 신경이 너덜너덜해진다."[45] 그는 헤밍웨이가 그린 남성성, 뒤틀린 공격성으로 발현되는 상처 입은 남성성이 화이트칼라적 삶의 고통에서 나온 것이라고 분석했다. 문학 평론으로서는 기발했지만 사무직 노동자에 대한 골드의 공격은 정직하지 못했다. 프롤레타리아를 위한 잡지라고는 하지만 매우 고학력자들인 『신대중』 편집진도 속속들이 화이트칼라였다. 그들의 독설은 순수한 행동의 촉구라기보다는 자기혐오인 면도 컸다. 좌파 저자들 역시 정신노동에 종사하고 있다는 사실은, 그들이 정작 자신이 쓰는 글에서 이 사실을 부인해야 하는 뒤틀린 상황을 낳았다.

하지만 주식 시장의 붕괴와 대공황을 거치면서 좌파의 어조는 매우 빠른 속도로 변화했다. 좌파의 문화 산업 노동자들은 자기 자신의 반영이기도 한 인물을 부인하기보다는, 화이트칼라를 떠오르는 프롤레타리아로 여기기 시작했다. "봉급 노동자 중 낮은 계층은 (봉급을 받는 전문직 종사자 포함해서) 중산층이 명백히 **아니다**." 마르크스주의자인 루이스 코리Lewis Corey는 베스트셀러가 된 저서 『중산층의 위기The Crisis of the Middle Class』(1935)에서 그 시대 특유의 단호하고 확실한 어조로 이렇게 말하고는 강조 표시를 한 메시아적 문장을 덧붙였다. "**그들은 경제적으로도 기능적으로도 노동자 계급의 일부다. '새로운' 프롤레타리아다.**"[46] 노조 조직가들의 견해가 사무직 노동자들을 포괄하는 쪽으로 바뀐 데에는 노동자들 자신이 전투적으로 변해서 그런 면도 있겠지만, 금융 위기가 불러온 절박성에서 조직가들과 좌파 저자들이 화이트칼라 계급 의식을 새로 '발견'한 측면이 있다고 해석하는 것도 가능하다. 『신대중』은 「화이트칼라 노동자들과 학생들, 행동에 나서다」라든가 「혁명에 나선 기술자들」 등과 같은 기사에서 연필이나 굴리던 사람들이 경찰과 대치하고 격렬히 파업에 참여하는 것을 묘사했다. 「화이트칼라 전선에서」라는 기사는 출판업계의 파업을 다뤘다. 출판업계는 노동 조건이 열악한 것으로 잘 알려져 있었다. 『신대중』에 따르면, "종마 사업처럼 콧대 높고 전문적인 산업"인 출판업은 출판업계 종사자 대부분의 "보수가 형편없고 시간 외 노동에 대해서는 보수를 받지 못하는데도"(지금도 그렇다…) "많은 화이트칼라 노동자들에게 자기 기만적인 고상함의 느낌"을 불어넣는다는 점에서 대다수 사무직보다 더 나빴다. 사무직 노조Office Workers Union에 속한 매컬리 컴퍼니Macaulay Company 노동자들이 노동 조건 개선을 요구하며 파업에 돌입했을 때, 이는 출판업계 사상 최초로 노동 쟁의를 일으킨 놀라운 일이었다. 대실 해밋Dashiell Hammett, 맬컴 카울리Malcolm Cowley 등 유명 작가와 편집자 들이 파업 지지를 선언했고 다른 작가들도 파업이 끝날 때까지 출판을 보류하며 동참했다. 파업은 노동자들의 요구가 관철되는 쪽으로 해결되었다. 다른 몇몇 잡지들도 노조 조직화에 성공했다. 카울리의 『뉴 리퍼블릭New Republic』 노동자들은 미국 사무직 및 전문직 노조United Office and Professional Workers 소속이었고 이곳은 미국 공산당에 가입되어 있었다.[47]

정신노동이 정치적으로 조직화되면서(역사학자 마이클 데닝Michael Denning은 이를 "문화 전선"이라고 표현했다) 이는 뉴딜 시기 좌파 전략의 핵심이 되었다.[48] 사무실의 새로운 계급 의식은 대중문화에도 영향을 미치기 시작했다. 비서가 상사와 결혼해서 신분이 상승한다는 이야기를 썼던 페이스 볼드윈이 대공황 이후인 1931년에 쓴 소설 『고층 건물』을 보면, 상류층 전문직인 등장인물은 여자나 꼬시고 경제에 해를 미치는 사람으로 묘사되고 고층 건물은 투기와 과잉의 상징으로 표현된다. 순진한 비서 린 하딩은 처음에는 변호사 데이비드 드와이트의 부

자코모 파트리의 라이노컷 그래픽 소설 『화이트칼라』의 삽화. 주인공이 그의 계급 환상 속에 갇혀 있다.

와 권력에 유혹되지만 그가 내부자 거래로 돈을 벌려는 것을 보고 혐오를 느낀다. 결국 린은 생각이 올바르고 도덕적인 자신의 원래 계급이 자신에게 적절한 위치임을 깨닫는다. 린은 몇 번을 머뭇거리다가, 처음부터 끝까지 자신에게 구애했던 중하층 사무원과 결혼한다. 한편, 이탈리아계 이민자 자코모 파트리Giacomo Patri가 쓴 라이노컷 그래픽 소설 『화이트칼라White Collar』(1940)(강력한 '미국 광산 노조' 위원장이자 뉴딜에도 영향을 미친 존 루이스John L. Lewis가 후기를 썼다)에는 해고를 당해서 가난으로 고통 받기 시작하면서도 주변에서 벌어지는 모든 노동 운동의 흐름을 무시하는 광고맨이 나온다. 그러나 소설의 마지막에서 그는 노동 운동으로 전향한다. 마지막 장면은 수많은 노동자들이 화이트칼라 형제자매들과 함께 행진을 하는 것으로 마무리된다.

이렇게 동요된 분위기에 기업 임원들은 놀랐다. 여기에 더해 노년층의 연금을 부분적으로 고용주에게 세금을 부과해서 보장하는 사회 보장법이라든가, 노동자의 단체교섭권을 인정한 1935년의 노동관계법과 같은 노동 친화적인 뉴딜 조치들이 나오기 시작하자 경영진은 더욱 공포에 빠졌다. 하지만 이 격동의 와중에서도 사무실들은 대체로 조용했다. 조직화에 성공한 노조가 일부 있긴 했지만 사무직 노동자들은 노조를 만들라는 노동계의 거센 요구에 그닥 부응하지 않았다. 하지만 이것은 폭풍 전야였을까? 이제 그들이 들썩거리는 블루칼라 형제들에게 영감을 받아 연필을 무릎에 부딪쳐 부러뜨리고 계산기와 딕터폰을 부수고 유리 문으로 된 상관의 사무실 앞에 바리케이트를 쳐 상관을 가두고서 원하는 것을 얻을 때까지 투쟁하게 될까? 평평한 금속제 책상 앞에 조용히 앉아 끝없이 서류나 만들던 사람들이 사실은 원래 혁명가였을까?

테일러의 추종자인 사무 공간 전문가 W. H. 레핑웰이 1919년에 설립한 미국 사무 경영자 협회National Office Management Association의 연례 컨퍼런스는 서류철 정리하는 법이라든가 최신 통신 기술 등에 대한 논의보다 언제 고개를 들지 모르는 노동자들의 위협에 대응하는 법을 논의하는 데에 점점 더 많은 시간을 할애했다. 웨일스의 탄광에서부터 중서부의 철도 회사에 이르기까지 곳곳의 위험 지역에서 노동자를 관찰한 어느 산업 '컨설턴트'는, 자신이 관찰한 바로는 사무직 노동자들이 모두 진정한 미국의 전통 안에 있는 '개인주의자'라며 컨퍼런스에 모인 사람들을 안심시켰다. 그는 회사의 사다리가 도저히 닿을 수 없을 정도로 멀어져서 상향 이동의 가능성이 완전히 사라진 것처럼 보일 때에만 사무 노동자들이 꿈에 대한 믿음을 잃고 동료 사무원과 연대하기 시작할 것이라고 주장했다. 그의 분석에 따르면, 공장 노동자들은 실직을 두려워하기 때문에 노조를 통해 고용 안정성을 추구하려 했다.

하지만 사무직 노동자들은 자신의 일이 충분히 인정받지 못하는 것을 두려워했고, 그러다가 능력이 아니라 연공서열 같은 관료적인 요인으로 진급이 결정될까 봐 염려했다. 따라서 개인 각각의 성취에 의해서가 아니라 관료제적 규칙에 의해 굴러가는 일터는 노조의 위협이 스며들기에 좋은 곳이었다.[49]

경영자들은 이러한 위협을 분쇄할 수 있는 방법은 더 나은 사무실을 디자인하는 것이라고 결론 내렸다.

대공황기에 미국 사무 경영자 협회는 깨끗하고 조명이 잘된 좋은 사무실의 중요성을 전에 없이 강조했다. 유행하던 프로이트와 심리학 이론의 영향으로, 적절한 인센티브를 통해 사무직 노동자가 생산성을 발휘하도록 규율할 수 있다는 개념은 사라지고 '무의식'에 관심이 쏠리기 시작했다. "깨끗한 사무실의 효과는 어느 정도 무의식적인 것이다." 한 인사 담당자는 이렇게 말했다. "그렇지만 불만족스러운 근무 여건은 불평의 시발점이 되어 더 심각한 좌절과 불만으로 이어지는 경우가 많다."[50] 사무실의 모든 작업을 중앙 집중화하려던 경향은 이제 잘못된 것으로 여겨졌다. 중앙 집중화 경향의 결과, 테일러주의자들이 순수한 효율성의 공간으로 '합리화'한, 책상들이 줄줄이 들어선 거대 사무 공간이 생겨났는데, 이런 환경은 노동자들이 자신의 일을 판에 박히고 막다른 작업으로 여기게 만들기 때문이었다. 이제 경영자들은 의심하게 되었다. 일을 배우는 초기 단계에서 노동 과정이 잘게 분해돼 직원이 비숙련화되면 미래의 경영자는 어디에서 올 수 있단 말인가? 정신 작용이 필요없는 상태로 노동이 조직된다면 직원들이 어떻게 경영자의 정신적 습관들을 배울 것인가?[51] 경영자의 태도를 바꾼 또 다른 요인은 사무직에 여성이 많아진 것이었다. 19세기 사무실의 남자들만의 분위기와 더러운 환경은 깨끗해져야 했다. 이제 경영자들은 사무실이 '결혼 등급' 면에서도 훌륭해야 한다고 생각하게 되었다. 더 깨끗한 환경, 그래서 잠재적인 배우자를 만날 가능성도 더 높아지는 환경을 만들어야 한다는 것이었다.[52]

사무실 경영에 대한 화법의 변화는 미국 기업계에서 벌어진 더 큰 변화와 궤를 같이하고 있었다. 도금 시대 미국 기업의 자만은 대공황으로 깨졌다. 노조가 확장되고 노동자 국가인 소련이라는 대안이 부상하면서(사람들은 소련이 자본주의 국가들보다 대공황을 더 잘 극복했다고 생각했다) 기업인들 사이에서는 더 급진적인 요구를 미연에 방지하기 위해 기꺼이 타협하려는 분위기가 생겨났다. 테일러주의의 가차없는 관리 감독과 엄격한 지시는 일부 살아남긴 했지만 대중 프로이트주의로 완화되었다. 행동과학(사회학, 인류학, 심리학)이 점점 인기를 끌면서 경영자들은 노동자들이 **어떻게 행동해야 마땅한지**가 아니라 **실제로 어떻게 행동하는지**에 관심을 갖기 시작했다. 노동자들의 실제 욕구에 더 잘 부합하는 일터는, (이론에 따르면) 눈덩이처럼 불어나 심각한 쟁의 행위에 이르게 할 수도 있을 불만들을 미연에 제거할 수 있을 터였다.

더 친절하고 더 부드러운 미국의 새 일터는 인사 관리 운동을 통해 틀이 잡혔다. 인사 관리 운동의 기원은 사회과학적 실험 하나가 실패한 데에서 찾을 수 있다. 그 실험은 잘못된 가정들에 기반했는데, 역설적이게도 그만큼이나 문제적인 또 다른 종류의 억측을 만들어 낸다. 1920년대 말부터 1930년대 초에 걸쳐, 일리노이 주 시서로에 있는 웨스턴 일렉트릭Western Electric의 호손 공장에서 행동심리 연구자들이 조명 실험을 했다. 조명 밝기의 변화가 생산성에 미치는 영향을 알아내려는 실험이었다. 연구자들은 측정 가능한 인과 관계가 뚜렷이 밝혀질 것이라고 기대했다. 밝기와 생산성이 양의 관계에 있다든지 역의 관계에 있다든지 하는 식으로 말이다. 그런데 당황스럽게도 밝기는 생산성과 아무 관계가 없어 보였다. 어떤 때는 밝은 조명이 생산성을 높였지만 어떤 때는 아니었다. 수많은 가설 수정과 재실험 끝에 연구자들은 노동자의 생산성을 결정하는 요인은 조명의 강도가 아니라 **누군가 자신을 지켜본다는 사실**(지켜볼 경우에 생산성이 높아졌다)이라고 결론 내렸다.

이 결과로 사회과학자들은 동요했다. 1930년대 초에 하버드 경영대학원 교수 엘턴 메이오Elton Mayo는 호손 실험의 의미에 대한 논문을 작성하기 시작했다. 그 결과로 나온『산업 문명에서의 인간 문제The Human Problems of an Industrial Civilization』는 인사 관리 운동의 토대가 된다. 메이오는 호손 실험 등 사회과학 실험들에 대한 설명과 프로이트의 음울한 이론, 자살에 대한 에밀 뒤르켐Émile Durkheim의 해석 등을 섞어서, 현대의 인간이 이해할 수도 없고 바라지도 않았던 아노미 상태에서 길을 잃었다는 우울한 결론을 내렸다. 메이오는 인간을 자신의 이해관계만 추구하는 호모 이코노미쿠스로만 보는 것은 인간에 대한 매우 빈약한 견해라고 주장했다. (의도하지는 않았겠지만) 아나키스트인 표트르 크로폿킨Pyotr Alexeyevich Kropotkin의 말을 연상시키면서, 그는 협동이 경쟁만큼이나 중요한 인간의 본성이라고 했다. 노동자의 욕구에 더 잘 맞는 기업 형태에 의해서 광범위한 협업이 육성되어야만 지구를 혼돈에서 구할 수 있을 것이라고 메이오는 주장했다. 경영자들은 "경청하는 사람"이 되어야 했고, 때로는 일터의 인류학자가, 때로는 일터의 생물학자가 되어야 했다.[53] 사람은 귀속감, 함께한다는 느낌을 가져야 했다. 그래야만 노동자들이 자신의 조직에서 평화롭게 존재할 수 있을 것이고 경영자도 노동자와 평화롭게 공존할 수 있을 터였다.

기업인들처럼 건축가들도 자신이 혁명적인 상황에 처해 있다고 생각했으며 노동 운동은 완전히 새로운 스타일의 건물이 필요함을 의미한다고 해석했다. 다른 영역도 그랬지만, 건축가들에게 이 시기는 논쟁의 시기였고 경쟁하는 여러 학파가 계속 생겨나면서 산업 사회에서 인간에게 적합한 공간을 찾는 문제에 대해 서로의 이론을 공격했다. 예술 분야에서의 모더니즘은 좌든 우든 대중 운동과 함께 진전되는 경우가 많았지만, 건축가들이 생각하는 이상은 격동이나 격변과는 반대였다. 건물은 기본적으로 내구성, 즉 영원히 존재하는 속성을 전제로 만들어져야 하므로, 건축가들은 조용하고 조화로운 상태를 다시 만들고 싶어 했다. 새롭고 안전한 중간 지대를 만들기 위해 이제까지 존재했던 스타일을 혁명적으로 바꾸어야 한다 해도 말이다.

스위스 태생의 프랑스 건축가 르코르뷔지에(그가 후대에 미친 가장 큰 영향은 커다란 유리 평판일 것이다)가 대표적이었다. 그는 예언자적이면서도 담담하고 뛰어난 소책자 『건축을 향하여*Vers une architecture*』(1923)에서 이 문제를 제기했다. 지금은 유명해진 경구들("원시인은 없다. 원시 물질만이 있을 뿐이다", "집은 거주 기계다" 등)을 이야기해 가며 전 세계를 휩쓸고 있는 "새로운 정신"이 사용할 수 있는 기술적인 수단들(주로는 콘크리트)에 대해 설명하고 나서, 르코르뷔지에는 정치적인 주장을 펼친다. "오늘날 사회 동요의 뿌리는 건물에 있다."[54] 그는 건물이 19세기 말과 20세기 초에 엄청난 가속도로 발전한 기술 진보와 보조를 맞추지 못하면서, 사람들이 들뜬 흥분 상태인 동시에 어리둥절한 상태가 되었다고 보았다. 르코르뷔지에는 특히 건축가들이 이전 시대와 현대 시대 사이에 존재하는 "깊은 차이"를 제대로 이해하지 못했다고 지적했다. 수단의 변화는 목적의 변화를 가져와야 마땅했다. 인간이 겪는 근원적인 고향 상실의 느낌은 건축가가 해결하거나, 그렇지 않으면 거리의 폭동으로 해결될 수밖에 없었다. "사회는 획득할 수 있을지 없을지 알 수 없는 무언가에 대한 폭력적 열망으로 가득 차 있다. 모든 것이 여기에 달려 있다. 모든 것이 이 놀라운 징후들에 관심을 가지고 노력을 기울이느냐에 달려 있다."[55]

선택지는 분명했다. "건축이냐, 혁명이냐." 그리고 그는 간단한 결론을 내렸다. "혁명은 막을 수 있다."[56]

□

르코르뷔지에(본명 샤를에두아르 자네레Charles-Édouard Jeanneret)는 독학으로 공부했지만 자신의 업계에 대해 끊임없이 무언가를 주장했고, 스스로는 정치를 넘어서 있다고 생각했지만 매우 정치적인 사상가였다. 20세기의 가장 영향력 있는 건축가로 꼽히지만, 인생의 상당 부분을 결코 건물로 지어지지 않은 도면들을 고안하고 거의 아무에게도 받아들여지지 않은 아이디어들을 전파하기 위해 위원회들을 만들면서 보냈다. 인류가 살고 노동하는 환경을 새로이 구성하고 계획하려는 그의 열정은 테일러와 비슷했다. 테일러 역시 예언자적인 인물이었으며 말년에 명성(과 악명)을 얻었다. 이러한 유사점은 우연만은 아니었다. 르코르뷔지에는 프랑스에서 테일러 사상을 지지한 초창기 인물에 속한다. 그는 1차 대전 때 테일러와 과학적 경영에 대해 알게 된 것으로 보인다. 전쟁의 참상을 보면서, 르코르뷔지에는 폐허가 되어 많은 것을 필요로 하는 유럽 대륙에 생산성의 기적을 가져다줄 사회 재건의 원천으로 테일러주의에 매료됐다. 그의 주된 관심은 대량 주택이었지만

(1920년대에 수많은 파리 시민이 부적절한 주거 때문에 숨진 상황에서, 이는 매우 중요한 사회적 관심사였다) 점차로 노동 환경을 조직하는 문제에서 기술 중심적이고 중앙 계획적인 해결책을 찾는 데에 관심을 갖게 되었다.

1930년대에 르코르뷔지에는 테일러의 땅과 뉴욕을 방문하고서(언론에 대대적으로 보도됐다) 여행기 『대성당이 흰색이었을 때』를 출간했다. 뉴욕은 그를 흥분케 했다. 건축보다는 재즈 때문이었다. 재즈가 그에게 남긴 강력한 영향에 대한 이야기가 여행기에 여러 번 나온다. 자유롭게 흘러가는 화음 위로 즉흥적인 곡조가 떠다니는 재즈는 인간 본연의 원초적인 느낌이기도 하면서 비할 데 없이 현대적이기도 했다(비슷한 시기에 네덜란드 화가 피터르 몬드리안Pieter Mondriaan은 빨갛고 노란 추상화로 맨해튼 거리를 표현한 작품에 '브로드웨이 부기우기Broadway Boogie-Woogie'라는 이름을 붙여서 재즈 감각을 입혔다). 르코르뷔지에에게 뉴욕의 재즈는 뉴욕의 건축보다 훨씬 앞서가는 것처럼 보였다. 재즈의 쿨함은 뻣뻣하고 네모난 고층 건물의 밋밋함을 더욱 두드러지게 했다.

르코르뷔지에는 "고층 건물이 너무 작고 너무 많다"고 주장해서 언론을 놀라게 했다. "논리는 명확하고 근거도 풍부하다. 거리를 온통 메운 고층 건물이 그 증거다. 이것은 그야말로 도시의 재앙이다."[57] 그가 보기에, 맨해튼에서는 고층 건물이 인구를 조직하고 통제하는 기능적인 형태로 존재하기보다는, 즉 "노동 조건을 향상하는 놀라운 수단, 경제의 창조자, 그리고 그것을 통한 부의 전파자"로서 존재하기보다는, 그냥 도시에 세워져 있는 "기둥들" 같아 보였다.[58] 그리고 부동산 개발업자에게 돈을 벌어 주는 기능과 같은 자연스럽지 않은 기능들로 훼손되었다. 또한 비효율적인 도시 구역법 때문에 건물들이 메소포타미아 지구라트처럼 보조를 맞추어 들어서 있었다. 가장 안 좋은 것은, 이런

르코르뷔지에가 알제Algiers에서 진행한 프로젝트의 사무실 디자인. 1938~1942년.

건물들은 조용하고 차분한 노동 환경을 제공할 수 없다는 것이었다. 가능성은 바로 가까이 와 있는데도 아직 아무 데서도 실현되지 못하고 있었다. 르코르뷔지에는 진정으로 완벽한 사무실이 어떤 것이어야 하는지를 다음과 같이 열거했다. "기계적인 합리화를 통해 생산성이 매우 높아진 사무 처리: 우체국, 전화, 전신, 라디오, 기송관 같은 것들이… 제공하는 심리적, 생리적으로 훌륭한 조건들: 복도, 엘리베이터, 사무실 자체(조용한 분위기와 맑은 공기) 등 건물 전체 공간의 고급스러움과 완벽함과 좋은 품질." 그리고 그는 여전히 불합리한 파리의 사무실을 비판한다. "아! 누덕누덕하고 보잘것없고 비참한 사무실들. 노동의 정신에 대한 가치 절하. 이 입구, 이 흉하고 우스꽝스럽고 바보 같은 엘리베이터, 저 어두컴컴하고 음울한 현관, 거리의 시끄러움이나 안쪽 뜰의 황량함에 바로 노출되어 있는 흐릿한 사무 건물들."[59]

　뉴욕은 고층 건물로 사무실과 관련해 독보적인 곳이 되려 하고 있었다. 이미 시작된 혁명을 완수하기만 하면 되었다. 르코르뷔지에의 계획은 여러 가지 이름으로 불렸다. 그 자신은 '빛나는 도시'라고 종종 불렀으며, 비즈니스 구역, 현대적 도시 등으로도 불렸다. 매년 조금씩 달라지기는 했지만 기본적으로는 평평한 도시 경관에 방사형으로 퍼지는 거리를 따라 최고 220미터에 달하는(당시 맨해튼에서 가장 높은 건물은 90미터에서 120미터 정도였다) 고층 건물들이 균등한 간격으로 들어서는 형태였다. 각 고층 건물의 저층부에는 직원 편의를 위한 상점(식당가, 바, 전시실, 이발소, 잡화점 등)이 들어설 터였다. 어느 면에서 르코르뷔지에의 꿈은 레이먼드 후드의 록펠러 센터에서 완전히 자급자족적인 화이트칼라 건물로 이미 실현되었다. 하지만 르코르뷔지에 이후 전 세계 건축가들은 사무직 노동자로만 이뤄진 도시 유토피아를 상상하게 된다. 유명한 일본 건축가 단게 겐조丹下健三가 1960년에 내놓은 도쿄 계획도 3차 산업 종사자(즉, 화이트칼라 노동자)를 도시 중심에 몰아 놓도록 되어 있었다.

풀먼 건물을 시작으로, 비즈니스의 기능을 하나의 공간에 집중하려는 경향은 진보적인 사무 디자인의 상징 같은 것이 되었다. 하지만 르코르뷔지에가 더 길게 남긴 영향은 상징적 의미를 담아 유리를 사용한 것이었다. "고층 건물의 외면, 정면 외벽은 유리로 피부를 씌운 것처럼 유리 평판으로 만들 수 있다. 엄청난 빛이 쏟아져 들어올 것이다. 이 풍성함 그 자체를 왜 거부하는가?"[60] 이는 미국에서 곧 유행할 건축 양식의 핵심이 되었고, 1932년에 현대미술관Museum of Modern Art에서 필립 존슨Philip Johnson과 헨리러셀 히치콕Henry-Russell Hitchcock이 '인터내셔널 양식International Style'이라는 제목으로 전시를 하면서 이 이름으로 불리게 된다. 르코르뷔지에, 발터 그로피우스Walter Gropius, 루트비히 미스 반데어로에Ludwig Mies van der Rohe 등의 유럽 건축가들과 관련이 있는 인터내셔널 양식은 기본적으로 모더니즘 건축을 대표하는 양식이었다. 처음에는 새로운 물질(콘크리트, 철골 등)을 사용해 도시의 문제(노동자 주거 문제 등)를 과거의 제약에 구애받지 않고 해결하기 위해 고안된 것이었다. 하지만 점차로 이것은 미국의 기업 권력을 표현하는 양식으로 귀결되었다. 애초에 무엇이 '인터내셔널'했든지 간에, 얼마 지나지 않아 인터내셔널 양식은 미국과 동일시되었고, 그러면서 기업 세계화를 상징하는 건축 양식이 되었다.

유리는 콘크리트와 더불어 금욕적인 건축적 모더니즘을 표현하는 이상적인 물질이었으며 포스트모던 시대인 오늘날에도 널리 쓰인다. 미스 반데어로에가 1929년 바르셀로나 파빌리온Barcelona Pavilion에서, 그리고 그를 따른 필립 존슨이 미국 코네티컷 주 뉴케이넌의 글래스 하우스Glass House에서 보여 주었듯이, 유리는 가정적인 인테리어에 밝고 우아한 느낌을 불어넣는 훌륭한 매체였고 모더니즘 건물의 평평하고 밋밋한 외형을 풍성하게 보완해 주었다. 유리 평판은 다양한 모양으로 잘라서 드문드문 색을 넣으면 몬드리안 미니어처처럼 될 수 있다. 하지만 사무용 건물의 크기로 커지면, 유리는 고층 건물을 낮은 옛 벽돌 건물과 서서히 지나가는 구름이 비치는 거대한 빛의 덩어리로 바꾸어 주었다. 미스 반데어로에는 일찍이 1921년부터(당시에는 바이마르 독일에서) 유리와 철로 된 고층 건물을 스케치했다. 그는 대담하게도 중간 문설주나 스팬드럴이 방해하지 않는 순수한 통유리 건물을 상상했다. 그의 꿈은 굉장한 정도로, 아니 과할 정도로 실현되어서, 도시마다 유리 건물들로 이뤄진 스카이라인을 만들어 내었다.

철골 덕분에 벽으로 건물 무게를 지탱할 필요가 없어진 이래로, 유리는 오랫동안 석조 외벽의 잠재적인 대체재로 이야기되어 왔다. 하지만 완전하게 유리로 된 커튼월(건물을 가리는 외벽을 말하며, 창문을 가리는 커튼과 같다고 해서 붙여진 이름이다)은 내부 환경에 문제를 야기했다. 유리 피부가 통과시켜 주는 만큼 많은 빛이 필요하지는 않았기 때문이다. 사실 유리 외벽은 내부 온도를 너무 높여서 안을 찜통처럼 만들었다. 르코르뷔지에가 설계한 구세군 회관 호스텔Cité de Refuge이 대표적인 사례였다. 초창기 유리 외벽 건물 중 하나인 구세군 회관 호스텔은 처음 문을 연 겨울에는 놀랍도록 따뜻한 온도를 유지할 수 있었지만 여름이 오자 실내가 견딜 수 없이 더워졌다.[61]

모더니즘 건축가들에게는 다행스럽게도, 유리에 대한 숭배를 지켜줄 테크놀로지 하나가 등장했다. 20세기 전환기에 윌리스 캐리어Willis Carrier(명성은 토머스 에디슨에 못 미치지만 중요성은 그에 못지않다)는 건물 내부의 습도를 통제하는 실험을 하기 시작했다. 그는 시행착오를 숱하게 해 가며 분무 노즐로 물을 뿌리고 포화가 된 공기 중에서 맺혀 떨어지는 물방울을 걸러 내는 실험을 몇 년이나 진행했다. 하지만 곧 수많은 특허가 나와서 공기에서 자동으로 수분을 걸러 내고 온도를 조절하는 것이 가능해졌다. 이를 일컫는 말로 대개 '에어 컨디셔닝'(공기 조절—옮긴이)이라는 용어가 쓰이지만 캐리어 코퍼레이션이 자랑스레 사용한 '인공 날씨'라는 말도 수십 년간 쓰였다.[62] 에어 컨디셔닝이 널리 쓰이기까지는 수십 년이 걸렸다. 처음에는 큰 강당이나 원형 극장 형태의 공간에서 사용됐고 나중에 사무 건물에도 도입됐다. 미국에서 처음으로 인터내셔널 양식으로 지어진 건물인 필라델피아 저축 기금 협회Philadelphia Savings Fund Society(1933)는(세련된 유리 커튼월을 반짝이는 중간 문설주가 가로지르는 모양으로 되어 있었다) 미국에서 두 번째로 완전하게 에어 컨디셔닝이 도입된 건물이기도 했다(최초의 에어 컨디셔닝 건물은 1928년에 샌안토니오에 지어진 밀람 빌딩Milam Building이었다). 평론가들은 사무실 노동자들이 한여름에 스웨터를 껴입고 일하는 진풍경에 대해 기록하기 시작했다.

에어 컨디셔닝 이외에도, 고층 건물에 중요한 기술이 두 개 더 있었다. 하나는 형광등이었는데 기존의 백열등보다 에너지를 훨씬 덜 사용했다. 다른 하나는 달반자로, 커튼월이 벽 무게를 실제로 지탱하는 철골의 바깥에 있듯이 실제로 무게를 지탱하는 천장보다 한 칸 아래 매달려 있는 천장이었다. 그 사이의 공간에 배선이나 에어 컨디셔닝 튜브 등을 눈에 보이지 않게 숨길 수 있었다. 달반자로 천장 높이는 낮아져서, 오늘날 우리에게 익숙한, 납작하고 다소 갑갑한 형태의 도면이 나왔다. 애초에 유리는 안으로 빛을 더 많이 들이도록 도입되었지만, 에어 컨디셔닝과 형광등 덕에 사람들은 자연 채광과 자연 환기가 안 되는(고층 건물의 위층에서는 바람 때문에 창문을 열어 둘 수 없었다) 곳으로까지 깊숙이 들어가서도 일할 수 있게 되었다. 1950년대에서 1960년대 사이에 사무 건물 내부 면적은 비약적으로 증가했다. 1962년에 (자가 소유 건물이 아니라 임대 건물에 사무실을 둔) 기업이나 기관의 사무실 평균 면적은 243제곱미터였는데, 이는 통계가 제공되기 시작한 1952년 면적의 두 배였다.[63] 비슷한 시기에 화이트칼라 노동자 수도 두 배가 되었다.[64]

1952년에 초록색 유리 외벽으로 된 유엔 사무국 빌딩United Nations Secretariat Building이 완공되면서(르코르뷔지에가 디자인에 일부 참여했다) 유리 붐이 일었다. 이전 시기의 고층 건물 붐에서도 그랬듯이, '형태는 재정을 따른다'는 원칙을 따른 네모난 유리 건물들이 도처에서 솟아올랐다. 불과 7년 뒤에, 뉴욕의 건축 비평가 루이스 멈포드는 새로운 도시 건물 풍경의 우울한 점들을 다음과 같이 읊는다. "법이 허용하는 땅이란 땅은 모조리 독차지한 탐욕적인 건물들, 로비의 벽화가 예술을 향해 윙크를 보내지만 그 시선이 미심쩍은 의도를 암시하는 번쩍이는 건물들, 불쾌한 색상이 디트로이트의 유행을 닮았고 곧 구식이 될 야한 건물들, 벽돌이나 돌보다 싼 금속 판자로 덮여서 어떻게 장식을 하든 굉장히 싸구려로 보이는 건물들, 천장이 너무 낮아서 에어 컨디셔닝이 된 건물이라는 주장이 뻔뻔한 거짓임을 안에 있는 사람은 대번 알 수 있는 부실한 건물들."[65]

멈포드는 건축의 과잉 요소를 많이 비판했다. 도시의 변화에 관심이 많았던 그는 당대에 매우 널리 읽혔으면서도 이상하게 무시된 작가 중 하나였다. 도시 재개발에 대한 그의 비판은 제인 제이콥스Jane Jacobs(고전인 『미국 대도시의 죽음과 삶The Death and Life of Great American Cities』 저자)에게 영향을 미쳤다. 아인 랜드Ayn Rand는 고독한 건축 천재를 찬미하는 소설 『마천루The Fountainhead』에서 멈포드를 "집산주의자collectivist"라고 풍자하기도 한다. 『마천루』에 나오는 건축 비평가인 집산주의자 엘스워스 투히는 부분적으로 멈포드를 모델로 한 인물이었다. 하지만, 어느 면에서 랜드와 비슷하게, 멈포드는 전후 시기의 동질화 경향을 우려했고 소비 사회의 화려한 기술 진보 아래 밋밋한 익명성과 정신적인 상실감이 있음을 두려워했다. 실용적인 면에서도 건축은 적합한 환경을 제공하지 못하고 있었다. 멈포드가 모더니즘에 대해 계속해서 제기한 비판 중 하나는 "인간의 기능과 인간의 욕구", 즉 건축이 가장 기본적으로 충족해야 할 것들을 충족하지 못하고 있다는 점이었다. 그는 건축 전문가로서가 아니라 건축이 도시 거주자에게 미치는 영향을 도시 거주자로서 우려하는 '길거리 비평가'였다.

멈포드는 가장 경이롭고 강력한 건축적 상징인 고층 건물도 이런 비판을 피할 수 없다고 보았다. 1950년대에 유엔 사무국 빌딩에 대한 평에서 그는 이렇게 언급했다. "이 건물의 어느 지점에서도 '어떻게 하면 건강과 노동 역량을 유지하면서 비즈니스를 효율적으로 수행할 수 있을까'가 주되게 고려되지 않았다." 멈포드는 이 건물이 그곳에서 일하는 노동자들의 욕구를 무시하고 있다는 점에서 형태의 주요한 결함을 드러낸다고 보았다. 디자인의 몇몇 근본 요소들이, 의도치는 않았겠지만, 비참한 결과를 가져왔다. 건물이 남북으로 길게 지어져서 창문은 동서를 향하고 있었다. 그래서 아침에는 유리를 통해 찌르듯이 들어오는 햇빛 때문에 벽 쪽 자리에서 일하는 사람들은 블라인드를 내리고 있어야 했다. 반면 빛의 혜택을 못 받는 사람들도 있었다. 사무실은 표준적인 T자형으로 디자인되어 있었는데, 여기에서 사무관의 개별 사무실들은 불투명 유리 파티션으로 구획되어 있었다. 자연 채광이 풍부해야 마땅할 이 유리 건물에서, 각 사무실 내부는 불투명 유리 파티션이 허용하는 만큼만 빛을 받을 수 있었다. 이렇게 사람을 고려하지 않은 건물을 보면서 멈포드는 열악했던 과거 도시 환경을 떠올렸다. "1850년대의 뉴욕 사람들도 그런 파티션으로 칸막이를 치고 살았다. 안쪽 방에는 채광도 통풍도 되지 않는다는 점을 어떻게든 만회해 보려는 가련한 노력이었다. 빛과 통풍을 상징적으로 대체하는 불투명 파티션이 미학적 모더니즘을 자랑하는 건물에서 다시 나타났다는 것은, '장티푸스 메리'가 건강 검진자로 다시 나타난 것이나 마찬가지다."[66] 다른 부서 사람들과 친목을 도모할 수 있는 각 층의 카페와 같은 소소한 부대시설들은 없었다. 멈포드는 사람들이 우연히 만나서 협업이나 상호 작용을 할 수 있는 공간의 중요성을 인식한 선구자에 속한다. 열악한 환경에서 고립된 노동자들, 유토피아적 계획이 만들어 낸 디스토피아적 공간들,… 이런 비판은 이후에도 수십 년간 건축 비판의 주요 모티프가 된다.

멈포드는 "한물간" 형태라며 고층 건물을 혐오했지만, 파크 애버뉴에 멈포드가 말한 거의 모든 요소를 갖춘 건물이 하나 들어섰다. 레버 브러더스 본사(흔히 '레버 하우스'라고 불린다)였는데, 이 건물은 곧 당대의 상징적인 사무 건물로 꼽힌다. 외면은 스키드모어, 오윙스 앤 메릴(SOM)이 디자인하고 인테리어는 레이먼드 로위 어소시에이츠가 맡은 이 건물은 이후에 생길 수많은 유리 건물의 모델이 되었다. 드라마 〈매드맨Mad Men〉의 스털링 쿠퍼 광고 회사 사무실도 이 건물을 본뜬 것으로 보인다. 초록 유리 외벽으로 된 굉장히 얇은 건물로, 이 부지에 건축 가능한 지상 면적의 46퍼센트밖에 차지하지 않았고 파크 애버뉴의 스카이라인을 깨뜨리면서 남향으로 되어 있었다. 레버 하우스는 물질의 풍부함, 그리고 사랑스럽고 세련된 유리 벽면으로 1950년대 미국의 미래주의적 열망과 비할 데 없는 번영, 그리고 순진한 낙관주의를 구현한 것처럼 보였다. 네 면 중 세 면은 전면 유리로 되어 있었다. 각 층을 표시하는 녹색의 스테인리스 스틸 수평틀 이외에는 통유리를 방해하는 것이 없었다. 이는 비누와 세제를 만드는 기업으로서 레버가 촉진하고자 한 깨끗한 이미지를 더해 주었다. 기업 이미지와 건물 형태를 융합하는 것의 화룡점정으로, 청소 장비가 이 건물을 위해 특별 제작되었다. 곤돌라를 탄 청소원들이 건물 외벽을 매일 오르내리며 유리가 더 잘 반짝거리게 만들었다.

레버 햐우스는 완공되자마자 인기를 끌었다. 『라이프Life』에 따르면, 보행자와 택시 운전사들이 이 건물 근처에 오면 멈추듯이 속도를 늦추고 건물을 바라보았다. 『비즈니스위크』는 매끄러운 대리석과 강철로 된 기둥이 있는 로비의 정면 홀을 언급하면서 사무실인지 리조트인지

모를 만큼 쾌적하다고 보도했다.[67] 1200명의 직원을 위해 디자인된 건물에 수만 명의 방문객이 몰려들어 (멈포드의 표현을 빌리면) "여덟 번째 불가사의"라도 보려는 듯이 건물을 구경했다. 하지만 레버 하우스는 대중에게 보인 외양 때문에만 성공적인 것은 아니었다. 인테리어 또한 직원들에게 최대한의 안락함을 제공하기 위해 철저하게 디자인되어 있었다. 디자이너들은 표준적인 사무실 유닛(설리번의 표현으로는 '셀')을 건물의 기초로 삼기보다는 책상을 기준으로 주변 공간을 디자인했다. 다른 말로, 사무실은 개인 사무실인 임원실이 아니라 개방된 너른 공간에 책상들이 들어선 속기사실을 염두에 두고 디자인되었다.[68] 책상 자체는 옛 스타일이었다. 멈포드에 따르면 "스타킹 올이 나가는 것을 막기 위해" 둥글린 모서리로 되어 있었고 높낮이를 조절할 수 있었다. 벽면을 따라 사무실이 늘어서 있는 것은 다른 사무 건물과 같았지만 건물 자체가 폭이 18미터밖에 안 되었기 때문에 대부분의 책상은 창문에서 8미터 넘게 떨어질 수 없었다. 부대시설도 풍부했다. 2층에는 짙은 녹색과 겨잣빛 노란색으로 된 직원 라운지가 있었다. 3층에는 호화로운 탕비실과 카페테리아가 있었다. 베이스 층의 옥상에는 정원과 옥외 의자들이 있었다. 멈포드가 보기에 유일한 결점은 호화로운 임원실이었다. 임원과 직원이 "민주적으로" 같은 층의 비슷한 공간에서 일한다는 새로운 실천에 부합하지 않았기 때문이었다.

하지만 레버 하우스의 성공은 위험 요소를 품고 있었다. "홀로 우뚝 서 있으면서 근처의 건물들을 거울 같은 표면에 반사하는 레버 하우스는, 파크 애버뉴의 옛 스타일 건물들과 눈에 띄는 대조를 보여 준다." 멈포드는 이렇게 긍정적인 평가로 운을 뗀 뒤, 불길한 우려를 덧붙였다. "하지만 이 건물의 혁신적인 공간 계획이 좋은 것으로 판명 난다

레버 하우스의 반짝이는 커튼월.

레버 하우스의 날렵하고 가벼운 인테리어.

면, 곧 무수한 건물과 거리의 반복적인 패턴 속에 존재하는 하나의 단위로 전락하고 말 것이다." 1958년이면 이런 패턴이 생겨나기 시작한다. 세 블록 남쪽에 세워진 콜게이트파몰리브 빌딩Colgate-Palmolive Building과 57번가의 데이비스 빌딩Davies Building은(둘 다 에머리 로스 앤 선스Emery Roth & Sons가 지었다) 휘황찬란한 레버 하우스에 이어 불과 1, 2년 뒤에 생겨난 모방 작품 여섯 개에 포함된다. 그리고 파크 애버뉴에 번드르르한 커튼월 건물들이 빽빽하게 들어선 뒤에는 6번가에서 이 음울한 성공이 반복됐다. 커튼월의 격자와 도시 거리의 격자는 묘한 정확성으로 포개졌다. 초창기의 고층 건물이 장식으로 위엄을 표현했다면 새로운 유리 벽면은 기업의 조직 형태와 합리성을 강조했다. 커튼월은 간단하면서도 중립적인 기술이었고 끝없이 재생산되었다. 이 악몽 같기도 한 전경을 앨프리드 히치콕Alfred Hitchcock은 〈북북서로 진로를 돌려라North by Northwest〉에 솔 배스Saul Bass가 디자인한 타이틀 시퀀스에서 농담으로 훌륭하게 바꿔 냈다. 배우와 제작자의 이름들이 격자무늬 위로 등장하는데, 그 격자무늬는 점차 거대한 건물의 커튼월이 된다. 사람들도 이렇게 이 세계에서 자리를 찾아 들어간다.

레버의 이웃 건물 중 레버의 승리에 필적할 만한 것은 하나뿐이었다. 미스 반데어로에가 디자인한 황옥색 벽의 시그램 빌딩이다. 레버가 세워지고 불과 1, 2년 뒤에 나온 시그램은 짙은 유리 표면과 청동으로 된 중간 문설주로 레버와 즉각적인 대조를 이뤘다. 풍성하고 탄탄한 위스키 빛 시그램과 비누 거품 같은 초록 바다 빛의 레버. 레버 하우스처럼 시그램 빌딩도 건축 가능한 부지 면적 같은 것은 신경 쓰지 않은 듯했다. 건물의 몸통은 두 개의 평면 분수대가 있는 흰 석재 플라자 위로 떠 있는 것처럼 보였다. 건물을 동서로 길게 지어 파크 애버뉴의 라인을 깨뜨리는 레버와 달리, 35층짜리 시그램 건물은 자신이 속한 도시 공간에 섬세하게 면하고 있었다. 길 건너편으로는 1911년부터 있던 매킴, 미드 앤 화이트McKim, Mead & White의 신고전풍 라켓 클럽과 위엄 있고 점잖은 대화를 나누고 있었다. 시그램을 둘러싼 석재 플라자는 풍성하면서도 검소해 보였다. 이 플라자는 꼭 사람들이 모여들게 디자인된 것은 아니라 해도 사람들로부터 감탄을 자아내도록 디자인되긴 했다. 위에서 내려오는 조명이 패널 모양으로 되어 있어서 밤에 불이 들어오면 바닥이 커튼월 외벽처럼 보였다. (한편, 이탈리아의 건축 평론가 만프레도 타푸리Manfredo Tafuri는 시그램이 도시의 "혼돈" 안에 "불편할 정도로 완벽한 침묵"을 만들고 있다고 평했다. 그는 이 건물이 보여 주는 "상징적인

시그램 빌딩. 최초의 '블랙 박스'

형태로서의 공허"가 도시의 환경을 완전히 무화하고 있다고 주장했다.)[69] 시그램 빌딩은 영화 〈더 베스트 오브 에브리싱The Best of Everything〉(1959)에서 대중문화의 아이콘이 되었다. 이 영화는 시그램 빌딩에 있는 가상 출판사를 배경으로 하고 있다. 영화 초반에서 주인공 캐럴라인 벤더(호프 레인지Hope Lange 분)가 건물을 올려다보는 장면은 신디 셔먼Cindy Sherman의 사진 작품 〈무제 영화 스틸 21번Untitled Film Still #21〉으로 재생산된다.

시그램의 인테리어는 미스 반데어로에를 미국에 알린 필립 존슨이 대부분 디자인했다. (존슨은 시그램 회장의 딸이자 건축에 조예가 깊었던 필리스 램버트Phyllis Lambert를 만나서 미스 반데어로에가 이 프로젝트를 따도록 돕기도 했다.) 1932년에 현대미술관에서 '인터내셔널 양식' 전시를 연 이후에 존슨은 흥미로운 경로를 밟았다. 일을 그만두고 뉴딜에 반대하는 목소리를 내 유명해졌으며 나치즘에 빠져서 독일로 가서 독일군을 따라 폴란드까지 진격했다. 그는 쾌활한 어조로 편지에 이렇게 적기도 했다. "바르샤바가 불타는 것을 보았다. 장관이었다."[70] 미국의 참전 이후 건축가로 돌아온 존슨은 자신의 행위에 대해 공개적으로 사과했다(그래야만 했을 것이다). 하지만 디자인 양식에 대해서는 미스 반데어로에의 정통 모더니즘에 무대적이고 감성적인 요소를 가미한 독특한 스타일을 계속 견지했다. 열렬한 미술품 수집가였던 존슨은 미로, 피카소, 로댕 등 고가의 미술품을 전시할 수 있도록 입구와 회의실을 디자인했다.[71] 장관을 연출하는 조명도 그가 고안했으며, 밤에 화려한 내부 인테리어가 잘 보이도록 창문에는 딱 세 개의 포지션만 가능한 블라인드를 달아야 한다고 주장했다. 또 존슨은 이 건물에 들어온 포시즌스Four Seasons 레스토랑도 디자인했다. 목재 벽에 리처드 리폴드Richard Lippold의 조각품들이 있는 이 고급 레스토랑은 도시 실세들이 주로 찾는 곳이 되었다. 이곳은 미국 비즈니스가 건축적으로 표현된 건물에 자리 잡은 기업 권력자들의 무대였다.

자재는 어마어마하게 비싼 것을 사용해서 여전히 어느 건물보다 풍성하고 위풍당당해 보이지만(이 건물의 청동 문설주는 레몬 기름으로만 광을 낼 수 있었다), 시그램은 모더니즘 건물에 내재한 표준화의 가능성을 완벽하게 실현했다. 시그램에 뒤이어 무수히 많은 블랙 박스 형태 건물들이 각지의 도시에서 비즈니스 지구를 점령했다. "미스 반데어로에가 그렇게 위대한 건축가가 된 건, 그의 건물이 아주 쉽게 모방될 수 있기 때문이었다." 시그램이 나온 지 몇 년 뒤에 존슨은 이렇게 말했다고 한다. 비평가들은 레버와 시그램이 보여 준 혁신은 공학자와 투기

시그램 빌딩의 중간 관리자 사무실. 1958년.

적 개발자가 디자인하고 복제한 건물들의 열등함과는 무관하다고 주장하면서 이 건물들에 특별한 위치를 부여했다. 하지만 보행자가 보기에는, 유리 얼음이 유리 바다에 녹아든 듯이 이 '원조' 건물들도 나머지와 그리 다르게 보이지 않았다. 시그램은 기념비적인 작품이었고 기술적인 대작이었으며 기업적 관료주의의 건축을 미학화한 작품이었다. 또 궁극적으로는 사무 건물이었으며 그와 같은 사무 건물들을 무수히 낳았다. 파크 애버뉴에 투기 붐이 일었을 때 사무실이 아파트보다 기대 수익이 훨씬 높았다. 머지않아 제인 제이콥스는 "뉴욕 미드타운에는 낮에는 북적대지만 밤에는 죽는 곳이 많다"고 지적한다.[72] 블랙 박스에 반대하는 감수성을 반영해서, 영화감독 스탠리 큐브릭Stanley Kubrick은 〈2001 스페이스 오디세이2001: A Space Odyssey〉에서 시그램 같은 검은 건물을 인간이 기계에 의해 통제되는 미래 사회의 상징으로 삼았다. 1960년이면 미스 반데어로에는 회한에 찼다고 전해진다. 현대미술관 건축 및 디자인 분야 큐레이터이던 아서 드렉슬러Arthur Drexler가 안부를 묻자 이렇게 대답했다고 한다. "아침에 일어나서 침대 모서리에 앉아 생각하지요. 어쩌다 이 지경이 된 거지?"[73]

5
회사남, 회사녀

산업과 상업에서의 성공은 많은 정력을 요하지만,

오늘날의 산업과 상업 활동은 중세 기사적 의미에서 영웅적이지 못하다.

현란한 칼싸움도 없고, 육체의 용맹도 없으며,

말을 타고 적진(이단이거나 야만인이면 더 좋다)으로 내달릴

기회도 없고, 전쟁 자체를 위한 전쟁과 승리 자체를 위한

승리를 찬미하는 이데올로기도 사무실에서는

숫자로 채워진 도표들 속에서 사라져 버린다.

—조지프 슘페터Joseph Schumpeter,

『자본주의·사회주의·민주주의Capitalism, Socialism and Democracy』[1]

2차 대전 후 미국을 격렬하게 휘감은 풍요로움에 대해 감을 잡으려면 미국의 사무실을 보면 된다. 20세기 중반의 미국 사무실을 지금 돌아보면 사무직 노동자의 특권과 안락함이 정점에 있는 것처럼 보인다. 처음의 사무실은 도처에 파일이 석순처럼 쌓여 있는 눅눅하고 동굴 같은 곳이었지만 1950년대에는 깨끗하고 눈부시게 밝은 내부 조명이 있는 곳으로 바뀌었다. L자형 책상이 줄줄이 늘어선 개방형 사무 공간 주위로는 유리 문이 있는 개인 사무실들이 있었다. 이런 사무실은 소파, 대리석 상판의 마호가니 책상, 안락의자, 오토만(등받이와 팔걸이가 없는 의자—옮긴이) 등으로 꾸며져 있었는데 찰스 임스Charles Eames, 레이 임스Ray Eames, 플로렌스 놀Florence Knoll, 조지 넬슨George Nelson 같은 유명 디자이너의 작품이었다. 추상표현주의와 팝 아트가 널리 퍼진 데서 영향을 받아서, 혹은 그것들이 퍼지는 데에 영향을 주면서, 초록 바다 빛이나 위스키 다크 빛 유리 패널로 된 커튼월부터 파스텔 블루나 연어

빛 분홍의 파티션 문에 이르기까지 대담한 색상이 사무실에 쓰이기 시작했다. 또 에어컨이 쌩쌩 돌면서, 굉장히 크고 넓어진 사무실을 구석까지 서늘하게 만들었다.

호화로움의 행진은 멈추지 않았다. 엘리베이터를 타고 꼭대기 층 임원실로 가 보자. 섬세하고 정교하게 꾸며졌으며 아래층의 시끄러운 타자 소리로부터는 안락하게 단절된 고위 임원들의 화려한 공간을 보게 된다. 가구 회사 최고 경영자의 사망에 이은 권력 다툼을 다룬 영화 〈임원실Executive Suite〉(1954)에 바로 이 대조를 보여 주는 장면이 나온다. 어느 방문자가 탄 엘리베이터가 올라가다가 속기사실이 있는 층에서 멈추자 엄청난 타자 소리와 시끄러운 대화 소리가 들린다. 하지만 꼭대기 층에 도착하니 이곳의 고요함은 비현실적일 정도다. 방문자는 카펫이 깔리고 신고딕풍 아치와 기둥으로 장식된, 수도원처럼 경건한 곳으로 들어선다. 비즈니스에의 헌신은 종교가 되었다.

꼭대기 층의 임원실만이 강력한 미국의 상징이었던 것은 아니다. 사무실은 수직으로만 확장된 것이 아니었다. 이 시기에 많은 기업이 도심을 벗어나 푸른 교외로 이사하는 수많은 백인 미국인을 따르기 시작했다. 미국의 산업이 더없이 위력을 발하던 시기에(1940년대 말이면 미국은 전 세계 산업 생산량의 60퍼센트를 차지하게 된다), 교외로 사무실을 이전하는 것은 기업(그리고 기업을 구성하는 직원들)이 급격한 성장과 변화에 대응하는 한 방법으로 보였다. 시카고 고층 건물의 화려한 장식이 기업 건물의 차가운 이미지를 완화했던 것처럼 말이다. 다운타운은 사무실 입지로서 매력을 잃고 있었다. 도심에는 자동차가 너무 많았고 사무실도 비좁았다. 기업의 직원 수는 1942년에서 1952년 사이에 두 배가 됐지만 사무 공간은 그만큼 늘지 못했다. 1921년에 제너럴 푸즈

General Foods는 맨해튼에서 건물 하나를 사용했는데 1945년에는 1300명이 건물 세 개에서 여러 층을 썼다. 매우 비효율적이었다. 3년 뒤, 제너럴 푸즈는 교외로 사무실을 옮긴다.[2]

기업의 교외 이전 열풍에는 이보다 부정적인 이유도 있었다. 백인 미국인들은 도시에 유색 인종이 많아지는 것에 놀랐다. 『포천Fortune』은 이렇게 보도했다. "뉴욕은 흑인과 푸에르토리코인의 도시가 되고 있다. 어떤 회사들은 흑인과 푸에르토리코인 직원 비중이 커지는 것을 꺼린다."[3] 기업은 이들 대신 교육받은 백인 중산층 여성을 원했고 기업이 보기에 이런 여성들은 점점 교외에서 찾기가 쉬워지고 있었다. 도심에 공장을 둔 기업들로서는 노조도 우려스러웠다. 『포천』은 기업들이 "노조원인 공장 노동자와 노조원이 아닌 사무직 인력 사이의 갈등을 줄일 수 있도록" 사무실을 교외로 옮기고 있다고 보도했다.[4] 여기에 더해 냉전 시기 특유의 두려움도 있었다. 바로 핵전쟁의 공포였다. 특히 소련이 첫 번째 핵폭탄 실험을 하고 그에 따라 미국에서 민간 방위 지출과 연구비가 증가한 1949년 이후로, 도심의 비즈니스 구역은 위험해 보였다. 한 조사에 따르면, 웨스트체스터 카운티로 빠져나가려 한 뉴욕의 기업 임원 모두가 "다른 것보다도, 공격 목표가 될 만한 지역을 피하고 싶어 했다."[5] 도심은 노동계의 선동과 인종 폭동의 위험이 도사린 혼잡하고 더러운 곳으로 여겨지면서 매력을 잃었다. 다운타운의 회색과 베이지색 고층 건물을 떠나면 초록 언덕과 인공 호수를, 즉 자연을 발견할 수 있을 터였다(윤리적·계급적·성별 단일성도 더 쉽게 달성할 수 있을 터였다). 교외는 건강, 사색, 휴식, 한마디로 안전의 상징이었다. 20세기 중반의 미국에서 녹색은 좋은 것이었다.

교외에 세워진 기업 복합 단지의 초기 사례로 뉴저지 주 머레이힐의

AT&T(미국 전화·전신 회사) '벨 연구소Bell Labs'를 들 수 있다. 지금도 많은 이들이 벨 연구소를 교외 기업의 대표적인 모델로 꼽는다. AT&T가 다운타운을 벗어나기로 한 주된 이유는 음향 연구를 위해서였다. 조용한 환경이 필요했는데 뉴욕 다운타운은 너무 시끄러웠던 것이다. AT&T는 교외 주민들의 반대를 새로운 법의 도움으로 극복했다. (AT&T 경영진의 로비에 힘입어) '연구, 디자인, 실험 목적의 시설'을 지을 공간을 허용하는 새 토지구획법이 통과된 것이다. 미국에 이런 법이 도입된 것은 처음이었고 이 법으로 교외 지역은 더 많은 기업 단지 개발에 쓰였다. 많은 사람들이 벨 연구소가 인근 프린스턴 대학의 목가적인 캠퍼스와 닮았다고 느꼈다. "벨 연구소의 산업 연구는 밝은 대학 시절 같다." 1954년 『비즈니스위크』에 실린 기사의 제목이었다.[6] 그리고 대학처럼 AT&T 기업 단지도 외부로부터 고립돼 있고 여러 개의 대문으로 닫혀 있었다. 건물은 낮고 육중한 직육면체였다. 푸른 나무들과 엄중하게 보안 장치가 된 입구로 장막이 쳐진 곳에서, 연구자들은 내부에서의 방해 외에는 아무 방해도 받지 않았다.

하지만 대학 캠퍼스와 달리 벨 연구소 단지 안의 건물들은 긴 복도로 모두 연결되어 있었다. 그래서 모든 사람은 다른 모든 사람이 지나는 길에 있었다. 실험실이 사무실에서 분리돼 있어, 사무실로 돌아가려면, 혹은 식당에 가려면, 물리학자는 화학자를 우연히 만나고 화학자는 수학자를 우연히 만나며 수학자는 개발자를 우연히 만났다.[7] 훗날 디자이너들이 "세렌디피티적 만남"이라고 부르는 것의 기원이 여기에 있었다. 세렌디피티적 만남은 서로 다른 부서에 있어서 만날 일이 없을 사람들이 건축 구조상의 섬세한 강제와 조작 덕분에 예기치 않게 만나게 되는 것을 의미한다. 벨 연구소는 이런 구조의 단점을 해

소하는 데에도 신경을 썼다. 혼자만의 시간을 보낼 수 있는 조용한 장소도 배려한 것이다. 벨 연구소에서 직원의 보수와 직업 안정성은 얼마나 많이 또는 얼마나 빠르게 생산하느냐에 달려 있지 않았다. 연구원들의 목표는 임의로 정한 마감일을 맞추는 것이 아니라 유용한 발명을 해내는 것이었다. 이런 목적에 따라 작업 공간도 사회적인 공간과 사적인 공간으로 분배됐다. 공용 공간들에도 인공 조경을 볼 수 있는 통유리 창문이 있었는데 이곳에서 사람들과 대화하며 친교를 나눌 수도 있었지만 혼자만의 사색도 할 수 있었다.[8] 이와 함께 벨 연구소는 강력한 통제도 도입했다. 입사에 엄격한 자격 조건을 둔 것이다. 『비즈니스위크』는 이렇게 보도했다. "이 모든 자유, 느슨하게 풀어진 이 모든 자유는 세계에서 가장 큰 비금융 기업인 통신 제국 벨의 직원들에게 다소 이상하게 보인다.… 어느 면에서 이 자유는 실체가 없다. 이 연구소는 엄격한 계획에 따라 지어졌고 원하는 것이 무엇인지 정확히 알고 있다.… 벨은 지난 몇 년간 직원들을 세밀하게 선택하고 정확하게 훈련했을 것이다. 선택된 사람은 주형틀이 찍어 누르지 않아도 그 주형틀에 원래부터 잘 들어맞는 사람이었을 것이다."[9] 조용하고 목가적인 연구 시설, 그곳의 "느슨하"고 "실체가 없"는 자유는 점차 결실을 맺었다. 1948년에 벨 과학자들은 가히 혁명적인 기술 진보를 가능케 한 핵심 발명 두 가지를 해낸다. 트랜지스터, 그리고 비트(전자 정보의 단위).

1958년에(당시 벨은 4200명을 고용하고 있었다) 『포천』은 벨 연구소를 "세계에서 가장 큰 산업 연구소"라고 표현했는데, 이는 과장이 아니었다.[10] 다른 회사들도 벨이 이룬 성과를 추구하면서 교외로 가기 시작했다. 건축적으로 벨 연구소보다 더 상징적인 것은 보험 회사 코네티컷 제너럴Connecticut General의 건물이었다. 레버 하우스를 지은 유명 건

목가적 기업 코네티컷 제너럴.

축 회사 스키드모어, 오윙스 앤 메릴이 디자인한 건물로, 프랭크 로이드 라이트의 라킨 빌딩 이래 가장 완전하게 설계된 건물일 것이다. 닷컴 회사 단지들이 생기기 전까지는 이 면에서 코네티컷 제너럴에 필적할 건물이 없었다. 코네티컷 주 하트퍼드 외곽의 300에이커 부지에 들어선 코네티컷 제너럴 기업 단지는 길고 넓은 3층짜리 건물 하나가 연못을 끼고 있는 형태였다. 화이트칼라의 성채라고 할 만했다. 넓게 트인 내부 공간은 파티션을 천장으로 밀어 올릴 수 있게 되어 있었다. 모듈형 천장은 패널마다 조명이 있어서 커튼월을 연상시켰다. 또 미국의 위력을 더 직접적으로 표현하려는 듯이 내부 가구들(방문부터 사물함까지)은 빨강, 흰색, 노란색, 오렌지색, 파란색으로 되어 있었다. 성조기, 석양, 농가를 나타내는 것이었다. 모든 가구는 모듈형으로 제작돼, 책상, 파티션, 서랍장, 캐비닛을 딱 맞게 줄 세울 수도 있었고 필요에 따라 분해해서 재조합할 수도 있었다. 이 건물은 주변 환경을 마음대로 바꾸면서 환경에 자신을 강하게 각인했지만, 건물 내부에서는 어느 것도 영구적이지 않았다.

　이러한 인테리어 개념의 뒤에는 플로렌스 슈스트 놀Florence Schust Knoll
이 있었다. 20세기 건축에 막대한 영향력을 끼친 인물로, 미시건 주에
서 스위스계 아버지와 미국인 어머니 사이에서 태어났고 당대의 뛰어
난 건축가들(엘리엘 사리넨과 미스 반데어로에 등)과 함께 건축과 디자인
을 배웠다. 인테리어 분야에서 플로렌스 놀이 이룩한 혁신은 내부 공
간의 형태를 잡는 데에만 한정되었던 건축 지식을 내부 공간을 **설계**하
는 데까지 밀어붙였다는 점이었다. 즉 플로렌스 놀은 건축가가 발주자
의 요구 사항을 면밀히 고려해 건물의 형태를 설계할 때만큼이나 엄밀
하게 건물 내부의 레이아웃을 설계했다. 그 이전에는 내부 공간 전체
를 하나의 유기체로 간주하는 가구 회사가 없었고, 건축 회사는 말할
것도 없었다. 기업인들은 아내의 인테리어 장식가를 써서 자기 사무실
을 꾸몄다. 평직원들의 사무 공간에 쓰일 가구는 카탈로그를 보고 사
는 경우가 많았으며 대체로 예전 것들과 비슷했다. 설계 없이 구성된
인테리어 때문에 겉보기에는 현대적인 건물도 내부 환경은 퀴퀴하고
너저분하며 낡은 경우가 많았다. 플로렌스 놀은 이 모든 것을 바꾸었
다. 남편 한스 놀Hans Knoll과 함께 플로렌스 놀은 인테리어 디자인에 성
공적으로 '바우하우스적 접근'을 해냈다. 바이마르 독일 시기에 등장
한 바우하우스 학파는 수준 높은 디자인에 광범위한 대중이 접근할 수
있도록 산업적 수단을 활용해야 한다고 주장했다. 플로렌스 놀은 가죽
등받이가 있는 미스 반데어로에의 '바르셀로나 의자'라든가 매끄러운
곡선에 푹 꺼지는 시트가 있는 에로 사리넨의 '움 의자' 같은 유럽 모
더니즘 가구를 대량으로 생산해서 큰 성공을 거뒀다. 움 의자는 노먼
록웰Norman Rockwell이『새터데이 이브닝 포스트Saturday Evening Post』에서 전

통적인 미국을 그린 그림에 등장시키면서 더욱 유명해졌다. 플로렌스 놀은 유럽 모더니즘 디자인을 미국 사무실에 들여놓는 것이 정상일 뿐 아니라 긍정적인 의미에서 '미국적'으로 여겨지도록 만들었다.

1952년에 CBS 빌딩 디자인을 의뢰받았을 때 플로렌스 놀은 '놀 플래닝 유닛'을 구성했다. 공간에 대한 고객사의 요구 사항을 분석하고 가구, 장비, 색상, 직물, 그리고 사무실의 전반적인 예술과 디자인을 다루는 곳이었다.[11] 플로렌스 놀이 특히 기여한 것으로 '대지 프레젠테이션'을 들 수 있다. 고객사에 프레젠테이션을 할 때 디자이너가 검은 마분지에 직물 샘플 붙인 것을 보여 주며 설명하는 것으로, 패션이나 무대 디자인에서는 많이 쓰이던 방식이었다. 플로렌스 놀은 이 '여성적인' 기법을 남성 지배적이던 건축과 디자인 영역으로 가지고 왔다.[12] (플로렌스 놀은 '인테리어 장식가'로보다는 '디자이너'로 불리기를 주장했는데, 자신의 업계에 전문성의 이미지를 불어넣는 동시에 젠더적인 함의를 제거하기 위해서였다.) 대지 작업으로 색상과 직물을 더 생생하고 촉각적으로 느낄 수 있었다. 프로젝트의 실제 결과물은 따뜻하고 가정적인 인테리어였다. 많은 평론가들이 플로렌스 놀의 라운지 공간을 현대 가정의 편안한 거실 같다고 느꼈다. 플로렌스 놀의 작업은 현대의 사무 공간을 더 인간적으로 만들면서, 모더니즘을 유럽 아방가르드의 전술에서 세심한 부모 같은 미국 기업 자본주의의 새 스타일로 바꾸는 데에 일조했다.

플로렌스 놀과 SOM의 파트너십은 더없이 목가적이고 포근한 사무실을 만들어 냈다. 하지만 코네티컷 제너럴의 경영진은 사람들을 도시에서 시골로 오게 하려면 뭔가 더 필요하다고 생각했다. 대부분이 여성인 직원들이 뉴욕에서 벗어나는 것을 매력적으로 느끼게 만들려면 (원래 뉴욕에 본사가 있었고 직원 대부분은 뉴욕에 살고 있었다) 기업 단지에 여러 부대시설이 있어야 했다. 수영장, 일광욕, 스낵 바와 소다 바, 셔플보드장, 탁구대, 카드방, 게임방, 점심시간의 명상을 위한 라운지, 도서관, 세탁소, 구두 수선, 꽃 배달과 식료품 배달, 볼링 레인 열두 개, 소프트볼 구장 두 개, 테니스 코트 네 개, 말굽 던지기 놀이장 여섯 개, 그리고 저렴하게(때로는 공짜로) 음식을 제공하는 구내식당 등.[13] 교외의 케이티 깁스 학교처럼 어학과 노래 강습도 제공됐다. (이 부분은 덜 케이티 깁스적이지만) 자동차 수리 강습도 있었는데 직원들에게 아주 인기가 있었다. 400좌석이 있는 극장에서는 연극이나 음악 공연을 할 수 있었다. 기차역까지 오가는 버스 편도 제공됐다. 활동적인 도시 생활을 하던 여성들이 이제 좌식 생활을 하게 되었다. 첫해에 직원들의 체중이 늘었다는 보고가 나오자 식사에 칼로리가 표시됐다.[14] 직원의 생물학적 일상까지 회사의 지대한 관심사가 되었다.

자칭 '돌보는' 회사로서 코네티컷 제너럴은 회사를 되도록 민주적인 공간으로 만들려고 했다. 임원의 개별 사무실과 평직원의 개방형 사무 공간을 구별하는 것을 없애지는 않았고 고위직과 하급직 사이의 권력 관계를 바꾸지도 않았지만, 임원동을 따로 두지는 않으려고 했다. 이 때문에 이 회사 임원진은 SOM과 갈등을 빚었다. 원래 SOM은 임원과 직원 변동이 크지 않은 법무부와 보안부가 위치할 '클래스 II' 사무 공간을 별도의 동으로 두고, 이직과 부서 이동이 많은 '클래스 I' 직원들의 공간은 더 유연하고 개방적인 인테리어를 할 계획이었다. 하지만 이 계획을 내놓자 코네티컷 제너럴 건축 위원회에서 불평이 쏟아졌다. 몇몇 중간 관리자들은 임원을 위한 '상아탑'이 생기는 데 대해 대놓고 한탄했다. 또 건축 설계안을 브리핑하는 회의에서 코네티컷 제너럴의 필라델피아 고객 한 명은 이렇게 말해서 건축가들의 기운을 뺐다. "글쎄요, 어떤 면에서는 합리적인 것 같지만 우리 입장에서 보자면 미국은 이보다는 더 민주적입니다. 우리는 장교를 위한 별도의 클럽 같은 것은 믿지 않아요."[15] 그래도 결국 최고 경영자 프레이저 B. 와일드Frazar B. Wilde는 별도의 임원동이 필요하다는 건축가들의 논리에 마지못해 동의했다.

와일드를 비롯한 코네티컷 제너럴 임원들이 민주적 일터에 대해 보인 열정은 오늘날의 우리가 보기에는 어리둥절하다. 직원들에게 부대시설을 제공해서 산업적 복리 증진과 '복지 자본주의'를 달성하겠다는 오랜 임무를 따르는 기업은 많았지만, 별도의 화장실과 엘리베이터를 갖춘 임원 전용 층을 없애려 한 곳은 거의 없었다. 코네티컷 제너럴이 경영진과 직원을 가까이에 두려던 데에는 다른 이유도 있어 보였다.

임원과 평직원이 하는 업무의 종류가 비슷해서는 아니었다. 오히려 평직원이 수행하는 일이 너무 기계적이라는 측면과 임원진이 수행하는 의사 결정 역할의 고립감이라는 측면이, 덜 위계적이고 더 조화로워 보이는 일터를 만들려는 동기가 된 것 같다. 보험 회사의 업무는 공장 업무 같았다. 서류 작업의 흐름을 순탄하고 정량적으로 돌아가게 하는 것은 SOM과 플로렌스 놀의 디자인에서 매우 중요했다. 그래서 이들의 세밀한 공간 계획은 건물 전체가 공장 조립 라인처럼 돌아가는 방식으로 되어 있었다. 엘리베이터가 아닌 에스컬레이터로 사람들이 움직이는 것조차 그런 인상을 강하게 심어 주었다. 이 회사 사무 직원이었던 셜리 뉴먼은 『새터데이 이브닝 포스트』에서, 작업 팀들의 효율성에 대해 '조립 라인에 있는 여직원 다섯 명'으로 구성된 자신의 팀을 예로 들어 이렇게 설명했다.

맨 끝에 있는 직원은… 우리 팀의 사무원이다. 우편함을 열어서 분류한다. 그 다음에 있는 직원이 우리 팀의 처리사다. 거래 취소, 영수증 발급 등 해당 우편물에 요구되는 일을 처리한다. 나에게 서류를 넘기면 나는 서류를 체크하고 필요한 메모를 남긴다. 그 다음에 내 바로 왼쪽의 타자수에게 넘기면 타자수가 서류와 메모의 복사본을 만든다. 타자수는 서류 전체를 마지막 직원인 수거원에게 넘기고 수거원은 서류를 모아 순서대로 정리한 뒤 다른 부서나 중앙 문서 보관소, 또는 보험 계약자에게 보낸다.[16]

여성 사무원들이 업무의 기계적인 특성을 묘사한 곳에 대해, 최고 경영자인 와일드는 친밀하고 우연적인 마주침이 가능하도록 고안된 복도 구조를 이야기했다. 홍보 목적을 염두에 두고, 와일드는 언론과의 인터뷰에서 이렇게 말했다. "고속 엘리베이터가 사무실 층부터 1층까지 빠르게 사람들을 이동시키는 수직적 건물에서는 우연적인 만남이나 소소한 대화의 기회가 거의 없다. 하지만 이곳에서는 구내식당과 라운지에서, 또 날마다 오가는 건물 안의 길에서 서로를 더 잘 알게 된다."[17] 꼭 벨 연구소처럼 되겠다는 것은 아니었다. 보험 회사에서는 사무 직원과 임원이 '세렌디피티적인 만남'으로 마주쳐서 혁신적 발명을 해낼 만한 일은 없었다. 코네티컷 제너럴이 추구한 것은 지위의 장벽이 녹아 버린 것**처럼 보이는** 공간, 만남의 기회와 친밀함이 분위기를 실제보다 덜 공장처럼 보이게 하는 공간이었다. 그런 인상을 주기 위해 공간은 세세한 점까지 계획됐다. 『건축 포럼*Architectural Forum*』에서 한 비평가는 이렇게 평했다. "전체 건물이 목적성을 띠고 **디자인**되었으며, 전반적인 접근법과 구석구석의 실제 나무 판자 사이에 어긋남이

코네티컷 제너럴의 완전하게 조직된 인테리어.

전혀 없다. 계획은 모든 곳에 완벽하게 스며들어 있다. 직사각형 패턴
이 아주 세세한 것부터 아주 커다란 것에 이르기까지 일관되게 적용돼
있다(모든 것이 직사각형이다). 그러면서도 모든 것이 매우 섬세하게 연
결돼 있어서 건축가의 손길은 거의 감지되지 않는다.[18]

□

통합적인 기업 환경에서 우려되는 측면도 지적되었다. 사실 1950
년대에 이런 우려는 강박적인 공포가 되었고 수백만 명이 이와 관
련된 책을 샀다. 『고독한 군중 The Lonely Crowd』, 『숨은 설득자들 The Hidden
Persuaders』, 『파워 엘리트 The Power Elite』, 『풍요한 사회 The Affluent Society』, 『인간

의 조건 *The Human Condition*』,『조직인 *The Organization Man*』같은 사회 비평서들에서 절망의 메시지가 쏟아져 나왔다. 이런 책들은 숨어 있는 엘리트 네트워크나 압제적 경영자들에 의해, 사악한 인사 관리 전문가들에 의해, 냉담한 경제학자들에 의해, 그리고 필요하지도 않은 물건을 사도록 욕망을 조작하는 광고업자들에 의해 사회가 연성 전체주의로 향해 가고 있다고 주장했다. 또 사회의 전반적인 형태가 사람들을 미국적 개인주의에서 멀어져서 순응주의에 빠지도록 몰아가고 있다고 우려했다. 잘 알려져 있듯이 1950년대는 이러한 비평의 전성시대였고 그 속에서 새로운 인물의 '전형'들이 우후죽순으로 나왔다. 이런 논의는 2차 대전 이후 미국에 온 독일 사회학자들에게 많은 영향을 받았는데, 그들은 미국에 오면서 신중산층에 대한 프로이트-마르크스주의적 집착을 함께 가지고 왔다. 그리고 한 세대 전의 화이트칼라 여성 소설들이 그랬듯이 이런 책들의 주인공도 그 책을 사 보는 독자들과 같은 계층이었다. 10년의 불황과 전쟁을 겪고 나서 이제 번영의 파도에 휩쓸린 사무직 노동자들이 그 독자들이었다.

이런 책의 상당수가 엄청난 베스트셀러가 됐다는 사실 자체가 순응성의 한 증거일지도 모르겠다. 다들 이런 책에 대해 이야기를 하니까 나도 사 봐야겠다는 생각이 드는 것이다. 책에서 사회학자들이 제시한 학술 용어는 중산층의 화법에서 일상 용어가 됐다. 이를테면『고독한 군중』은(아주 풍성하고 치밀한 연구에 기반한 사회학 책으로, 크게 히트했다) 지식인의 몇몇 칵테일 파티에서만 오간 이야기가 아니었다. 이 책은 숱하게 언급되면서 '자기 지향적'(스스로 동기 부여를 하는 유형)과 '타인 지향적'(다른 사람의 인정을 추구하고 필요로 하는 유형)이라는 구분이 널리 퍼지는 데에도 일조했다. 이 구분에 따르면 자기 지향적인 사람은 미국의 변경을 확장하면서 서부를 개척했고, 철도를 놓았으며, 다리를 건설했고, 미국을 위대해 보이게 만든 댐들을 지었다. 이들은 '내면의 나침반'에 의해 움직인다. 반면 타인 지향적인 사람은 거대한 대도시 지역에 새로이 생겨난 유형으로, 동료이건 아니면 매스미디어에서 접하는 사람이건 간에 다른 사람의 인정이 필요하다. 내면의 나침반이 없으므로 외부에 보는 눈이 있다고 생각하면서, 즉 (가상의) '레이더'를 거울 삼아 움직인다.

한편 『조직인』이라는 제목은 (『회색 양복을 입은 남자 The Man in the Gray Flannel Suit』가 그랬듯이) 순응적인 기업 꼭두각시를 묘사하는 간결한 상징이 되었다. "당신은 회사에 진력이 났으면서도 회사를 다니는 조직인입니까? 당신은 자신의 지위를 혐오하면서 지위를 추구하는 지위 추구자입니까? 당신은 순응하는 것에 진력이 났으면서도 순응하는 순응주의자입니까? 그렇다면 이 책을 사십시오!" 『매드 Mad』 매거진이 펴낸 패러디 만화 『조직광 The Organization Mad』(1956)의 표지에는 이렇게 쓰여 있었다. 심리학과 사회학의 화법이 일상을 너무나 강하게 지배해서(심리학은 1950년대에 가장 인기 있는 전공이었다) 순응주의에 대해 이야기하는 것 자체가 풍자의 대상이 되기도 했다. 리처드 예이츠 Richard Yates의 매우 우울한 소설 『레볼루셔너리 로드 Revolutionary Road』(1961)를 보면 배짱 없는 교외 사무직 노동자들이 술자리에서 늘상 주워섬기는 대화는 "순응성이라든지, 교외 지역이라든지, 매디슨가라든지, 현대의 미국 사회 등과 같은, 뭔지는 모르겠으면서도 끝없이 빠져들게 만드는 주제"로 이어지곤 한다.[19] 『조직인』에 앞서 『회색 양복을 입은 남자』도 떠오르는 순응성 책 시장을 십분 활용했다. 이 책을 쓴 슬론 윌슨 Sloan Wilson은 별로 알려지지 않은 저자였지만 편집자들은 홍보 직원이 방송국에 취직해서 순응의 압력에 저항한다는 이 이야기를 시대정신을 포착한 작품이라고, 아니면 적어도 그렇게 **마케팅**할 수 있는 작품이라고 곧바로 판단했다. 이 책이야말로 순응성에 대한 '바로 그 책'임을 판촉하기 위한 모든 장치가 가동됐다. 영화 판권은 책이 나오기도 전에 팔렸고 양복 입은 비즈니스맨의 실루엣이 담긴 책 표지는 영화 주인공으로 캐스팅된 그레고리 펙Gregory Peck이 모델이었다(영화는 매우 지루하다).

비즈니스가 거대 기업 중심이 되면서 (고층 건물이 보행자를 압도했듯이) 기업이 개별 노동자를 압도하고 있다는 것은 물론 사실이었다. C. C. 백스터(잭 레먼Jack Lemmon 분)는 빌리 와일더Billy Wilder의 풍자적인 대작 〈아파트The Apartment〉(1960)의 도입부에서 자신이 일하는 거대 기업 콘솔리데이티드 생명보험에 대해 이렇게 말한다. "우리 본사에는 3만 1259명의 직원이 있다." 수만 명이 한꺼번에 엘리베이터에 몰리지 않도록 퇴근 종이 층별로 따로 울린다. 이런 정도 규모의 회사들이 존재하는 세계에서 '중산층 기업가'라는 옛 흔적은 사라졌다. 1950년대가 되면, 소기업도 (수백만 개나) 존재하긴 했지만 거대 기업에 의존해서, 거대 기업의 그늘 아래에서 존재했다. 인수 합병으로 거대해진 기업들은 거의 전 산업에서 독과점 권력을 행사했다. 경영사학자 리처드 에드워즈Richard Edwards가 언급했듯이, 1920년대에 이미 "낙농품, 곡물 제품, 육류, 제과 제빵류, 정제 설탕, 담배, 비누, 화장실 용품, 화학, 석유, 타이어와 고무, 신발, 신발 기계, 강철, 알루미늄, 구리, 금속재, 전기 제품, 가정용품, 통신 장비, 자동차, 철도 장비, 사진 장비, 전화, 가스, 전기, 그리고 생명보험이나 은행 같은 서비스 등 많은 산업에서 기업 합병이 일어났다."[20] 합병으로 기업이 커지면서 기업의 자산 규모도 커졌다. 1919년에는 자산 10조 달러 이상인 기업이 대여섯 개뿐이 었는데 1969년에는 거의 100개에 달했다.[21] 그리고 기업이 합병에 합병을 거듭해 이전의 핵심 업종과 관련 없는 분야에도 진출하면서 사업 분야가 다각화된 기업이 많아졌다. 또 거대 기업들은 전에 없던 수준의 정치 권력도 갖게 되었다. 이런 기업들은 수익성 있는 정부 계약을 잘 따냈을 뿐 아니라 정부의 규제 정책에까지 영향을 미칠 수 있었다.

1950년대 말이면 경제 성장이 둔화하면서 미국 기업이 해외로 많이 진출하지만(국내 투자보다 해외 투자가 더 빠르게 증가했다), 미국 시장 자체는 외국 기업과의 경쟁에서 대체로 안전하게 보호받고 있었다.[22] 미국 기업 세계 내부에서는 이것이 전후戰後의 불경스러운 고요함 같은 것으로 느껴졌다. 미국의 사무직 노동자들은 마치 다른 모든 이들을 죽음으로 몰아간 열차 사고에서 자신들만 상처 하나 입지 않고 오히려 더 건강하고 더 행복하고 더 강해진 상태로 빠져나온 듯한 느낌을 받았다. 앨런 해링턴Alan Harrington은 거대 기업의 홍보 담당으로 일했을 때를 회고한 『수정궁에서의 삶Life in the Crystal Palace』(1958)에서 이렇게 언급했다. "기업이라는 성소가 우리에게 전체 세계나 마찬가지가 되는 날이 왔다. 우리는 그것의 밖에서 존재하는 것을 상상할 수 없다. 우리는 안전한 장소에 서서, 불확실한 급류에서 고전하는 다른 이들을 본다. 그리고 우리의 별과 행운의 바람에게 우리를 여기에 데려와 준 것에 감사한다." 한편 오스트리아 출신 경제학자 조지프 슘페터는 인간의 활력과 영웅적인 기업가 정신이 안전과 무기력을 가져온 역설을 이야기했다. 『자본주의·사회주의·민주주의』(1942년에서 1950년 사이에 여러 쇄가 나왔다)에서 슘페터는 산업의 독점화로 투자 기회가 줄면서 관료제가 기업가 정신을 잠식하기 시작했고, 경제가 중앙 계획 시스템을 향해 가고 있으며, 부르주아의 삶은 점점 덜 영웅적이고 더 지루해지고 있다고 지적했다. 그는 경멸을 띤 어조로 이렇게 언급했다. "부르주아는… 이제 주인님을 필요로 한다."[23] 슘페터는 중세 기사처럼 창의성을 추구하는 기업가가 없으면 부르주아는 관료제 속에서 스스로를 질식시키고 말 것이며 그러면 불가피하게 사회주의로 가게 될 것이라고 우려했다. 해링턴도 암묵적으로 이에 동의했다. "내 상사들이 사회주의에 대해 맹비난하는 것을 종종 듣는데, 퍽 이상한 일이다. 우리 회사는 민간 사회주의라 부를 만한 시스템을 아주 많이 닮았으니 말이다. 자녀의 요람에서부터 우리의 무덤까지, 우리는 회사의 관리를 받는다."

여기에서 관료제는 주로 행정의 규모와 위계를 의미했다. 보수주의 이론가인 제임스 번햄James Burnham은 『경영 혁명 The Managerial Revolution』에서, 떠오르는 관료제가 미국을 접수했다고 해석했다. 기업이 거대해진 주된 이유는 사무직 노동자가 증가한 데 있었다. 제조업과 농업에서의 고용은 화이트칼라 고용의 성장에 비하면 줄어드는 추세였다. 소비자들(소비자도 상당수가 이미 화이트칼라였다)이 상품보다는 엔터테인먼트, 교육, 여행과 같은 서비스를 더 많이 원했기 때문이다.[24] 더 많은 서비스는 더 많은 종류의 화이트칼라 고용을 불러왔다. 전에는 독립 에이전트였던 영업팀도 기업의 한 부서가 되었다. 영업팀들이 기업 내부에 속하면서 행정 직원이 필요해졌다. 또 광고도 회사 내부 직원이 직접 관여했다. 판매에 '심리적' 접근이 유행하면서 마케팅과 홍보 담당이 전담 인력으로 필요해진 것이다(마케팅과 홍보는 전형적인 20세기 직종이다. 그래서 윌슨은 『회색 양복을 입은 남자』의 주인공을 홍보 담당자로 설정했다). 또 화이트칼라의 생산성을 관리하기 위해 원가 계산, 재무 보고,

예산 관리, 재고 관리 등이 도입됐고 이를 위해 다시 더 많은 직원이 필요해졌다. 이렇게 해서 비생산직과 생산직 사이의 비율이 전반적으로 더 균형 잡히게 되어서(관점에 따라서는, 말도 안 되는 비율이 되었다고 볼 수도 있다), 1960년에 화이트칼라는 전체 노동 인력의 3분의 1에 달했다.[25] 미국에서 중산층이라고 하면 전에는 자기 사업을 꾸리는 것을 의미했지만 1950년에는 양복 입고 넥타이 매고 사무실로 출근하는 것을 의미했다.

　때로는 유리 커튼월의 반복적인 표면이 정말로 더 깊은 내부 동질성을 상징했다. 초창기의 초거대 기업인 IBM(별칭 '빅 블루')은 조직에 대한 충성의 중요성을 대놓고 강조했다. 미네소타 주와 뉴욕 업스테이트에 있는 박스 형태의 유리 건물에서(에로 사리넨이 디자인했다) IBM은 대학의 어떤 남성 동아리도 필적할 수 없을 정도로 동질적인 기업 문화를 발전시켰다. 직원들은 회사 노래와 회사 슬로건을 익혀야 했다. 모든 사무실에는 최고 경영자 토머스 왓슨 시니어Thomas J. Watson Sr.의 초상화가 걸렸다. 초상화 속에서 왓슨은 호화로운 목재 책상 뒤에서 무표정한 얼굴로 팔짱을 끼고 있고 그의 뒤로 회사의 슬로건이 대문자로 쓰인 현판이 있었다. "THINK."[26] 왓슨은 모든 직원이 짙은 회색 양복, 검정 넥타이, 빳빳한 깃이 달린 흰 셔츠를 입어야 한다고 주장했다. 컴퓨터 회사가 직원들을 바코드의 막대 선처럼 보이도록 똑같은 복장에 욱여넣는 상황이 일으키는 불편함을 모두(회사도 포함해서) 느끼고 있었다. 1955년에 나온 고객용 홍보 책자에서 IBM은 이렇게 말했다. "(우리는) 당신의 출생이 천공 카드에 기록될 때 처음 당신의 삶에 등장합니다. 그때부터 그런 카드들이 당신의 중요한 의사 결정이나 행동의 역사를 일생에 걸쳐 제공할 것입니다. 입학할 때, 입원할 때, 집을 살

때, 소득세를 낼 때, 결혼할 때, 자동차를 살 때, 중요한 개인사의 순간들을 영원히 천공 카드에 기록할 수 있을 것입니다."[27] 직원들에게 똑같은 옷을 입게 하면서 '생각하라'고 요구하는 것에 아무런 문제도 못 느꼈듯이, IBM은 사람들에게 삶의 중요한 여정들이 천공 카드의 구멍들로 환원될 수 있다고 이야기하는 것에도 거리낌이 없었다.

IBM은 회사 밖의 사람들도 두렵게 만들고 있었다. IBM이 만드는 기계는 모든 것을 가차없이 자동화하는 흐름을 상징했다. 자동화는 블루칼라, 화이트칼라를 막론하고 사람들이 일터에서 쫓겨날지도 모른다는 의미였다. 일터의 자동화는 의회 청문회의 주제가 되기까지 했으며 뉴스에도 단골로 등장하는 소재였다.[28] 레밍턴 랜드Remington Rand의 유니박UNIVAC, Universal Automatic Computer 같은 컴퓨터들이 급여 지급, 원가 계산, 보험료 부과 등에서 점점 막대해지는 서류 업무를 처리하기 위해 사무실에 도입되기 시작했다. 언론에는 「사무실 로봇」이라든가 「기계가 인간의 뇌를 대신할 수 있을까?」와 같은 제목의 기사가 자주 실렸고 사람들은 로봇이 지배하는 미래를 두려워했다.[29]

컴퓨터 회사들이 이에 대해 한 일은 막대한 홍보 활동이었다. 컴퓨터 회사들은 자동화로 일자리가 사라지기는커녕 오히려 사무직 노동자들의 삶이 더 밝아질 것이고 작업에서 허드렛일이 사라질 것이라고 설득하는 일에 대대적으로 나섰다. 1952년에는 유니박이 월터 크롱카이트Walter Kronkite와 함께 뉴스에 등장해서 아이젠하워의 대선 승리를 성공적으로 예측했다. 1955년에는 IBM 701이 〈투데이Today〉 쇼에 나와서 수학 문제를 풀었다. 스타 디자이너인 찰스 임스와 레이 임스는 〈정보 기계: 창조적 인간과 데이터 처리기The Information Machine: Creative Man and the Data Processor〉(1957)라는 애니메이션 제작에 참여했다. 인간이 더 밝고 깨끗한 미래를 누리는 데에 기계가 얼마나 중요한지를 보여 주는 영화였다. 영화는 바퀴에서 시작해 기술의 진보와 그 결과를 보여 준다. 공장 굴뚝이 가득하고 전선과 전화선이 가로질러 복잡해진 산업 도시의 모습이 나온다. 하지만 희망은 남아 있다고 영화는 말한다. "우리의 가장 우아한 예측까지도 실현할 수 있을 존재가 등장했다. 최근의 가속도는 가히 환상적이다. 전자계산기는 이미 우리가 일상에서 상당 부분 의존하는 도구가 되었다."[30] 여기에서 영화의 장면은 컴퓨터가 들어찬 격자무늬 패턴의 사무실로 자연스럽게 이동한다. 셔츠와 타이 차림의 한 남성이, 즉 창조적인 화이트칼라 노동자가, (위에 'THINK'가 붙어 있는) 책상에서 기계에 입력할 데이터를 작성하고 있다. 영화의 메시지는 분명하다. '컴퓨터의 등장으로 삶은 더 깨끗하고 건강해질 것이고 더 나은 일의 기회가 더 많이 주어질 것이다. 드디어 개인은 자아를 실현할 수 있을 것이다.'

□

20세기 중반에 비평가들이 묘사한 기업 세계는(실제로 많은 사무직 노동자들이 그렇게 느낀 세계이기도 하다) 탄탄한 풍요로움만큼이나 만연한 두려움의 세계였으며, 개인의 자율성에 대한 감각이 개인은 그렇게 자유로운 존재가 아니라는 느낌과 공존하는 세계였다. 지속적으로 커지던 기업의 관료제는 이 시기에 정점에 달했고, 사람들은 그 결과로 미국의 인간형이 근본적으로 달라졌다고 느꼈다. 이 새로운 유형을 설명하기 위해 자기모순적이거나 역설적인 표현들이 등장했다. 『비즈니스위크』는 벨 연구소의 연구 환경을 "실체 없는 자유"라는 말로 설명했다. C. 라이트 밀스는 더 신랄했는데, 화이트칼라 계급을 "쾌활한

로봇"이라고 불렸다. 『고독한 군중』을 쓴 데이비드 리스먼David Riesman
의 연구팀은 전형적인 신중산층 남성을 "적대적인 협력자"라고 묘사
했다. 신중산층 남성은 타인의 인정을 원하면서도 타인과 늘 경쟁 관
계라고 느낀다. 그의 일은 남의 행동을 모방하는 것과 조종하는 것 모
두를 포함한다. 그는 더 오랜 시간 일하고 업무의 연장인 친교를 위해
서도 시간을 쪼개며 그런 일들을 일종의 "작업 치료" 삼아 회사 경비로
처리한다. 그렇게 해서 사무실은 "공허한 친교의 악수"만 계속되는 공
간이 된다.

> 시간을 줄여 주는 것의 득을 더 많이 본 쪽은 중산층보다는 노동자 계
> 층이었다. 임원과 전문직 종사자들은 여전히 긴 시간을 일했고, 미국
> 의 엄청난 생산성을 집에 일찍 들어가는 데에 쓰지 않고 점심시간, 커
> 피 마시는 시간, 컨벤션 참석 등 근무와 여흥이 결합된 활동 시간을 연
> 장하는 데에 썼다. 사무실에서 보내는 시간 자체도 상당 부분 친교에
> 쓰였다. 사무실 가십을 나누고('컨퍼런스'), 친목 여행을 하고('조사 점
> 검'), 영업 담당자들과 이야기하고 비서들과 노닥거리는('사기 진작')
> 데에 말이다.[31]

리스먼이 보기에, 엄격한 감시와 통제가 있는 테일러주의적 사무실
과 달리 사교적인 분위기의 새로운 사무실은 관리자들을 가정생활에
서 멀어지게 만들고 있었다. 가정에서 얻던 심리적 즐거움의 자리를
일터가 담당하기 시작했고 친교 자체가 일의 핵심 요소가 되었다. 이
와 함께, 개인은 '레이더'에 따라 타인의 필요와 판단을 계속해서 신
경 쓰게 되었다. 미국 소설가 조지프 헬러Joseph Heller는 『무슨 일이 일어

났다*Something Happened*』(1974)에서 이러한 상황이 일으킬 수 있는 정신 착란적 요소를 능란하게 활용했다. 소설의 화자인 밥 슬러컴은 사회성은 좋으나 개인적으로는 몹시 예민한 중간 관리자다. 그는 보험 회사에서 일하는데 비서들에게 인기가 있고 때로는 그들과 잠도 잔다. 하지만 늘 저강도의 긴장, 경미한 좌절과 두려움의 상태에서 살고 있다. 소설은 이렇게 시작한다. "나는 닫힌 문을 보면 소름이 끼친다." 슬러컴은 이 느낌을 어린 시절에 닫힌 문 뒤에서 형이 성관계를 갖는 장면을 본 것과 연결 짓는다. 하지만 이 감정은 지루하고 밋밋한 서류 작업, 그리고 가족보다 많은 시간을 함께 보내는 직장 동료들 사이에 포진한 감정적 지뢰가 뒤섞인 20세기 중반의 사무실에도 적용된다. 사무실의 친교는 훌륭한 열정과 격렬한 감정이 아닌, 저강도의 공포를 준다.

> 내가 일하는 사무실에는 5명이 있는데 나는 그들이 무섭다. 그들 각자는 (겹치는 사람을 제외하고) 4명씩을 무서워해서 총 20명을 무서워한다. 이들 20명 각자는 6명을 무서워해서 모두 120명이 된다. 적어도 1명 이상으로부터 두려움의 대상이 된 사람이 120명이다. 이 120명 각자는 나머지 119명을 무서워한다. 그리고 145명 모두가 이 회사 설립에 일조했으며 지금은 회사를 소유하고 지시를 내리는 맨 위의 12명을 무서워한다.[32]

여기에서 슬러컴은 개인적인 두려움과 함께 관료제의 속성에 대해서도 이야기한다. 자기 보호적이고 쉽게 상처받는 속성, 아랫사람들의 지속적인 아첨이 필요한 윗사람들…. 개인주의를 주창하는 비평가들이 보기에 이런 것들은 비즈니스 자체를 숨 막히게 하는 요인이었다. 해링턴은 이렇게 언급했다. "비즈니스의 팀 구조는 상사의 체면을 구길 것을 우려해 직원들이 최선을 다하지 않게 만든다. 무능한 상사의 안위가 일을 잘 해내는 것보다 중요해진 것이다."[33]

역시 이 무렵에 나온 『조직인』에는 또 다른 종류의 공포가 나온다. 위험을 감수하지 않으려 하는 것이다. 『포천』의 기자였던 저자 윌리엄 H. 화이트William H. Whyte는 사회의 모든 영역에서 순응성을 보았다. 그는 이것을 '시스템 숭배'라고 표현했는데, 시스템 전체가 **참여**라는 새로운 사회적 요구를 불러일으키기 위해 긴밀히 엮여 있었다. 미국인의 의식에 여전히 '자기 지향성'이 있다고 본 리스먼과 달리 화이트는 그것이 모두 사라졌다고 보았다. 화이트가 비난한 주 대상은 테일러부터 메이오까지 두 세대의 이론가들이 희망으로 여겼던 중간 관리자였다. 화이트에 따르면 한때는 미국이 '프로테스탄트 직업 윤리'의 나라였고 여기에서 자본주의 성장의 동력은 개인이었다. 하지만 점점 많은 노동자가 점점 두꺼워지는 중간 관리층을 채우게 되면서 프로테스탄트 윤리는 '사회성의 윤리'로 바뀌었다. 중간 관리자에게 개인은 더 이상 영웅이 아니었다. 영웅은 사회였다.

화이트의 주장은 『고독한 군중』의 재치 있는 논평에 비하면 더 거칠었지만 효과적이었다. 그리고 그의 연구는 탄탄한 취재를 바탕으로 하고 있었다. 자유인이 조직인으로 바뀌는 과정의 시작을 알아보기 위해 그는 대학 4학년생들을 만나 많은 시간을 보냈다. 화이트는 미국 대학들이 과학을 중시하는 소련과의 경쟁 압력으로 인문학 교육을 등한시하고 공학이나 경영학에 치중하고 있음을 알게 되었다.[34] 몇 년간의 불황은 대학생들(훗날 '침묵의 세대'라고 불리게 되는 이들)이 위험을 회피하게 만들었고, 이들은 불황에 대해 맥 빠지는 태도로 이야기했다.

"AT&T가 아주 신나는 곳이라고는 생각하지 않아요. 하지만 그 회사에 들어가고 싶어요. 불황이 와도 AT&T는 존재할 테니까요." 한 4학년생의 말이었다.[35] 한때 많은 이들이 거대하고 인간적이지 않다고 여겼던 거대 기업들이 이제는 대학이 제공했던 엄마 배 속 같은 안전성과 안정성을 제공하고 있었다. 당시에 막 생겨난 대학 채용 박람회에서 기업들은 미래의 직원에게 초록 언덕에 자리 잡은 미국 기업에서 펼쳐질 모험의 세계를 약속했다. "오언 일리노이 글래스 컴퍼니에서 여러분은 성장할 수 있습니다. 계속해서 성장할 수 있습니다." "비트로는 이곳의 졸업생들에게 미래의 엔지니어가 될 기회를 제공합니다." "스카이는 우리의 세계입니다. 스카이야말로 우리가 갈 수 있는 최대치입니다."[36] 대학 기숙사에서 회사 책상으로 순조롭게 넘어갈 수 있다는 가능성 때문에 조직 생활은 저항하기 어려운 유혹이었다. 생산직 일자리도 있긴 했지만 화이트가 연구한 4학년생 중 공장으로 간 사람은 12퍼센트에 불과했고 대다수는 사무실 일자리를 원했다.[37] 화이트에 따르면, 평균적인 대학 4학년생은 "현 상태에 대항해 싸우는 것을 원치 않는데, 현 상태를 아주 좋아하기 때문"이었다. "그들이 서로 얼마나 다르든 간에 한 가지 면에서는 매우 똑같다. 어떤 세대보다도 그들은 확실히 관료의 세대다."[38]

오랫동안 화이트는 경영자들이 좋아하는 비평가였다. 경영자들은 저명한 경제지 기자인 화이트가 회사를 취재하도록 허용했고, 그러면 화이트는 그들을 혹평했다. 풍자와 비난에 능란하고 헛소리를 잡아내는 데에도 뛰어난 화이트는, 비즈니스 상용어에 대해서도 맹렬히 비판했다. 그것을 일컬어 '비즈니세스businesses'라는 신조어도 만들었다. 화이트는 상반되는 두 가지 경향이 있음을 짚어 냈다. 하나는 격식체의 증가였고 다른 하나는 평이한 대화체를 쓰려는 경향이었다. 화이트가 지적한 격식체 문구들은 오늘날에도 익숙하다. "…임을 알려드리는 바입니다please be advised", "귀하가 언급하신 …에 관하여 말씀드리면in reference to yours of", "다음에 대해 주의를 기울여 주시면 감사하겠습니다we wish to draw attention", "보내 주신 서신에 특별한 감사를 전하며to acknowledge your letter", "…는 진행 중에 있으며in the process of", "현 시점으로서는at this time", "현재 논의 중에 있으며under consideration", "그리 늦지 않은 시일 내에in the not-too-distant future", "회사 정책상company policy",…. 속기사들은 이런 구절을 약어로 쓰는 법을 익히기도 했다.

비즈니세스의 또 다른 경향은, 화이트의 표현을 빌리면, "어려운 표현에 대한 **역의 경향**"이었다(이 역시 오늘날에도 존재하는 해로운 경향이다). 격식체의 장황하고 공허한 표현과 반대로 '비공식적인' 영어는 걸걸하고 짧았다. '여러분people'이 아니라 '친구들folks'이었고, 어려움은 '감내endure'하지 않고 '버텼take it to the chin'으며, 직원들은 늘 '최대의 자산greatest asset'이었고, 모든 기업인은 '앞을 내다보는forward-looking' 사람이었다. 그리고 모든 기업인은 팀을 이끄는 '쿼터백'이었다. 미식축구로 비유할 수 있는데도 그렇게 하지 않는 것은 거의 범죄었다. 더 와 닿게 말할 수 있는데 왜 "직원들과 경영진은 함께 일해 나가야 합니다"라고 말한단 말인가? 다음은 '더 와 닿는' 실제 사례다. "머리로만 바라서는 공을 터치다운 시킬 수 없습니다. 가드와 태클은 쿼터백이 그들을 경기장에서 뛰게 하지 않으면 아무것도 할 수 없습니다. 그런데 우리 쿼터백들은 볼을 머프하고 있습니다."[39]

비공식 언어들의 놀라운 점 하나는 모두가 하나의 출처에서 나왔다는 사실이다. 바로 루돌프 플레시Rudolph Flesch가 쓴『평이한 대화의 기술 *The Art of Plain Talk*』이다. 언어학자인 플레시는 컬럼비아 대학에서 받은 박사학위를 베스트셀러로 만들었다. 다운필드의 리시버들에게 그는 이런 조언들을 했다. "리듬을 사용하지 말라", "끝까지 문장이 완성되어야 뜻을 알 수 있는 도미문을 사용하지 말라", "수사적 질문을 사용하지 말라", "반어법을 사용하지 말라(알아듣는 사람이 반도 안 될 것이다)." 플레시는 윈스턴 처칠의 "피와 땀과 눈물" 연설도 비판했다. "**전쟁**이라고 하면 될 것을 모호하게 세 가지 액체로 이야기하고 있다"는 것이었다. 갑자기 미국의 비즈니세스는 상남자의 상용어를 갖게 되었다.[40]

미국의 순응성, 그리고 순응주의적인 비즈니스 상용어가 난데없이 나타난 것은 아니었고, 기업 내부의 요인만으로 나온 것도 아니었다. 홍보 분야가 떠오른 것과 마찬가지로, 언어에 대한 집착적 관심은 적대적일지도 모르는 대중에게 기업이 자신을 정당화해야 한다는 중차대한 필요성에서 나온 것이었다. 1940년대와 1950년대에 기업은 미국 대중이 자본주의 체제를 거부할지도 모른다는 (거의 근거 없는) 공포에 사로잡혀 있었다. 상공회의소와 더불어 기업의 주요 로비 집단인 미국 제조업 협회는 자유 기업이 정부의 계획과 노조의 선동으로 위협받고 있다고 보고 대중 홍보 캠페인을 시작했다. 협회 회장인 클라우드 A. 퍼트넘Claude A. Putnam은 1950년에 이렇게 말했다. "오늘날 해결해야 할 과제, 중대하게 필요한 일은, 우리와 우리 경제의 자유를 지탱해 주었던 자유 미국의 철학을 사람들에게 설득하는 것, 혹은 **다시** 설득하는 것"이다.[41] 미국 광고 협의회는 포스터를 8000장 제작하고 라디오 방송을 300만 회 내보내면서 자유 기업의 중요성을 설파했다. 제조업 협회는 노동자 수십만 명에게 만화로 된 책자를 배포했는데, 미국의 독립 혁명이 자유를 없애려던 영국의 '정부 계획자들'에 의해 촉발된 것이라는 내용이었다.[42] 시카고의 한 기업인은 이 캠페인의 일환으로 열린 만찬에서 이렇게 말했다. "미국인 대다수가 국가 사회주의를 위해 비즈니스를 파괴할 태세가 돼 있다는 것은 불행한 일이다."[43] 화이트가 취재한 것을 보면 이는 사실이 아니었지만, 기업인들은 홍보 전략을 더 정교화하면서 그 과정에서 언어 자체를 바꾸어 버렸다.

□

기업의 사무실은 언어를 훼손하는 데서 만족하지 않고 직원의 성격까지 성형하려 들기 시작했다. 이 전략은 전후의 성격 테스트 열풍으로 나타났다. 수장인 테일러가 너무 강박적이어서 그랬는지 모르지만, 이전 세대의 과학적 경영자들은 인간으로서의 노동자에게는 관심이 별로 없었다. 그들의 관심사는 일의 효율성을 높이는 데 쓰일 수 있는 적성 검사 정도였다. 이에 반해, 메이오의 인사 관리 학파는 적합한 성격을 가진 사람들로 구성된 따뜻하고 친밀한 일터를 만들고자 했다. 하지만 성격 테스트의 내용 자체는 이보다 우울한 원천에서 나왔다. 응용심리학자들은 오랫동안 병원이나 감옥에서 연구를 하면서 광기와 비정상의 근원을 파악하기 위한 테스트를 개발해 왔다. 그리고, 화이트의 설명에 따르면, "이러한 과정에서 그들은 종이와 연필로 하는 기발한 테스트들을 만들어 냈다." 이런 테스트가 '정상적인' 사람에게도 적용될 수 있다는 것은 명확했다. 비정상을 측정하기 위한 테스트지만, 비정상은 정상이 무엇인지를 먼저 규정해야만 측정이 가능한 법이니까. 오래지 않아 테스트는 지원자가 기꺼이 순응할 '조직인'인지를 알아보는 수단으로 기업에서 널리 활용되기 시작했다. 이 사람은 급진적인가,

보수적인가? 이 사람은 실무 면과 사회성 면에서 판단력이 있는가? 압력에 잘 맞서는가, 잘 굴복하는가? 안정적인가, 불안정한가? 행복한가, 불행한가? 개혁가 유형인가, 현상 유지 유형인가? 유머 감각이 있는가, 없는가? 질문에 답하지 않는 것도 지원자의 성격에 대해 말해 주는 바가 있었다. 이러한 테스트들은 응답이, 혹은 무응답이 어떤 것을 억압하고 있는지까지 파악할 수 있게 고안되었기 때문이다.[44]

　이론적으로는, 마음이 잘 맞을 만한 사람들을 각 부서와 팀에 적절히 배치한다는 것이 테스트 시행의 논리였다. 하지만 실제 효과는 기업 문화를 전사적으로 더 동질하게 만드는 것이었다. 이런 테스트들은 비정상을 꾸준히 제거해 나가면서 충성심의 수준을 높였다. 더 보수적이고 조심스럽고 타인 지향적인 면이 있는 지원자가 선택되어서 그렇기도 했지만, 테스트 자체가 사람들에게 '호손 효과'를 내고 있었다. 테스트를 당하고 있다는 사실 자체가 회사의 원칙에 맞도록 자신의 성격을 조정하게 만드는 것이다. 테스트 문항에 답하는 것은 회사가 원하는 바를 추측해 내는 게임이었다. "책 읽는 것을 사람들과 어울리는 것만큼 좋아합니까?"라든가 "때때로 자의식이 강하다고 느끼십니까?"와 같은 질문에 긍정적인 답이 나왔다면 회사는 이 응시자가 내성적이라고 판단할 것이고 이는 대체로 평가에서 부정적으로 작용했다. 하지만 너무 외향적인 척하다가는 사회성이 과도하다고 여겨질 수도 있었다. 이는 성찰이나 사고력이 부족한 유형으로 해석될 수 있기 때문에 지나치게 내성적인 것만큼이나 안 좋았다. "여성이 혼외 관계를 갖는 것은 남성이 혼외 관계를 갖는 것보다 나쁘다"와 같은 항목은 어떤가? "그렇다"고 답하면 남성 중심적인 보수 성향으로 해석돼 임원들에게 점수를 딸 수 있었을 것이다. 하지만 "교회에서 현대 예술이 허용돼서는 안 된다"와 같은 문장에 "매우 그렇다"고 답하면 '존 버치 협회' (극우 단체—옮긴이) 회원처럼 보일 수 있었다. 모든 것을 감안해서, 사람들은 대체로 중도적인 답을 하려고 했다. 20세기 중반 사무실의 강요된 쾌활함에 완벽하게 들어맞을 사람으로 보이도록 말이다.

성격 테스트는 새로 떠오른 '인적 자원 관리' 담당자들에게 크게 관심을 끌어 전후 미국 기업의 필수 요소가 되었다. 1952년에는 미국 기업의 3분의 1 정도가 성격 테스트를 활용했는데 불과 2년 뒤인 1954년에는 시어스Sears, 제너럴 일렉트릭, 웨스팅하우스Westinghouse 같은 유명 기업을 포함해 60퍼센트가 테스트를 활용했다.[45] 의사 과학적인 리서치 센터와 컨설팅 회사가 수백 개씩 생겨나서 기업의 인사부가 발주하는 계약을 따내려고 경쟁했다. 성격 테스트는 대체로 신규 채용에 쓰였지만 기존 직원들을 대상으로 하기도 했다. 불경기 때 정리 해고를 위해 시행하는 경우도 있었고 퇴물이 되어서 능력을 발휘하지 못하는 사람들을 내보내기 위해 사용되기도 했다. 이런 일을 뒷받침하기 좋도록 문항을 고안하는 것은 어렵지 않았다. 직원들은 테스트와 합해지고 있었고 테스트는 직원들과 합해지고 있었다. 화이트는 기업들이 이미 다른 모든 데이터를 IBM의 천공 카드에 기록하고 있었으므로 거기에 테스트 점수까지 기록돼 천공 카드가 어떤 사람의 삶에 대해 완벽한 그림을 제공할 날도 머지않았다고 보았다.

대중문화에서 성격 테스트는 사무실의 순응주의를 암시하는 강력한 상징으로 많이 등장했다. 『회색 양복을 입은 남자』에서 (소설에 등장하는 가상 기업) UBC 방송국의 홍보직에 지원한 주인공 톰 래스는 특이한 테스트를 받는다. 인사팀의 워커는 래스에게 한 시간 동안 자기 소개서를 쓰라고 한다. 워커에 따르면, 이 자리에 지원한 20~30명 모두가 이 테스트를 치렀다. 한 가지 지켜야 할 것은 마지막을 "저에 대해 가장 중요한 사실은 …입니다"라는 문장으로 끝내는 것이다. 워커는 이 테스트가 지원자에 대해 얼마나 많은 것을 알려 주는지 알면 놀랄 것이라고 말한다. 하지만 이 질문은 래스를 숨막히게 한다. 그는 앉아서 고뇌한다. 결코 말할 수 없는 사실 하나가 계속해서 머리에 떠오른다. 그것은 '17명'인데, 래스가 전쟁에서 죽인 사람 숫자다. 한 명은 가장 친한 친구였는데 래스가 잘못 터뜨린 수류탄에 목숨을 잃었다. 래스는 이 테스트에서 이렇게 대담하게 쓰면 멜로드라마적으로 보이리라는 점을 알고 있었다. 하지만 냉소부터 재치까지, 그가 인상을 주려고 시도한 모든 것이 제대로 되는 것 같지 않았다. 결국 테스트의 목적 자체에 진절머리가 난 래스는 이미 천공 카드에 기록되어 있을 기본 인적 사항만 적는다. 출생일, 학력, 결혼 유무, 자녀 유무 등. 그러고서 이렇게 끝을 맺는다. "UBC 방송국의 입장에서 저에 대해 가장 중요한 사실은 제가 이 회사의 홍보 담당에 지원했으며 초기에 일을 배우는 과정이 지나면 일을 꽤 잘하리라는 사실일 것입니다. 채용과 직접적으로 관련된 질문이라면 어느 것에라도 성의껏 답하겠지만, 오래 고민한 끝에, 저의 지나온 이야기를 채용 과정의 일부로 제출하지는 않기로 결정했습니다."[46]

만약 『회색 양복을 입은 남자』가 (출간 직후부터 내내 주장했듯이) 순응주의적인 사회에 대해 정말로 통렬하게 비난하는 책이었다면 래스는 제멋대로 불복종한 데 대해 보상을 받지 않았어야 할 것이다. 하지만 소설에서 그는 일자리를 얻는다. 이후에도 순응하지 않는 모든 행위를 통해 그는 사다리에서 점점 높이 올라간다. 최고 경영자인 홉킨스가 자신이 쓴 연설문을 검토하라고 하자, 래스는 솔직하게 말하지 말까 하고 잠시 고민한다. 하지만 아내에게 자극을 받은 그는 마지막 남은 예스맨 기질을 버리고 글이 형편없다고 조심스레 말한다. 홉킨스는 래스의 흔치 않은 솔직함에 놀라지만 곧 그 가치를 알아본다. 그는 래스를 개인 비서로 승진시키고 자신의 이미지대로 훈련하려 한다. 삶 전체를 일에 바친 황제적인 최고 경영자로 말이다. 하지만 래스는 다시 한 번 저항한다. 그는 일에 그렇게 헌신하는 것이 건강, 가정, 가족에 위험할 수 있음을 안다. 홉킨스는 래스가 야망이 없다는 것을 부러워하고 또 존경하면서, 지위는 낮지만 일은 편하고 보수도 꽤 괜찮은 자리로 옮겨 준다. 운 좋게도, 래스는 살고 있는 교외 거주지에서의 인생도 잘 풀린다. 할머니가 준 막대한 땅을(책의 처음에 이 땅을 상속받는 이야기가 나온다) 분할해도 좋다는 허가가 자치 단체에서 나온 것이다. 그래서 땅을 팔아서 돈을 많이 벌게 된다. 소설은 래스가 소소한 필요들을 모두 추구할 수 있게 해 주는 사회에서 영웅으로, 기업 시민의 모범으로 찬사 받는 것으로 끝난다.

결국 슬론 윌슨은 사무직 세계의 억압적인 순응성을 비판했다기보다는 솔직한 의견 표명에 대처하는 사무실의 역량을 높이 평가했을 뿐인 것으로 보인다. **회색 양복을 입은 사람들이 때때로 용기를 내서 중도를 지킬 수만 있다면!** 이 책이 전하는 밋밋한 메시지다. 사무 노동자의 피를 끓게 만들 만한 메시지는 아닌 것이다. 흔히『조직인』과『회색 양복을 입은 남자』가 한 묶음으로 이야기되곤 하지만, 화이트는 윌슨의 소설을 비판했다. 화이트가 보기에『회색 양복을 입은 남자』는 "양다리를 걸친" 소설이었다.[47] 직장인이 도덕적 중심도 잃지 않으면서 1950년대의 호황기에서 풍요롭게 살아갈 수 있다고 말한다는 것이다. (화이트는) 만연한 물질주의와 영적으로 충만한 삶이 (윌슨의 소설에서) "스스로를 고상하게 하는 쾌락주의"로 융합되어 버린다고 지적했다('적대적인 협력자'처럼 20세기 중반 사무직 세계의 모순을 포착하는 역설적 표현이다).[48] 윌슨 소설의 보수적 속성은 책의 서두와 말미에서 아내의 내조를 장황하게 칭찬한 데서도 드러난다. 자신이 일하는 동안 아이들이 방해하지 않게 하는 것은 물론, "집안의 돈 문제를 담당하고, 아이들 자전거를 고치고, 내가 모임에 가지 않는 것에 대해 대신 양해를 구한다." 그리고 보이면서도 들리지 않아야 하는 여성의 신비로운 덕목대로, 아내는 "쾌활하고 장식품 같다."[49]

하지만 기업 세계를 쾌활하게 칭찬하는 것처럼 보이는 윌슨의 소설에도 사회에 대한 불편함을 드러내는 부분이 있다. 이는 래스의 전쟁 기억에서 나온다. 전쟁 기억은 어떤 남자의 대머리, 어떤 사람 목의 상처와 같이 스쳐 지나가는 사소한 것들이 촉발한다. 암울한 전투와 이탈리아 하녀와의 짧지만 강렬한 사랑에 대한 장황한 이야기는 (다른 때에는 너무 말이 없어 믿어지지 않을 정도인) 래스의 일상이 억누르고 있는 내면 세계를 보여 준다. 입사 면접의 테스트가 그에게 가장 중요한 기억을 말하지 못하게 했듯이 말이다. 순응성에 대한 이야기들이 꼭 틀린 건 아니지만 강조점이 잘못 놓였다. 너무나 많은 직장인의 삶에 돌이킬 수 없는 흔적을 남긴 20세기 초의 전쟁은 지독히도 영웅적이지 못한 사무실의 조용한 콧노래 속에서 사라져 버렸다. 일찍이 싱클레어 루이스는 "책상 사이의 각 통로에서는 전쟁터의 참호나 노르망디 전선에서만큼이나 끊임없이, 은밀한 로맨스의 화살들이 날아다닌다"고 쓴 바 있다. 1차 대전 때 루이스가 쓴 사무실 풍자가 2차 대전 후 윌슨이 쓴 사무실 소설에서 우울한 버전으로 되풀이되었다.

『수정궁에서의 삶』 저자인 앨런 해링턴(그도 홍보 담당이었다)은 기업이 직원에게 베푸는 후한 혜택들이 너그러우면서도 숨막히고, 보살펴 주는 것 같으면서도 인간의 진정한 욕구에는 전적으로 부적절하다고 설명한다. 그의 사무실 직원 중 "남성의 세계에서 일을 잘하는, 금발에 신경질적이고 미혼인 키 큰 여성"이 스페인으로 3주간 휴가를 갔다 와서 동료들에게 여행 이야기를 한다. 여행담 중에는 암묵적으로 성적인 것도 있는데, 그걸 듣고 사무실 동료들은 경악한다. "이 외로운 여성이 신나서 들려주는 휴가 이야기가 수정궁에서는 우스운 반응을 불러일으키는 종류의 이야기였다. 우리 여직원은 그런 대단한 경험을 하지 말았어야 했던 것이다." 하지만 해링턴은 이렇게 지적한다.

> 우리 중 많은 사람이 방랑자였고 주변부 생활을 알고 있었다. 예를 들면 랠프 버틀러는 터키에서 5년간 엔지니어로 일했고 현지 소녀를 정부로 두고 있었다. 아서 무어는 버마의 정글에서 게릴라를 이끌었다. 찰스턴 벨은 오키나와의 갑판에서 가미카제가 바로 머리 위로 날아들었을 때 "공포에 질려 울부짖었다."… 칼 젠슨은 젊은 시절에 에어쇼에서 스턴트와 공중 곡예를 한 적이 있다. 조지 오브라이언은 린드버그가 착륙했을 때 르부르제에서 흥분해서 춤을 추던 신참 기자였다. 그리고 로버트 클라우드는 4학년 때 60야드를 뛰어 슈퍼볼에서 승리했다.

해링턴은 이렇게 결론 내린다. "전에는 그렇게 강인하던 개인들이 이제는 온화한 표정을 지은 채 행정 서류를 들고 이런저런 부서나 위원회 복도를 어슬렁거린다. 그들은 무언가를… 활기를… 식욕을… 잃었다."[50]

하지만 수정궁 직원들이 받을 수 있는 특전은 전혀 밋밋하지 않았다. 사실 이들은 지구 역사상 어느 누구보다도 대우를 잘 받았다. 직업 안정성은 거의 확실했고 연금도 후했다. 일도 충분히 속도가 느리고 쉬웠다. "우리는 일자리나 미래에 대해… 혹은 그 밖의 많은 것들에 대해 걱정이 없었다." 해링턴은 이렇게 적었다. "진짜로 걱정해야 할 일이 없다는 것은 참 희한한 기분이었다." 그는 이것을 '민간 기업 복지국가'라고 불렀다. 사무 직원들에게 유럽식 사회민주주의만큼의 복지 혜택을 주는 것은 (해링턴이 보기에) 미국을 위대한 국가로 만든 자유 기업 체제의 야만성을 막는 성채 노릇을 하고 있었다. 덕분에 위대한 미국 기업의 구성원들은 그날이 그날 같은 나날 속에 늘어져 지낼 수 있었다. 어느 평범한 날에 회사 버스는 기차역으로 가서 통근하는 사람들을 회사로 실어 나른다. 가벼운 음악(뮤작Muzak 코퍼레이션의 음악)이 나와서 15분 간격으로 돌아간다. "이 음악은 사무실의 생산성을 상당히 올려 준다고들 한다. 하지만 나는 그걸 들으면 몽상에 빠진다. 칵테일 라운지에 앉아 있는 기분이 된다." 전체적으로 이 장면은 믿기지 않을 정도의 안락함과 유쾌한 지루함이 깃든 나른한 분위기를 띤다. 호메로스의 『오디세이아』에 나오는 '연을 먹는 사람' 이야기처럼 말이다.

우리 직원들은… 태초 이래로 어떤 피고용인 집단에게도 주어진 적이 없는 전망을 볼 수 있다. 수평선으로 완만하게 경사진 언덕이 펼쳐진다. 다음 주에 꽃이 만발할 것이다. 그리고 가을이 오면 붉게 물들고 겨울이 오면 눈이 덮일 것이다. 조경이 잘된 우리의 풍경도 꽃이 필 것이다. 벌꿀 향을 맡을 수 있을 것이다. 잔디는 눈이 시릴 정도의 초록빛일 것이다. 초원은 언덕으로, 그리고 그 뒤로도 이어질 것이다. 마치

영원한 초록의 미래로 이어지듯이.[51]

섬뜩할 정도로 은혜로운 일터 환경에 대한 묘사에는, 기업을 비판하는 사람들이 1950년대와 1960년대에 제시할 주장들이 이미 담겨 있다. 해링턴은 20세기 중반 미국의 몽롱한 유쾌함이 직원들에게서 주도력이나 창조력의 기회를 박탈하는 데 기초해 있다고 주장했다. 사무실 세계 내부로부터의 이러한 비판은 외부에서 사회학자나 기자들이 제기한 비판과도 일맥상통했다. 하지만 비판의 도덕적 기준이 너무 단순해져 있었다. 사무실이 기업가 정신을 죽이고 있으며 기업가 정신을 촉진할 실력주의 대신 관료주의가 들어섰다는 것이었다. 리스먼 등의 비평가들이 제기했던 비판은 본래 이보다 훨씬 큰 것이었다. 미국적 인간형에 대한 비판, 일터 안팎에서 드러나는 미국의 계급 정치에 대한 비판이었던 것이다. 하지만 이들의 글을 얄팍하게만 받아들인 후대의 논의에서는 기업가 정신을 북돋우고 관료주의를 줄이자는 쪽으로만 논점이 제한되었다. 그리고 이 생략된 형태가 이후에 수없이 되풀이되면서 큰 영향을 끼친다.

□

자, 그래서, 사무실은 개척자 정신을 파괴하고 있었다. 과도한 사교성을 강요하고 무의미하게 남들을 신경 쓰게 만들었다. 그의 영혼을 갉아먹었고 타고난 능력을 훼손했으며 개인의 야생성을 조직의 변덕스러운 충동에 맞추도록 강요했다. 그런데 제기된 비판만큼이나 제시된 해결책도 단순하고 뻔했다. 화이트, 리스먼 등이 암시한(때로는 직접적으로 언급한) 문제점은 사무실에서 **남성성**의 원천이 사라졌다는 것이었기 때문이다. '개인주의'를 말할 때 이들은 하나의 성별만을 염두에 두고 있었다. 물론 이들의 사무실 묘사에 여성이 빠져 있다는 말은 아니다. 리스먼이 쓴 다음 글을 한번 보자. "회사 경비로 후하게 지출하는 것은 남성들에게 거의 무한정한 '작업 치료'나 마찬가지였다. 고된 일, 아내에 대한 혐오, 부담을 주는 금욕주의, 적대적인 협력자들에 대한 불안 등에 시달렸지만 그래도 보람찬 하루를 보냈다고 느끼게 해주는 것이다."[52] 여기에서 사회학적 잡초 사이에 퍼져 나가는 독버섯을 하나 볼 수 있다. **아내에 대한 혐오**라니?

기업은 남성 직원의 가정생활에 어느 정도 관심을 기울여 왔다. 토머스 왓슨이 "IBM 가족"이라고 말했을 때, 이는 IBM이 엔지니어만 고용한 것이 아니라 아내와 아이들까지 고용했음을 따뜻하게 암시한 것이었다.[53] 하지만 그렇게 가벼운 의미만은 아니었다. 아내, 특히 임원의 아내는 기업에 고용된 남편을 위해 해야 할 일이 굉장히 많았다. 그리고 회사도 그것을 알고 있었다. 회사가 입사 후보자의 아내를 검증하는 일은 흔했다. 이는 아내도 남편과 함께 면접에 오라고 하거나 비공식적으로 조찬이나 만찬 자리를 만드는 식으로 진행됐다. 『포천』의 조사에 따르면 1951년에 조사 대상 기업의 절반이 지원자의 아내를 검증했고 한 회사는 후보자의 20퍼센트가 아내 때문에 탈락하는 것으로 추산했다.[54] 20세기 중반의 미국에서 기업의 통제는 직장의 범위를 넘어 가정에까지 깊숙이 개입했다. 더 정확하게 말하자면 사무실은 가정을 포괄했고 가정에는 사무실의 흔적이 각인되기 시작했다. 한 임원은 이렇게 말했다. "우리는 근무 중인 직원의 환경은 통제하지만 그가 퇴근한 후에는 통제를 할 수 없다. 따라서 경영진은 아내들이 호의적이고 건설적인 태도를 갖도록 계획할 과제와 의무가 있다. 직원이 에

너지를 온전히 일에 쏟을 수 있도록."[55]

기업이 원하는 임원 아내의 상은 어떠했을까? 화이트는 직접 진행한 조사 결과를 다음과 같이 요약했다. 1) 매우 적응력이 뛰어나고 2) 매우 유쾌하며 3) 남편이 회사에 속해 있음을 잘 인식하고 있는 여성.[56] 하지만 세 번째 항목은 아내도 회사에 속해 있다는 것을 의미할 수밖에 없었다(아내는 자기 직업이 없을 것으로 기대되었다). 경영학자 로자베스 모스 칸터가 1970년대에 한 대기업에 대해 연구한 바에 따르면 (연구에서 이 기업의 이름은 인드스코Indsco였다), 아내들은 사적인 생활이 전적으로 남편 회사를 중심으로 돌아간다고 느끼고 있었다.

> 학교로 돌아갈 생각을 한 2년 전까지 나는 인드스코의 아내였다. 프레드와 결혼한 것만큼이나 회사와 결혼한 상태였다. 어떠어떠한 모임에 참석하라는 것 말고 구체적으로 요구받은 것은 없었다. 하지만 프레드가 회사에서 겪는 경험에 나 자신도 많이 좌우되었다. 회사는 우리가 어느 지역에 살 것인지를 결정했다. 우리의 친구들은 이웃의 아주 일부를 제외하고는 다 회사 사람들이었고 회사 덕분에 알게 된 사람들이었다. 나는 우리의 목적이 아이들이 중학교에 다니는 동안 안정적으로 정착하고 뿌리를 내리는 것이라고 늘 생각했다. 이제 아이들이 중학생이 되었는데, 회사가 이사를 가라고 해서 그렇게 했다. 그 목적이 더 우선이었던 것이다.… 프레드가 잘하면 나는 **나도** 잘한 것처럼 느꼈다. 이 남자를 내조했으니 그의 성취에 나 또한 자부심을 가져도 된다고 말이다.[57]

아내는 가정에서 '안정'을 주는 역할을 해야 했다. 연구에 참가한 한

230

여성은 이렇게 말했다. "남자는 직장에서 너무 힘들고 좌절해서 오고 직장은 경쟁이 엄청나게 치열하니까, 집에서는 조용하고 안정된 환경에 있을 수 있어야 해요."[58] 또 아내는 회사의 행사(저녁 모임, 파티, 컨퍼런스, 골프 모임 등)에 참석해서 남편의 평판에 득이 될 우아한 행동을 해야 했다. 여성에게 적합한 행동이 무엇인지에 대한 여러 가정들 때문에 남성 임원 자신에게보다 그의 아내에게 기대되는 바가 더 큰 경우도 많았다. 매력적인 아내는 인기 없는 남편의 경력을 구제할 수도 있었다. 또한 마티니를 네 잔이나 마시고 언짢은 이야기를 하면 남편의 경력을 끝장낼 수도 있었다.

남편이 승진을 함에 따라 아내는 어려운 선택들을 해야 했다. 남편이 회사에 더 깊이 들어갈수록 아내는 '회사의 배우자' 역할에 더 매이게 되었다. 회사 근처에 살기 때문에 사회적 선택지가 좁아진다는 문제만이 아니었다. 회사의 아내로서, 남편의 회사 생활에 도움이 되도록 친구를 전략적 필요에 따라 사귀어야 했다. 정서적 선택이어야 마땅할 것들이 회사를 고려한 선택이 되었다. 사내 정치가 모든 곳에 팽배해졌다. 회사에서 잘나가고 있는 어느 공장 매니저의 아내는 이렇게 말했다. "옛 친구들은 뒷전으로 미뤄 놔야 해요. 파티에 초대할 사람들의 경중을 따져 보아야 하죠. 크리스마스카드를 누구에게 보내고 누구에게는 보내지 말아야 하는지 신중하게 결정해야 해요. 속물 같아 보이지만 그렇게 해야 해요. 상사의 아내가 되어야 한다고요."[59] 이는 통계 숫자로는 드러나지 않는 형태의 고용이었다.

20세기 중반에 여성의 역할이 크게 제한된 것을 보면 여성이 사무직 일자리에 대거 진출했던 이전 세대에서 후퇴한 것 같아 보인다. 하지만 낮은 직급의 사무원이 되느냐, 회사의 아내가 되느냐 중 어느 쪽도 자유나 권력을 이야기하지는 않는다. 일터가 기능하는 방식이 크게 변화하는 와중에, 여전히 남아 있는 전통이 하나 있었다. 직원들 사이에서 벌어지던 게임이었다. 인기 게임 중에 스커틀scuttle이라는 것이 있었는데, 아래의 글을 쓸 당시 라디오 방송국에서 일했던 한 여성에 따르면 이 게임은 다음과 같다.

> 스커틀의 규칙은 쉽다. 바쁘지 않은 어느 시점에 아나운서와 엔지니어들이 서류 직원이나 비서 가운데 한 명을 정해서 따라다닌다. 복도이건 음반 보관실이건 아나운서실이건. 그래서 그녀를 잡아서 팬티를 벗긴다. 벗기기만 하면 되고 그다음에 그녀는 팬티를 다시 입어도 좋다. 사악한 일은 하나도 일어나지 않았다. 팬티를 잠깐 벗기는 것만이 유일한 목적이었다. 이런 일이 벌어지는 동안 지목된 여성은 비명을 지르고 소리를 지르고 팔다리를 마구 흔들고 얼굴이 빨개지고 위협을 하고 기절하는 척을 했다. 하지만 내가 알기로 스커틀을 하는 사람 누구도 회사에 보고되지 않았다. 사실 여직원들은 가장 예쁜 팬티를 입고 출근했다.[60]

"사악한 일은 하나도 일어나지 않았다." 이 문장은 방어적이다. 누군가는(아마도 많은 사람이) 이 묘사를 읽으면 기겁하리라는 것을 알고 있는 것이다. TV 프로그램 〈매드맨〉에 이 게임이 나왔을 때 작가는 게임의 수위를 조금 낮추어야 했다. 켄 코스그로브는 비서 앨리슨을 따라다니면서 앨리슨의 팬티가 무슨 색인지만 알아낸다. 하지만 앞의 문단을 쓴 헬렌 걸리 브라운Helen Gurley Brown은 사무실이 여자들에게 위험한 공간이라는 개념을 반박하기 위해 노력했다. 여직원들은 가장 예쁜

『코스모폴리탄*Cosmopolitan*』사진부의
헬렌 걸리 브라운.

팬티를 입고 온다. 그들은 스커틀 당하고 싶어 한다. 비명을 지르고 난
리를 치는 것은 멜로드라마적인 행위다. 다들 알고 있는 비밀이다. 위
험하지도 않고, 순응성을 비판하는 사람들이 말하는 것과 달리 지루하
지도 않다. 사무실은 성적으로 매우 흥미로운 장소다. 브라운은 베스
트셀러 『섹스와 사무실*Sex and the Office*』(1964)에서 이렇게 주장했다. "사
무실 열아홉 곳에서 직접 관찰하고 경험한 것으로 확신하건대, 사무실
은 터키의 하렘이나 주말의 프러터너티 하우스, 할리우드의 수영장 파
티, 캐리 그랜트의 미소, 『플레이보이』의 센터폴드보다 섹시하고, 그
곳에서는 성적으로 충만한 소녀의 몽상에서보다 더 많은 일이 벌어진
다."[61] 활용할 수 있는 시스템이 여기 있었다. 여성들은 그것을 '잡기
만' 하면 되었다.
　브라운은 1962년에 『섹스와 싱글 걸*Sex and Single Girl*』로 미국에서 가장

악명 높은 작가가 되었다. 섹스를 밝히는 사람과 두려워하는 사람 모두에게, 섹스는 즐거운 것이며 여성도 섹스를 많이 할 수 있을 뿐 아니라 많이 해야 한다고 주장했다. 특히, 가능하다면 결혼 전에 말이다. 독자들은 이 책을 엄청나게 사서 브라운에게 화답했다. 3주 만에 200만 부나 팔렸다. 하지만 브라운의 성공은 책의 주제 때문만은 아니었다. 브라운의 문체는 매우 매력적이고 따를 자가 없었다(〈걸스Girls〉의 제작자 레나 던햄Lena Dunham처럼 아류작을 내놓은 이들이 나오기는 했다). 수다스럽고 솔직하면서도 방탕하고 허황된 면이 있는 이 책은 많은 이들에게 타협하지 않는 여성적 상식의 목소리, 남성이 부과한 예의범절의 제약에서 드디어 해방된 여성의 목소리로 들렸다. 1년 전에 나온 베티 프리던Betty Friedan의 『여성의 신비 The Feminine Mystique』와 달리 『섹스와 싱글 걸』은 직장 여성을 대상으로 하고 있었다. 중산층 주부보다는 노동자 계층 비서들이 대상이었다. 또한 베티 프리던과 달리 브라운은 억압적인 질서를 뒤엎자고 주장하지 않았다. 현존 질서는 전략적으로 소소한 전복을 함으로써 획득할 수 있는 기회와 쾌락을 제공했다. 뒤이은 『섹스와 사무실』에서 브라운은 직접적으로 일터에 대해 이야기했다. 이 책에 대해 보수주의자들은 경악했고 많은 자유주의자들도 언짢아했다. 나중에 『코스모폴리탄』 편집자가 되었을 때 브라운은 2세대 여성 운동의 조류에 반대되는 사람으로 여겨졌고 『미즈 Ms.』의 편집진이 브라운의 사무실을 점거하기도 했다. 하지만 브라운은 누구보다도 2세대 여성 운동의 일부였다고 봐야 한다. 그리고 사무실이라는 공간에 집중함으로써 독보적인 위치를 차지했다.

브라운의 자신감 넘치는 태도와, 사무실이 대학 기숙사만큼이나 풍성한 성적 유희의 장이라는 확신 아래에는 자신이 걸어온 힘겨운 직장 생활이 숨겨져 있다. 브라운은 아칸소 주의 시골 그린포레스트에서 태어났다. 아버지는 교사, 어머니는 주부였다. 나중에 브라운은 그린포레스트를 거의 언급하지 않는다. 고층 건물이 즐비한 뉴욕이나 시카고처럼 브라운의 메시지를 잘 드러낼 수 있는 세련된 도시가 아니었기 때문이다.[62] "나는 돈도 없었고 대학 학위도 없었고 얼굴은 여드름이 가득했고 가족은 촌뜨기였다." 1980년에 한 인터뷰에서 브라운은 이렇게 회고했다.[63] 비서 학교에 다니면서 낮에는 수업을 듣고 끝난 뒤에는 라디오 방송국에서 일했다. 앞에서 묘사한 스커틀이 이뤄지던 방송국이었는데, 브라운은 정작 게임에 참여하지 못했다. "때때로 나는 기대를 하면서 타자기에서 고개를 들어 서너 명의 스커틀러들이 문 옆을 돌아다니는 것을 올려다보곤 했다. 하지만 선택은 항상 같았다. 너무 어리고 너무 창백하고 너무 평평한 가슴을 가진 여직원이었다.… 나는 '스커틀 당하기에 적합한' 사람이 아니었다."[64] 로스앤젤레스의 영화 스튜디오에서 일하면서 브라운은 자서전에서 M이라고 부르는 임원의 호의를 받아들이기 시작한다. 그리고 브라운은 M의 정부가 된다. M은 브라운에게 아파트를 얻어 주고 가구를 들일 돈을 주었으며 정부가 할 법한 고전적인 행동들을 요구했다. 그가 찾아오면 정장에서 란제리로 자연스럽게 바꾼다든지, 밀회를 위해 술을 준비한다든지, 최근의 가십을 알려 준다든지 하는 식으로 말이다.[65] 곧 브라운은 이 관계를 몹시 싫어하게 된다. M은 골수 반유대주의자여서 브라운의 유대인 친구들을 싫어했고 자신이 아내와 같이 있지 않아도 될 때에 대비해 브라운이 늘 집에서 기다리고 있도록 강요했다.[66] 하지만 복잡하고 어려운 점들을 제거하고 나서 본다면, 이 경험은 브라운이 『섹스와 사무실』에서 야한 문체로 사무실에서 유부남과 연애하는 법에 대해 조언할 수 있는 원천이 되었다. 그 관계 이후에 브라운은 자랑스럽게, 그리고 공공연히 반항하는 태도로, 오랫동안 싱글로 지냈다. 결혼율이 높고 평균 결혼 연령이 20대 초이던 1950년대에 말이다.[67]

일과 삶의 만족과 관련해서 브라운은 자신이 주장하는 바에 대한 최고의 사례다(브라운의 자서전 제목은 『모든 것을 갖다Having It All』이다). 1959년에 결혼을 했지만 그 전에 수많은 직장에서 연애와 가벼운 성관계도 상당히 많이 했다. 그리고 일에서도 성공했고(광고 카피라이터로서, 그리고 잡지 작가로서) 일 밖에서도 유명해졌다. 하지만 '직업적인 성공이냐 결혼과 가정생활이냐'의 문제에 대한 브라운의 독특한 해결책은 이 둘을 대립되는 개념으로 보지 않거나 제3의 길을 제시하는 것이었다. 여자들은 꼭 결혼을 하지 않아도 되며 싱글로 직장에 있는 것은 잘못이 아니라는 것이다. 완벽한 연애 생활과 기업에서의 승진(여성이 갈 수 있는 정도까지만이라 해도)은 상호 모순이 아니라 상호 보완이었다. 분노와 절망에 빠진 이전 세대의 주장들은 창밖으로 내던져야 했다(고층 건물 창문은 잘 열리지가 않았지만). 브라운은 여성이 사무실에서 헤쳐 나가야 하는 엄청난 장애들을 세세하게 적긴 했지만 자신이 해방의 철학을 설파하고 있다고 믿었다. 그리고 브라운의 영향력을 보건대 수백만 명이 그렇게 받아들였음이 분명하다.

브라운은 도덕의 붕괴에 대한 두려움에 사로잡힌 사무실에 말을 걸었다. 당시 사무실에는 여성은 항상 남성을 무력하게 만들고 남성은 항상 여성을 타락시킨다는 두려움이 팽배해 있었다. 1959년에 나온 영화 〈더 베스트 오브 에브리싱〉(로나 재피Rona Jaffe의 동명 소설이 원작이다)은 여성이 냉정하고 타락한 기업 환경에서 직면하게 되는 끔찍한 선택을 드러내는 영화라고 광고되었다. 예고편에서 내레이터는 불길한 음성으로 이렇게 말한다. "여성의 정글에 대한 이야기. 20세에 결혼하지 않은 여성들의 이야기. 그리고 그녀들을 원하지만 **아내로는 원하지 않는** 남성들의 이야기." 시네마스코프로 만들어진 이 영화는 20세기 중반 사무실의 넓은 공간과 맨해튼의 넓은 격자형 길을 잘 활용하고 있다. 영화는 동틀 무렵 파크 애버뉴에서 시작하는데, 스커트 차림에 장갑을 낀 여성들이 버스와 기차역에서 와르르 몰려 나와 고층 건물로 들어간다. 시그램 빌딩의 높은 층에 있는 거대한 속기사실은 기회와 가능성을 이야기하는 것처럼 보인다. 광고 전단지를 손에 든 캐럴라인 벤더(호프 레인지 분)가 시그램 플라자에 도착한다. 래드클리프 대학을 갓 졸업한 여직원으로, 손에 든 광고는 페이비언 출판사 광고다.

> 비서 여러분. 여러분은 모든 것의 가장 좋은 것을 얻을 가치가 있습니다. 가장 좋은 직업, 가장 좋은 환경, 가장 좋은 보수, 가장 좋은 관계!!

영화가 전개되면서 제목인 '모든 것의 가장 좋은 것'이 무엇을 의미하는지가 열린 질문으로 제시된다. 사랑스러운 남편인가, 성공적인 경력인가? 영화는 여성이 둘 다 가질 수 있다고 현실성 있게 암시하는 드문 대중문화 작품 중 하나다. 또한 여성에게 둘 다 **필요하다**고도 암시하는 듯하다.

영화가 그리는 사무실 여성끼리의 친밀한 우정은 세심하고 다정하다. 이른 아침, 타자수들은 타자기 커버를 벗기면서 수다를 떨고, 화장을 한 번 더 매만지고, 옷 매무새를 고친다. 일터의 유대감도 쉽게 느낄 수 있다. 여직원들은 남자 친구가 결혼 반지를 위해 저축을 하고 있다는 둥의 이야기를 하고 일하는 요령도 공유한다. 캐럴라인의 첫 출

〈더 베스트 오브 에브리싱〉(1959)의 캐럴라인 벤더(호프 레인지 분)와 에이프릴 모리슨(다이앤 베이커 분)이 속기사실에서 이야기를 나누고 있다.

근 날 점심시간이 되자 수석 타자수 메리 아그네스(수 카슨 분)는 점심시간을 오래 써도 된다고 알려 준다. 상사인 어맨다 패로(조앤 크로포드 분)는 "3시 반이나 돼야 들어올 것"이라면서 말이다.

> 캐럴라인: 3시 반까지는 안 온다고요?
> 메리 아그네스: 당연하지. 패로는 임원이잖아.
> 캐럴라인: 그러면 패로는 일은 언제 해요?
> 메리 아그네스: 임원들은 일 안 해. 높이 올라갈수록 일은 더 적게 하지.

하지만 이러한 우정 이면에는 세대 간, 계급 간의 깊은 분열이 있다. 페이비언 출판사 사장인 프레드 샬리마(브라이언 아언 분)는 고급 사무실을 차지하고 있다. 그는 이전 세대에 속하는 놈팡이로, 몹쓸 손놀림을 가지고 있으며, 밝은 파란 눈에 술 취한 듯한 눈길을 하고서, 꾸민 영국식 억양으로 말하는 사람이다(특히 옛 친구 유진 오닐의 이름을 부를 때 가짜 영국식 억양이 두텁게 발음을 감싸는데, 그는 젊은 여직원들을 즐겁게 해 준답시고 유진 오닐 이야기를 꺼내곤 하지만 대체로는 성공적이지 못하다). 프레드의 상대역은 조앤 크로포드가 분한 여성 편집자로, 짙은 눈썹이 매의 날개처럼 날카롭다. 일에 대해 까다롭고 비인간적이며, 뾰족한 말투는 적대적인 환경에서 편집자가 되기 위해 분투한 세월 동안 받았을 상처를 담고 있다. 캐럴라인의 회사 친구[술 좋아하는 아일랜드계 미국인 편집자 마이크 라이스(스티븐 보이드 분)]는 캐럴라인에게 야망을 너무 따르지 말라고 조언한다. 편집자로 올라가려다가 패로처럼 "가차없고 계산적인 여자"가 될 거라면서 말이다.

하지만 캐럴라인의 운명은 다르다. 캐럴라인에겐 선택된 자의 분위기가 있다. 상업 학교를 나온 다른 속기사들과 달리 캐럴라인은 래드클리프를 나왔다. 캐럴라인의 친구들은 다른 데서 일자리를 찾고 있거나, 아니면 시골 출신이다. 그래서 그들은 뉴욕에 대해서도, 그들을 호시탐탐 노리는 남자들에 대해서도 잘 모른다. 캐럴라인은 본능적으로 일거리를 집에 가져와서까지 일하고 장거리 연애를 하던 남자 친구와 헤어진 후에는 삶을 전적으로 일에 쏟아붓는다. 캐럴라인은 '회사녀'가 되려는 충동을 피하는 것 같지만 사실은 회사녀로 살며, 패로가 퇴짜 놓은 원고를 추천한다. 머지않아 캐럴라인은 원고 검토자로, 그다음에는 편집자로 승진한다. 패로는 캐럴라인에게 이렇게 묻는다. "이 일을 왜 하고 싶은가요?" 캐럴라인이 대답한다. "저는 이것 때문에 대학을 갔고 이것을 위해서 일했어요. 저에게는 모든 것이에요." 한편 패로는 연애를 다시 시작해 보려고 하지만 잘되지 않는다. 영화는 패로 세대는 너무 나이가 많다고 말하는 듯하다. 반면 캐럴라인은 직장에서 성공할 뿐 아니라 남자도 만난다. 같은 회사 직원 마이크 라이스다. 이 영화가 정작 암시하는 바는 일과 연애가 그냥 양립 가능하다는 것이 아니라, 일과 연애가 **같은 장소에 있을 때만** 양립 가능하다는 것 같다. 이 것이 바로 '모든 것의 가장 좋은 것'의 의미다.

이 메시지의 으스스한 반전을 1960년 영화 〈아파트〉에서 볼 수 있다. 일터에 대한 어두운 묘사와 감정의 깊이로 볼 때 사무실 영화 중 할리우드 최고로 꼽힐 만한 작품이다. 이 영화는 중산층의 품위에 대한 헛소리들을 깨부수고 사무실이 억압된 싱글 여직원과 비도덕적인 기혼남들로 가득한 곳이라는 생각을 더 밀어붙인다. C. C. 백스터(잭 레먼 분)는 861번 책상에서 일하는 보험 회사 회계팀 사무원이다. 그의 자리는 과장되어 보일 정도로 큰 회계팀의 한가운데다. 첫 장면은 책상이 끝없이 늘어선 〈군중〉부터 큐비클이 끝없이 늘어선 〈뛰는 백수 나는 건달〉까지 사무실 영화가 보여 주는 고전적인 장면을 따르고 있다. 백스터는 자신감이 부족하고 여자들에게 인기가 없다는 장점을 바탕으로 상관에게 여성을 주선하는 시종 역할을 한다. 자신의 아파트에서 유부남 상사가 속기사나 전화 교환수와 퇴근 후에 데이트를 즐길수 있게 해 준다. 이 영화의 기발한 예술적 효과는 사무실의 실력 본위제에 대한 조롱으로 드러난다. 실제 업무와 관련해서는 하는 일이 별로 없는데도 계속 승진을 하는 것이다. 상사들의 성생활이 원활하도록 도운 덕분에 백스터는 빠르게 승진한다. "자네는 임원감이야"와 같이, 사람들은 업무와 아무 상관도 없는 데에 사무실 용어를 사용한다. 백스터의 아파트를 자주 이용하는 중간 관리자 알 커크비(데이비드 루이스 분)도 이렇게 말한다. "셸드레이크(회장)에게 자네에 대해 잘 말해 두지. 우리는 늘 전도유망한 젊은 경영진감을 찾고 있어. 자네는 아주 잘하고 있네." 백스터가 처음 승진한 날 옆 책상의 동료는 이렇게 외친 다. "말해 봐. 어떻게 한 거야, 백스터? 승진한 거야, 잘린 거야?⋯ 나는 너보다 두 배도 넘는 시간을 일하는데." 연공서열은 의미가 없다. 성 취(이것이 함의하는 모든 모호한 것들을 다 포함해서)가 전부다. 한편, 백스 터가 사랑에 빠진 노동자 계급의 엘리베이터 걸 프랜 쿠벨릭(셜리 매클 레인 분)은 하루 종일 엘리베이터로 회사를 오르락내리락한다. 프랜은 회장인 셸드레이크와 관계를 갖지만 직무는 달라지지 않는다.

〈아파트〉도 사무실에 섹스가 넘쳐 나는 것으로 묘사하지만, 『섹스 와 사무실』에서처럼 성적 유희의 공간으로서가 아니라 남성적 동지애 가 뒤틀리고 공포스럽게 발현되는 공간으로서다. 남성들은 새로 온 여

C.C. 백스터(잭 레먼 분)가 승진하다. 영화 〈아파트〉(1960)에서.

직원에게 추파를 던지고 엘리베이터에서 새 비서가 나오면 늘상 희롱을 한다. 회사의 크리스마스 파티는 아니나 다를까 굉장히 불쾌하게 흥청망청하는 성적 파티가 된다. 하지만 섹스는 전적으로 지위와 관련되어 있다. 개인 사무실을 사용하는 고위직은 속기사나 전화 교환수와 섹스를 하지만 백스터처럼 개방형 공간에서 일하는 평직원들은 그런 기회가 없다. 진급을 한 백스터는 새롭게 갖게 된 권위를 성적인 카리스마로 활용하려고 한다. 프랜에게 특혜를 주려고 하는 것이다. 그는 크리스마스 파티로, 그리고 자신의 방으로 프랜을 초대해서 프랜의 직무에 대해 이야기한다.

쿠벨릭: 엘리베이터로 돌아가야겠어요. 이러다가 해고되겠어요.

백스터: 걱정할 필요 없어요. 나는 인사부에 어느 정도 영향력을 행사할 수 있거든. (술을 한 잔 마신다.) 셸드레이크를 아나요?

쿠벨릭: (조심스럽게) 왜요?

백스터: 그는 나와 이런 관계예요. (손가락을 꼬아 보인다.) 그에게 당신을 약간 진급시키라고 내가 이야기할 수 있어요. 엘리베이터 스타터가 되면 어떻겠어요?

쿠벨릭: 제 위로 선배들이 너무 많아서요.

백스터: 전혀 문제되지 않아요. 우리 주말에 만나서 그것에 대해 이야기를 해 보죠.

프랜은 백스터가 매력적이라고 생각하지만 셸드레이크가 (크리스마스에 현금을 선물로 줌으로써) 자신을 완전히 비참하게 만들고 나서야 백스터의 순수한 프러포즈에 대해 생각이라도 해 보게 된다. 마지막에 프랜은 백스터와 잘되지만 사무실의 위계가 엎어지지는 않는다. 수천, 수만 명 중에서 단지 두 사람만이 구제된다.

헬렌 걸리 브라운의 성취는 불평등한 공간으로 운명 지어진 곳에서 비서들이 자유의 영역을 개척해 갈 수 있는 방법을 보았다는 데 있었다. 확신에 찬 브라운의 말 속에서(브라운은 자신의 문체를 '피피푸pippy-poo'라고 불렀다) 옛 지침서들이 담고 있는 우려는 녹아 없어졌다. 예쁘게 보이는 것과 전문성 있어 보이는 것에는 아무 상충도 없었다. 여성스럽게 보이는 것과 일을 잘하는 것 사이에도 아무 상충이 없었다. "이상적인 세계에서라면 두뇌와 재능만으로도 위로 올라갈 수 있겠지만, 세상은 불완전하기 때문에 우편실을 벗어나 올라가려면 어느 정도의 들어 주기, 킥킥대기, 꼼지락대기, 미소 짓기, 윙크하기, 작업 걸기, 기절하기 등이 필요하다."[68] 비서 업무에서 벗어나지 못한다면 어떻게 되는가? "비서 일은 그 일에서 '벗어나지 못한다'고 표현할 만큼 나쁜 일은 아니다. 임원의 비서는 가장 상류층에 있는 남자들과 가까이 있는 사람들이다."[69] 상사에게 알랑거리는 것은 어떤가? 좋은 생각이다. "상사가 '파일 담당실에서 가장 예쁜 여직원이 나에게 남몰래 관심이 있는 모양'이라고 생각하게 할 수 있다면, 크리스마스 무렵에 당신이 받을 수익 분배는 크게 뛰어 있을 것이다."[70] 사무실의 어려움을 헤쳐 나가는 브라운의 방식에는 뒤틀린 구석이 있어서 어떤 사람들은 짜릿해 했지만 어떤 사람들은 불쾌해 했다. 브라운은 대상을 계속 희화화하면서 동시에 너그럽게 면죄부를 주었다. 남자 상사들이 불안정하고 아첨을 원한다고 하면서도 여성들이 그러한 남자 상사들에게 아첨을 해야 한다고 조언하는 것이다. 일은 위대하고 섹스도 위대하다. 브라운은 이렇게 결론 내린다. 그러므로 "위대한 일을 잘하는 것은 섹시하

다."[71] 모든 것이 일에 대한 말장난과 더운 목욕탕에서의 음담패설로
해결 가능했다. 사내 정치에 대해 브라운은 이렇게 말했다. "금욕은 일
자리를 지켜 주지 않는다."

　결국, 브라운도 어두운 면을 알고 있었다. 브라운은 사무직 일자리
가 얻기 어렵고 잃기 쉽다는 것을 알고 있었다. 돈도 덜 받고 권력도 없
는 여성에게는 특히 더 그렇다는 것도 알고 있었다. 브라운은 그 권력
을 잡을 유일한 방법은 모든 것을 긍정으로 반전시키는 것이라고 생각
했다. 여기에는 사무실 남자들이 집적거릴 때 예스라고 말하는 것도
포함되어 있었다. 예스라고 긍정적이고 열정적으로 말할 수 있어야만
노라고 말할 때(남자의 자존심에 상처를 입히지 않고 조용하게 말해야 한다)
노라고 받아들여지게 할 수 있었다. 브라운은 남녀 사이의 권력 차이
를 인정하긴 했지만 여성들이 어느 정도까지는 권력을 가질 수 있다고
믿었다. 그리고 이는 자신의 섹슈얼리티를 완벽하게 컨트롤할 수 있
는 능력을 의미했다. 자신의 직업을 완벽하게 컨트롤할 수는 없다 해
도 말이다. 지금 생각해 보면 브라운의 주장은 많은 부분 무모하거나
순진해 보인다. 권력의 부재와 성적 착취라고 생각되는 것까지도 너
무 많이 긍정하고 있으니 말이다. 하지만 권력의 부재야말로 브라운이
결코 인정하지 않으려고 했던 것이었다. 게임의 규칙을 벗어나지 않는
한에서의 권력뿐일지라도.

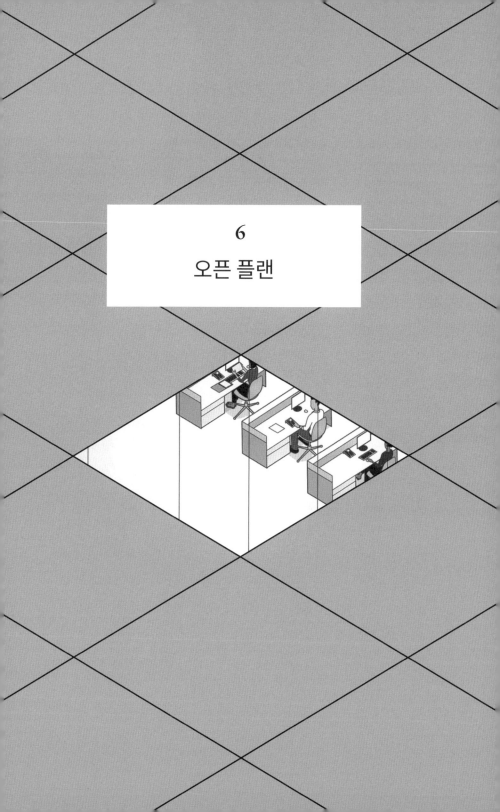

6

오픈 플랜

분명히 동굴 인간은 좋은 동굴을 발견해서 몹시 기뻤을 것이다.
그러면서도 밖을 내다볼 수 있는 동굴 입구에 자리를
잡았을 것이다. 등 뒤를 보호하면서 밖에서 무슨 일이
벌어지는지를 아는 것은 매우 좋은 생존 법칙이다.
사무실 생활에서도 이는 매우 좋은 생존 법칙이다.

— 로버트 프롭스트, 『사무실: 변화에 기반한 시설 The Office: A Facility Based on Change』[1]

프랑스 감독 자크 타티 Jacques Tati의 영화 〈플레이타임 Playtime〉(1967)에서 주인공 윌로(높은 코에 트렌치코트를 입은 전형적인 프랑스인의 모습이다)는 넓은 대로와 고층 건물이 즐비한 미래 도시 파리에 모종의 임무를 띠고 와 있다. 영화 세트장이 보여 주는 도시는(이 영화는 전부 세트장에서 촬영됐다) 르코르뷔지에의 꿈이 실현된 듯하다. 완전히 합리적인 설계에 따라 세부 사항이 모두 사전에 그려져서 어떤 것도 잘못될 수 없을 것 같은 **빛나는 도시**. 에펠 탑이 상징하는 옛 파리는 커튼월의 유리 표면이나 초현대식 건물의 넓은 로비로 이어지는 투명 문에 비치면서 배경으로 보인다. 카메라가 주인공을 따라가면서, 새 거대 건물의 내부를 걸어서 지나가는 데에 얼마나 오래 걸리는지를 보여 준다. 극도로 관료적이 된 미래 도시의 동질적이고 텅 빈 시간을 강조하는 듯하다. 윌로가 건물의 한 끝에서 다른 끝까지 가거나 1층에서 꼭대기 층까지 가는 데에는 영원 같은 시간이 걸리지만 영화가 보여 주는 것은 가련

자크 타티의 영화 〈플레이타임〉(1967). 묘하게 선견지명이 있어 보이는 장면이다.

한 인간 거주자들이 이해하기에는 너무나 빠르게 움직이고 너무나 커져 버린 문명이다. 윌로는 계속해서 길을 잃거나 엉뚱한 방향으로 간다. 현대식 레스토랑을 반짝거리게 하는 전기는 자주 끊긴다. 알고 보니 새 건물은 엉성하게 지어졌고 곧 무너진다.

　이 영화에는 반세기가 지난 오늘날의 관람객에게 마치 환영처럼 보이는 장면이 하나 있다. 윌로가 에스컬레이터를 타고 올라가면서 넓고 트인 층을 위에서 내려다보는데, 정장 차림의 직원들이 각자 네모난 상자 속에 고립되어 일하고 있다. 타티는 오래 바라보면서 이것의 불합리와 공포를 전달한다. 미래에는 사무실이 없을 것이며 우리 모두 이러한 육면체 안에 들어가 서로에게서, 그리고 자신에게서 숨겨진 채로 일하게 될 것이라고 말하는 듯하다.

□

1958년에 허먼 밀러 컴퍼니Herman Miller Company는 콜로라도 대학 미술학과 교수 로버트 프롭스트Robert Propst를 새 연구동의 책임자로 영입했다. 허먼 밀러는 원래 자기 분야인 사무 가구에서 영역을 확장해서 디자이너들이 손대 보지 않았던 분야(건축, 병원, 학교 등)로 들어가려 하고 있었다. 그리고 프롭스트는 이 일에 가장 이상적인 후보자로 보였다. 프롭스트는 학계에 적을 두고는 있었지만 활동이 매우 왕성하고 광적이다 싶기까지 할 정도로 창조적인 프리랜서 지식인이자 조각가이자 이론가였다. 빨간 머리에 자신만만한 성격의 서부인인 프롭스트는 허먼 밀러에 올 때 놀이터 장비, 비행기 부품, 심장 판막, 목재 수확 기계, 가축에 이름표 붙이는 기계 등에 대한 특허를 가지고 있었다.[2] 하지만 디자인을 전문적으로 배운 적은 없었는데, 이것은 오히려 강점으로 보였다. 디자이너들이 생각하는 전통적인 한계를 벗어나서 더 깊은 문제들을 탐구하고 실현 가능한 해결책을 생각해 낼 수 있을 것으로 기대되었다. 프롭스트의 박식가적 면모를 보고 경영진은 회사를 새로운 방향으로 이끄는 일에 적임자라고 생각했다.

허먼 밀러의 선임 디자이너 빌 스텀프Bill Stumpf는 프롭스트와 일하는 것이 "환상적이었다"고 말했다. "그는 한 시간 안에 온 세상을 새로 발명할 수 있었다. 그의 생각은 폭죽처럼 터졌다."[3] 프롭스트의 탐구적인 영혼은 주위 환경에 대한 끊임없는 불만과 관련이 있었다. 아니, 그 불만이 탐구적 영혼의 양식이었다. 때로 그 불만은 자신에게 동의하지 않는 사람들에 대한 불만으로 표출되기도 했다. "프롭스트의 생각이나 사고방식을 지지하지 않는 사람은 그와 인간관계가 틀어지는 일을 겪었다." 허먼 밀러 직원인 톰 프라트Tom Pratt는 이렇게 회상했다. "그는 자신의 방식이 옳다고 믿었고 대체로 그가 옳았다."⁴ 프롭스트와 일했던 사람들은 그가 많은 것을 못 견뎌 했고 그것들을 고치려는 억누를 수 없는 욕망이 있었다고 기억한다. 디자인의 해법을 찾을 때도 프롭스트는 인간이 자신이 지은 세계를 매우 잘못 관리하고 있다는 전제에서 항상 출발했다. 온통 다 잘못되었다는 것이었다. 아무도 알아보려 하지 않아서 그렇지 작은 실증 연구만으로도 자신의 가설을 확인할 수 있을 것이라고 그는 생각했다. 프롭스트에 대한 전설 중에 널리 회자되는 이야기를 하나 소개하자면, 이 회사에 오고 얼마 지나지 않아 프롭스트는 디스크로 몇 주간 병원 신세를 져야 했다. 병원에서 그는 환자를 보살피는 시스템의 비효율을 관찰하기 시작했다. 한 간호사가 행정 담당자에게, 환자 한 명이 노트에 끊임없이 뭘 적고 있다고 보고했다. 행정 담당자가 와서 무엇을 하는 것인지 묻자 프롭스트는 노트를 꺼내서 낭비되는 에너지, 손실되는 시간, 불필요한 동작 등을 관찰한 엄청난 분량의 기록을 보여 주었다. 몇 년 뒤 프롭스트는 캐비닛, 트레이, 병원 가구를 모듈식으로 만들어 쉽게 조립, 이동, 해체할 수 있는 시스템을 개발하는데, 이 '코/스트럭Co/Struc' 시스템은 전국 각지의 병원에 도입된다.

환자 관리 시스템과 같은 곁길로 새기도 했지만 프롭스트는 허먼 밀러가 벗어나려 했던 한 가지 영역으로 계속해서 돌아왔다. 바로 사무실이었다. 당시 허먼 밀러 회장이었던 휴 드프리Hugh De Pree는 역사가 존 베리John Berry에게 이렇게 말했다. "(프롭스트는) 농업에서 의약에 이르기까지 아이디어, 개념, 스케치 들을 즉시 쏟아 내기 시작했다. 홍미

일하고 있는 로버트 프롭스트.

롭게도, 다른 영역들을 탐험하고 싶은 욕망은 우리 둘 다 가지고 있었
지만, 그가 지속적으로 관심을 쏟은 첫 프로젝트는 사무실이었다."[5]
흥미롭기는 했어도 놀라운 일은 아니었을 것이다. 미술계와 학계를 떠
나 기업으로 옮겨 오면서 프롭스트가 수백만 명이 발견했던 사실 하나
를 발견했기 때문이다. 사무실에서 일하는 사람은 모두 작업 공간의
배열을 생각하면서 엄청난 시간을 보낸다는 사실을.

　　프롭스트는 미시건 주 앤아버의 작은 건물에 연구소를 차렸다. 허
먼 밀러는 미시건 호 동쪽, 네덜란드 시민들의 후손이 사는 작은 전통
마을 질랜드에 있었다. 프롭스트는 앤아버의 학구적인 분위기가 아이
디어를 떠올리는 데에 질랜드보다 더 적합하다고 생각했다. 또 훨씬

다양한 연구진을 구성할 수 있었다. 그리고 사무실 업계에서 요구하는 가구나 배열을 따를 필요가 없었기 때문에 자신의 작업 공간을 비교적 자율적으로 관리할 수 있었다. 평판 책상 하나로 이뤄진 전통적인 공간에 즉시 싫증을 느낀 그는 서서 일하는 책상부터 자료를 세워 둘 진열 스탠드까지, 다양하고 수많은 '워크스테이션'들을 계속해서 시도했다. 그는 서류를 파일에 보관하면 '안 보이면 멀어지는' 문제가 생긴다는 것을 알고서, 할 일을 시각적으로 상기시키도록 잡지나 서류를 세워 놓을 수 있는 진열 스탠드와 색으로 내용을 구분하는 시스템을 고안했다. 그리고 일반 사무실의 단조로운 좌식 생활과 달리, 자신이 계속 움직인다는 사실을 깨달았다. 한 작업 공간에서 다른 곳으로, 서 있다가 앉는 쪽으로…. 이 모든 활동에서 그는 더 생산적이고 깨어 있으며 생기 넘치는 느낌을 받았다.

　동시에, 프롭스트는 사회학이나 행동과학 저널들을 탐식하듯 읽어 댔다. 이때는 인간과 인간-환경 관계에 대해 새로운 관점이 생겨나던 1960년대였다. 사이버네틱스의 선구자인 노버트 위너Norbert Wiener는 기술이 인간의 특성을 대체하면서 인간의 연장延長이 될 잠재력이 있다고 주장했다. 뒤이어 마셜 매클루언은 미디어에 대해 이와 비슷한 주장을 폈다. 인류학자 에드워드 T. 홀Edward T. Hall은 인기 저서『침묵의 언어The Silent Language』(1959)에서 각 문화권에서 다양하게 드러나는 비언어적 소통 양식에 주목했다. 공간도 그중 하나였다. "수천 가지 경험을 통해 우리는 공간이 커뮤니케이션하고 있음을 무의식중에 안다. 이 사실은 문화마다 공간이 다른 양상으로 조직된다는 점을 깨닫지 못했더라면 파악할 수 없었을 것이다."[6] 공간에 대한 무의식적 태도를 다룬『숨겨진 차원The Hidden Dimension』은 모든 종류의 건축가, 디자이너,

설계자의 열렬한 관심을 끌었다. 이 책에서 그는 "사회적 공간과 사적 공간, 그리고 그에 대한 인간의 인식"에 대해 약간 장황하게 논의한 뒤, 이 분야를 일컫는 '근접공간학proxemics'이라는 말을 선보인다. 근접공간학은 다음과 같은 홀의 주장을 바탕으로 하고 있다. "**인간과 환경은 서로를 구성한다.** 인간은 자신이 살고 있는 전체 세계를 실질적으로 창조해 내는 위치에 있다.… 그런 점에서, 우리가 인간에 대해 아는 것이 얼마나 적은지를 생각하면 공포스러울 정도다."[7] 홀은 재개발로 쑥대밭이 되고 다양한 인종의 통합으로 혼란스러워진 미국 도시를 이야기한 것이었다. 하지만 주위 환경을 제대로 이해하지 못한 문명의 악영향은 사무실이라는 평범한 공간에서도 나타나고 있었다. 주위 환경에 무지한 것은 사람들이 신경을 별로 안 쓰는 공간(가령 근무 공간)에서 더 일반적이니 말이다. 100명이 넘는 사람들과의 면접 조사를 토대로, 홀은 사무실에 디자이너가 간과하는 숨은 영역 세 개가 있다고 주장했다.

1. 책상과 의자라는 직접적인 작업 공간
2. 1의 공간 밖으로 팔 닿는 곳에 있는 일련의 지점들
3. 자리에서 일어나지 않고 책상에서 최대한 몸을 밀거나 뻗었을 때 닿을 수 있는 공간[8]

테일러의 사도 W. H. 레핑웰도 사무실 생활의 세세하고 구체적인 측면을 연구했지만 레핑웰의 작업은 눈에 띄지 않는 공간들을 사용하는 데서 비효율을 없애려는 것이 목적이었다. 반면 홀의 논의에 따르면 공간 사용의 비효율은 나쁜 습관을 반영한다기보다 인간의 욕구를 표현하는 것으로, 혹은 근무자의 지식에서 복제나 제거가 불가능한 암

묵적 차원을 드러내는 것으로 볼 수 있었다.

　프롭스트 같은 사람이 덥석 붙잡을 만한 종류의 연구였다. 얽매이지 않고 끊임없이 공부하는 지식인으로서 프롭스트는 호기심이 이끄는 대로 인류학, 사회학, 사회심리학 등을 넘나들며 이런 주제를 왕성하게 공부했다. 그러면서 아마추어 디자이너로서 그것을 사무실에 적용하는 방법에 대해서도 생각하기 시작했다. 프롭스트에게 사무실의 언어와 사회과학의 언어는 매우 유사했다. 그는 조사에 착수했다. 여러 곳을 돌아다니면서 노동자, 의사, 심리학자, 산업 관계 학자 들을 만났는데 이들은 프롭스트가 자신의 사무실에서 떠올린 통찰을 확인해 주었다. 균형 잡힌 신체 활동과 집중해서 작업하기에 좋은 환경의 필요성, 시각 자극의 실용적 기능, 개방된 작업 공간의 기능 같은 것들 말이다. 그는 사람이 공간에 반응하는 다양하고 중층적인 양상을 반영할 수 있는 새로운 노동 방식이 필요하다고 느끼게 되었다. 이 연구가 원형이 되어, 상판을 여닫을 수 있는 서서 일하는 책상, 색상으로 분류한 시각적인 파일 폴더, 커뮤니케이션 워크스테이션, 아래로 펼치면 진열대가 나오는 낮은 책상 등이 탄생했다. 인터뷰 대상자들은 자신의 작업 공간에 대해 (유도 심문 같기도 한) 25개의 질문을 받았다. "너무 책상 앞에만 앉아 있다고 느낍니까?" "중요한 정보에서 부당하게 소외되어 있다고 느낍니까?" 그리고, 가장 중요한 것으로, "당신의 사무실은 변화에 적응할 만큼 융통성이 있습니까?"

　더 나은 작업 환경을 만들기 위한 프롭스트의 노력을 보면 훗날 '어거노믹스ergonomics'(인체 공학─옮긴이)라고 불리게 되는 것의 초기 형태를 발전시키고 있음을 알 수 있다(어거노믹스는 그리스어에서 온 말로 '과업을 관리하는 규칙들'이라는 의미다). 오늘날 어거노믹스는 허리뼈를 받쳐 주는 의자에 대한 평범한 논의로 보이지만, 인간과 환경의 관계와 인간이 노동하는 방식의 속성을 이해하려는 프롭스트 같은 이들의 노력에서 시작된 것이었다. 그리고 프롭스트가 **사무실** 일에 관심이 있었으며 사무실 일이 독특한 종류의 활동이라고 생각했다는 점은 특히 중요하다. 테일러주의자들이 사무실 일을 공장 작업과 비슷하게 보는 기계적 관점을 제시한 이래, 사무실을 본질적으로 다른 공간으로 보면서 종합적인 연구를 시도한 사람은 거의 없었다. 사무실 일이 화이트칼라나 깨끗한 환경과 결부된 우월한 지위를 누리긴 했지만 디자이너들은 아직 이 일을 더 생산적이고 쉽게 만들어 주는 시스템을 만들어 내지 못했다. 프롭스트는 사무 노동이 정신노동이며, 정신노동은 육체역량을 강화해 주는 환경과 관련 있다고 주장한 초창기 디자이너였다. 책상을 바꾼다는 것은 곧 그 사람이 세상에서 존재하는 방식을 바꾸는 것이었다. 허먼 밀러의 뛰어난 디자이너 조지 넬슨이 고고하게 말해듯이 "신은 인간이 한자리에서 움직이지 않고 있도록 인간을 만들지 않았다.… 이것들은 그저 책상이나 캐비닛이 아니다. 이것들은 생활의 방식이다." 사무 디자인이 그 자체로 하나의 영역으로 등장했다.

□

알려졌다시피 1960년대에 세계 각지가 문화적 격변을 겪었다. 하지만 그런 변화가 다 기업과 회색 양복에 적대적이었다고 보면 안 된다. 토머스 프랭크Thomas Frank가 『쿨함의 정복The Conquest of Cool』에서 보여 주었듯이, 비즈니스, 특히 연성 분야인 광고, 경영 이론, 홍보는 反문화 기조를 지배한 개인주의와 부드럽게 조화되었다. 비즈니스는 단지 반문화를 활용했다기보다 반문화가 일으킨 많은 변화들을 예견하고 받아들였으며 어떤 것은 확산시키기도 했다. 순응성과 관료제에 대한 강박적 우려가 기업 세계에 내재적인 것이었다면, 개인성에 대한 집착도 그만큼이나 기업 세계에 내재적인 것이었다. '민주 사회를 위한 학생 연합'(반문화 세력—옮긴이)과 기업의 중간 관리자 모두가『고독한 군중』을 읽었다. 그리고『조직인』의 저자는 경제지『포천』의 기자였다. 사회 비판서의 측면도 있긴 하지만『조직인』은 기본적으로 기업 리더들이 창조적인 일터 공간을 만들도록 독려하는 책이었다. 일터가 순응적인 꼭두각시를 양산하기보다는 개인성을 함양하는 곳이 될 수 있도록 말이다.[9]

저명한 경영 이론가 더글러스 맥그레거Douglas McGregor가 쓴『기업의 인간적 측면The Human Side of Enterprise』은 1960년대 이래로 무수히 쏟아져 나온 직장 생활의 '정신적' 안내서 중 가장 유명하다. 인간의 가치와 욕구라는 질문에 대해 사회과학적 접근을 촉구한다는 점에서 맥그레거는 홀과 맥을 같이한다. "지난 세기에 우리 사회에서 관리자가 관리를 할 수 있는 여지는 크게 줄었다. 이에 대한 한 가지 접근 방법은 관리에 대한 모든 제약을 불합리한 것으로 보고 다 없애려 하는 것이다.… 다른 접근 방법은 인간의 가치들에 좀 더 관심을 기울이면서 적극적·의식적·윤리적인 규율을 통한 자기 통제를 이끌어 내는 것이다."[10] 이후에 나온 성공한 경영서들과 마찬가지로, 맥그레거는 획기적인 이론을 짧고 이해하기 쉬운 말로 표현했다. 시간에 쫓기는 경영자도 요약만 훑어보면 내용을 주워섬길 수 있게 말이다. 많은 이들이 그랬듯이 맥그레거는 자신을 테일러와 반대편에 위치시켰다. 그는 테일러주의를 X 이론의 대표로 꼽았다. X 이론은 위계적이며 강요, 조작, 감독을 포함한다. X 이론은 인간이 천성적으로 노동을 싫어한다고 가정한다. 따라서 관리란 노동자가 일을 하도록 지시, 통제, 위협하는 것을 의미한다. 화이트가 통제 사회의 징후라고 본 성격 테스트를 맥그레거도 검열이자 프라이버시 침해로 꼽았다. 왜 민간 기업이 개인의 세세한 선호와 사회적 태도까지 알아야 한단 말인가?

반면 Y 이론은 노동 과정에서 얻는 즐거움이 '놀이나 휴식에서 얻는 즐거움만큼이나 자연스러운 것'이라는 개념에 기반한다.[11] 그리고 스스로 방향을 정하는 것과 스스로 통제하는 것이 나뉠 수 없다고 본다. 노동자는 막대한 지적 잠재력이 있지만 현대의 삶에서는 그중 아주 일부만 실현된다. 경영자는 직원 개개인의 주도력을 인식하고 직원 각자가 자신의 목적들을 실현하도록 부드럽게 독려해야지, 규율로 겁을 줘서는 안 된다. 맥그레거는 심리학자 에이브러햄 매슬로Abraham Maslow의 "높은 수준의 자아 만족"이라든지 "자아 실현 욕구"와 같은 뉴에이지적 구절로 Y 이론을 설명했다. 또 참여, 개방성, 인간주의 등을 이야기했다. 숨 막히는 순응주의가 이미 많이 논의되던 1960년대에, 맥그레거의 책은 즉시 널리 받아들여졌다. 아마 경영자들이 가장 많이 인용한 경영서일 것이다.[12] 이후에 나온 경영서들도 대체로 직원의 개인성을 존중해야 한다고 주장한다(테일러주의적 강압의 가치를 재발견하는 책도 있긴 했다. 인텔Intel 최고 경영자 앤디 그로브Andy Grove의 『편집광만이 살아남는다Only the Paranoid Survive』가 그런 예다). 또 대부분이 맥그레거의 뉴에이지적 문체를 쓰지는 않았더라도 맥그레거의 발자취를 따르고 있다. 프랭크의 말을 빌리면 "오늘날의 수많은 경영서는 모두 맥그레거에 대한 긴 헌사, Y 이론에 대한 끝없는 주석으로 보인다."[13] 사실 맥그레거 이론은 그 이전 20년간 이어져 온 인사 관리론의 후손이었다. 인사 관리 학자들은 산업 발전에 대해 비관적인 견해를 편 엘턴 메이오의 뒤를 이으면서도 심리적 훈련의 필요성을 늘 주장해 왔다.[14] 또 인사 관리론의 성장은 생산직에 비해 사무직이 급증한 것과도 관련이 있었다. 사무직 노동자의 수가 너무 많아져서 모두 승진하기는 불가능해진 것이다. 인사 관리는 직원들이 승진 가능성보다는 현재의 일에서 만족을 찾게 하려고 노력했다. 또 인사 관리 지식을 활용하면, 즉 (데일 카네기Dale Carnegie의 표현대로) "내 편을 얻고 사람들에게 영향을 미치기" 위해(데일 카네기가 쓴 『인간관계론』의 원제가 『내 편을 얻고 사람들에게 영향을 미치는 법 How to Win Friends and Influence People』이다—옮긴이) 다른 사람들을 교묘하게 다루는 수완을 사용하면 사무실 관료제에서 위로 올라가는 데에도 도움이 되었다.[15]

Y 이론적인 다정한 일터가 떠오른 더 직접적인 계기는 노조의 위협이었다. 1920년대와 1930년대 노조의 성장에 대한 역풍으로 1947년에 노조 결성과 파업에 크게 제약을 가하는 태프트하틀리 법이 통과됐다. 하지만 노조 조직화는 전후에 정점을 기록했다. 민간 부문 노동자 중 35.5퍼센트가 노조에 가입돼 있었고 쟁의 행위도 증가했다. 미국 평균 노동자의 하루당 노동 손실은 0.55일로 영국(0.13일), 독일(0.04일)보다 훨씬 높았다. 하지만 노조는 숨은 문제를 겪고 있었다. 자동화 탓에 노조의 기반인 공장 노동자가 전처럼 빠르게 증가하지 않았다. 그런데 화이트칼라 노동력은 증가 속도도 빨랐을 뿐 아니라 절대 숫자로도 블루칼라를 능가했다. 1956년 노동통계국 통계가 이 엄청난 변화를 보여 주는데, 블루칼라 노동자가 2000만 명, 화이트칼라 노동자가 2700만 명이었다. 핵심 산업 국가인 미국에서 이는 굉장한 변화였고 노조 지도자와 기업 경영자 모두가 이 변화를 이해하기 위해 고전했다.

당시에 분명하게 인식되지는 못했더라도 이런 변화는 노조에 위기를 가중시켰다. 화이트칼라 조직화를 담당한 어느 노조 지도자는 1957년 『하퍼스 Harper's』에 기고한 글에서 자신의 업무가 달성 불가능한 일이라며, 전술을 완전히 바꾸지 않는 한 화이트칼라를 설득하려는 노조는 실패할 수밖에 없다고 언급했다. 노조 상층부에서 비난받을 것을 우려해 익명을 요청한 이 기고자는 많은 이들이 부인해 왔지만 이제 마지못해 인정하기 시작한, 다음과 같은 결론을 내렸다. 화이트칼라 노동자는 다르다. 화이트칼라들은 일을 마치고 매일 씻을 걱정을 하지 않아도 되는 깨끗한 일을 한다. 그들은 상향 이동의 아메리칸 드림을 열렬히 믿는다. 연공서열에 따라 차근차근 올라가는 것보다 불안정하더라도 실력에 따라 올라가는 것을 선호한다. 노조는 '존엄'을 약속했지만 화이트칼라는 사회적 특권과 새하얀 옷깃 덕분에 존엄을 이미 가지고 있다고 생각했다. 블루칼라의 자녀 중에서도 많은 수가 사무실에서 일자리를 구했다. 암묵적으로든 아니든 동의하고 있었기 때문이다.

사무직 노동자들은 자신에게 어디로든 지니고 갈 수 있는 종류의 직무 역량이 있다고 믿었다. 『하퍼스』 기고자에 따르면 철강이나 석탄 공장의 노동자는 자신의 일자리를 빈 그릇으로 여겼다. 자신의 정체성을 말할 때 구체적인 업무보다는 속한 업계를 이야기했다. 반면 사무직 노동자는 스스로의 정체성을 직무로써 규정했다. '속기사'라든가 '파일 담당자'라는 식으로 말이다. 그리고 진급을 한다면 그 특정 직무에 대한 자신의 역량 덕분이라고 생각했다. "화이트칼라는 직무 역량으로 자신을 이야기하며 그것을 다른 직장으로 옮길 때 가지고 갈 수 있는 것으로 여긴다. 인사 담당관이 무작위로 할당해서 그 직무를 갖게 된 것이 아니라 그 일에 재능이 있고 관련 교육을 받았으며 그 직무에 투자를 했을 것이다. 그는 일에서 받게 될 보수뿐 아니라 자신이 일에 기여하는 바에도 관심이 있을 것이다."[16] "위대한 아메리칸 드림은 여전히 블루칼라보다는 화이트칼라에게 영향력을 발하고 있다."

또한 노조는 사람들 사이에서 험하고 안 좋은 이미지를 갖고 있었다. 노조의 세계는 직설적인 주장과 공격적인 파업으로 이뤄진 것 같았다. 이런 정면 대치의 방법은 암시와 속임수가 팽배한 사무실 정치의 미묘한 기술에는 해로운 것이었다. 물론 노조는 이것이 화이트칼라 노동자가 겪는 근본적인 착취 관계를 보여 준다고 주장했다.

> 우리 경제에서 화이트칼라는 가장 많이 착취당하는 집단이다. 협상 가능하지 않게 정해진 급여에 묶여서, 물가 인상 때마다 피해를 보며 (물가에 연동되는 임금 조항 같은 것으로 보호받지 못한다), 자신을 대변할 정치적 목소리도 없어서 진정으로 '밑지는 쪽'에 있다. 하지만, 스타인벡의 『분노의 포도』에 나오는 농장 노동자처럼, 그들은 누구를 공격하는가? 아침마다 투덜거리는 회계부장 터너 씨를 비난하는가? 조합원을 위해 늘 상당한 임금 인상을 쟁취해 내서 (철강업계 임원들 주장처럼) 물가를 올리고 있는 철강 노동자들을 공격하는가? 약속을 절대 지키는 법이 없는 정치인들을 비난하는가? 자신이 일하고 있는 회사를 비난하는가? 아니다. 경영진을 공격하고 노조에 가입하기는커녕, 그저 미적대면서 자신들의 희망을 가지고 살아간다."[17]

기고문을 쓸 당시에 이 노조 지도자는 자신의 업무(화이트칼라 조직화)를 달성할 수 있을지가 관심사였다. 하지만 오늘날의 우리로서는,

더구나 노조 조직화의 그리 행복하지 않은 결말을 알고 있는 우리로서는, 더 근본적인 질문을 해 보게 된다. 사무직 노동자들은 스스로에 대해 어떻게 생각했을까? 알다시피 C. 라이트 밀스는 새로운 중산층이 특징 없음이라는 특징을 갖는다고 보았다. 뚜렷한 족적을 발전시키거나 정치 세력화할 가능성은 별로 없으며, 우세해 보이는 쪽을 그냥 따라가는 경향이 있다고 말이다. 그 이후에 사무직 노동자들을 대상으로 진행된 설문 조사들은 밀스가 말한 '중간 계층성'을 뒷받침해 주는 것 같았다. 1962년에 진행된 한 조사는 '믿을 만함', '일에 양심적으로 임함', '의존할 수 있음'과 같은 각 항목에 대해 고위 경영진, 사무직 노동자, 공장 노동자에 대한 인식을 점수로 매기도록 했다. 모든 항목에서 사무직 노동자들은 자신이 나머지 두 집단 모두와 구별된다고 보긴 했는데, 경영자 쪽을 호의적으로 본 반면 공장 노동자에게는 모든 항목에서 가장 낮은 점수를 주었다.[18] 사무직 노동자들은 '위'와의 구분은 어떻든지 간에, '아래'의 노동자들과는 자신이 확실히 구분된다고 여기고 있었다.

하지만 『하퍼스』 기고자의 글을 보면, 사무직 노동자들 사이에 또 다른 종류의 자기 인식을 가진 사람들이 생겨났음을 알 수 있다. 특정한 직무 역량과 지식을 가지고 있어서 직업적 이동성이 있다고 생각하는 사람들 말이다. 그들은 자신이 '조직인'과 달리 조직에 매여 있지 않고 옮겨 다닐 수 있는 수완과 능력과 힘을 가지고 있다고 생각했다. 그들은 일에 내재한 만족을 찾으라는 인사 관리의 조언을 따르려 하기보다는, 자신의 능력에 대해 반응해 주는 조직을 원했다. 다른 말로, 그들은 **실력 본위제**meritocracy를 원했다.

새로 떠오른 사무직 노동자의 자기 인식은 전 시대에 만들어진 경영 위계에 조응하지 않았다. 이제 좌파부터 우파까지, 노조 활동가부터 경영학 교수까지, 모든 이들이 사무직 노동자에 대한 새로운 개념의 등장을 목도하게 된다.

□

'지식 노동자'라고 불리는 이 새로운 종류의 노동자를 파악하는 일에 사회학자와 경영학자들이 두 세대에 걸쳐 매달렸다. 그리고 기업계에서 지식 노동자를 예찬하는 임무를 맡은 사람은 피터 드러커Peter Drucker였다. 드러커는 이 용어를 만든 사람이기도 하다. 오스트리아 이민자인 드러커는 프리드리히 하이에크Friedrich Hayek, 조지프 슘페터, 루트비히 폰 미제스Ludwig von Mises, 카를 포퍼Karl Popper 등이 있는 오스트리아 보수 학파의 큰 계보에 속했다. 이들은 나치 독일이 오스트리아를 합병하자 고국을 떠나야 했다. 1930년대의 위기는 그들에게 그랬듯 드러커에게도 사상을 형성하는 데에 큰 영향을 미쳤다.

미국에 온 드러커는 기업에서는 컨설턴트로, 대학에서는 강연자로 활동했다. 두드러지게 교양 있는 태도와 숱 많은 검은 머리(나중에 대머리가 됐을 때도 마찬가지로 인상적이었다), 넘치는 카리스마와 학식으로 그는 다가가기 어려우면서도 매력적인 사람으로 보였다. 그는 '변화'라는 주제에 대해 뻔뻔하다 싶을 만큼 거창한 제목으로 일련의 책들을 펴냈다(『새로운 사회 The New Society』, 『단절의 시대 The Age of Discontinuity』 등). 이런 책들은 경영자들을 사로잡았다. 그의 책은 강한 경구체에 미래 인간에 대한 예언적 언명이 가득했으며, 어떤 미국 경영학자도 감히 시도해 보지 못한 권위를 담은 어조로 쓰여 있었다. 철학서를 안 읽는 기업인들에게는 드러커가 그들의 철학자였다. 드러커의 지성은 자칫 지루해지기 쉬운 경영 이론에 윤을 냈다. 조직이라든지 기업 구조 같은 것을 논하면서도 놀라울 정도로 많은 학문 분과(사회과학, 역사, 경제)를 거침 없이 넘나들었고, 미국 경영학자들이 '자아실현'이라는 미심쩍은 정 신적 수사에만 머물러 있을 때 (오스트리아 선배들이 그랬듯이) 시대와 대 륙을 넘나들었다. 기업이 치열한 경쟁에 내몰린 1980년대와 1990년 대에는 사회 불평등에 대해 비판했다. 이제 노년이 된 드러커는 그의 이론을 잘 모르는 게 분명한 경영자들 사이에서 성인의 반열에 들었 다 할 만한 명성을 얻었다. 도덕적 경영자에 대한 드러커의 희망이 세 계화의 조류에 휩쓸려 가라앉아 버린 오늘날, 드러커의 경구들은 탁상 달력과 명언 모음집을 장식하고 있다. 버락 오바마도 가장 좋아하는 저자로 드러커를 꼽았다.

맥그레거처럼 드러커도 떠오르던 반문화와 고루해 보이는 기업의 세계를 의도치 않게 조화시켰다. 그 자신은 반문화주의자가 아니었지 만 사무실을 외부의 황량한 세계에 맞서 더 살 만한 곳으로 만들고 싶 어 한 후대 사람들에게 드러커의 개념들은 유용했다. 특히 1960년대 에 드러커는 그를 매우 유명하게 만든 개념을 설파한다. 가장 중요한 자원인 '지식'을 다루는 기술직, 전문직 노동자가 점점 증가하고 있으 며 이들이 경제의 중심이 되리라는 견해였다. 이들은 중산층 노동자 로, 자신을 결코 프롤레타리아와 동일시하지 않으며 경영자와도 동 일시하지 않는다. 드러커는 이들을 "지식 노동자"라고 부르면서, 책임 있는 사회를 만들 역사적 임무가 이들에게 있다고 주장했다(드러커는 1962년에 '지식 노동자'라는 말을 썼는데, 비슷한 시기에 사회 이론가 프리츠 매클 럽Fritz Machlup도 독자적으로 이 말을 고안했다).

드러커에 따르면 이 시기의 주된 변화는 지식을 일에 적용해야 할 필요성이 커지고 있다는 점이었다. 지식을 일에 적용하는 것은 지식 그 자체와는 달랐다. 책에 나오는 수학 공식은 학문에서 유용한 지식 형태이지만 우주 개발에 적용되는 수학은 '지식 노동'이었다. 광고나 마케팅 같은 분야도 여러 학문의 지식을 대중 설득의 기술에 적용하는 지식 노동을 필요로 했다. 대학에서 프로이트와 뉴턴에 통달하는 것과, 프로이트의 통찰을 칫솔 판매에 이용하고 뉴턴의 이론을 소련을 놀라게 할 탄도 미사일에 이용하는 것은 다른 문제였다.

드러커는 지식 노동 자체도 역사적인 대변화에서 나왔다며 그 기원을 테일러로 꼽았다. 하지만 흥미롭게도 드러커의 역사적 설명을 보면 매우 중요한 부분이 자의적으로 생략돼 있다. 드러커에 따르면 테일러가 본 세계는 노동이 생각 없이 이뤄지던 세계였다. 노동은 원하는 만큼 '계획'되지 못했다. 노동자들은 '더 똑똑하게' 일하기보다는 그저 '더 열심히' 일할 뿐이었다. 그러니까, 테일러가 등장하기 전까지는 말이다. 드러커는 테일러가 "역사상 처음으로 노동 자체를 지식인이 관심을 두어야 할 대상으로 삼았다"고 설명했다.[19] 공장 노동자의 생각 없는 노동에 대한 드러커의 묘사는 전적으로 테일러에게서 가져온 것이었으며 그들은 일을 조직하고 계획하는 능력이 결여되어 있다고 여겨졌다. 하지만 이는 사실과 다르다. 테일러 이전에도 노동은 작업 방식을 스스로 통제할 수 있는 노동자들에 의해 조직되어 있었다. 그들이 작업에 적용하는 지식은 (사회학자 마이클 폴라니Michael Polanyi의 구분을 빌리면) '명시적 지식'이라기보다는 '암묵적 지식'이었다. 그들 사이에 공유되고 암묵적으로 암호화한 언어를 통해 발전한 지식이었던 것이다. 테일러가 하려 한 일은 노동자들에게서 암묵적 지식을 끄집어내어 다른 집단, 즉 '산업 엔지니어'들에게 집어 넣는 것이었다. 드러커는 이들을 현대 지식 노동자의 '원형'이라고 보았다. 이는, 그럴 법하긴 해도, 노동 과정에 이미 오랜 세월 존재했던 막대한 지식을 간과한 설명이었다.[20] (테일러 본인도 노동자들이 '최선의 작업 방식'을 배운 뒤에도 자신이 일하던 옛 방식으로 돌아간다며 애석해 하곤 했다.[21]) 사실에 부합하지는 않았지만 이런 해석은 지식 노동에 의존하는 발달한 사회의 주역으로 전문가와 기술자라는 새로운 계층을 부상시키는 데에는 매우 유용한, 그리고 실제로도 널리 퍼진 해석이었다. 드러커는 지식 노동자가 단순히 프리랜서 전문가가 아니라 '숙련, 비숙련을 막론하고 단순 노동을 하던 과거 시대의 노동자를 잇는 새로운 노동자'라고 보았다.

미국의 노동 시장이 제조업 중심에서 상품과 서비스 중심으로 변화하고 있다는 데에 모든 사회 이론가가 동의하는 듯했다. 이 시기에 대해 처음으로 기념비적인 이론서를 내놓은 사람은 1973년에 『탈산업 사회의 도래 The Coming of Post-Industrial Society』를 펴낸 사회학자 대니얼 벨 Daniel Bell이었지만, 슘페터가 관료제의 부상을 보면서 나타나기를 고대했던 새 시대의 영웅을 가장 먼저 불러온 사람은 드러커였다. 1950년대와 1960년대 지식 노동자의 성장에 대한 드러커의 설명은 여전히 놀랍다. 그는 노동 자체가 달라지고 있다기보다는 노동자 수명의 증가가 노동 공급을 변화시키고 있으며 그에 따라 일자리의 종류가 달라지고 있다고 보았다. 수명이 길어져서 사람들은 더 늦은 나이까지 노동을 할 것으로 예상하게 되었고, 따라서 굳이 고등학교를 그만두고 일자리를 구할 이유가 없어졌다. 속기사로 일하는 데에 고등학교 교육이 **필요**하지는 않다. 대부분의 일에 미적분학이나 '1812년 전쟁'의 역사를 아는 것도 필요하지는 않다. 하지만 교육 수준에 인플레이션이 일어나서 고등학교 졸업장은 어느 종류의 사무직 일을 하는 데도 필수

요건이 되었다. 일은 복잡해지지 않았지만 일하는 사람들이 복잡해졌다. 다른 말로, '지식 노동자'는 과다하게 교육받아 직무에 비해 역량이 넘치는 사무직 노동자를 부르는 말이었다. "그들은 '지식인'이 되기를 기대하지만 그저 '직원'일 뿐이라는 것을 알게 된다."[22] 그러니까, 드러커의 설명은 수요 측이라기보다는 공급 측에 대한 것이었다. 더 많이 교육받은 인구 집단이 예전과는 다른 종류의 일에 준비가 되어 있고 다른 종류의 일을 원하고 있었던 것이다. 드러커는 일터가 그에 맞게 조정되어야 한다고 생각했다. 즉 더 나은 성과를 끌어낼 수 있도록 지식 노동자를 관리해야 했다. 지식 노동자들은 지식의 요구에는 응답할 것이지만 무작위적인 권위(가령 상사)의 요구에는 응답하지 않을 터였다. 산출량이 아니라 **탁월함**이 생산성의 척도가 될 터였다. 이는 일터가 덜 위계적이고 더 성과 중심적이며 직원들의 아이디어에 더 개방적이 되어야 함을 의미했다. 또한 일터의 형태도 바뀌어야 했다. 드러커는 지식 노동을 끌어내기에 적합한 형태로 벨 연구소나 코네티컷 제너럴의 '복합 단지campus' 환경을 높이 평가했다.[23]

그러나 드러커의 지식 노동 개념은 모호할 수밖에 없었고, 분석적이라기보다는 선언적 언명에 기초하고 있었다. 노동의 변화라는 현상에 답을 했다기보다는 노동자의 심리적 불안에 답을 한 것으로 보아야 한다. 화이트나 해링턴 같은 사람들이 병폐(관료제)에 이름을 붙였듯 드러커는 아직은 희망일 뿐인 치료약에 이름을 붙였다. 지식 노동의 범위는 실증 연구를 하는 학자들도 명확하게 규정할 수 있는 것이 아니었다. 그런데도 이 용어는 경영 이론가들 사이에서 전염병처럼 퍼졌다. 어느 면에서 지식 노동은 포르노와 비슷했다. 그냥 보면 안다는 것이다. 프리츠 매클럽은 드러커가 사회 이론으로 두각을 나타내던 초기에 『미국에서 지식의 생산과 분배The Production and Distribution of Knowledge in the United States』라는 책에서 지식의 실제 가치를 측정하려고 시도했다. 매클럽도 오스트리아 이민자로, 하이에크와 폰 미제스 밑에서 공부했다. 그는 "처음에는 단순 사무직, 다음에는 행정직, 다음에는 경영직, 이제는 전문직이 단순 노동에서 정신노동으로, 덜 훈련된 노동에서 고도로 훈련된 노동으로 중심점을 계속 이동시켰다"고 주장했다.[24] 하지만 그의 측정은 너무 포괄적이었다. 매클럽에게 지식 노동자의 일은 "논의, 협상, 기획, 지시, 독서, 메모, 글쓰기, 그리기, 설계, 계산, 전화, 카드 펀칭, 타이핑, 멀티 그래핑, 코딩, 체킹 등을 모두 포함"[25]했다. 다른 말로, 사무실 노동 전체를 지식 노동이라고 본 것이다. 당연하게도 그가 지식 노동의 가치를 추산했을 때 지식 노동은 경제에서 가장 빠르게 성장하고 있는 영역이었다.

매클럽은 드러커보다 너그러웠다. 그에게는 가장 기계적인 화이트칼라 업무도 지식 노동이었다. 하지만 드러커에게는 화이트칼라 노동자 중 특별한 일부, 사무실 관료제의 기계 안에서 지시를 따르는 사람이 아니라 판단하고 분석하는 소수의 사람만이 지식 노동자였다. 그렇긴 해도 (매클럽이 정확하게 시사했듯이) 사무실에서 이뤄지는 모든 일이 '정신'노동으로 간주될 수 있었으므로 지식 노동이 정확하게 무엇을 의미하는가를 규정하려는 것은 무의미했다. 그보다는, 그 말을 유행어로 퍼뜨리는 게 훨씬 쉬웠다.

그런 면에서 지식 노동은 노동의 실제 특성보다는 희망이나 열망에 붙여진 이름으로 봐야 한다. 드러커의 (덧없기는 하지만) 자신만만한 발자취를 따르는 디자이너들과 경영학자들에 의해 지식 노동자의 가느다란 골격에는 계속 살이 붙었다. 온갖 이론가들이 그 개념을 가져다가 안 그래도 모호하고 다층적인 의미에 무엇을 덧붙여서 새로운 개념인 양 사용했다. 이러한 모호함에도, 아니 어느 정도는 그 모호함 때문에, 지식 노동이라는 개념은 오늘날까지도 사무실 디자인에서 핵심적인 변화를 추동하고 있다. 지식 노동자는 다가올 '정보 사회'의 영웅이었다. 정보 사회에서 그들은 '상징 분석가'(로버트 라이히Robert Reich의 개념—옮긴이)이자 '창조적 계급'(리처드 플로리다Richard Florida의 개념—옮긴이)으로 도시의 중심을 새롭게 할 것이었다. 모든 가치가 새로 매겨지고 있다는 어조는 더 집요하고 강력해질 터였다. 한편, 사무 디자이너들은 그 유토피아의 물질적 조건을 실현하기 위해 꾸준히 노력하고 있었다. 유토피아가 도래했을 때 편안히 찾아들 수 있도록 말이다. 지식 노동에 알맞은 공간을 창조한다면 유토피아가 실현될 수 있을지도 모르니까.

□

새로운 아이디어라면 싫어하는 법이 없는 프롭스트는 지식 노동자 개념을 덥석 물어서 자신의 글과 허먼 밀러에게 보내는 메모 등에 사용하기 시작했다. 이상적으로 디자인된 꿈의 사무 공간에서 일할 지식 노동자를 상상하면서, 이제 프롭스트에게 공간 계획은 단지 인체 공학만을 의미하는 것이 아니었다. 그것은 프롭스트의 작업 전체에 존재 근거와 원동력을 제공했다.

천우신조로, 이때 유럽에서 일어난 디자인 사조 하나가 프롭스트에게 완전히 새로운 기반을 마련해 주었다.

유리 건물에 영감을 준 것을 제외하면 오랫동안 유럽에서는 사무실 디자인에 대한 아이디어가 많이 나오지 않았다. 미국의 사무실이 사무 디자인의 지배적인 형태였고 유럽의 사무실은 기껏해야 트인 공간에 책상을 줄줄이 배열한 불펜bull-pen 형태의 미국 사무실이나 고층 건물을 작은 규모로 구현하고 있을 뿐이었다. 실제로 유럽에서는 불펜 형태가 '미국식 공간 계획'이라고 불렸고 거의 사용되지 않았다. 미국 사무실을 특징짓는 넓은 바닥판이 없는 유럽에서는 복도와 문으로 막힌 사무실이 표준이었다. 그리고 두 차례의 전쟁은 유럽의 신중함을 더욱 강화했다.

하지만 전후의 재건으로 경제가 크게 성장했는데, 가장 심하게 폐허가 됐던 독일에서 특히 그랬다. 잿더미가 됐던 독일 도시들에서 제조업이 빠르게 성장하면서 경영 이론과 사무 디자인에서 조심스럽던 분위기가 깨어졌다. 건축가들은 더 큰 건물을 생각할 허락을 얻은 셈이었다. 게다가 전쟁 때 미국에 망명했던 독일인들이 돌아오면서 과학적 경영부터 인사 관리론에 이르기까지 미국의 경영 이론도 빠르게 쏟아져 들어왔다. 전쟁이 야기한 끔찍한 희생은 일종의 '창조적 파괴'였다. 참상을 뒤로하고 다시 나아가야 한다는 절박한 필요에서, 독일은 새로운 아이디어가 들어오는 데에 방해가 되는 것은 다 치워 버린 상태였다. 새로운 아이디어들이 끓어오르는 분위기 속에서 사무실 디자인에 대해서도 새로운 접근 방법이 생겨났다.[26]

1958년에 볼프강 슈넬레Wolfgang Schnelle와 에버하르트 슈넬레Eberhardt Schnelle 형제는 아버지의 가구 회사에서 조수로 지내다가 직접 사업을 해 보기로 마음먹고, 함부르크 외곽에 공간 계획 회사인 퀵보너Quickborner 컨설팅 그룹을 차렸다. 그때까지 공간 계획은 건축에서 무시되던 기능이었다. 겉이 그럴듯하게 번드르르하고 안에 쾌적한 가구와 음악이 있기만 하면 건축가들은 제 할 일을 다 했다고 생각했다(플로렌스 놀은 특이한 예외였다). 하지만 슈넬레 형제는 사무실 책상들이 줄지은 사이에서 잠자고 있는 기회를 포착해 냈다. 이 줄지은 책상 배열은 한때 테일러주의 사도들의 깊은 열망을 반영한 것이었지만, 공간을 책상들로 분할하는 것은 (복도형 사무실들도 그랬듯이) 이제 밋밋하고 아무 영감도 주지 못하는 것이 되어 있었다. 슈넬레 형제는 사무 공간을 분할하는 전통적인 방법을 넘어서고 싶었다. 전통적인 방식은 조직도를 반영한다고는 하지만 사실은 지위와 특권을 반영한 것이었다. 심리적 측면에서라면, 일부 경영자에게 닫힌 방을 주고 고위직에게 호화 사무실에 카펫을 깔아 주는 것은 합리적인 일이긴 했다. 하지만 그것이 전체 사무실의 작업 흐름을 어떻게 돕는다는 것인가? 슈넬레 형제는 사무실이 유기적인 총체이자 섬세하게 상호 연관된 부분들의 네트워크이며 서류 흐름의 복잡하고 방대한 연결망이라고 생각했다. 그런데도, 닫힌 사무실이든 불펜 형태의 사무실이든 간에, 대부분의 사무실은 작업의 흐름을 반영하지 못하고 있었다. 유기적이고 자연스러우며 인간의 본성에 맞도록, 사무실에 대한 새로운 개념이 필요했다.

슈넬레 형제는 사무실 내에서의 의사소통, 각 노동자가 필요로 하는 프라이버시의 수준과 공간의 유형, 각 노동자가 전화 통화와 대면 상호 작용에 각각 필요로 하는 시간의 양 등을 측정해서 해결책을 내놓고 이것을 '뷔로란트샤프트Bürolandschaft'라고 불렀다. 번역하면 '사무실 조경'인데, 줄곧 지적되어 왔듯이 이 번역은 오해를 일으킬 소지가 있다. 독일어에서 '조경'은 자연 세계를 연상시키는 말이 아니기 때문이다. 그렇지만 자연 조경(가령 이탈리아 바로크 정원)과 유사점이 있긴 하다. 슈넬레 형제가 예시로 그린 설계도를 보면 책상은 냉장고에 붙은 자석처럼 전적으로 계획 없이 배치된 것으로 보인다. 하지만 '야생'

같아 보이는 무성한 '자연' 정원이 그렇듯이, 사무실 조경은 대칭적이고 딱딱 떨어지는 책상 배치보다 훨씬 더 계획적으로 이뤄져 있었다. 모든 구획 주위로 상상의 선들이 그어져서 공통의 작업이 이뤄지는 공간을 표시하고 있었으며 각 구획의 아래에는 작업이 흐르는 길이 표시돼 있었다. 뷔로란트샤프트는 커피 카트가 정해진 시간에 돌아다니는 것보다는 더 유연한 '휴식실'을 주장했다. 직원들은 원하는 시간에 들어가서 대화를 나누고 커피를 마실 수 있었다. 그리고 가장 놀라운 것으로, 눈에 보이는 곳에 닫힌 문이 없었다. 누구도 닫힌 공간에 들어가 있지 않았다. 임원들도 별도의 전망이 있는 호화로운 임원실을 차지하고 있지 않았다. 기껏해야 이동식 파티션과 화분들이 임원의 자리를 다른 직원들이 못 보게 가려 주는 정도였다.

기존의 사무실 디자인이 너무도 견고하게 획일적이었기 때문에 '자유로운 형태'라는 개념은 전도유망해 보이기도 했지만 엉뚱해 보이기도 했다. 퀵보너에 그 아이디어를 실현해 보라고 발주를 준 곳은 베텔스만 출판사 딱 하나였다. 2년 동안 일군의 건축가, 공학자, 인테리어 디자이너 들이 퀵보너의 컨설턴트와 만나서 베텔스만 직원들과 함께 적절한 배치를 고안했다. 그 결과는 일종의 해방으로 받아들여졌다. 얼마 지나지 않아 유명한 유럽 기업들이 고루하고 봉쇄된 환경을 숨통 트이고 여유로우며 유연한 뷔로란트샤프트 공간으로 바꾸기 위해 그들을 찾았다. 한두 해 안에 사무실 조경은 스웨덴에서 꽃을 피웠고(스웨덴에서는 콘토르스란드스카프kontorslandskap라고 불렸다) 영국 해협과 대서양을 넘어서까지 유명해졌다.[27] 건축 전문 매체들이 독일의 현상을 보도하기 시작했고 작은 사각형 책상들의 마구잡이 배열이 독자를 사로잡았다.

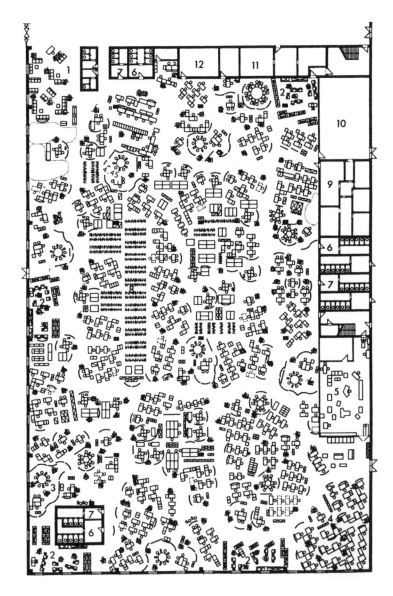

전형적인 사무실 조경 계획도.

영국 건축가이자 사무실 역사가인 프랜시스 더피Francis Duffy는 학생 시절, 저명한 건축사가이자 그와 같은 영국인인 레이너 밴험Reyner Banham이 1964년에 쓴 글을 통해 뷔로란트샤프트를 처음 접했다. 그때 느꼈던 흥분을 그는 훗날 이렇게 회상했다. "그 건물의 형태는 흥미롭게도 직각이 아니었다. 내부에는 비공식적인 휴식 공간이 풍부하게 있었고 우아한 화분, 그리고 **카펫**이 있었다. 일터는 당시의 미국 사무실들처럼 일렬로 배열되어 있지 않고 유기적이고 자유롭게 움직이는 패턴으로 되어 있었다. 밴험의 글이 설명하듯이 정보의 흐름과 상호 작용의 패턴을 체계적으로 연구한 데 따른 배열이었다."[28] 그리고 무엇보다 이것은 모든 곳에 끼워 넣을 수 있는 하나의 모델이 아니라 유연하게 적용할 수 있는 **접근 방식**이었다. "뷔로란트샤프트는 한번 보면 잊을 수가 없다."[29] 보편적인 사무실 해법이 도래했다. 더피의 교수들은 그가 레버 하우스 같은 '멋진' 건물을 디자인하기를 기대했지만 그는 독일 밖의 나라에서 뷔로란트샤프트의 가장 강력한 옹호자가 된다. 그리고 비슷한 시기에 사무실 조경을 알게 된 로버트 프롭스트는 미국에서 그것의 강력한 옹호자가 된다.[30] 퀵보너는 영국과 미국에 사무실을 열었고 1967년에 최초로 미국에서 듀폰Dupont의 발주로 사무실 조경을 시도했다. 곧 뉴욕 항만 관리청이 퀵보너에 맨해튼 세계무역센터 쌍둥이 건물에 있는 사무실을 위해 조경을 요청했다.

사무실마다 필요한 것이 다르고 하는 일의 종류도 다르므로 각 사무실 조경의 실제 모습은 미국식 공간 계획이 항상 동일한 모습이었던 것과 같은 정도로 예측하지 못한 모습이어야 할 것이다. 하지만 구체적인 배열은 달라진다 해도 사무실 조경의 유연성은 비슷비슷한 특징으로 귀결되었다. 사무실 조경에 대해 직원들의 이야기를 들어 보면 대체로 같은 점을 발견할 수 있다. 처음에 들어서면 검소한 식탁 같은 책상들이(소음을 줄이기 위해 수직 패널의 수를 줄였다) 마구잡이로 배치된 것처럼 보인다. 소음 방지막이 있고 화분들이 넓은 바닥을 '유기적'으로 끊고 들어와 있다. 하지만 시간이 지나면서 어떤 특정한 질서가 나타난다. 비서들은 각기 다른 각도로 앉아 있긴 하지만 여전히 한곳에 모여 있다. 곡선의 소음 방지막으로 둘러싸인 큰 탁자들은 회의'실'을 제공한다. 경영진도 같은 공간에 나와 있긴 하지만 더 넓은 자리를 배정받는다. 그리고 디자인의 거의 모든 측면이 이동 가능하다. 어느 면에서 퀵보너는 테일러주의자들에 이어 또 하나의 혁명을 수행한 것이라고도 볼 수 있다. 공장식 모델을 벗어나서, 효율성에 대한 테일러의 신성한 추구에 유연성을 더한 것이다.[31]

그리고 '유연성'은, 웬만하면 자신의 방을 포기하고 트인 공간으로 나가지 않았을 경영진에게도 호소력이 있었다. 유연한 사무실은 저렴한 사무실이었던 것이다(유연성은 오늘날까지도 사무 환경의 키워드로 남아 있는데, 우연만은 아니다). 유연한 조경에서는 비싼 원목으로 된 개인 사무실 파티션이나 고정된 시설에 돈을 쓸 필요가 없었다. 사무실 조경은 마음대로 재배열할 수 있었고 그러는 데에 거의 비용이 들지 않았다. 회사 규모를 줄이는 것도 공간 계획 예산에 영향을 주지 않았다. 책상 몇 개만 옮기면 되었기 때문이다. 저렴한 사무실이 널리 호소력을 발휘한 것과 함께 위험의 징후도 등장했다. 지위에 대한 소소한 상징들이 사무실 조경에 나타나기 시작했다. 고위 경영자들은 더 넓은 공간과 더 좋은 구획을 배분받았다. 관리자는 책상을 가려 주는 두 개의 화분이 있지만 평직원은 하나도 없었다. 그리고 소음 문제가 있었다. 퀵보너는 오픈 플랜에 소음이 문제가 될 것을 예상해(미국식 공간 계획에서도 소음은 계속 문제였다) 카펫과 소음 방지막을 설치해야 한다고 주장했다. 하지만 역부족이었다. 듀폰 사무실에서 사람들은 낮은 소리로 말하면 되었지만 전화벨이나 타자기 소리 같은 날카롭고 고조된 소음은 완화되지 않고 사무실을 가로질렀다. 결국 별도의 비용을 들여 신경 쓰지 않는 한 소음은 항상 문제였다. 하지만 사무실 조경에서는 상호 작용과 소통이 표준이었고 집중과 숙고는 부차적인 것이었다. 오픈 플랜의 열풍 속에서, 업무 수행에 필요한 몇 가지 중요한 점들은 간과되었다.

□

존 F. 케네디가 암살된 지 1년 뒤이자 미국이 베트남을 공격하기 1년 전인 1964년에 미국 경제는 유례없는 속도로 성장하고 있었다. 그리고 허먼 밀러는 로버트 프롭스트가 연구한 것의 결과물을 내놓았다. '액션 오피스Action Office'. 이제껏 있었던 어느 것과도 비슷하지 않았고, 하나의 가구나 여러 가구들의 조합이라기보다는 새로운 종류의 공간계획이었다.

대부분의 사무실 디자인은 사람이 한자리에 계속 있는 것을 염두에 두지만 액션 오피스는 움직임을 염두에 두고 있었다. 프롭스트가 오래 연구해 온 인체 공학적 사고에 따르면 신체의 움직임은 화이트칼라의 정신이 끊임없이 창조적으로 움직이도록 도울 것이었다. 액션 오피스 광고에 등장하는 사람들은 계속 움직인다. 사진으로는 그들의 빠른 움직임을 포착할 수 없다는 듯이 사람의 이미지는 흐릿한 실루엣으로만 나온다. 광고의 인물들은 거의 앉아 있지 않으며, 앉아 있다 해도 다시 일어나기 직전인 상태다. 진열대에는 최신 과학 저널이 꽂혀 있고 책상 하나에는 삐죽빼죽한 분자 모형이 놓여 있다. 드디어 지식 노동자는 딱 맞는 사무실을 갖게 되었다. 그리고 이 공간은 '우연적인 만남'이 잘 이뤄질 수 있도록 충분히 성기게 구성됐다. 프롭스트는 일반적인 사무실이 그러한 만남을 가로막고 있다고 생각했다. 빈 에스프레소 잔 두 개가 이동식 테이블에 놓여 있어서 '인간 실행자' 두 명이 밀도 있는 대화를 나눈 흔적을 보여 준다. 이 테이블은 용도가 미리 정해져 있지 않은데, 프롭스트는 회의를 하기에는 개인 책상이라는 전쟁터보다 이런 테이블이 더 낫다고 생각했다.

독특한 세부 사항도 많았다. 프롭스트는 눈에 보이지 않는 일은 하지 않는 일이나 마찬가지라고 생각했기 때문에 큰 책상 서랍이 없었다. 그 대신 움직일 수 있는 진열대가 있어서 내용물을 쉽게 꺼내 오거나 다른 것으로 바꿀 수 있었다. 접이식 스탠딩 책상(회계실 시절 이후의

액션 오피스 I. 1964년.

첫 롤탑 책상)에서는 서서 일할 수 있을 뿐 아니라 하던 일을 밤 동안 안전하게 보관해 둘 수 있었다(7.5센티미터 높이의 파일밖에는 들어가지 않았지만 말이다. 프롭스트는 그보다 높이 쌓이는 서류는 그 일을 처리하지 않겠다는 것이나 마찬가지라고 생각했다). 이 역시 프롭스트가 열렬히 주장한 것이었다. 사고를 요하는 프로젝트 중에 낮 시간에 완결되는 것은 거의 없고 어떤 것들은 몇 주씩 걸리는데도 이제까지 경영자들은 지식 노동자에게 밤에는 책상을 치우라고 했다는 것이다.[32] 예전 방식대로 배열된 사무실은 사고, 창의력, 지식을 방해하는 방향으로 작동했다. 하지만 정신을 육성할 것이 아니라면 사무실은 왜 존재하는가? 프롭스트는 이렇게 말했다. "사무실은 추상을 만들고 교환하는 공간이다. 그것의 기능은 정신 지향적인 삶의 공간이 되는 것이다."[33]

액션 오피스는 특이한 협업이 만들어 낸 만족스러운 결과였다. 프롭스트는 그와 거의 정반대인 사람과 함께 일해야 했다. 모더니즘 가구로 유명한 조지 넬슨이었다. 프롭스트는 할 말만 하고, 예언적이고, 고집스럽고, 서부 황야의 고요함을 풍기는 사람이었다. 넬슨은 스카치를 벌컥벌컥 마시며, 언변이 좋은, 사람 좋은 스타일이었다. 프롭스트는 미국을 떠난 적이 없었는데 넬슨은 유럽을 돌아다니면서 어린 시절을 보냈다. 그래서 이탈리아어, 프랑스어, 독일어에 능통했고 나중에는 일본어와 포르투갈어도 공부했다.[34] 하지만 둘 다 매우 열정적이었고 주변 세상을 재구성하는 일에 거의 본능적으로 헌신하고 있었다. 프롭스트가 디자인의 전통적 조류에서 벗어나 있는 것처럼 보였듯이 넬슨도 스스로를 모더니스트로 생각하지 않는 모더니스트였을 것이다. 알록달록한 팝 아트 금속관 다리 책상부터 조개 껍질 모양의 의자까지 수많은 제품을 내놓으면서, 그는 모더니즘과 새로움의 개념을,

그것에 대해 생각하지도 않은 채로 휙휙 만들어 내는 것처럼 보였다. 언젠가 그는 자신의 긴 경력을 되돌아보면서 이렇게 말했다. "어떤 가치라도 가치를 갖는 것은 언제나 모던하다. 그렇지 않을 수가 없기 때문이다. 따라서 어떠한 선언도 어떠한 깃발도 필요가 없다. 정직하게 **지금** 할 수 있는 것만을 그저 할 뿐이다."35 넬슨이 액션 오피스를 위해 디자인한 가구들은 내 집처럼 편안하면서 동시에 매우 모던하다. 향수를 불러일으키면서 미래를 생각하게 하기도 한다. 책상 상판은 알루미늄 캔틸레버 다리가 받치고 있다. 스탠딩 책상에는 크롬으로 된 버팀대가 발받침 역할도 한다. 전화기가 있는 '소통 센터'는 방음이 되어 있다. 무엇보다 (흑백 사진으로는 전달하는 것이 불가능한데) 색이 화려하다. 초록, 밝은 파랑, 남색, 검정, 노랑,…. 화려한 잡지 광고처럼, 혹은 경영진이 자신의 사무실에 갖다 놓곤 하는 워홀이나 리히텐슈타인의 팝 아트 작품처럼, 액션 오피스는 그 시대의 새로운 정신에 충성을 선언했다. 풍요로움, 진보적임, 그리고 (잠재적으로) 해방적임.

이런 의미에서, 프롭스트가 고안하고 넬슨이 디자인한 액션 오피스는 모던 개념이 진정으로 사무실에 들어온 최초의 사건이라 할 수 있다. 디자인의 미학과 인간 욕구에 대한 진보적 개념이 하나로 융합된 것이다. 건물의 유리 외벽은 오랫동안 진보를 상징했지만 내부는 옛날이나 다를 게 없었다. 약간 더 근사한 가구와 더 깨끗해 보이는 파티션이 있을 뿐이었다. 이러한 디자인은 노동자를 교체 가능하고 순종적인 기계 부품으로 보고 있었다. 액션 오피스가 상상한 노동자도 일종의 기계로 그려지긴 했다. 하지만 여기에서는 로봇 같은 기계가 아니라 이탈리아 미래주의자들이 생각하는 '기계 같은 축구 선수' 이미지처럼 펄펄 끓는 활력과 패기, 그리고 신체 지능이 있는 기계였다. 뷔로란트샤프트, 그리고 이제 액션 오피스와 함께 사무실 세계가 늘 약속되어 왔던 노동의 유토피아를 드디어 실현하면서 도약하는 것 같았다. 드러커 등 많은 사람들이 사회주의 계획 경제와 산업 자본주의 둘 다를 넘어서는 **지식** 경제의 새 시대가 오고 있다고 줄기차게 말하고 있었다. 그 새로운 시대가 드디어 그에 걸맞은 가구들을 갖게 된 것일까?

액션 오피스가 언론에 공개됐을 때 이에 대한 답은 완전히 긍정적으로 보였다. "이러한 디자인들을 보면 사무 노동자들이 부적절하고 비생산적이고 불편한 환경을 왜 그렇게 오래 참았는지 의아해 하게 된다"고 『산업 디자인*Industrial Design*』지는 언급했다. 더 대중적인 『새터데이 이브닝 포스트』는 이렇게 외쳤다. "미국의 사무 노동자들이여, 보라! 액션 오피스가 온다! 우리는 이제 100퍼센트 효율성으로 일할 수 있는 위험에 처해 있다."[36]

열광적인 평가와는 달리 실제로 액션 오피스는 별로 인기가 없었다. 경영자들은 전체 시스템이 너무 비싸다고 불평했다. 가구가 너무 양질의 재료로 만들어졌기 때문이다. 그리고 액션 오피스가 만들어 내는 공간은 너무 모호했고 경계가 너무 듬성듬성했다. 사무실 조경 개념은 아직 미국에서 자리를 잡지 못했다. 경영자들이 네모난 불펜 사무실에서 프롭스트가 상상한 획기적인 자유로 빠르게 옮겨 갈 것 같지는 않았다. 새 조류가 퍼지기 시작하긴 했지만 그들은 보수적인 사람들이었다. 액션 오피스는 디자인 업계에서 몇 개의 상을 받긴 했어도 실질적으로 작업 현장에는 별로 적용되지 못했다.

프롭스트는 디자인계의 고질적인 문제를 갖고 있었다. 그의 접근 방식에도 내재된 문제였다. 통상 사무실 계획가와 건축가들은 자신이 일하고 있는 사무실의 형태가 다른 모든 사람의 작업 공간에도 적용돼야 한다고 생각했다. 자신의 주관적인 작업 방식을 마치 객관적으로 검증된 옳은 방식인 것처럼 생각한 것이다. 그래서 가장 진보적이라는 사무실들은 대체로 그것을 지은 건축가나 계획자의 사무실과 비슷한 모습을 하고 있었다. 마찬가지로 프레더릭 테일러도 사실은 그의 개인적 집착이었던 것을 '과학적'이라고 보았다. 노동자들이 태업을 그만두고 테일러 같은 '전문가'의 말을 따라야 한다고 말이다. 물론 프롭스트는 적어도 몇몇 사람들을 직접 만나 자신의 생각을 검증하려는 시도를 했다. 하지만 대개 자신에게 우호적인 견해만 들었다. 그의 조사 자체도 (의도적이었든 아니었든 간에) 그의 생각을 뒷받침하는 방식으로 고안된 것이었다. 물론 사무실 노동자들은 액션 오피스의 발랄하고 유연한 면을 좋아했을지도 모른다. 적어도 그들이 익히 알고 있는 지루한 작업 공간보다는 좋아했을 것이다. 하지만 그들의 목소리는 기록되지 않았으며, 어쨌거나 그들의 반응을 알아볼 수 있을 정도로 액션 오피스가 충분히 적용되지도 못했다.

하지만 첫 번째 액션 오피스가 시장에서 실패한 궁극적인 원인은 경영진의 냉소였는지도 모른다. 경영진은 사무실 디자인에 대해 자금을 집행하고 최종 결정을 내리는 사람이다. 그리고 경영진이 돈을 가장 쓰지 않을 법한 곳을 꼽으라면 평직원과 중간 관리자를 위해 좋은 의자와 책상을 사는 것이다. 평직원이 '지식 노동자'라는 개념은 아직 고위 경영진에게 닿지 않았다. 그리고 사무 공간의 개선을 생각하기에는 사무실이 너무나 빠르게 확장되고 있었다. 더 빠르고 더 쉽게 재생산될 수 있는 것이 필요했다.

그런데도 프롭스트는 디자인 업계가 액션 오피스에 대해 보인 열광을 긍정적인 신호로 받아들였다. 그는 사무실이 필요로 하는 것이 무엇인지에 대해 자신이 믿는 바를 더 밀고 나가 보기로 했다. 그의 비전은 타협되지 않았다.

□

프롭스트는 시장의 요구에 맞추려 하기보다는 자신이 믿는 이론에 한층 더 집중했다. 그는 자신의 생각이 근본적으로 옳다고 더욱 확신했고 개인주의, 자율성 등 1960년대 정신의 핵심 단어들을 글에 더 많이 쓰기 시작했다. 프롭스트는 건축계에서 비교적 잘 알려진 사람이었고 많은 디자인 저널이 그에게 기고를 요청했다. 좌파 사상가이자 예술가인 벤 샨Ben Shahn이 1967년 애스펀에서 열린 국제 디자인 컨퍼런스에서 논문 「혼돈을 옹호하다In Defense of Chaos」를 발표하면서 공간이 더 무정부주의적이 되어야 한다고 주장했을 때, 프롭스트는 이에 기본적으로 동의하는 논문에서 개인들이 자신의 공간을 더 자유롭게 다룰 필요가 있다고 주장했다. (샨의 글이 나중에 반전주의적인 뉴레프트의 기관지 『램파트Ramparts』에 실린 것을 보면 1960년대에 디자인, 예술, 경영 이론이 얼마나 깊이 연결돼 있었는지 알 수 있다.)

프롭스트가 계속해서 설파한 개념은 사무실 디자인이 "너그러울" 필요가 있다는 것이었다. 과도하게 디자인되고 규정된 공간은 "너그럽지 않으며" 변화에 방해가 되었다. 어떤 방식으로든 사무실에 변화는 오게 마련인데 말이다. 컴퓨터가 업무를 자동화하면서 사무직 노동자들은 일상 업무가 줄고 판단을 요하는 업무를 더 많이 하게 되었다. 사무실 디자인은 이런 변화를 최대한 잘 예상해서 이동성과 유연성을 담아야 했다. 사무실 디자인은 적응과 이동이 쉬워야 했다. 이는 '디자인' 자체를 벗어 버려야 한다는 의미였다. 더 비싸고 덜 너그럽게 만드는 것은 어떤 것이든 그의 개념에 반대되었다. 그리고 이는 넬슨이 떠나야 한다는 의미이기도 했다. 넬슨은 액션 오피스에서 핵심적인 역할을 했지만 자신의 작품에 인간적이고 세련된 감각을 부여하는 것에 굉장히 집착하고 있었다. 사물의 아름다움을 추구하는 넬슨의 성향은 프롭스트에게 장애물이었다. 사무 노동자들의 동작의 아름다움을 방해하기 때문이었다.

1967년 말에 프롭스트는 크게 개선된 결과물을 내놓는다. 공간은 더 작아졌고, 서로 연결된 벽들은 이동 가능하고 더 가벼웠고 일회용 물질로 만들어졌다. 보관용 공간은 바닥 위로 올라왔다. 액션 오피스 II에서 프롭스트는 사무 노동자의 열망에 형태를 부여하려 했다. '인간 실행자'를 위한 워크스테이션은 둔각으로 배열된 세 개의 벽으로 되어 있었고 직원 각자가 원하는 대로 재배열할 수 있었다. 책상에는

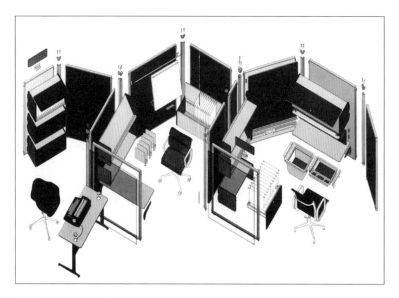

액션 오피스 II. 1968년.

다양한 높이의 선반들이 있어서 노동자는 계속해서 위아래로 움직여야 했다. 프롭스트에게 인간은 "수직으로 향하는 기계"이기 때문이었다."[37] 게시판과 압정이 있는 벽으로 개인만의 공간이 생겼다. 의도적으로 개인성을 제거한 새로운 액션 오피스는 어떤 개인이라도 자신만의 이상적인 작업 공간을 만들 수 있는 틀이 될 터였다.

액션 오피스 II의 초기 브로셔는 이 점을 매우 강조했다. 모듈 형태로 된 벽들이 육각형의 절반처럼 생긴 공간을 만들도록 배열되어 있고 게시판이 효과적으로 사용되고 있으며 벽에는 지도, 벽걸이 장식, 칠판 등이 걸려 있다. 노동자들은 움직이거나 대화를 하고 있고, 어떤 사람은 높은 회전의자에 앉아 있는 다른 사람을 가리키며 극적 제스처를 취하고 있다(높은 회전의자는 앉았다 일어서기를 계속할 수밖에 없게 만들었다).

1968년에 프롭스트는 액션 오피스 II를 내놓으면서 새 디자인의 이론적 기반을 설명한 71쪽짜리 소책자를 냈다. 『사무실: 변화에 기반한 시설』이라는 제목의 책으로, 화이트칼라 노동자를 위한 '포트 휴런 선언'(1962년 미국 급진 학생 운동 조직인 '민주 사회를 위한 학생 연합'이 작성한 참여 민주주의 선언문—옮긴이)이라 할 만했다. 여기에서 프롭스트는 1960년대의 미국에서 노동의 위상이 어떻게 달라지고 있는지를 설명했다. 사무실에 대한 프롭스트의 서사는 굉장한 역사적 드라마로 가득하지만, 핵심은 하나였다. 미국 제조업의 기반이 화이트칼라 일자리로 점점 채워진다는 것이었다. 프롭스트는 언명했다. "우리는 사무 직원들의 나라다." 자본주의의 얼굴이 달라졌다. 사무실은 '생각하는 장소'가 되었다. "사무실의 소비자는 '정신'이다." 공장이나 타자실에서 수행되던 반복 작업은 사라지고 '지식 노동'으로 대체되고 있었다. 그

액션 오피스 II의 광고.

리고 새로운 사무실은 그것을 따라잡아야 했다. 프롭스트는 1968년 봄(프라하의 봄과 파리의 봄이 있던 해)에 뉴욕 증권거래소(그는 뉴욕 증권거래소를 "모든 사무실의 사무실"이라고 불렀다)에서 거래 물량이 급증하면서 거래 중개 담당자들이 폭증한 서류 업무를 처리하지 못해 거래 시간이 단축되는 삐걱거림이 있었음을 지적했다.

인용된 사례들은 오래된 것이지만 프롭스트의 생각은 놀랄 만큼 선견지명이 있어서 오늘날 사무실에서 일하는 사람들이 가진 집착을 많이 예견하고 있다. 그가 당대의 문제라고 본 많은 것이 오늘날에도 여전한 문제로 남아 있다. 그가 해결책으로 제시한 많은 것을 후세 사람들이 다시 제안했다. 그는 기술과 경제가 끊임없이 변화하면서 기업에 끊임없는 혁신을 추동하고 있음을 이야기했다. 그리고 정보의 과부하가 사무실 노동자를 짓누르는 것을 애석해 했다. 그는 사무실 노동자들이 필요로 하는 소통과 대화를 위한 중층적인 공간들을 설계했다. 책상 앞에 너무 오래 앉아 있으면 정신적·육체적 활력에 해롭다고 경고했다. 그는 이상적인 사무실은 지식 노동자들 사이에 "의미 있는 물밑 소통"이 이뤄지는 공간을 제공해야 한다고 주장했고, 사무실에서 프라이버시와 개방성 사이에 끊임없는 전투가 벌어지고 있음을 간파했다.[38] 이 모든 것을 통해 프롭스트는 1960년대의 열정을 반영했다. "우리의 문화는 어리둥절할 속도로 아이디어를 소화하고 새로운 가치들을 만들어 내는 모든 징후를 보여 준다. 새로운 음악 형태가 혁신적으로 생겨나고 적용되고 거부되는 것이 불과 몇 개월 만에 벌어진다. 옛 진보의 모든 면에 의해 사회적 진화가 폭발하고 있다."[39] 인체 공학이나 사무실에서의 상호 작용의 중요성 등에 대한 프롭스트의 이해는 상당 부분 오늘날에도 익숙하고 직관적으로 옳게 들린다. 하지만 당시

그가 사무실에 대해 역사, 심리, 인체 공학, 기업 이론 등을 접목해 보여 주었던 파노라마적 전경은 전례 없이 새로운 것이었다.

그런데 프롭스트의 글을 읽으면 머리와 다리, 즉 추상과 동작에만 관심이 있는 것 같아 보인다. 성격이라든가 안 좋은 행위나 습관 따위는 언급되어 있지 않다. 그의 비전은 너무나 완전하고 너무나 예리해서 인간의 욕구를 현실적이지 않은 수준으로까지 세련되게 설정해 놓았다. 그는 오로지 신체적 욕구만을 보았고 그의 모델에서 인간은 정신적 자극들의 묶음으로만 드러난다. 하지만 사람은 감정들의 묶음, 그리고 더 깊은 욕구들의 묶음이기도 하지 않은가? 하루는 탐욕스럽고 무정하고 경쟁적이다가 다음 날은 따뜻하고 친밀하지 않은가? 프롭스트는 자신이 없애고 싶어 했던 끔찍한 사무실을 가져온 과거의 빈약한 사고에 대해 명료하게 이해하고 있긴 했지만, 아니 어쩌면 그것을 너무 명료하게 이해하고 있었기 때문에, 역사가 자신이 생각한 방향으로 가고 있다고 지나치게 확신했다. 어떤 정통 마르크스주의자만큼이나 교조적으로, 프롭스트는 오류 없는 사회적 힘이 그의 디자인이 불가피함을 모든 사람에게 증명해 줄 것이라고 생각했다. 그는 자신의 디자인이 당최 알 수 없는 목적들로 뒤틀리는 것을 상상도 할 수 없었다. 그의 실패의 원인은 그의 낙관이었다.

□

액션 오피스 I처럼 액션 오피스 II도 해방으로 받아들여졌다. 『뉴욕 포스트*New York Post*』에 실린 칼럼 「사무실에 혁명이 오다Revolution Hits the Office」에서, 실비아 포터Sylvia Porter(디자인 전문가가 아닌 기자였다)는 액션 오피스 II에 비추어 보면 옛 사무실은 사라질 운명임이 분명하다고 언급했다. "사장은 막힌 공간 속의 거대한 마호가니로 된 지위 상징물 뒤에 고립되어 있고, 엉성한 서랍이 달린 철제 책상들이 비인간적으로 사열해 있으며, 직원들은 거기에 하루 종일 앉아서 일하고, 거대한 캐비닛에 서류들이 처박혀 있다가 결국은 쓸모없어진 채로 쌓이기 일쑤였다." 그런데 액션 오피스와 함께 드디어 변화가 왔다. "신문사 사회부의 열린 사무 공간에서 직장 생활을 해 본 사람으로서 나는 이 개념이 전적으로 호소력 있다고 생각한다. 특히, 자유롭게 앉았다 섰다 할 수 있는 워크스테이션 개념이 맘에 든다." 포터는 로버트 프롭스트의 글에 대해서도 찬사를 아끼지 않았다. "프롭스트는 '책상'이라는 단어도 쓰지 않는다. 모던 사무실에서 '인간 실행자'인 당신은 '워크스테이션'에 있는 '자유롭게 세울 수 있는 유닛'에서 '앉'거나 '서는' 것을 선택하면서 일할 것이다. 맘에 들지 않는가?" 포터가 보기에 "이 개념이

실제로 적용된 액션 오피스 II.

성공할 것은 확실"했다.[40]

액션 오피스 II는 사무 가구 업계에서도 즉각 찬사를 받았다. 허먼 밀러는 전국적인 마케팅을 시작하면서 액션 오피스 II 시스템 사용법에 대해 디자이너를 교육했고 창조적인 사무 노동(액션 오피스는 여기에 이상적인 작업 공간일 터였다)의 미래에 대한 시리즈 강연도 열었다. 또 기업의 관심 있는 담당자들에게는 액션 오피스 II 모형 키트를 제공했다. 건축 회사 JFN이 최초로 액션 오피스 II를 도입했다. 처음에는 수주가 미지근했지만 경쟁사인 하워스Haworth가 액션 오피스 II와 비슷한 모듈형 사무실 시스템을 내놓자 프롭스트의 개념은 입증됐고 판매가 도약했다. 뒤이어 스틸케이스의 '9000 시리즈'와 플로렌스 놀의 '자프Zapf' 시스템이 나왔다.

연방 정부도 도움을 주었다. 정부는 기업의 지출을 촉진하기 위해 1960년대에 감가상각을 더 쉽게 할 수 있도록 세법을 개정했다. 이는 작지만 매우 영향력 있는 변화였다. 가구와 설비는 상각 기간이 짧아졌고 건물 중 더 영구적인 부분들은 상각 연한이 길어졌다. 다시 말해, 액션 오피스를 만드는 것이 실제 오피스를 만드는 것보다 저렴해졌다.[41] 액션 오피스는 허먼 밀러의 핵심 제품이자 사무실 디자인에서 빼놓을 수 없는 것이 되었다.

우려도 일찍부터 제기됐다. 허먼 밀러를 떠나게 된 넬슨은 어느 정도 예언자적으로 액션 오피스 II 디자인의 문제점을(혹은 문제점이 지나치게 없다는 점을) 내다봤다. 그의 지적은 상처 받은 마음에서 비롯했을지언정 순수한 것이었다. 넬슨은 허먼 밀러의 기업 디자인 및 커뮤니케이션 담당 부사장에게 보낸 서신에서 액션 오피스 II가 "작업 환경의 비인간화를 초래"한다며 애석해 했다.

이 특성은 우연한 것이 아니라, 사람을 서류 작업이 흘러가는 시스템에서의 한 연결 고리로 보거나 지난 반세기간 집착의 대상이었던 '효율성'을 위한 투입-산출 유기체의 일원으로 보는 개념 자체에 내재된 것입니다.

사람들이 그런 역할을 수행하는 것은 맞으나, 그렇다고 그것이 인간 자체의 속성인 것은 아닙니다. 그것은 사람들이 특정한 시간 동안에 수행하는 일을 묘사하는 것일 뿐입니다.

액션 오피스 II가 사람들의 욕구를 충족하는 환경을 만들어 내는 시스템이 아님은 특별히 통찰력 있는 비평가가 아니라도 알 수 있는 일입니다. 하지만 최대한 많은 이들을 몰아넣으려고 하는 설계자들에게는, (개인들이 아닌) '직원들'에게는, '인사팀'에게는, 걸어 다니는 망자이자 침묵하는 다수인 기업 좀비들에게는 감탄할 만한 계획입니다. 큰 시장이지요.[42]

한편, 액션 오피스의 유사품들이 예기치 못한 영향을 미치기 시작했다. 공간을 더 유연하게 만들기는커녕 더 경직되게 만든 것이다. 경쟁 가구 업체 하워스의 디자이너 더글러스 볼Douglas Ball은 캐나다 디자인 업체 수너Sunar에서 여러 인기 제품을 디자인한 사람이었다. 처음에는 신이 났지만 완성된 공간에서 그는 몹시 우울해졌다. "수너 시스템이 적용된 첫 사무실을 보러 갔다. 큰 규모의 정부 프로젝트였다. 패널이 177센티미터 높이여서 키가 190센티미터쯤 되지 않는다면 위에서 내려다볼 수가 없었다. 끔찍했다. 내가 본 중 최악이었다. 우리는 그것이 전적으로 유연한 디자인이 될 것이라고 생각했고, 수직으로 더 높아지는 것은 미처 고려하지 못했다."[43] 그리고 고치기에는 너무 늦은 상태였다. 그는 사람들을 자유롭게 만들려고 했지만 헝겊으로 싸인 거대한 벽에 가둬 놓고 말았다. 1960년대에 독일에서 벽력처럼 내려온 오픈 플랜이 결국에는 가림막과 파티션이 복닥대는 무언가가 되어 버렸다. 1970년대에 한 디자이너는 액션 오피스를 사용하면 "거의 틀림없이 뷔로란트샤프트의 원래 개념에서 멀어지는 방식으로 계획을 변형하게 된다"고 말했다.[44] 나중에 드러난 바를 보면 이 정도는 그나마 온건한 표현이었다.

도대체 무슨 일이 일어나고 있는 것인가? 이 질문은 당대 디자이너들이 가졌던 주된 느낌이었다. 사무실에 대한 개념에서 두 번 전환(뷔로란트샤프트와 액션 오피스)을 한 결과, 궁극적인 진보에 대한 느낌, '인간 실행자'가 점점 더 강해지고 있다는 느낌은 뒤집히고 있는 듯 보였다. 공간이 그들을 점령하고 있었다. 디자이너들은 자신이 바랐던 모든 것을 자신이 맞서고자 했던 모든 것으로 바꾸어 놓으면서 역사가 그들에게서 빠져나가고 있다고 생각했다. 그들이 만든 창조물이 예기치 못한 방식으로 생명력을 갖고 강력한 괴물이 되었다. 기업들이 '인간 실행자'에게 자율적인 환경을 만들어 주는 데에는 관심이 없다는 것이 명백히 드러났다. 기업이 관심 있는 것은 좁은 공간에 최대한 많은 사람을, 최대한 빠르게, 최대한 저렴한 비용으로 몰아넣는 것이었다. 1978년에 프롭스트는 자신의 디자인을 재설정하기 위한 메모를 작성했다. 이때 프롭스트는 "쉽게 규정할 수 있고 설명 가능한 비용 절감"에만 집착하는 분위기에 절망하고 있었다. 프롭스트는 이렇게 우려했다. "그런 집착의 한편으로, 조직의 생산성에 실제로 영향을 미치는 많은 것들이 뒷전으로 밀려났다. 액션 오피스는 경영자들을 위한 도구로 고안된 것인데, 지금은 초창기에 경영진과 가졌던 광범위한 대화가 사라

액션 오피스 II의 후기 상황. 1978년.

졌다."[45] 액션 오피스는 유연성을 위해 만들어졌지만 새로운 경직성이 들어섰다. '인간적인' 헝겊으로 싸여 있긴 했지만 말이다. 프롭스트가 다시 작성한 메모는 효과가 없었던 듯하다. 곧 허먼 밀러 브로셔의 액션 오피스 디자인은 점점 박스 형태처럼 보이기 시작했다. 그들은 기업이 원하는 것을 팔고 있었다.

□

〈플레이타임〉의 디스토피아적 비전 때문이었든 더 구체적인 이유가 있어서였든 간에, 유럽의 사무직 노동자들은 불길한 징조를 알아차렸다. 사무실은 안 좋은 방향으로 가고 있었고 그들 말고는 아무도 그

290

것을 알아채지 못한 것 같았다. 화이트칼라들은 프랑스, 이탈리아, 독일에서 1960년대와 1970년대에 일어난 노동자들의 저항에 자극을 받아 '위원회'를 만들기 시작했다. 그리고 뷔로란트샤프트를 비롯해 디자이너들이 진보적이라며 제시한 모든 개념을 끝내라고 요구했다. 강요는 받을 만큼 받았다. 그들은 자신의 일터를 스스로 결정할 것이었다. 이탈리아(1975), 독일(1976), 스웨덴(1977), 네덜란드(1979)에서 기업의 감독 이사회에 노동자가 참여하는 것을 의무화하는 법이 차례로 통과됐다.[46] 새로이 갖게 된 저항 조직들을 통해 노동자들은 뷔로란트샤프트에 대해 집단적인 증오의 목소리를 냈다. 여러 조사들에 따르면 사무실은 "온도 조절이 안 되어 쾌적하지 못했고, 습도가 낮았으며, 외풍이 있었고, 참기 힘든 소음이 있었으며, 자연 채광은 약했고, 외부가 보이지 않았고, 자연 통풍도 부족"했다.[47] 하지만 또 다른 요인도 있었다. 오픈 플랜은 북유럽 사무실의 견고한 프라이버시 문화와 충돌했는데 그 문화를 깨뜨리기는 어려웠다.

그때부터 유럽의 사무실은 미국의 사무실과 디자인이 크게 달라졌다. 액션 오피스는 유럽 사무실 건물의 좁은 바닥 공간에 들어오지 못했다. 하지만 그래서 덜 혁신적으로 된 게 아니라 더 대담해졌다. 엄격한 규제로 인해 더 낮고 더 인간적인 형태가 다양하게 실험되었다. 헤르만 헤르츠베르허르Herman Hertzberger가 디자인하고 1972년에 선을 보인 네덜란드 보험 회사 센트랄 비히어Centraal Beheer의 본사 건물이 그런 예다. 헤르츠베르허르는 직원들이 "군중 속에 묻혀 자신을 잃어버리지는 않으면서도 노동자 공동체의 일원으로 느낄 수 있어야 한다"고 주장했다.[48] 다른 말로, 헤르츠베르허르는 사무실을 비교적 개방적으로 두되 개인이 자신의 공간을 가지고 그 공간을 마음대로 조직할 수 있는 능력을 훼손하지는 않기를 원했다. 그의 해법은 사무실을 "위로 올려진 마을" 또는 "마을의 나무집"처럼 만드는 것이었다. 각각 열 명 정도를 위한 개방형 사무 공간들이 복도와 계단 같은 공용 공간과 이어져 여러 층에 들어서 있었다. 직원들은 화분이나 다른 장식품을 자신의 공간에 마음대로 놓을 수 있었다.[49] 사실 액션 오피스 II와 비슷했는데, 다른 점은 공간이 콘크리트로 만들어져 영구성의 느낌을 준다는 것이었다. 그 안에서 직원들은 보호받으면서 계속 머물도록 초대받았다. 이렇게 노동자들이 느끼는 편안함을 강조하는 것은 1980년대 사무실의 주된 특징이 된다. 스톡홀름의 스칸디나비아 항공 빌딩(1988)이 그런 사례다. 앞으로 굉장히 영향력을 갖게 되는 한 사조에서, 건물은 작은 도시처럼 디자인되었다. 중앙 '도로'에서부터 개인 사무실이라는 '마을'들로 갈라지는 식이었다. 노동자들은 거리에서 상호 작용을 할 수도 있었고 자신의 사무실로 돌아와 집중해서 일할 수도 있었다. 몇 년 후, 큐비클 모양의 괴물이 미국 전역의 사무실을 공포스럽게 파고들자, 디자이너들은 유럽의 이러한 디자인을 탈출구로 삼게 된다.

□

1998년에 『메트로폴리스*Metropolis*』 기자가 프롭스트를 인터뷰하러 갔다. 프롭스트는 77세였다. 그는 자신의 디자인이 막을 수 없을 정도로 인기 있었다고 말했다. 미국에서만 4000만 명(그의 추산치이지만)의 노동자가 그 안에서 일했고 42개 버전의 액션 오피스가 있었다. 하지만 이 무렵이면 그 모든 것이 같은 이름으로 불리고 있다는 것은 이야기하지 않았다. 바로 '큐비클'이었다.

프롭스트는 자신의 디자인을 그토록 인기 있게 해 준 검소함과 유연성을 옹호했다. 하지만 인정하고 싶지 않았던 것이 있었다고 인정했다. "이것의 단점은 모든 회사가 다 지적이고 진보적이지는 않다는 점이었습니다. 많은 기업이 전과 똑같은 종류의 설비나 가구를 가져다가 불쾌한 공간을 만들 수 있는 사람들에 의해 운영되고 있었죠. 그들은 작은 큐비클을 만들어 놓고 사람들을 거기 밀어 넣었어요. 척박하고 쥐구멍 같은 곳이었죠. 나는 그것이 완벽한 세상이라고 생각한 적이 결코 없습니다."[50] 2년 뒤에 그는 사망했다.

"나는 다 보았어요.… 직각이 들어오던 순간. 누군가는 당신이 120도 각도를 필요로 하지 않는다는 것을 알게 됐고 그것이 확산됐죠. 안 좋은 날이었어요." 프랜시스 더피는 나와의 인터뷰에서 이렇게 말했다. "액션 오피스가 박스로 바뀌는 데는 5초밖에 안 걸렸어요. 로버트 프롭스트는 참 좋은 사람이었어요. 더 좋은 사람은 없었을 겁니다."[51]

7
공간 침입자들

야망 있는 여성 임원은 과거의 차별이라는 유물뿐 아니라
지속되는 차별이라는 배신자 부대와도 끊이지 않는 전투를 벌인다.
그녀는 자신의 참여자 자격을 알리는 신호들이 동급이거나 상사인
남성들과 같은 주파수에 있게 하기 위해 막대한 노력을 기울여야 한다.
그리고 그 메시지는 "자, 나도 게임을 할 준비가 됐어"다.

—베티 레한 해러건Betty Lehan Harragan,
『똑 부러지는 여자로 살아남기 위한 열 가지 법칙Games Mother Never Taught You』[1]

1970년대, 칙칙하고 부정직한 그 시대에 술을 곁들인 오찬은 여전히
필요 불가결했다. 으레 마셔 왔던 마티니 두 잔은 점차 와인 몇 잔으로
대체되고 있었다.[2] 그리고 나면 아편에 취한 듯 알딸딸한 노곤함이 밀
려와, 커피를 아무리 많이 마시는 사람이라도 피할 수 없었다. "이른
오후는 항상 조용했다. 공간 전체가 열대의 휴식으로 서서히 빠져 들
어가는 것 같았다."『아메리카나Americana』에서 돈 드릴로Don DeLillo는 이
렇게 적었다. "건물이 통째로 신비로운 해먹에 누워 흔들거리는 것처
럼 말이다.… 이 시간에는 뭔가 멋진 것이 있었다. 기억을 할 수 있기까
지 한 시간 남짓. 책상 앞이 아니라 소파에 앉는 시간. 비서를 불러서
부드러운 목소리로 영화, 책, 물놀이, 여행 등 별것 아닌 이야기나 하는
시간."[3]

'펀 런치fun lunch'가 있기 전에 '비즈니스 런치(와 술)'가 있었다. 신참
을 위한 저녁 모임도 있었는데 상급자들이 우루루 들어오면 즐겁게 해

주어야 했다. 당시 한 대기업의 경영자는 1분기 중 9일 정도는 노는 데 쓴다고 생각했다.[4] 나머지 시간에는 물론 일이 있었다. 끝없는 통신에 답변을 해야 했고 끝없는 회의가 있었다. 회의는 하루 중 3분의 1에서 절반 정도를 차지했다. 오늘날의 이메일 쓰나미처럼 디지털 이전의 옛 사무실에 쌓이는 우편물과 텔레그램의 양은 어마어마했다. 아래는 당시 어느 경영자의 직무 목록이다.

> 서류 작업과 우편 작업; 판매 관련 전화 통화 및 계약 협상; 사무실과 집에서 텔레그램 검토; 전화 걸고 받기(통화 성공하지 못한 경우 반복 전화 포함); 부하 직원과 이야기; 채용 대상자 면접; 비서들과 검토; 훈련생 교육; 계약, 월간 요약, 주간 요약, 예측, 영업 계획, 분기 리뷰; 직원의 지출 결의 검토와 커리어 검토(준비하고 피드백 주기); 성과 평가; 기능직과 회의(기술, 전문직, 보조직 포함); 골프, 스키, 여행 등 여흥; 훈련 프로그램; 위기 관리… ; 캠퍼스에서 적극적인 채용; 경쟁사 활동에 대한 논의; 회의 소집; 사업 계획 검토 계속; 본사에서 온 비디오테이프 시청; 출장, 그리고 비행기 대기 시간과 약속 대기 시간; 다른 부서 사람들과 만나서 문제 해결; 특별 태스크포스 팀 회의[5]

이동하는 시간과 점심, 저녁 시간 외에 사무실 일은 주로 회의와 교육과 서류 작업이었다. 그리고 직급이 낮은 사무 직원들에게는 여전히 반복적인 업무들이 있었다. 타자, 계산, 그리고 컴퓨터로 하는 새 업무들.

그래도 인간적인 요소는 계속 존재했다. 통제적인 관료제나 성질 나쁜 상사가 일터에서 소소한 즐거움을 앗아 가려 하면 사무 노동자들은 그에 대처하는 방법을 개발해 냈다. 일터를 인간답게 만들어야 할 필요성은 옛 일터의 가부장제를 상기하게 하는 비서라는 존재가 사라지지 않은 이유를 어느 정도 설명해 준다. 속기사 팀이 있는 한, 상사는 굳이 비서를 두고 타자나 받아쓰기를 시킬 필요가 없었다. 또 컴퓨터로 이미 몇몇 기능은 필요가 없어졌거나 상사가 관여하지 않아야 더 잘 수행됐다. 하지만 비서를 두는 것은 예전처럼 지위의 상징이었고 경영자들은 그것을 포기할 의사가 없었다. 비서 입장에서도 비서 일은 기계적인 사무직 일이 제거해 버리거나 가치 있게 여기지 않는 인간적인 요소들(친절함, 카리스마, 침착함)을 요구했다. 비서의 하루 일과는 예측 가능하지 않았다. 상사를 즐겁게 해 주어야 하는 날도 있고, 방문객을 접대해야 하는 날도 있었으며, (직무 기술서에는 없지만) 상사 부인의 구두를 찾아오거나 상사의 휴가 기간 동안 그의 강아지를 돌봐야 하는 날도 있었다. 로자베스 모스 칸터가 1970년대의 대기업에 대해 연구한 바에 따르면, 비서의 인사 고과에서 가장 중요한 두 가지 평가 항목은 '주도적이고 열정적임'과 '개인적인 서비스를 잘함'(한 경영자는 이를 "개인적인 필요들을 잘 예측하고 다룰 수 있는 능력"이라고 설명했다)이었다. 비서들도 그것을 좋아했다. 비서의 일은 전적으로 개인화되는 방식으로 조직됐다. 그들이 칭찬받는 업무 역량은 개인 성격에 기반한 것이었고 비서들 대부분은 자신이 그 외에 특별한 역량은 갖고 있지 않다고 생각했다. 그들의 특권은 모시는 상사의 지위에서 나오는 파생적인 특권이었다. 진급 기회가 제한되어 있다는 것도 비서의 세계관을 축소했다. 몇몇은 오피스 와이프라는 옛 전형을 입증하려 애쓰기까지 했다. 한 임원 비서는 이렇게 말했다.

내가 남자들과 잘 지낸다면 그건 내가 그들의 세계에 관심을 가지고 잘 경청하기 때문일 것이다. 나는 그들의 이야기를 듣는 것을 즐기고 지루해 하지 않는다. 그들은 개인적인 일도 내게 이야기한다. 가족 문제, 돈 문제, 아이 키우는 문제 등. 내가 말하는 사람들 대부분은 이혼했다. 그들의 결혼 생활을 쭉 보면서 나는 그들이 곧 이혼할 것 같다고 생각했다. 내가 아내라면 남편의 일에 관심을 가졌을 것이다. 아내가 결혼 전에 비서를 해 본다면 더 좋은 아내가 될 수 있을 것이다. 비서로서 우리는 상사의 기분을 읽고 맞추는 법을 배운다. 아내가 그렇게 하면 많은 이들의 결혼 생활이 더 행복할 것이다.[6]

바뀌지 않는 이 고루한 세계에 큐비클이 들어왔다. 처음에 큐비클은 그저 또 하나의 가구였고 사무실 노동자들에게 딱히 비중 있게 인식되지는 않았다. 『수정궁에서의 삶』의 몽롱한 고요함부터 1970년대에 이르기까지 어떤 것도 근본적으로 변하지는 않은 것 같았다. 물론 유행은 더 관대해졌다. 『뉴스위크Newsweek』에 실린 글에서 코네티컷에 사는 한 통근자는 이렇게 말했다. "오랫동안 나는 어느 광고 회사 임원과 같은 기차로 뉴욕까지 통근했다. 그는 대리언 역에서 기차를 탔는데 전에는 회색 양복에 단추를 다 채우고 머리를 짧게 깎은 차림이었다. 그런데 이제는 꽃무늬 재킷을 입고 넓은 타이를 하고 구레나룻을 여기까지 기르고 있다. 매디슨가에서 벌어진 변화를 반영하는 듯하다."[7]

하지만 사무실은 그보다 근본적으로 변하고 있었다. 감지하기에는 어려운 조용한 움직임이었다. 사무실은 더 희망적이면서도 더 혼란스러운 것이 되고 있었다. 그 안에 있어 보지 못한 사람에게는 더 행복해 보이는 공간으로, 예전의 사무실을 아는 사람에게는 덜 행복한 공간으로 바뀌고 있었다. 커튼월 밖의 사회 변화가, 경영학 이론들이 미처 예측하지 못한 방식으로 커튼월 안에서 체감되기 시작했다.

1964년에 공민권법 통과로 '고용 기회 평등 위원회EEOC'가 생기면서 기업은 흑인을 채용하라는 압력을 받게 되었다. 그리고 격렬한 사회 운동의 시기였던 그 이후 몇 년 동안 이는 더 중요한 문제가 되었다. 당시의 연구 조사에 따르면 경영자들은 전국의 도시에서 일어나던 흑인 저항 운동에서 더 크게 압박을 느꼈다. 은행에 다니던 한 백인 하급 관리자는 이렇게 말했다. "흑인 폭동은 모든 이의 태도에 영향을 미쳤다. 그로 인해 문제가 갑자기 체감되었다. 좋은 방법으로는 아니었지만 효과가 있었다. 그리고 미국에서는 특이한 방법도 아니었다. 늘 폭동이었으니까."[8] 1972년에 의회는 H. R. 1746을 통과시켜서 차별 금지 정책에 따르지 않는 기업을 EEOC가 직접 고소할 수 있게 했다. 많은 기업이 차별 금지 프로그램을 도입했고 흑인 채용과 승진이 빠르게 증가했다.

곧 불평과 반대가 뒤따랐다. 사회학 연구들에서 드러나듯이, 백인 관리자들은 노골적으로 인종 차별을 하곤 했다. 거대 제조업체의 한 흑인 매니저는 이렇게 회상했다. "왜 너희 검둥이들이 이렇게 많이 바라는지 모르겠다든지 너희 흑인들이 다 차지하고 있다든지 하는 낡은 비난들을 계속해서 들었다." 같은 회사의 또 다른 흑인 직원은 어느 관리자가 회사 전체에 돌린 메모에 "흑인은 게으르고 일을 하지 않으므로 내 부서에 더 이상 받고 싶지 않다"고 쓰여 있었다고 회상했다.[9] 하지만 노골적인 차별보다 더 일반적이었던 것은 이러한 변화에 대해 백인 직원들이 은밀하고 완곡하게 두려움을 표출하는 것이었다. 그 두려움은 사무실이 조장한다고 비난을 받아 왔던 순응성과 결속에 대한 압력에서 직접 기인했다. 흑인 직원들(더 일반적으로 말해서 유색 인종 직원들)은 모호한 편견의 물결에 부딪히고 있다고 느꼈다. 그래서 그들은 사무실 생활로 모두가 겪는 피해 망상과 공포를 특히 더 절실하게 체감했다. 일하면서 먹는 가벼운 점심이나 소소한 친교 모임에서 흑인은 배제되기 일쑤였다. 한 흑인 여성은 동료들이 "비공식적인 모임이나 대화 자리, 점심 식사에 나를 부른 적이 없으며, 많은 경우에 그들은 내 일에 대해 이러쿵저러쿵했다"고 회상했다.[10] 또 어느 흑인 관리자는 직장 생활 초기 시절에 대해 이렇게 말했다. "나보다 어린 백인이 새로 들어오면 다른 백인이 그를 따로 불러서 이런저런 것들을 알려주었다. 신입인 백인이 나는 알지도 못하는 직원들과 어울리는 것을 보았다. 나로서는 누려 보지 못한 일이었다. 지금 생각해 보니 정말 이상하다." 하지만 이들은 각자 고립돼 있었기 때문에 그런 행동들이 왜 벌어지는지를 즉각 알아차리지는 못했다. "처음에는, 그리 오래는 아니었지만, 내가 느끼는 불편함을 인종주의와 연관 짓지 못했다. 내 문제라고 생각했다. 내가 뭔가를 잘못하고 있다고 말이다."[11] 다른 흑인들과 이야기하고 나서야 그는 같은 편견을 다른 이들도 겪는다는 것을 알 수 있었다. "오!… 다행이었다! 나만 그런 게 아니었다! 안심이 되었다."[12]

나만 그런 게 아니었다. 백인 기업에서 흑인 관리자가 느끼는 고립감은 인종 차별과 결부된 것이긴 했지만, 나 홀로라는 고립감과 내 앞길은 내가 책임져야 한다는 느낌은 사무실에서 일반적이었다. 실패나 실수에 대해 스스로를 탓하려고 하는 것은 강력한 유혹이었다. 지식 노동에 대해 쏟아졌던 희망적인 예언의 영향이기도 했고 교육의 중요성이 커진 것과도 관련이 있었다. 1960년대와 1970년대에 드러나 게리 베커Gary Becker('인적 자본'이라는 말을 만든 경제학자) 같은 사람들은 교육이 자연스럽게 취업 기회를 열어 줄 것이며 더 많이 교육받은 인구 집단은 지식 기반의 좋은 일자리를 더 많이 만들어 줄 것이라고 주장했다.

하지만 사무직과 관련해서 이런 주장은 어지간히 안 맞은 정도가 아니라 심하게 안 맞았다. 화이트칼라 노동의 속성이 별로 달라지지 않은 것은 물론이고, 노동의 많은 부분이 역량은 덜 필요해지고 더 기계적으로 합리화되었다. 하지만 사무실에서 일자리를 얻으려면 직무가 요구하는 것보다 훨씬 높은 수준의 교육이 필요했다. 사실 1970년까지 화이트칼라 일자리의 증가는 그렇게들 많이 예언한 '지식 노동'에서가 아니라 하급 일자리에서 일어났다. 그리고 화이트칼라 노동에 대한 여러 측정치(일례로 뉴욕에 있는 한 은행의 125개 지점에 대한 연구 조사)를 보면 화이트칼라 노동자의 성과 수준과 교육 수준은 **역의** 상관관계가 있었다.[13]

사무실은 진급에 대한 기대치가 실제 가능성과 충돌하는 과다 교육된 노동자들로 가득 찼다. 그리고 인사 관리 패러다임은 그들을 달랠 수 있는 능력을 잃고 있었다. 교육은 사무실 노동에 아우라를 부여했지만 사무실 노동이 실제로 충족하지 못하는 아우라였다. 하지만 사무직 노동자들은 좌절한 화이트칼라 프롤레타리아가 되어 변화를 요구하기보다는 (학생 운동에서 말하는) '체제'를 비난하는 만큼이나 자기 자신을 비난했다. 한 다국적 기업의 매니저였던 하워드 카버는 그의 세계를 "무미건조하고, 하찮은 정치 논쟁과 무서운 권력 다툼이 있는 곳"이라고 묘사했다. "회사는, 관료제는, 인간 역량 중 아주 작은 부분밖에 못 쓰면서도 시간, 충성심, 사내 정치, 어리석은 짓을 너무 많이 요구한다.… 바보 천치, 시간만 때우는 사람, 기회주의자, 사내 정치에만 관심 있는 사람, 소심한 사람 등이 너무 많아서, 의욕이 없어지고, 중간 관리자를 넘어 승진하는 것은 깡패 같거나 교활한 사람만 가능하다고 생각하게 되었다." 하지만 이 매니저는 중간 관리자의 한가운데에서 더 이상 올라가지 못한 자신의 경력 좌절에 대해서는 사소한 처신상의 실수 때문이라고 생각했다. 부사장이 있는 줄 모르고 "최고 경영자가 언제 완전히 물러날까?" 하고 말했는데 알고 보니 부사장은 최고 경영자의 오른팔이자 눈이자 귀였다는 것이다. "그렇게 망쳐 버렸다. 그날로부터 10년이 되었는데 에스컬레이터에 올라타 계속 올라가 보지만 좋은 자리는 다 내게서 빠져나가 버린다." 그가 생각하는 실패 이유는 사내 정치에서의 사소한 한순간이었다. 하지만 그가 기업 세계에 대해 마지막으로 그린 묘사는 스터즈 터켈Studs Terkel의 『일Working』에 나오는 공장 노동자 이야기만큼이나 암울하며 20세기 중반에 기업의 힘에 대해 쏟아졌던 열정 넘치는 이야기들과는 매우 거리가 멀다.

둘러보면… 숨겨진 목적을 위해 작동하면서 대중을 조작하려는 은밀하고 사악한 음모도 없고, 또 그렇게 많은 사람들이 당신에게 믿게 하려고 했던, 열정적으로 자아를 실현하며 일하는 존재라든가 진정으로 훌륭한 사람에게 자극을 주는 도전과 흥분 같은 것도 없다. 혼란스럽고 단순한 허드렛일 속에서 인간의 노력과 열망을 보잘것없게 만들고, 가치 있는 인적 자원은 옆으로 치워 버리며, 해낼 수 있는 것이 많은 진정으로 지적인 사람들(한때는 나도 그런 사람이었다)이 결국 쓰레기장에서 경력을 마감하게 만든다.[14]

사무실의 외면도 내면의 안 좋은 기운을 특이하게 반영하는 방식으로 변화하고 있었다. 1970년대까지 건축적 모더니즘 양식(일반적으로 인터내셔널 양식을 의미했다)이 전국적으로 거의 동일한 형태로, 아무 문제 제기도 없이 확산됐다. 토지 개발업자, 공간 계획가, 정치인 모두가 모더니즘 양식을 지지했다. 형태로서는 유연하지 못했지만 사용 면에서는 정부든 기업이든 다양한 사용처에 적합했다. 네모난 유리 건물 (또는 '브루탈리즘'의 콘크리트 건물)이 거의 모든 종류의 건축물에 적용된 양식이었다. 유리로 덮은 건물에 대해 아무 의문도 제기되지 않았다. 공간 설계가 뜨고는 있었지만 건축가 중에 이런 건물의 내부에 관심 있는 사람은 별로 없었다.

한편, 두 차례의 석유 파동과 스태그플레이션, 1982년의 금리 급등으로 실업률이 10퍼센트까지 치솟고 대공황 이래 최악의 경제 위기가 닥쳤지만 1960년대에 시작된 사무 건물 투기 열풍은 1970년대와 1980년대에도 누그러지지 않았다. 사무실 투기 열풍을 막을 수 있는 것은 없었다. 1970년대에 뉴욕에 약 500만 제곱미터의 사무실 면적이 새로 생겼다. 1980년대에는 약 430만 제곱미터가 더 생겼다. 1970년대 중반에는 파산 직전이던 도시 뉴욕에 세계에서 가장 높은 세계무역센터 쌍둥이 건물이 모습을 드러낸다. 저명한 모더니즘 건축가 야마사키 미노루山崎實가 디자인한 이 건물은 작은 창문들이 끊임없이 위를 향해 배열돼 있고 신고딕풍의 장식이 있었다. 평론가들은 이 건물을 뉴욕에서 금융의 중요성이 부상하는 것에 대한 기이하고 어쩌면 교만한 익명의 상징으로 여겼다. 루이스 멈포드는 이 건물의 거대함을 "목적 없는 거대주의와 기술 전시주의"라고 평했고 비평가 찰스 젱크스 Charles Jencks는 이 건물에서 파시즘을 떠올렸다.

> 극단적인 반복은 단조로움 또는 최면 상태를 부른다. 긍정적으로는 숭고함과 불가피함의 감정을 불러일으킬 수 있다. 그치지 않고 동일한 주제로 돌아오기 때문이다. 볼레로처럼, 음악적인 반복은 꼭 정신적인 고문의 형태인 것은 아니며 안정제의 효과를 내기도 한다. 반복적인 모티프의 건축은 당신을 잠들게 할 수 있다. 무솔리니와 히틀러도 그것을 사고를 통제하기 위한 형태로 사용했다. 사람들에게 어떤 것을 강요하려면 우선 지루하게 하고 최면에 빠지게 해야 한다는 것을 알고 있었기 때문이다.[15]

1973년에 문을 연 사무 공간 약 90만 제곱미터는 다 채워지지 못했고 몇 년이 지나도록 그랬다. 1977년에 뉴욕은 파국적인 정전을 겪었다. 쌍둥이 건물은 불 꺼진 채로 도시를 불길하게 내려다보았다. 스탠리 큐브릭이 〈2001 스페이스 오디세이〉에서 상상한 어떤 것보다도 으스스한 상징이었다.

미국 전역에서, 금고가 텅 빈 도시들은 세금 낼 기업을 유치하기 위해 필사적으로 다운타운에 고층 건물을 계속 지었다. 인구가 조밀하긴 해도 오래도록 낮은 건물 위주였던 샌프란시스코는 남쪽에서 성장하는 컴퓨터 산업과 서쪽으로 일본이 주도하는 환태평양 경제와의 연결을 기업 유치에 활용하기 시작했다. 불과 한두 해 만에 어마어마한 사무 공간이 생겨나자, 샌프란시스코 시민들은 끔찍한 '맨해튼화化'라며 이에 저항하는 운동을 벌이기까지 했다. 샌프란시스코 사무 공간의 연간 증가 면적은 1964년 약 5만 제곱미터에서 1981년에는 네 배인 약 20만 제곱미터가 되었다. 샌프란시스코보다 인구 대비 사무 공간이 더 많은 도시는 보스턴뿐이었다. 보스턴에도 1976년에 I. M. 페이 I. M. Pei가 디자인한 번쩍거리는 존 핸콕 타워가 들어섰다. 그런데 얼마 안 가 구조적인 결함이 드러났다. 겨울의 강한 바람에 견디기 어려운 구조였던 것이다. 재난 영화에서처럼, 커튼월의 커다란 판유리가 헐거워지더니 땅으로 떨어졌다. 기업 본사가 도심으로 서서히 돌아오는 한편, 후방 업무가 교외로 나가는 추세도 계속됐다. 통근선을 따라 사무 단지가 마구 들어섰다. 랠리-던햄-채플힐 트라이앵글, 보스턴 테크 코리더, 실리콘 밸리, 그리고 워싱턴 DC 중심의 노던버지니아 교외 지역 등.

사무 공간의 면적은 파죽지세로 확장됐지만, 사무 공간의 모습은 건축에 대한 사람들의 생각이 달라졌음을 시사하기 시작했다. 그리고 이는 어떻게 일해야 하는가에 대해서도 새로운 시사점을 던지기 시작했다. 사람들이 어떻게 살고, 움직이고, 일해야 하는지를 규정하려 했던 모더니즘의 모든 계율이 공격받기 시작했다. 1961년에 제인 제이콥스는 기념비적인 저서 『미국 대도시의 죽음과 삶』에서 건축적 모더니즘이 미국의 도시에 끼친 영향을 통렬하게 비판했다. 도시 재개발이 일으키는 사회적 비용과 도시 계획상의 오류를 지적하는 책이었지만, 오랜 세월에 걸쳐 자연스럽고 자생적으로 발달해 온 도시 거리의 질서에 맞지 않게 주택 지구와 상업 지구를 강요하는 모더니즘에 대한 미학 비평서이기도 했다. 제이콥스와 정치적으로 대립한 로버트 모지스Robert Moses 같은 사람들은 도시를 자동차 중심의 공간으로 설정한 데 비해, 제이콥스가 상상한 도시는 보행자 중심의 긴밀히 직조된 공동체에 기반하고 있었다. 거대한 고층 건물보다는 낮고 조밀한 공간들과 소규모 공공장소, 대면 상호 작용 쪽으로 강하게 치우친 도시였다. 이는 로버트 프롭스트가 사무실에서 이뤄지는 '우연적인 만남'의 중요성을 강조하고, 기존 문화를 파괴하지 않으면서 인간의 욕구에 부합할 수 있는 유연하고 '너그러운' 디자인을 추구한 것을 떠올리게 한다.

의도하지는 않았겠지만, 제이콥스의 비판은 통칭 포스트모더니즘이라고 불리는 예술 운동의 어지러운 흐름에서 첫 주춧돌이 됐다. 그리고 포스트모더니즘이 첫 번째로 강력하게 모습을 드러낸 영역은 건축이었다. 찰스 젱크스, 로버트 벤투리Robert Venturi와 같은 건축가와 비평가들은 르코르뷔지에가 대표하는 모더니즘이 맹목적인 유토피아주의이며 사회 공학적인 거대 실험을 위해 맥락과 규모와 풍경을 무시하고 있다고 비판했다. 젱크스는 공공 주택 계획의 악명 높은 실패작인 세인트루이스의 '프루이트 이고 아파트 단지Pruitt-Igoe homes'를 모더니즘의 종말을 알리는 사건으로 들었다. "악명 높은 프루이트 이고 단지가, 아니 그것의 벽돌 블록 몇 개가 다이너마이트로 최후의 일격을 받은 1972년 오후 3시 32분경에 세인트루이스에서 모더니즘 건축은 사망했다."[16] 『포스트모던 건축의 언어The Language of Post-modern Architecture』에서 젱크스는 이렇게 언급했다. 그는 프루이트 이고가 르코르뷔지에 추종자들의 조직인 '국제 모던 건축 학회'에서 신성시되었으며 1951년에 이 건물이 세워졌을 때 미국 건축가 협회에서 상도 받았음을 지적했다. 14층 건물들이 녹지를 사이에 두고 드문드문 들어서 있었던 이 단지는 진정 르코르뷔지에적인 작품이었다. 하지만 합리적인 이상에는 적합했을지 몰라도 인간의 욕구에는 적대적이었다. 시간이 지나면서 건물들은 무너졌고 단지 안에서 발생하는 범죄도 증가했다. 원인은 복합적이지만(대체로는 세인트루이스의 제조업 일자리가 사라진 것이 가장 큰 원인일 것이다), 건물을 안에서부터 파괴한 것은 다름 아닌 **디자인**이라는 견해가 빠르게 퍼졌다.

따라서 비평가들의 결론은 다음과 같이 귀결되었다. **모더니즘은 인간적인 것에 반反한다. 그리고 이를 가장 잘 보여 주는 것은 상업 건물이다.** 젱크스는 모더니즘이 모든 구조물을 사무용 건물을 모델 삼아 지을 정도로 맥락을 무시했다고 지적했다. "아이빔과 유리 패널이 주거용 건물에도 적합한가?"를 생각해 보는 건축가는 한 명도 없었다는 것이다. 또한 건축가들은 일하는 곳을 위한 건축과 생활하는 곳을 위한 건축의 언어를 헷갈리게 사용하면서, "양쪽을 똑같이 취급해서 양쪽의 기능을 모두 축소하는 결과를 낳았다는 것"을 인식하지도 못했다. "일과 삶은 가장 밋밋하고 평면적이고 세심하지 못한 수준에서 서로 바꾸어 쓸 수 있는 말이 되었고, 고차원적인 표현의 장에서 정교해지지 못했다. 서로 다른 활동인 일과 삶이 심리적 측면에서 함축하는 바는 탐구되지 못했고 우연에 내맡겨졌으며 잘려 나가 버렸다."[17]

하지만 포스트모더니스트들의 답은 더 깊은 순수성을 추구하기 위해 일과 삶을 분리하는 것이 아니라, 오히려 더 격렬하고 쾌활한 방식으로 모든 것을 뒤섞는 것이었다. 포스트모더니즘 건축에 대한 초기 저작 중 하나인 벤투리의 『라스베이거스의 교훈*Learning from Las Vegas*』(건축가 스티븐 이제나워Steven Izenour와 데니즈 스콧 브라운Denise Scott Brown 공저)은 제목으로 이를 잘 말해 준다. 모더니즘 건축가들이 현대 건축의 비극적인 순수성을 주장했다면, 포스트모더니즘 건축가들은 '성실한 자유분방함'으로 신고전부터 신고딕까지 과거에서 다양한 모티프를 가져다가 하나의 건물에 섞어 놓았다(그리고 그들은 원본 양식보다는 리메이크된 '재현' 양식에 더 관심이 있었다). 또 벤투리, 스콧 브라운, 이제나워는 저명한 건축가가 아닌 이류 건축 회사나 개발업자가 지은 싸구려 호텔, 동네 식당, 심지어는 주유소나 핫도그 매대 같이 일상적이거나 대중문화적인 풍경에 주목했다. 이러한 혼합물이 가진 유쾌함에는 벤투리가 특히 관심을 보였는데, 그는 그답지 않게 고고한 구절로 이를 "건축 안에 있는 복잡성과 모순성"이라고 묘사했다. 거칠고 대중적으로 보이고자 했지만 이러한 피상성이 발하는 효과는 '딜리겐스 네글리겐티아diligens negligentia' 즉 '정교하게 만들어진 무관심'이었다. 사실 포스트모던 건축 사상은 건물의 속성에 대한 고도의 이론화를 바탕으로 한 (이런 이론들은 『대립Oppositions』에 실린 자극적인 글에서 자주 나타났다) 깊은 자의식과 함께 발달한 것이었다. 모더니스트로 훈련받은 사람들이 포스트모더니스트로 이름을 알리기 시작했다. 프랭크 게리Frank Gehry, 찰스 무어Charles Moore, 로버트 A. M. 스턴Robert A. M. Stern, 마이클 그레이브스Michael Graves, 피터 아이젠만Peter Eisenman 등이 그런 사례다. 이들의 주택과 프로젝트는 의도적으로 여러 조류를 혼합하고 규모를 줄였으며 주변 경관의 맥락에 복종하는 태도를 보였다. 주변적인 것에서부터 안으로 들어오는 기이한 기운에 열려 있어야 한다는 입장은, (로버트 프롭스트가 액션 오피스 사용자들이 각자의 벽면을 개성 있게 장식하길 원했듯이) 사용자가 자기 공간을 스스로 꾸밀 수 있게 하는 것을 지향하는 사무실 디자인과 맥을 같이 했다.

주택, 미술관, 대학 등에도 조금씩 적용되긴 했지만, 포스트모더니즘이 문화적 힘으로서의 도래를 확고히 알린 곳은 기업 권력의 상징인 사무 건물들이었다. 이때 한 인물이 그림자에서 떠올라 포스트모던 사무 건물의 기조를 설정하게 된다. 그는 바로 필립 존슨Philip Johnson이었다. 미국에 인터내셔널 양식을 들여온 미스 반데어로에와 함께 일했던, 그 필립 존슨 말이다. 이제 70대의 나이에 머리가 벗어지고 그 어느 때보다도 제멋대로가 되었으며 르코르뷔지에처럼 두껍고 둥근 안경을 쓴 필립 존슨은, 자신이 따랐던 모더니즘보다 오래 살아남아서 새로운 미래를 보고 있었고 곧 그 미래에서 살아 있는 대가로 불리게 된다. 전에 어떤 열정이 그를 파시즘으로 이끌었든 간에, 또 어떤 열정이 그를 모더니즘의 까다로운 멋으로 이끌었든 간에, 이제는 그것들을 모두 벗어 버렸다. 노년의 존슨은 매력적일 만큼 짧은 주의 지속 시간을 보였다. "내 방향성은 분명하다. 전통주의다." 옛 모더니즘의 경구체로 감상적인 근엄함을 보이며 이렇게 말하더니, 바로 이어서 다소 쑥스러운 듯이 건물에 여러 스타일을 뒤섞는 게으른 습관을 소탈하게 이야기했다. "과거를 통틀어서 맘에 드는 것을 이것저것 주워 온다. 어떤 장소나 어떤 시점의 어떤 것이라도."[18] 진실은 발견되는 것이 아니라 만들어지는 것이라는 믿음을 따라서 그는 매우 눈에 띄는 페르소나를 발달시켰다. 존슨의 독특한 개성은 잘 선택된 지인들이 외부에 쉽게 이야기할 수 있었고 알랑거리는 언론이 쉽게 퍼뜨릴 수 있었다. 존슨은 언젠가 자신의 작업 방식에 대해 이렇게 말했다. "대체로 건축은 대중 투표로 운영하기보다는 교황, 왕, 장군이 운영하기에 적합한 것이다. 그래서 나는 원대한 방식으로 일하기를 좋아한다."[19] 존슨은 자신이 디자인한 시그램 빌딩의 포시즌스 레스토랑에서 저명인사를 많이 만났다. 이 레스토랑의 무대적인 조명은 건축 세계 최고 권력자들의 점심을 비추기에 완벽했다. 이곳에서 존슨은 프로젝트를 수주했고 그를 따르는 젊은 건축가들에게 후하게 베풀기도 했다. 전례 없는 방식으로, 이 혁명적인 건축가는 유명인이 되었다.

미국 전화·전신 회사(AT&T. 흔히 '마벨'이라고 불린다)가 뉴욕의 새 본사 건물 디자인을 존스에게 의뢰했을 때, AT&T로서는 완벽한 선택을 한 것이었다. 과거의 건축에 대한 쾌활하고 재치 있는 접근 덕에 그는 포스트모던적 저항의 대표 주자이자, 부활한 권력을 표현하고 싶어 하는 기업이 자연스럽게 찾는 건축가가 돼 있었다. 모더니즘이 예전에 어떤 기업 정신을, 또 어떤 미래주의적 기풍을 표현했든지 간에, 이제 그것은 모두가 싫어하는 회색빛 도심과 검은 상자 모양 건물들 속에서 다 사라졌다. 이제 유리와 콘크리트는 관료주의의 물질이었고 삐걱거리는 미국 복지 국가의 물질이었다(1970년대에 미국의 복지 국가는 너무나 삐걱거린 나머지, 1980년대에 한 대담한 대통령이 그것을 대대적으로 해체할 수 있게 만들었다).

존슨의 디자인은(존슨/버지라는 회사를 차려서 작업했다) 이후 10년 동안 최고의 찬사와 최고의 비난을 받은 건축물이었으며 새로운 기업 문화의 완벽한 상징이었다. 고층 건물 형태를 만든 과거의 거장(번햄이나 설리번 등)을 따라서 겉면은 행과 열로 된 표와 같은 모습이었고 바닥층, 수직 통로, 기둥 등으로 이뤄져 있었다. 1922년부터 있었던 AT&T의 원래 건물도 이런 모습의 고전적인 고층 건물이었는데 대리석, 청동, 설화 석고 등으로 사치스럽게 만들어져 있었고 화려한 장식 기둥이 있었다.[20] 존슨이 철골을 유리 커튼월로 덮지 않고 분홍 화강암으로 덮기로 한 것은 1920년대 복고풍이라 할 만했다. 분홍 외벽은 햇빛을 받아 맨해튼의 긴 여름날에 풍성하게 빛났다. 외벽 판의 두께는 25센티미터에 달했는데 그 때문에 무게를 지탱하기 위해 보통보다 철골 6000톤이 더 필요했다.[21] 건물의 다른 면들도 과장되었다. 1층 높이를 더 높여서 크고 널찍한 로지아(한쪽 면이 트인 홀—옮긴이)를 만들었는데 아마 뉴욕에서 가장 호화로운 로비였을 것이다. 38층짜리 건물은 60층 높이에 달했다.[22] 미스 반데어로에와 함께 시그램 빌딩을 지을 때는 개방된 공공장소를 만들었던 것과 달리 이번에는 기둥 프레임으로 장식된 홀을 만들었다. 나중에 존슨은 이 공간에 대해 이렇게 설명했다. "제국적 공간으로서 AT&T만을 위해 만든 것이다. AT&T는 로비에 속옷 가게가 생기기를 원치 않았다. 그들은 '로비를 우리 제국의 정문이 되게 해서 지나가는 사람들을 압도하게 하라'고 요구했다."[23] 그리고 가장 많은 논란을 일으킨 부분으로, 존슨은 장난스럽게도 지붕 페디먼트의 꼭대기를 국자로 움푹 파 놓은 것처럼 만들었다. 이로써 AT&T 빌딩은 맨해튼의 복닥대는 스카이라인에서 매우 눈에 잘 띄면서 매우 악명 높은 건물이 되었고 치펀데일 빌딩이라는 별명을 얻었다(가구 디자인에 이런 양식을 사용한 18세기 영국 가구업자 치펀데일Thomas Chippendale에서 딴 것이다). 노년의 조지 넬슨은 이를 호의적으로 평했다. "꼭대기에 무언가를 올릴 때가 무르익었다."[24] 『빌리지 보이스Village Voice』의 비평가 마이클 소킨Michael Sorkin은 비판하는 쪽이었다. "톡 까놓고 말해서 끔찍한 건물이다. AT&T 빌딩의 소위 '포스트모던' 스타일은 실제로는 옛 건물이나 다를 바 없는 것에 이번 주 유행하는 장식품을 덧씌우고 불평이 있어도 말하지 못하는 고인들을 내세워 꾸며 놓은, 예의 없는 시도에 불과하다."[25]

AT&T 빌딩의 디자인과 오프닝은 1950년대 GM의 연구동 오프닝 이래 가장 대대적으로 언론을 탔다. 『타임Time』은 존슨을 표지에 실었다. 웃음기 없는 얼굴에 회색 코트를 망토처럼 걸쳐 입고 AT&T 빌딩 모형을 모세가 십계명 들듯이 들고 있다. 모더니즘의 압제에서 자손들을 이끌고 풍부한 건축 발주가 있는 약속의 땅으로 탈출시키는 존슨

AT&T 빌딩 모형을 들고 있는
필립 존슨.

모세.

　포시즌스 레스토랑에 자주 오던 마이클 그레이브스는 1982년에 오
리건 주 포틀랜드의 시청사 건물 디자인 의뢰를 받았다. 존슨이 다리
를 놓아 준 덕분이었다. 알루미늄과 유리 외벽으로 된 최초의 인터내
셔널 양식 건물인 에퀴터블 빌딩Equitable Building(피에트로 벨루스키Pietro
Belluschi가 디자인했다)이 세워졌던 포틀랜드에서, 그레이브스의 시청사
건물은 존슨의 AT&T 빌딩보다 포스트모더니즘을 더 대담하게 표현
한 남색과 고동색으로 열정적인 꿈을 선보였다. AT&T 빌딩이 날씬하
고 높았다면 그레이브스의 건물은 낮고 땅딸막했다. 그레이브스는 이
건물로 디자인의 엉뚱함을 극단까지 밀어붙였다. 정면에는 7층 높이
의 들보 한 쌍으로 테두리가 지어진 중앙의 유리 커튼월 주위로 일부
러 보통보다 작게 만든 창문을 다닥다닥 넣었다(어떤 창문은 0.4제곱미

터밖에 안 되는 것도 있었다). 의도한 것은 아니었겠지만 전체적으로 예배
당 십자가처럼 보였다. 또 외벽면 네 개 중 두 개에는 고동색의 7층짜
리 가짜 기둥이 쐐기돌 모양으로 장식됐고, 다른 두 개의 벽면은 파란
색과 금색의 리본으로 장식되어서 동네 박람회의 상품처럼 보였다. 벨
루스키(당시 80세였다)는 이 건물이 거대한 주크박스, 리본 달린 거대한
크리스마스 선물 상자 같다며, 점잖은 포틀랜드보다는 라스베이거스
에 더 어울릴 것이라고 말했다.[26] 이는 포스트모더니즘이 매우 좋아하
는 종류의 비판이었다.

　그 안에서 일하는 사람들은 건축가들의 허세를 어떻게 받아들였을
까? 그레이브스의 건물에서는 그리 좋게 받아들이지 않았다. 건축가
가 괴짜처럼 굴면서 창문을 너무 작게 만든 통에, 큐비클이 들어선 중
앙의 개방 사무실에서 일하는 사람들은 자연 채광을 거의 받을 수 없
었다. 하지만 AT&T 빌딩을 지은 존슨은 뉴욕 교외에서 통근하는 직
원들의 마음을 사야 한다는 사실을 잘 알고 있었다. 그래서 교외 기업
단지의 모든 부대시설을 모방했다. 병원, 체육관, 여러 개의 식당 이외
에도 이 건물 5층에는 두 개 층 높이의 인상적인 '스카이 로비'가 있었
다. 한쪽 엘리베이터에서 나와서 다른 쪽 엘리베이터로 갈아탈 수 있
는 곳이었는데 빛나는 하얀 대리석 벽으로 되어 있었다. 큐비클들이
들어선 평직원의 작업 공간은(그 주위로는 개인 사무실로 이어지는 복도가
있었다) 높이가 3미터로, 보통보다 약 80센티미터가 높았다. 건물의 가
운데도 벽에서 9미터밖에 떨어져 있지 않아서 대부분의 직원들이 자
연 채광을 많이 받을 수 있었다. 천장의 형광등 이외에 개별 조명등도
있었다. 물론 AT&T의 제국적인 취향에 맞게, 3층의 임원실로 가는 웅
장한 계단이 있었는데 조지 왕조 시대풍 패널과 조형물로 장식되어 있

었다.[27]

등장하고 얼마 지나지 않아 AT&T 빌딩은 그것의 소유자나 그것을 지은 디자이너가 상상한 것과는 매우 다른 방식으로 미국 경제의 변화를 상징하기 시작했다. 1974년에 AT&T를 상대로 반독점 소송이 제기됐고 1982년에 판결이 나왔다. AT&T가 패소해서 미국 텔레콤 분야에서 오랫동안 차지했던 독점 지위를 잃었다. 새 본사 건물은 1984년에 문을 열었는데 AT&T가 기업 분할 명령을 받은 해였다. AT&T는 자산의 3분의 2를 매각했고, 기업 분할의 첫 2년 동안 5만 6000명을 정리 해고했다. 1984년에서 1992년 사이에 10만 7291명의 노조 가입 직원이 해고됐다. 대규모 정리 해고가 많았던 시기치고도 엄청난 규모였다.[28] 존슨은 AT&T 빌딩의 사무 공간을 유연성 있게 디자인했다. 천장에 홈이 파여 있어서 벽을 쉽게 끼워 넣었다가 뺄 수 있었다. 하지만 이제 AT&T가 수행하는 재조직화는 사무실들을, 그리고 그 안에 있는 사람들을 아예 없애는 것을 의미했다. 한때 기업계에서 신성한 단어였던 '유연성'은 이제 섬뜩한 의미를 띠었다. 1980년대가 끝날 무렵이면 미국은 또 한 번의 불황을 겪는다. AT&T는 1500명 규모의 본사를 꼭 유지해야 하느냐 하는 문제에 봉착했다. 1992년에는 더 이상 감세 대상이 아니게 되어서 뉴욕 시에 1450만 달러의 세금 감면액을 다시 지불했다. 많은 직원이 옛 건물로 옮겨졌다. 더 많은 직원이 집에서 일하도록 권고받았다. 예전에는 대부분의 사무직 노동자들이 들어 보지 못한 낯선 말이었다. 주인 없는 빈 큐비클들은 필요한 사람이 들어와 쓰거나, 아니면 계속 비어 있었다.

□

1983년에 AT&T의 한 관리자는 일기에 이렇게 썼다. "요즘 스트레스가 극심하다. 주로 일 때문이다. 문제는, 내가 혼자라는 것이다.… 미치지 않는 게 불가능할 정도로 힘들다.… 어떤 때는 이 스트레스가 나 스스로 만든 것이 아닌가 싶기도 하다. 내 양심 때문에 말이다.… 오늘날처럼 모호하고 불확실하며 무지막지한 경쟁의 시대에, **정말로** 일에 신경을 쓰는 관리자는 걱정, 불안, 그리고 이런 감정들이 불러일으키는 스트레스로 스스로를 죽이게 될 것이다."[29] 그는 이전 시기의 '조직인'이었다. 그리고 이제 자신의 세계가 완전히 무너지는 상황에 직면해 있었다. 10년 전만 해도 사무직 노동자들은 회사에서 자신의 존재가 필수적이라고 믿을 수 있었다. 그렇기에, 많은 이들이 일을 시작한 회사에 퇴직할 때까지 다니고 그동안 승진의 사다리를 꾸준히 올라갔다. 하지만 독일과 일본에서 오는 경쟁 압력에 위협을 느끼고 주주를 위해 점점 더 많은 이윤을 추구하는 새 경영진들은 관리자가 오르던 기존의 사다리를 베어 버렸다. 예전의 확실성이 한순간에 사라져 버린 듯했다.

1980년대 초의 상황은 너무 절망적이어서 모든 사람들이, 특히 중간 관리자와 관리자가 될 사람들이 경영 서적을 사기 시작했다. 전에는 사람들이 창피해 하면서 누런 종이로 책 표지를 싸 두곤 했지만, 미국이 최악의 불황을 겪던 1982년에 톰 피터스Tom Peters와 로버트 H. 워터먼Robert H. Waterman이 쓴 우량 기업에 대한 책 『초우량 기업의 조건 In Search of Excellence』은 1년 내내 베스트셀러 자리를 차지했다. 나중에 피터스 자신이 "(그때―옮긴이) 나도 우리가 무엇을 하고 있는지 몰랐다"

고 인정한 책인데도 말이다.[30] 그보다 1년 전에는 윌리엄 오우치William Ouchi의 『Z 이론*Theory Z*』이 히트했다(물론 더글러스 맥그레거의 X 이론과 Y 이론을 잇는 이론이다. 맥그레거는 프롭스트에게 큰 영향을 미쳤다). 이 책은 일본의 경영 방식에 대한 책으로, 미국 경제가 일본에 밀린 이유를 일본 경영 방식의 비결에서 찾아보려 했다. 1980년대에 이런 책과 이론이 끈 인기는 마이크 니콜스Mike Nichols의 영화 〈워킹 걸Workiing Girl〉(1988)에도 나타난다. 영화 도입부에서, 멜라니 그리피스Melanie Griffith가 분한 스태튼 아일랜드 출신 비서 테스 맥길이 새 직장에 도착해 책상에 책들을 부려 놓는데 그중에 『초우량 기업의 조건』이 있다. 테스의 기업가적 정신과 창조적 파괴에 대한 야망을 드러내는 장면이다. 영화에서 테스는 잠재적인 투자자를 그의 딸 결혼식에서 비난해서 놀라게 하기도 하고, 그의 예지력을 열정적으로 칭송하면서 거래를 성사시키려 하기도 한다. 그 칭송의 내용은 1980년대에 유행한 기업 이론의 핵심을 담고 있다. "당신은… 다른 이들은 여전히 노조에 굽신거리는 동안 일본의 경영 원칙을 도입한 분이로군요. 마벨의 분할을 일찍이 내다본 분이에요."

사실 이 이론들은 미국 기업이 받아들이고 싶어 한 것과는 반대되는 내용을 담고 있었다. 이를테면, 일본의 경영은 노조에 적대적이지 않았다. 오히려 오우치는 경영진이 노조를 몰아내려고 하면 직원들에게 "경영진의 표리부동함을 증명하는" 듯한 인상만 줄 것이라고 주장했다.[31] 오우치는 일본 기업이 노동계와 적대적이지 않고 협력적인 관계라고 언급했다. 그는 또한 일본 기업의 종신 고용을 높이 샀다(이러한 일본의 경영 방식은 일찍이 미국 경영 이론가 W. 에드워즈 데밍W. Edwards Deming에게 영향 받은 것이었다. 데밍은 2차 대전 후 재건 시기에 일본인에게 경영을 가르쳤다).[32] 일본식 경영의 핵심은 전반적으로 신뢰를 중시하고 평등주의를 지향한다는 이미지를 주는 데에 있었다. 'Z 이론'은 기업이 안으로 더 똘똘 뭉치게 하고 위계를 덜 권위적으로 만드는 모델이었다. 오우치는 개인 사무실이나 파티션보다 개방형 공간 배치를 지지했다. 상급자가 하급자에게 마땅히 가져야 하는 신뢰를 더 잘 표현하기 위해서였다. 피터스와 워터먼도 미국이 처한 문제가 강력한 노조나 규제 때문은 아니라고 보았다. 독일 노조가 미국보다 강했고 독일과 일본의 규제가 미국보다 엄격했다.[33] 또 이들도 오우치처럼(그리고 대부분의 사무 디자인 이론가들처럼) 고위 경영진이 개방형 사무실을 받아들여야 한다고 주장했다. 이런 내용들로 책은 베스트셀러가 되었지만, 그 내용과 교훈을 따른 기업은 거의 없었다.

미국 기업이 경영 서적들에서 분명히 받아들인 교훈이 하나 있긴 했다. '린 형태lean form'를 달성하기 위해 구조 조정을 할 필요가 있다는 점이었다(『초우량 기업의 조건』에 나온 표현이다). 오우치, 피터스, 워터먼 모두 일본 기업에 관리자 층이 더 얇다는 점을 언급했다. 미국도 어떻게든 그렇게 되어야 했다. 그 유일한 방법은 자르는 것이었다. 피터스와 워터먼은 그들의 책에 나오는 몇 안 되는 우울한 부분에서 이렇게 언급했다. "많은 기업이 위계와 직원 규모에서 보인 숫자의 변화는 충격적이다. 지난 24개월 사이에 포드는 일본과의 경쟁을 위해 중간 관리자를 26퍼센트 잘랐다. 도널드 피터슨Donald Petersen 회장은 이것이 겨우 시작일 뿐이라고 보고 있다. 기업들이 잘라 내도 된다고 솔직히 생각하는 목표치는 50퍼센트, 많게는 75퍼센트까지 달한다."[34]

그 목표치는 거의 들어맞았다. 흔히 1980년대는 미국 기업의 역사에서 가장 비정한 시기로 통한다. 하지만 통계적으로 보면 1990년대가 더 비정했다. 1990년대가 그렇게 불리지 않는 이유는 이때쯤이면 사람들이 정리 해고 이야기에 단련이 되어서였을 것이다. 1980년대와 1990년대를 거치면서, 한 세대를 규정했던 너그러운 부가 급부와 안정적인 임금 인상은 사라졌다. 무자비한 대규모 정리 해고가 이뤄지면서 미국 제조업의 노동자 수는 가장 많던 1979년 1940만 명에서 2005년에는 1430만 명으로 줄었다. 1980년의 미국 500대 기업은 1990년에는 세 개 중 하나꼴로 사라지고 없었다.[35] 인수 합병과 정크 본드를 활용한 기업 매수 열풍이 숱하게 신문 지면을 장식했다. 노동 운동은 이제 더 대담해진 기업에 의해 분쇄됐다. 1950년대에는 노조 가입률이 35퍼센트에 달했지만 오늘날에는 12.7퍼센트고 민간 부문은 6퍼센트 정도에 불과하다. 이 새로운 시대의 공격성을 단적으로 보여 준 정부 조치가 하나 있다. 레이건 대통령은 1981년에 파업에 참여한 항공 교통 관제사 1만 1345명을 해고했다. 항공 교통 관제사 노조가 대선에서 레이건을 지지했었는데도 말이다.

일자리 감소의 상당 부분은 블루칼라 영역에서 일어났다. 산업 규제 완화, 공장 폐쇄, 공장 해외 이전 등의 결과였다. 사무직 영역에서는 1980년대 중반에 불안정이 체감되기 시작했다. 1985년에 『비즈니스 위크』는 1979년 이래로 적어도 100만 명의 화이트칼라 '비생산직' 일자리가 사라졌다고 보도했다. '굴뚝 산업'에서 더 심각하게 일자리가 줄었기 때문이었다(1985년의 우울한 아이러니로, 『뉴욕타임스』는 기업들이 사내 경제학자까지도 속아 내기 시작했다고 보도했는데, 그해에 세계 디자인 총회는 지난 25년간 가장 영향력 있었던 디자인으로 프롭스트의 액션 오피스를 선정했다). 그래도 아직까지 사무실은 공장보다 안전했다. 적어도 사무직 노동자들은 계속해서 그렇게 들었다. 프롭스트, 드러커 등 수많은 사람들이 줄기차게 약속했듯이 경제는 더 탈산업화하고 지식 기반으로 변화할 터였다. 기계, 그리고 기계가 만드는 제품은 어디에서든 생산될 수 있지만, 지식은 개별 노동자에게 고유하고 독특한 것으로서 본국에서 가장 잘 생산될 수 있을 것이었다. 호화 사무실이 아닌 큐비클에서 일하지만, 사무직 지식 노동자는 곧 호화 사무실로 올라갈 수도 있을 것이었다. 그리고 반영구적인 벽이나마 있는 사무직 노동자의 환경이, 점점 위험한 무인 지대를 닮아 가는 공장의 개방형 작업장보다는 나았다.

하지만 1980년대 말이 되면 판타지의 남은 부분도 다 사라진다. 1987년 10월 9일에 모든 것이 달라졌다. 이날 다우 지수는 하루 만에 23퍼센트가 폭락했고 불황이 이어졌다. 화이트칼라 노동자들, 특히 관리자와 중간 수준의 임원들은 대대적인 구조 조정 대상이 되었음을 체감하기 시작했다. 1990년에서 1992년 사이에 사무직 노동자 110만 명이 정리 해고되는데, 처음으로 블루칼라 정리 해고보다 많았다. 1992년 빌 클린턴 대통령 당선 이후 열흘간 화이트칼라 정리 해고의 속도는 더 빨라졌다(제너럴 모터스 1만 1000명, 벨사우스 8000명, 트래블러스 1500명, 쉐브론 1500명, 듀폰 1243명). 1990년대 초의 정리 해고는 비정한 1980년대의 평균보다 속도가 빨랐다.

주된 희생자는 중간 관리자, 즉 이전 수십 년간 미국 비즈니스를 규정했던 '조직인'들이었다(1980년대가 되면 이 중 3분의 1가량이 여성이었다). 조직인에 대한 비판도 많았지만 1970년대에 관리자 계층은 낮은 계층의 화이트칼라(사무원, 타자수, 비서 등)보다 두 배의 속도로 증가했다. 사실 이 시기에 관리자는 전체 노동력에 비해 두 배의 증가세를 보였다(43.1퍼센트). 그러는 동안 자동화 등의 요인으로 기술직은 늘었고 생산직은 줄었으며 제조업 고용도 크게 줄었다. 그 결과, 관리직과 생산직의 비중이 뒤집혔다. 2차 대전 직후에는 기업 종사자의 약 4분의 3이 생산직이었고 관리직은 4분의 1이었다. 1980년이 되면 이 숫자가 자리를 바꾼다.[36] 1980년대에 미국의 경영진은 미국보다 경제 성과가 좋은 독일과 일본에서 생산직 대비 관리직 비중이 훨씬 작다는 사실을 발견했다. 미국 기업은 뚱뚱해 보였다. 그래서 '감량'이 다운사이징, 구조 조정, 권고 사직 등과 함께 대규모 정리 해고를 뜻하는 말로 유행하게 되었다.

　하지만 중간 관리자를 잘라 낸 것이 초래한 사회적 비용은 컸다. 이들은 미국 중산층 그 자체였기 때문이다. 안정성, 깨끗한 일, 비교적 높은 보수에 대한 약속은 회사에 대한 충성의 원천이었고 미국의 정치와 경제에 두 세대 동안 안정성을 제공한 기반이었다. 『회색 양복을 입은 남자』에서 톰 래스가 일을 덜하고 가족과 시간을 더 보내기 위해(물론 코네티컷 교외의 큰 집에 살기에 충분한 정도로는 벌면서) 임원직을 거절할 수 있었던 것은 미국이 수많은 남성에게(그리고 나중에는 여성에게도) 유포한 중산층의 꿈이었다. 그런데 1980년대와 1990년대에 미국 기업의 세계에서 이 침묵의 계약이 깨어졌다. 물론 말해지지 않은 계약은 깨기가 쉽다. 『수정궁에서의 삶』에서 묘사된 쉽고 지루한 사무실 세계는 해고될지 모른다는 심리적 공포가 지배하는 무서운 세계가 되어 갔다. 그리고 1990년대가 되면 공포는 일터 재조직화로 생긴 결과이기만 한 것이 아니라 일터 재조직화의 목적이 되었다. 인텔 최고 경영자 앤디 그로브는 고전이 된 저서 『편집광만이 살아남는다』에서 전후 일본에서 경영을 가르쳤던 에드워즈 데밍과 자신의 철학을 비교하며 이렇게 설명했다.

품질에 대한 권위자인 W. 에드워즈 데밍은 기업에서 두려움을 없애야 한다고 주장했다. 나는 이 주장의 단순함에 불편함을 느낀다. 경영자의 가장 중요한 역할은 사람들이 시장에서 승리하기 위해 열정적으로 헌신하는 분위기를 만드는 것이다. 두려움은 그러한 열정을 만들고 유지하는 데 중요한 역할을 한다. 경쟁의 두려움, 파산의 두려움, 잘못될 것에 대한 두려움, 잃을 것에 대한 두려움은 강력한 동기 부여 요인이 될 수 있다. 어떻게 하면 직원들 사이에 잃는 것에 대한 공포를 심을 수 있을 것인가? 그것은 우리 자신이 그러한 두려움을 가지고 있어야만 가능하다.[37]

기업 구조 조정의 예기치 않은 결과라고 여겨졌던 것이 점차로 기업 활동의 원칙이 되었다. 피터스와 워터먼이 이탤릭으로 강조해 놓은 수많은 문구 중에 다음과 같은 내용이 있다. "(노동자로서) **우리는 자기 결정권과 안정성을 동시에 원한다.**"[38] 하지만 새로운 사무실은 어느 것도 제공하지 않았다. 이렇게 변형된 세상을 무엇보다 상징적으로 보여 주는 것은 사무실의 가구였다.

□

직장인이 가장 확실하게 문제의 징후를 느낀 때는 자신의 사무실을 잃을 때였다. 코닥Kodak의 한 직원은 대규모 정리 해고 와중이던 1980년대를 이렇게 회상했다. "본사로 돌아오니 회사가 정말 달라져 있었다. 텍사스에서 내 사무실은 거실만큼 컸고 비서도 내 사무실 밖 개인 사무실을 썼다. 그런데 로체스터로 돌아오니 내게 큐비클이 배정되었다. 옆자리 두 사람의 말소리는 물론, 근처에 있는 비서의 말소리도 들렸다."³⁹ 피터스와 워터먼, 그리고 오우치는 미국 경제의 경쟁력을 제고하기 위해 유연한 오픈 플랜을 주장했을 터이지만, 기업들은 고위층에게 몇 남지 않은 개인 사무실을 주고 다른 모든 사람들은 파티션으로 칸막이 친 공간에 몰아넣는 방식으로 반응했다.

기업계의 인정사정없는 새 풍조는 큐비클의 이미지를 바꿔 놓았다. 프롭스트에게 그랬듯이 한때는 칸막이 세 개로 된 공간이 자율과 자유가 보장된, 해방된 사무직 노동자를 의미했다. 그러나 결국 큐비클은 현재의 이미지를 갖게 되었다. 사무직 노동자가 헝겊 씌운 허술한 칸막이 안에서 반쯤은 밖에서 보이는 채로 앉아서 잘리는 날까지 기다리는 공간. 이런 이미지는 언론에서도 유행했다. 이제 기사에서 '큐비클'이라는 단어가 고상하게 혼자 쓰이는 경우는 거의 없었다. 큐비클은 '창문 없는', '삭막한', '사육장', '불펜', '아수라장' 같은 단어와 함께 쓰였다. 직장인은 '큐비클 농장'에서 일하고 '식스팩'이라고 불리는 표준 세트 속에 촘촘히 들어앉아 있었다. 더글러스 코플랜드Douglas Coupland는 시대의 특징을 잘 잡아낸 소설 『X세대Generation X』에서 '송아지 비육장'이라는 말을 만들고는 우스꽝스럽게 진지한 사전적 정의를 달아 놓았다. "좁고 빽빽한 사무실 워크스테이션으로, 헝겊이 덧대어져 있고 해체가 가능한 파티션으로 칸막이가 되어 있으며, 그 안에는 직급이 낮은 직원들이 거주함. 축산업에서 도살 직전에 가축을 가둬 두는 작은 큐비클을 따서 지어진 이름."

설상가상으로 큐비클 크기도 점점 작아졌다. 1997년 『비즈니스위크』의 사설에 따르면 1980년대 중반에서 1990년대 중반 사이에 큐비클 크기는 25~50퍼센트가 줄었다. 필자는 "우리(『비즈니스위크』 사설 및 칼럼 담당자) 대부분이 1, 2년 안에 개인 사무실을 잃게 될 거라는 말을 듣고 큐비클에 대해 취재하게 됐다"며 "큐비클은 현재 화이트칼라 노동자 3500만 명에서 4500만 명을 수용하고 있다"고 언급했다.[40] 사설은 이 추세가 이어진다면 2097년에는 큐비클 면적이 0.7제곱미터가 될 거라고 말했다. 큐비클의 평균 면적이 7제곱미터였던 2006년에 미국인의 절반은 아마도 회사의 큐비클보다 자기 집 욕실이 더 클 거라고 생각했을 것이다. 미국 가정의 욕실이 점점 커지는 것, 그리고 교외의 주택이 점점 커지는 것은, 그 집 거주자가 하루 중 가장 많은 시간을 보내는 큐비클이 점점 작아지는 데 대한 반작용이 아닌가 싶을 정도다.[41] 감상적으로 큐비클을 감옥에 비유하는 사람들도 있었다. 그리고 수감자가 너무 늘어난 몇몇 주(텍사스 등)에서 감옥을 큐비클이 들어선 개방형 사무실을 본떠 재조정하면서 감옥 비유를 한층 실감나게 했다.[42] 1990년대에 수감자들은 미 연방 교도소 산업 공사UNICOR(합성어로 된 사명은 언제나 인수 합병을 나타낸다. 실로 1990년대적인 이름이다)에 고용돼 큐비클 칸막이와 그 안에 들어갈 의자를 제조했다.[43] 밤이 되어 직장인들이 큐비클을 떠나 집으로 돌아갈 때 수감자들은 공장을 떠나 큐비클로 돌아갔다.

사무실 환경에 대한 불평들이 피어오르기 시작했다. 큐비클은 공기 순환을 막아서 병을 유발했다('새집 증후군'이라고 불린다).[44] 상사들은 자기 사무실은 원목으로 꾸미면서 직원들은 큐비클로 내몰았다.[45] 애플 직원들은 큐비클에서 일에 집중할 수가 없어서 집에서 일했다. 그랬더니 애플은 큐비클을 없앴다.[46] 어느 회사는 큐비클을 없애려고 했더니 직원들이 그나마의 개인 공간도 사라지는 것을 두려워했다.[47] IBM 직원들도 더 작은 큐비클로 떠밀렸다. 회사가 큐비클을 일부러 작고 비참하게 만들어서 직원들이 회사로 일하러 오지 않게 해, 사무 공간에 들어가는 비용을 아끼려는 게 아니냐는 말도 있었다.

　미국이 대대적으로 '큐비클화'하던 바로 이때, 너무나 적절하게도 밋밋한 이름을 가진 스콧 애덤스Scott Adams가 등장했다. 일상의 지루함을 손에 들고 다닐 수 있는 간략한 풍자 만화로 승화한 「딜버트」는 1990년대에 수백만 명의 화이트칼라 노동자에게 위안을 주었다. 「딜버트」는 불가피하게 자기 비하의 요소를 담아 사무실 세계를 풍자했다. 주인공인 딜버트가 된다는 것은 대충 스케치되고 아무 특징도 없으며 불운한 사람이 되는 것이니 말이다. "나는 17년 동안 큐비클에서 일했다." 애덤스는 베스트셀러 만화책이자 가짜 비즈니스 조언서인 『딜버트 원칙The Dilbert Principle』에서 이렇게 말했다. "대부분의 비즈니스 조언서는 컨설턴트나 교수가 쓴 것인데 그들은 큐비클에서 많은 시간을 보내지 않는다. 육포 한번 먹어 본 것으로 더너 가족 일행의 여정(1840년대 중반 더너 일가를 비롯한 87명이 서부로 이주하던 중 길을 잃고 폭설로 고립됨. 수개월 후 46명만이 구조됐고 이들은 죽은 이의 시신을 먹으며 연명했다고 알려짐—옮긴이)에 대해 생생한 글을 쓸 수 있다고 하는 것과 마찬가지다. 나로 말하자면 관절 한두 개는 갉아먹어 보았다."[49] 사무실의 실상을 생생하게 묘사한다는 점만큼이나 중요한 것은 사무실 일상의 규칙성에 잘 조응하는 「딜버트」의 형식이었다. 「딜버트」는 화이트칼라 노동자처럼 날마다 이른 아침에 배달돼 무언가 기대할 만한 것을 제공해 주었다. 세 컷 만화라는 형식도 목적에 부합했다. 벽 세 개짜리 큐비클의 네모나고 빽빽하며 무채색이고 무한히 반복할 수 있는 특징을 보여 주는 것이다. 곧 「딜버트」는 온갖 방법으로 자신이 풍자한 사무실에 자리를 잡는다. 프롭스트의 게시판은 개성을 표현하라고 만든 것이었지만 「딜버트」 만화를 꽂아 두는 용도로 가장 잘 활용됐다. 딜버트는 사무실의 필수 비치품이 되었다. 탁상 달력, 머그 컵, 마우스 패드, 탁상 인형 등. 이것들은 모두 온라인 쇼핑몰의 큐비클 용품 코너에서 살 수 있다. 말년에 프롭스트는 「딜버트」에 대해 책임을 느끼느냐는 질문을 많이 받았다. 그는 이렇게 말했다. "나는 「딜버트」에 대해 조금도 죄책감을 느끼지 않는다. 그 만화에 나오는 것은 내가 완화하고 넘어서고자 했던 것들이었다. 그때도 이미 딜버트 세상이었다. 우리의 모든 작업은 그보다 흥미로운 무언가를 표현하려는 시도였다."[50]

□

  개인용 컴퓨터가 막 도입됐을 때의 사무실을 상상해 보자. 사실 많은 이들에겐 상상할 필요가 없을 것이다. 그 당시에 사무실에서 일을 했을 수도 있고, 일터가 그때 이래로 별로 달라지지 않아서 지금 당신의 사무실과 비슷할 수도 있을 테니 말이다. 눈부신 형광등은 부족한 자연광을 메워 주지 못한다. 돌고 도는 공기는 갑갑하고 유독하기까지 하다. 1970년대의 에너지 위기 이후 건물들은 문을 꼭꼭 닫아서 햇빛과 신선한 공기가 많이 들어오지 않았다. 카펫이나 건설 자재에서 나오는 화학 물질(석면, 포름알데히드 등)과 공기로 전염되는 질병이 사무실에 떠다닌다.[51] 직원들의 대화로 왁자하던 개방형 구조가 한때는 집중을 방해한다는 불평을 사기도 했지만, 이제 감시 시스템이 도입돼 키보드 소리 말고는 침묵만 흐른다. 기계는 자료 입력 사무원이 1초당 최소한만 키를 누를 수 있도록 해서, 돌아다니는 건 고사하고 이야기를 하는 것만으로도 오류를 낼 수 있다. 전자파가 건강을 해치고 불임을 유발할 수 있다는 기사가 날마다 신문 지면을 장식하는 통에 새 컴퓨터 화면의 초록색 글자조차 위험을 암시한다.

컴퓨터와 자동화는 화이트칼라 일터를 암울하게 만들었다. 사무직 노동자들(특히 하급 직원들)이 일에 열의를 잃는 현상은 꽤 한동안 증가해 왔다. 1972년에 닉슨 행정부 발주로 작성된 매우 솔직한 보고서 『미국의 노동Work in America』은 노동자들이 조립 라인에 있든지 타자기 앞에 있든지 간에 일에 상당히 불만족함을 확인해 주었다(그래서 닉슨은 보고서 내용을 공개하지 않으려고 했다). "한때는 비서, 사무원, 관료 등이 공장의 비인간적인 처우에서 벗어난 것에 감사했다. 하지만 오늘날의 사무실은 일이 분절적이고 권위에 짓눌려 공장이나 마찬가지다. 점점 많은 직업에서 옷깃 색깔 말고는 화이트칼라, 블루칼라를 구분해 줄 만한 것이 없다. 컴퓨터 천공기 조작과 타이핑은 자동차 조립 라인의 일과 비슷한 점이 많다."[52] 단순 사무원의 임금은 평균적인 생산직의 임금보다 낮아졌다. 이직률은 높았다. 노조 가입률은 증가하고 있었다. 경영자들도 이러한 불만과 무기력을 잘 알고 있었다. 한 조사에 따르면, 경영진은 사무직 노동자들이 잠재력의 55퍼센트 정도만 쓰고 있다고 보고 있었으며 그들이 꼽은 이유 중 하나는 "반복적인 작업이 주는 지루함"이었다.[53]

개인용 컴퓨터가 미친 영향은 모호했다. 엄청난 변화를 몰고 오는 것 같으면서도 많은 것을 전과 다름없이 두는 것 같기도 했다. 개인용 컴퓨터가 가져온 변화 중 하나는 상사와 비서 사이에 '사무실 일부일처제'(저널리스트 바버라 가슨Barbara Garson의 표현이다), 즉 여성이 노동 시장에 진입한 이래 지속적으로 존재했던 '오피스 와이프'의 관계가 깨진 것이다. IBM은 '행정 지원 센터'라는 개념을 촉진했다. '지시 발송자'(경영자)의 요구 사항을 '스페셜리스트'(워드프로세서로 작업하는 타자수)가 수행하는 공간이었다. 물론 타자실은 예전에도 있었고 워드프로세서가 나왔다고 소음이 줄어든 것도 아니었다. 한 워드프로세서 스페셜리스트는 이렇게 말했다. "출력물이 계속해서 나온다.… 옛날 방식의 타자실 전체보다 더 많은 공간이 필요하다."⁵⁴ 하지만 워드프로세서로 작업을 하면서 통제 수준은 더 높아졌다. 키를 두드리는 것은 모니터링될 수 있었고 직원이 일하는 속도와 진행 상황도 측정될 수 있었다. 비서가 업무에 대해 미약하나마 가질 수 있었던 개인적인 통제력은 다 사라졌다. 어느 면에서는 '사무실 일부일처제'의 해체가 예전의 제약을 없애 주었다고 볼 수도 있지만, 노동자가 자신의 업무를 통제할 수 있는 역량은 늘지 않고 줄었다.

새 일터에 불만을 품은 사람들이 저항 행동에 나섰을 것이라는 생각이 들 법도 하다. 임원용 주차 공간에 자기 차를 댄다든지, 단말기와 큐비클 벽을 부숴서 바리케이드를 쌓는다든지 하는 식으로 말이다. 실제로 사무실에서 총기 난사 사건이 벌어져서 잠깐이나마 미디어에서 '큐비클 분노'라는 말이 화제가 되기도 했다. 하지만 판에 박힌 일상과 모멸적인 노동에 대한 사무실 노동자의 저항은 일반적으로 무관심과 무성의로 나타났고, 일에서 자신이 주도할 수 있는 시간과 통제력을 요구하기보다 대충 시간을 때우고 눈속임으로 통제를 벗어나려 하는 양태를 띠었다. 시티은행 카드 처리 센터의 사무원은 고객의 전화를 2분 안에 응대해야 했는데 시간을 맞추려고 전화를 끊어 버리는 경우가 많았다. 보험 처리원은 그날의 할당을 채우기 위해 컴퓨터에 가짜 데이터를 입력했다. 오늘날에도 사무실 사람들은 이런 식의 일상적 저항에 더 익숙하다.

이런 종류의 저항은 당연히 한계가 있었고 자주 발생하지도 않았으며 조직화되지도 못했다. 하지만 1980년대에 떠오른 사무실은 그게 아무리 '날씬하고 비정한lean and mean' 사무실이었더라도 소수의 사람에게나마 새로운 '기업가 정신'의 가능성에 대한 희망을 불어넣을 수 있었다. 그리고 많은 이들에게 이것으로 충분해 보였다. 당대의 트렌드를 선도한 '여피족族'은 추상적인 개념이 아니라 실제로 존재하는 사회적 유형과 맞아떨어졌다. 은행업의 규제 완화, 노조의 패배, 화강암 고층 건물의 조합은 탈산업화한 미국의 신경제를 주창하는 사람들에게 독특한 흥분과 활력 넘치는 직장 생활의 이미지를 제공했다. 직원 대부분에게 만연한 불안정성은 소수 임원들의 도취감과 짝을 이뤘다. 중간 관리자가 줄면서 조직은 더 실력 본위제가 된 것**처럼 보였다.** 직원들 무리 속에서 일어나 사내 정치를 헤쳐 나가면서 회사의 임원이 될 수 있다는 것은 불만과 무기력에 아직 잠식되지 않은 이들에게 더욱 강력한 동기 부여가 되었다. 사무실의 동요를 막는 데에는 컴퓨터의 감시 시스템보다 이러한 믿음이 훨씬 더 많이 기여했을 것이다.

여피족, 혹은 사회학자들이 '전문직 계층'이라고 부른 사람들은 큐비클에 대해 별로 불평하지 않았다(혹은 자신이 곧 큐비클을 벗어나 사무실로 가게 될 것이라고 믿었다). 1980년대까지만 해도 지루한 직업으로 여겨지던 투자 은행가가 이 시대의 상징적인 산업이 되었다. 캐런 호Karen Ho가 투자 은행가에 대한 인류학적 연구서『호모 인베스투스Liquidated』에서 보여 주었듯이, '주주 가치 혁명' 이래로 투자 은행업계의 바쁘고 열띤 문화는 신화의 일부가 되었다. 빽빽한 객장에서, 때로는 낮은 파티션으로 칸막이가 된 6·6 큐비클에서, 대개 남성뿐인 투자 은행가들이 비정상적으로 오랜 시간 일하는 상황은 이런 사무실을 매우 열기 있고 남성 동아리 문화가 팽배한 곳으로 만들었다. 호가 관찰한 투자 은행은 전형적이었다. 불펜과 비슷한 개방형 공간이었고 입구는 장난처럼 플라스틱 문으로 되어 있었다. "안에는 빽빽한 책상과 선반이 있었고, 바닥에는 금융 용어집, 파워포인트, 예전 거래 책자를 넣어 놓은 바인더, 그리고 물론 음료수 캔, 풋볼 공, 헬스 가방, 역기, 갈아입을 옷, 데오도런트, 여분의 양복이 어지럽게 널려 있었다."[56] 투자 은행가 중 점점 더 많은 이들이 명문 대학에서 채용되면서, 이들은 고위 금융계에 포진해 있던 이전의 '동문 네트워크'의 자리를 차지했으며 일터에 '스마트함'에 대한 숭배를 불러왔다. 한 측면에서 눈에 띄는 지식, 그리고 여러 측면에서 독특한 태도와 '이 세계를 주무른다'는 자신만만함이 합쳐진 숭배였다. 스마트함이 관료제를 넘어섰다.

영화 〈워킹 걸〉은 지식 노동의 새로운 현장에서 스마트함이 얼마나 중요한지를 보여 준다. 캐런 호가 『호모 인베스투스』에서 묘사한 것과 별로 다르지 않은, 남자들이 많고 너저분한 투자 은행 사무실에서 영화는 시작된다. 하지만 테스 맥길은 여기서 일하지 않고 여성 상사가 있는 팀으로 간다. 처음에 상사인 캐서린 파커(시고니 위버 분)는 테스의 아이디어에 흥미를 보인다. "네 생각을 환영해. 그리고 나는 열심히 일하는 것에 보상이 있어야 한다고 봐. 내 팀은 쌍방향이야." 이 말은 영화에서 녹음 음성으로 여러 차례 나오는 비즈니스 언어 중 하나인데, 녹음 음성으로 나오기 때문에 관객은 (테스 자신은 아니더라도) 즉시 이 것이 거짓임을 알아차릴 수 있다. 곧 관객은 캐서린이 테스의 아이디어를 모조리 훔치는 것을 보게 된다. 테스는 캐서린이 해외에서 스키 사고를 당해 **자신이 상사인 것처럼** 연기를 하게 되면서 도약을 이룬다. 테스는 캐서린의 아파트에 살고 캐서린의 옷을 입고 캐서린이 초대받은 파티에 간다. 둘 다 초대받지 않은 결혼식에도 가는데, 안 그랬으면 자신에게 전혀 관심을 갖지 않았을 거물들을 만나기 위해서다. 영화의 마지막에 테스의 게임은 들통이 난다. 고위 투자자 한 명이 테스의 '대처 능력'을 보고 매니저직을 제안한다. 영화는 사내 정치도 매우 고도의 일이어서 직무 역량의 일종으로 볼 수 있다고 말하는 듯하다.

사무실 직원들의 동요를 막은 요인이 또 있었다. 사무실에서는 직원들이 고립돼 있다는 점이었다. 공장 노동은, 그것이 얼마나 끔찍했든지 간에, 노동자를 한 작업장에 모아 놓는 효과가 있었다. 공장 노동자들은 동시에 들어와서 동시에 나가고 날마다 같이 지내며 관리자로 승진하는 것에 대해 거의 환상을 품지 않았다. 이는 노조 조직화에 좋은 여건이었고 적어도 서로 대화를 나누기에 좋은 상황이었다. 반면 사무실 일은 사람들이 서로에게서 거리를 두게 하는 경향이 있었다. 사무실에 내재된 개인주의는(경영자들은 1930년대에 노조가 떠오를 때부터도 개인주의에 의존하려 했다) 업무 양상과 디자인에서도 드러났다. 물론 컴퓨터에 묶여 있다는 것은 단순한 대면 접촉으로 할 수 있는 것보다 훨씬 폭넓고 강력한 네트워크에 연결되어 있다는 것을 의미하기도 한다. 하지만 일상에서는, 그리고 인터넷과 랩톱이 널리 보급되기 전에는, 조립 라인에 공장 노동자가 묶여 있듯이 사무직 노동자도 단말기에 묶여 있었다. 그리고 대부분의 사람들이 컴퓨터로 할 수 있는 일은 매우 제한적이었다. 1920년대에 회계원이 원장에 할 수 있는 일이 제한적이었던 것이나 마찬가지다. 큐비클은 사람들을 빽빽이 모여 있게 해서 짜증스럽게 만들었다. 하지만 그들을 분열시켜서 함께 일하고 있다는 느낌도 주지 못했다. 큐비클에는 프라이버시에 관해서도, 사회성에 관해서도, 나쁜 점들만 있었을 뿐 좋은 점은 없었다. 큐비클이 오죽 나빴으면, 그것을 없애고 싶어 하는 사람이 없었다. 칸막이 세 개짜리 공간이라도 그나마 나의 공간이라는 느낌을 줄 수 있었던 것이다.

이 모든 요인들은 사무실 노동자의 극심한 고독을 심화시켰다.

□

　그래도 불만은 넘쳐흘러 저항으로 이어지고 있었다. 그리고 이 저항은 가장 지루하고 가장 일상적인, 그래서 역설적으로 동료애가 가장 강했던 영역에서 일어났다. 바로 비서-타자수 직군이었다. 상향 이동은 꿈도 못 꾸면서 큰 동굴 같은 타자실에 모여 일하던 이들은 '사무실 프롤레타리아'라고 불리기에 가장 적합한 사람들이었다. 여성이라서 일터에서의 동등한 기회라는 것은 전혀 누릴 수 없었으며 만성적인 성차별적 범죄의 대상이기도 했다. 소수의 남성 비서들은 같은 일을 하고도 임금을 더 많이 받았고 여성 비서라면 필수 항목처럼 겪게 되는 모멸적인 성희롱도 당하지 않았다(몇 년 전에 헬렌 걸리 브라운은 여성들에게 성희롱을 이용하라고 조언하기도 했지만).

　저항 행동은 드물고 간헐적이었지만 언론을 많이 타면서 고조된 불만으로 보이기 시작했다. 1968년에는 유명한 미스 아메리카 반대 시위에서 100명도 넘는 여성이 예속의 상징을 쓰레기통에 내다 버렸다. 두꺼운 패드를 댄 브라, 가짜 눈썹, 야한 여성 잡지 등과 함께 속기용 패드와 타자 매뉴얼도 있었다.[57] 상징적인 저항은 더 고조됐다. 곧 모든 비서에게 기대되는 의무 하나를 거부하는 비서들이 생겨났다. 상사에게 커피를 갖다주지 않는 것이었다. 레너 펜들턴Leonor Pendelton은 1973년에 해고를 당했는데, 상사에 따르면 "무능하고 순종적이지 않으며 직무를 제대로 수행하지 않았다"는 것이 이유였다. 하지만 펜들턴의 변호사에 따르면 "고용 상황에서도 여성들만 가사 노동의 속성이 있는 일을 수행하도록 강요받는, 잘못된 스테레오 타입에 기반한 성차별적 일을 거부했기 때문"이었다.[58] 비서였던 펜들턴이(이 회사에 남자 비서는 없었다) 커피 타고 접시 치우는 일을 거부했던 것이다. 해군 항공 기지의 한 비서도 같은 해에 커피를 안 타서 해고당했다. 1975년에 또 다른 비서는 복도를 가는데 모르는 남성이 불러 세우더니 "레귤러 네 잔"을 가져다 달라고 했고 그녀는 응하지 않았다. 그 남자는 부사장이었다. 20분 뒤 그녀는 해고당했다.[59]

대체 커피가 뭐기에, 또는 커피 좀 안 타는 게 뭐기에, 여직원과 상사를 그렇게 열받게 했을까? 비서에게 이 일은, 어떤 비서 매뉴얼도 말하지는 않지만 사실상 직무의 핵심 중 하나였다. 오피스 와이프로서 비서는 당연히 이런 일을 할 거라고 가정되었다. 성희롱을 당해도 될 거라는 가정과 나란히 가는 가정이었다. CBS의 한 비서는 이렇게 말했다. "내 상사는 자신의 커피를 타고 점심을 가져오고 개인 심부름을 하는 일을 내가 점심시간을 들여서 하는 게 당연하다고 생각했다. 그리고 늘상 내(그리고 다른 비서들의) 다리, 엉덩이, 가슴에 대해 농담을 해댔다. 다른 남자들도 다 그랬다."[60] 또 다른 비서는 그때는 원래 다 그런 줄 알았다고 말했다.

이 회사에서 남자들은 양복에 넥타이 차림으로 사무실에 앉아 있고 여자들은 그들의 커피와 샌드위치를 가져오고 스프를 준비한다. 많은 여성들이 그런 일이 아무렇지도 않다고 말했다. 하지만 그와 동시에 그런 일을 하는 것을 **몹시 싫어했다**. 그것은 전통이었다. 그들은 "죄송하지만 더 이상 이런 일은 하지 않겠어요"라고 말하기를 두려워했다. 심지어 남자들은 자리에서 일어나서, 커피 판매대까지 걸어가서, 커피 판매대 앞에 있는 여성에게 10센트를 주고는, "레귤러 한 잔 줘요"

Secretaries love this file.
It's the strong, silent type.

비서들은 이 파일을 사랑합니다. 강하고 조용한 타입이에요.

File drawers opening and closing all day make a lot of noise. Enough to drive a girl to aspirin.

So we designed our file with drawers that just won't slam or screech.

Another nice thing about our file drawers. They pull out all the way. The "zebra" folder is as easy to remove as the one on "aardvark".

There's nothing tinny or weak about our file, either. It's built to take on big loads without getting out of alignment. You know what happens when files lose their alignment. They get stuck.

Our "500" file has a clean, beautiful face. Easy

on the eyes. No drawer pulls that stick out like sore thumbs. And you don't need a magnifying glass to read the labels.

In two, three, four and five drawer units. Letter and legal size. In gray, black and beige finishes.

Art Metal furniture looks beautiful and works beautifully—a solid investment for management. We'll be happy to send you a brochure on the "500" files, and tell you where they can be seen. Write today. You'll hear from us, posthaste.

ART METAL INC
JAMESTOWN NEW YORK

© 1967 ART METAL INC., JAMESTOWN, N.Y.

1967년 『비즈니스위크』에 실린 광고. 사무실 페미니즘에 불을 지핀 종류의 이미지다.

라고 말하기도 했다. 그러니까, **거기까지 가 놓고도 직접 하지 않는 것이다**. 우리는 "복사 좀 해 줘요"라든가 "아래층에 담배 한 갑만 갖다줄래요?"라는 말을 계속해서 들었다.[61]

상사들은 여직원들이 그 자체만으로도 진력나는 실제 업무에 더해서 사무실 내의 가사 노동 같은 일도 기꺼이 해야 한다고 생각하고 있었다. 이런 가정 때문에 커피 심부름이 못 견디게 화났던 것이다. 커피 심부름은 근본적인 상처를 가장 분명하게 가리키는 모욕이었다.

드디어 조직 하나가 등장했다. 1970년에 보스턴 다운타운의 한 회계 회사에서 자신에게 직무가 할당되고 조직되는 방식에 염증이 난 비서들이 공동으로 해결책을 찾기로 했다. 그들은 위계 체계를 다시 설정하고 하찮았던 비서 업무의 범위를 확장하는 내용을 담은 메모를 돌렸다. 메모 작성을 주도한 비서 중 한 명이 해고됐다. 1, 2년 뒤, 해고당한 비서는 보스턴 여성 사무원들의 조직인 '나인 투 파이브9to5'의 설립 멤버가 된다.[62] 전국 각지에 생긴 여러 비슷한 단체 가운데, 하버드 대학에서 타자수이자 사무원으로 일했던 뉴레프트 반전 운동가 캐런 누스봄Karen Nussbaum이 이끄는 나인 투 파이브가 가장 유명했다. 언론을 잘 다루었던 나인 투 파이브는 모든 행사에 기자들을 불러서 작은 행동이라도 언론을 타게 했다. 소식지『나인 투 파이브 뉴스9to5 News』도 펴냈는데 구독자가 곧 6000명이 됐다.[63] 또 여성 사무직 노동자의 권리를 쟁취한다는 목적을 한층 강하게 실현하기 위해 인상적인 직접 행동도 조직했다.

나인 투 파이브의 전형적인 직접 행동 중 하나는 사무실 레이아웃과 디자인에서 표현되는 위계를 뒤집는 것이었다. 시끄러운 타자실 금속 책상에 매여 있는 비서만큼 사무실에서 지위와 특권이 표현되는 역학을 잘 꿰고 있는 사람은 없었다. 한번은 어느 대학의 비서 집단이 8개월이나 요구한 끝에 드디어 인사 담당 부학장과 회의를 할 수 있게 되었다. 이 여성 집단은 회의장에 부학장보다 먼저 도착했다. 책상은 임원 스타일로, 벽을 등지고 옆쪽에 창문이 있는 상태로 배치돼 있었고 햇빛이 부학장의 반대편 의자에 앉은 사람에게 닿게 되어 있었다. 물론 부학장의 막대한 권위를 실어 나르기 위한 배열이었다. 하지만 비서 집단의 지도자는 "햇빛에 눈 부신 거 싫은데. 안 그래?"라고 말했고 이들은 반대편으로 앉았다. 회의장에 들어온 부학장은 불안하게도 늘 앉던 자리를 여비서들이 차지한 상황에 직면했다. 할 수 없이 남아 있는 자리에 앉았다. 평범한 의자였다. 1975년에 시카고에서도 비슷한 사례가 있었다. 법률 회사 비서들이 더 좁은 큐비클로 비서들을 몰아넣으려는 새로운 공간 계획에 반발해 저항했다. 그들은 연판장을 돌렸고 건물 디자인이 실제로 바뀌는 성과를 냈다. "최초로 행정 위원회가 비서들을 사람으로 대한 일이라고 생각한다." 비서 중 한 명이 말했다. "그리고 그들이 정말로 건축가에게 다시 디자인하라고 했다는 것은 매우 중요한 일이다."[64]

1980년에 비서들의 저항은 주류 문화로도 들어왔다. 제인 폰다Jane Fonda의 페미니스트 영화 〈나인 투 파이브9 to 5〉가 극장에서 상영된 것이다. 사무실의 성차별을 풍자한 코미디 영화로, 상사(데브니 콜먼 분)로부터 심각한 희롱과 원치 않는 관심을 받는 사무 여직원 세 명(릴리 톰린, 돌리 파튼, 제인 폰다 분)이 나온다. 어느 날 저녁 이들은 마리화나에 취해 몽롱한 상태로, 상사에게 그가 받아 마땅한 벌을 내리는 것을 상상한다. 묶어 놓고, 총을 쏘고, 커피에 쥐약을 타는 것까지 말이다. 있을 법하지 않은 반전이 몇 번 있고 나서, 이들은 상사를 새도매저키즘적 차림새로 그의 집에다 격리하고 사무실을 장악하고는 당시로서는 새로운 개혁을 추진한다. 유연 근무제, 일자리 나누기, 직장에서 제공하는 어린이집 등. 또 디자인이 일과 관련 있음을 대담하게 주장하면서 사무실의 배열도 재조정한다. 영화의 마지막이 되면 책상이 빽빽하게 들어차 있던 회색의 개방형 타자실은 다양한 파티션, 무성한 화분, 그리고 이런저런 각도로 배열된 책상들로 바뀐다. 이 영화가 보여 주는 해방된 일터의 비전은 뷔로란트샤프트였다.

놀라운 점은, 영화의 모든 세부 사항이 (상사를 묶어 놓는 것만 빼고) 노동자들의 실제 경험에서 나왔다는 점이다. 폰다는 누스봄에게 가서 사무직 노동자들이 자신의 일을 어떻게 생각하는지 물어봤다. 또 폰다와 시나리오 작가는 누스봄 조직의 클리블랜드 지부인 '일하는 여성'을 찾아가 사무직 노동자 마흔 명에게 이야기를 들었다. 이런 취재에서 영화의 이야기가 나왔다. 누스봄은 영화 홍보를 위한 강연 투어를 폰다와 함께 돌았다. 누스봄은 나중에 이렇게 말했다. "대중문화가 조직화와 사회 운동의 고양을 도운 최고의 사례. 차별이 존재하느냐 아니냐를 놓고 피 터지게 싸워야 했는데, 그때 제인 폰다가 일터에서의 차별을 조롱하는 영화를 만든 것이다. 그래서 논쟁은 끝났다. 여성들이 태세를 갖추고 있다가 곧바로 이해하고서 행동에 나섰기 때문이다. 상사의 행동과 차별을 조롱의 대상으로 만들었다."[65]

하지만 되돌아보면 〈나인 투 파이브〉는 그것이 촉진하고자 했던 운동에 해를 끼친 면도 있었다. 이 영화는 성차별을 일터의 핵심 이슈로 삼았고 성차별을 없애면 일터는 유토피아가 될 수 있을 거라고 암시한다. 유연 근무제와 성희롱 근절만 이뤄지면 여성은 자유로운 노동자가 될 수 있다고 말하는 것 같다. 하지만 나인 투 파이브 같은 조직들은 더 큰 목표를 가지고 있었다. 그들은 여성 사무직 노동자를 조직하는 것은 곧 더 인간적인 일터를 만드는 길이라고 생각했다. 계급과 성은 함께 가는 것이었다. 성차별이 사무실에서 성별에 따른 '노동자 계급'을 만들고 있었기 때문이다. 이 운동에 참여한 여성 사무직 노동자들에 대한 조사를 보면, 그들은 인종주의도 해결하고자 했으며 성별에 관계 없이 사무실 일이 끔찍하다는 사실도 지적하고 있었다. 1981년의 한 조사에서 여성 사무직 노동자들은 '승진이나 임금 인상의 기회가 없는 것'을 가장 큰 불평으로 꼽았고(52퍼센트), '낮은 임금', '단조로운 일', '의사 결정에서의 배제', '과중한 업무와 시간 외 근무' 등도 문제점으로 언급했다.[66]

성차별 때문에 여성들이 모멸적이고 단순한 일에 더 많이 배치된 것은 맞다. 하지만 그런 일 자체는 여성이 그 자리에서 벗어난다 해도 사라지지 않을 것이다. 〈워킹 걸〉은 〈나인 투 파이브〉보다 여러 면에서 더 보수적인 영화지만 그 점은 인정하고 있다. 멜라니 그리피스가 연기한 테스가 영화 초기에 성차별을 겪긴 하지만 더 큰 고통은 계급(짙은 스태튼 아일랜드 사투리로 티가 난다) 때문에 겪는다. 계급 때문에 아무도 중요하게 여기지 않는 비서 업무에 배치된 것이다. 비서들의 저항 덕분에(더 일반적으로 말하면 페미니즘 덕분에) 여성도 상사가 될 수 있었지만, 중산층 여성과 노동자 계급 여성 사이의 구분은 여성 운동에서 아직 충분히 이야기되지 않았다. 〈워킹 걸〉은 이 점을 더욱 밀고 나간다. 테스는 노동자 계급이기 때문에 비즈니스에 유용한 지식을 오히려 많이 얻는다. 중산층인 캐서린과 달리 테스는 타블로이드 잡지를 많이 읽어서 비즈니스 인사들의 사생활을 잘 알고 있었고 최고 경영자나 투자자가 어떤 의사 결정을 내릴지에 대해 감을 더 잘 잡을 수 있었다. 영화 마지막에 테스도 비서를 두게 되는데, 노동자 계급으로서의 과거를 생각하며 자신은 절대 시고니 위버 같은 상사가 되지 않겠다고 결심한다.

하지만 이는 〈나인 투 파이브〉에 나오는 어떤 것 못지않은 환상이다. 1970년대에 사무직 노동자들을 대상으로 진행한 인터뷰를 보면, 적어도 몇몇 여성은 이 환상을 믿지 않았다. 한 여성은 이렇게 말했다. "사무원일 때는 좋은 사람이었던 여자들도 상관이 되면 달라져요." 다른 여성도 동의했다. "대답해 주는 사람이 있는 위치에 가면 인간적이 되기를 잊는 것 같아요. 회사의 일부가 되는 거죠. '노동자들은 노동자들이고 너는 상사야. 노동자들을 그 자리에 두고 너는 네 자리에서 버티면 되는 거야'라는 이야기라도 듣는 모양이에요.… 얼마가 지나면 자기가 왕인 줄 알아요. 그렇게 믿기 시작하는 거죠."[67]

연구자는 노동자들에게 사무실을 원하는 대로 바꿀 수 있다면 어떻게 하겠느냐고 물었다. "경영진을 없애겠어요." 한 사람이 대답했다. 또 다른 사람은 "한동안은 우리가 직접 경영을 할 것"이라고 대답했다. 그러자 첫 번째 사람이 말을 이었다. "사무원으로 거기에 앉아 있으면 뒤에서 벌어지는 많은 일들을 알게 돼요. 우리는 아마 더 타당한 접근을 할 수 있을 거예요. 나는 더 유연한 방식을 택하고 싶어요. 그리고 직무에 위계를 없애고 모두가 더 평등해지도록 하겠어요."[68]

8

미래의 사무실

조금 떨어진 큐비클에서 작은 전자 멜로디가 들린다.
맥신은 그것이 90년대 일터의 무기력에 대한 찬가인
〈코로부슈카〉(테트리스 게임 테마곡—옮긴이)라는 것을 알아차린다.
음악은 점점 빨라지고 조바심의 탄성이 들린다.…
사무실 게으름뱅이의 유령들이 테트리스를 하면서
작업 시간을 무수히 낭비하는 곳으로 시간 이동이라도 한 것일까?
그것과 윈도용 솔리테어(카드 게임—옮긴이) 사이에서,
테크놀로지 업계가 완전히 망한 것은 놀랍지 않다.

—토머스 핀천Thomas Pynchon, 『블리딩 에지*Bleeding Edge*』[1]

사무직 노동자들의 불만이 조직화만 촉진한 건 아니었다. 사실 사무직 노조나 나인 투 파이브 같은 조직은 여전히 드물었다. 하지만 또 다른 종류의 불만이 있었는데, 이는 사무실의 물리적인 세계를 직접적으로 재구성하게 된다. 1960년대에 반문화가 경영 이론에 들어왔듯이, 불만 있는 화이트칼라들은 그 불만을 디자인 영역으로 가지고 왔다. 1970년대를 되돌아보면 뜻밖에도 미래의 사무실에 대한 비옥한 순간을 발견하게 된다. 그때 이야기된 많은 것들은 지금 이야기하기에도 무리가 없다. 어떤 것들은 우리의 현재인 당시의 미래에 실현돼 있기도 하다.

　이전까지는 잘 보이지 않았던 컴퓨터 혁명을 인식하기 시작한 연구자들이 사무실 노동의 속성도 그에 따라 대대적으로 변화할 것이라고 예견하기 시작했다. 그리고 연구자와 달리 연구를 하지 않고서 글을 쓰는 저자들도 나타났다. 이들은 내놓을 만한 지적 자본은 거의 가지고 있지 않았는데도 보수를 많이 받는 '전문 미래학자'가 되었는데, 주로 하는 일은 앞으로 도래할 노동의 멋진 신세계에 대해 이야기하면서 사람들을 흥분시키는 것이었다. 역사의 기묘한 장난으로, 이들의 예측 가운데 많은 일이 실제로 벌어졌다.

1975년에 『비즈니스위크』는 시리즈 기사에서 '미래의 사무실'이라는 말을 썼다. 컴퓨터화된 미래 사무실에 대해 쓴 기사인데, 전문가들은 사무실이 연상시키는 모든 것이 없어진 세상을 예견했다. 타자기 없는 사무실, 비서 없는 사무실, 그리고 무엇보다도, 종이 없는 사무실. 제록스Xerox의 연구부장 조지 E. 페이크George E. Pake는 서신 교환이 전자 기기를 통해 이뤄지는 세상을 정확하게 예견했다. 그는 "키보드가 달린 TV 수상기"를 다음과 같이 묘사했다. "버튼을 누르거나 해서 파일로부터 스크린에 서류를 불러올 수 있을 것이다. 이메일이나 그 밖의 다른 메시지도 받을 수 있을 것이다. 그런 세상이 오면 내가 출력된 문서를 얼마나 많이 필요로 할지 잘 모르겠다."[2] 전문가들은 종이 없는 사무실의 도래를 자신만만하게 예상했지만 그 변화가 임박하지는 않았다고 보았다. 문서 편집이 가능한(즉 수정이 가능한) 타자기를 만드는 리댁트론 코퍼레이션Redactron Corporation의 회장은 이렇게 말했다. "오랜 시간이 걸릴 것이다. 사람들이 기존의 방식을 바꾸는 데는 언제나 예상보다 많은 시간이 걸렸다."[3] 하지만 불과 한두 해 후에 미국 국립 과학 재단NSF은 한 팀의 직원들에게 모든 일을 온라인으로만 하는 실험을 하도록 했다. 관리자 네 명, 전문가 네 명, 비서 한 명은 팀 외부 사람과 소통하는 데 필요한 것만 빼고는 종이 문서를 모두 없애고 모든 일을 디지털 장치에 저장했다. 당시 저장 장치의 보잘것없는 용량으로도 생산성이 올라갔다.[4] 어쩌면 〈우주 가족 젯슨The Jetsons〉의 시대가 임박했는지도 몰랐다.

　그보다 한두 해 전에, 그리고 거의 알려지지 않은 채로, IBM 엔지니어들이 (그들의 표현으로) 급진적으로 새로운 것을 시도했다. 그들은 벽이 없을 뿐 아니라 개인에게 고정적으로 할당된 워크스테이션도 없는 새로운 사무 공간으로 들어갔다. 이를 '비영역 사무실'이라고 불렀는데, 그때그때 당면한 업무의 속성에 기반해서 직원들이 여러 형태의 업무 활동 사이를 자유롭게 넘나들 수 있는 공간을 만들고자 했다. 공동 작업을 위한 탁자와 걸상이 여기저기 놓여 있는 한편으로, 필요한 경우 집중해서 일할 수 있는 조용한 공간도 있었다. 전반적인 목적은 팀 내에서 '문제와 경험의 공유를 향상하고 증가시키는' 것이었다. 워크스테이션에 묶여 있던 사람들을 풀어 놓아 줌으로써 자연스럽게 더 많은 상호 작용을 이룰 수 있다는 논리였다. 이 실험에 대한 보고서에 따르면, 직원들은 처음에 우려 섞인 시선으로 바라봤다. "큰 기업에서는 개인성을 표현할 수 있는 통로로 그나마 남아 있는 것이 개인 공간을 꾸미는 것뿐"이기 때문이었다.[5] 하지만 나중에는 직원들이 매우 열의를 보였다. 한 엔지니어는 이렇게 말했다. "나를 다시 울타리에 가두지 말아요." 또 다른 사람은 이렇게 말했다. "전에는 회의적이었는데 이제는 닫힌 사무실로 되돌아가기가 정말 싫어요." 데이터에 따르면, 팀 내부의 의사소통이 실제로 향상되었다. 비영역 사무실은 성공이었다.[6] 이 경우에는.

　종이 없는 사무실, 비영역 사무실과 함께 미래 사무실에 대한 또 하나의 비전이 있었다. 사무실 자체가 필요 없는 사무실이었다. 1980년대에 앨빈 토플러Alvin Toffler는 통신 기술이 일터를 혁명적으로 바꿀 것이라고 예견했다. 사람들은 사무실에 올 필요 없이 집이나 시골의 '전자 오두막'에서 사무용 건물을 과거의 유물이 되게 한 테크놀로지로 전 세계와 연결된 채 일할 수 있을 터였다. 적절하게 종말론적인(하지만 너무 과장은 아닌) 상을 그리면서, 토플러는 다운타운은 "텅 비어서 창고로만 쓰이거나 주거 공간으로 다시 바뀔 것"이라고 내다봤다.[7] '집에서 일한다'는 개념은 아직 초기였지만 토플러보다 먼저 이 이야기를 한 사람도 있었다. 1970년대에 LA로 출근하는 길에서 러시아워에 묶여 있던 로켓과학자 잭 닐스Jack Nilles는 비용도 많이 들고 짜증 나는 통근을 아예 하지 않아도 되는 방법이 없을까 생각했다. 긴 통근은 대기오염을 일으키고, 낭비적인 교외 확산을 야기하며, 무엇보다 비효율적이었다. 국립 과학 재단의 자금 지원을 받아서 닐스는 LA의 한 보험회사가 재택근무를 시행하는 것이 가능할지 알아보는 연구를 진행했다. 이 회사는 노년 인구가 많은 지역의 낡은 건물에 있었기 때문에 먼 거리에서 통근하는 젊은 직원들이 매력적으로 느낄 만한 것이 있어야 했다. 회사가 얼마나 좋든지 간에, 허름한 사무실로 오기 위해 긴 시간 시달리는 것을 직원들은 너무나 싫어했던 것이다(회사는 좋긴 좋았다. 대부분의 다른 직장보다 임금도 높았고 점심도 공짜였으며 근무 시간도 주당 37.5시간으로 짧은 편이었다). 닐스는 재택근무 시행이 가능하다고 결론 내렸다. 우려되는 점도 언급했다. 상사는 직원을 통제할 수 없을 것이고 직원들은 사무실 생활에서 오는 사회적 분위기를 잃을 것이다. 그래도 이 회사는 재택근무를 시도하기로 했다. 하지만 시행되자마자 폐기됐다. 경영자들이 재택근무를 위협으로 느낀 것이다. 직원들을 전과 같은 방식으로 통제할 수 없어서 다른 방법을 찾아야 했기 때문이다.[8]

1980년대의 사무실은 종종 우울해 보였지만 1990년대 말에는 수평선에서 유토피아가 떠오르는 것 같았다. 보스턴, 뉴욕, 도쿄에 있는 최고 기업들의 최고위층까지 뛰어넘을 탈출구가 있는 것 같았다. 이 새로운 세상에서는 일터가 지구상에서 가장 똑똑한 사람들, 진정한 의미의 '지식 노동자'로 가득 찰 것이고, 이들이 사방에서 창업을 하면서, 땅으로 추락하는 이들도 있겠지만 하늘 높이 솟아오를 이들도 있을 거라고 기대됐다. 1990년대에 갑자기 사무실은 다시 한 번 약속이 넘치는 곳이 되었고, 모든 이의 귀에 옛 구호가 들렸다. **서부로 가자!**

□

봄에 샌프란시스코를 출발해 U. S. 280번 도로를 달리다 보면 안개 낀 샌프란시스코 남부의 언덕에서 데일리시티, 샌브루노, 밀브레이를 지나 초록이 무성하고 양귀비가 지천이며 저수지에 오리가 떠다니는 곳으로 들어서게 된다. 캘리포니아 참나무가 무성한 언덕을 뒤로하고 샌드힐로드로 빠져나오면 미래의 모습으로 여겨지곤 하는 목가적인 장소가 나온다. 곧 언덕을 올라가게 되는데 아래를 보면 오아시스처럼 드문드문 들어선 전형적인 교외 거주지들이 보인다. 고속도로가 만드는 줄무늬와 점점이 흩뿌려진 듯한 낮은 높이의 기업 단지들도 보인다. 오른편으로는, 조르조 데 키리코Giorgio de Chirico의 그림에서처럼 늘 늦은 오후의 분위기를 풍기는, 붉은 사암으로 지은 스탠퍼드 대학의 드넓은 캠퍼스가 있다. 왼편으로는, 낮은 높이의 벽돌·유리 건물들이 줄지어 있다. 벤처 캐피탈 기업들로, 파트너들은 자신이 돈을 대서 부자로 만들어 줄 학생들을 걸어가서 만날 수 있다. 이곳이 바로 미래의 사무실과 그것을 실현하고자 한 사람들이 만난 곳이다.

적어도 1980년대부터 실리콘 밸리는 일터에 대한 유토피아적 예언을 쏟아 내는 무한한 원천이었다. 이곳에서의 기술 혁신으로 모든 사

람의 노동에서 허드렛일이 줄고 효율성이 높아지리라고 기대된 것은
물론이고, 실리콘 밸리 자체의 일터도 계몽된 자본주의를 구현할 것
으로 기대됐다. 칩 제조 공장의 유독한 노동 환경을 폭로하는 르포 기
사가 나온 뒤에도, 실리콘 밸리의 사무실은 여전히 미국 전체의 모델
로 제시됐다. 이런 이야기에 따르면, 실리콘 밸리는 가장 제대로 실현
된 실력 본위제 시스템이었다. 이곳의 유일한 귀족층은 실력으로 형성
된 귀족층이었다. 이직률(기업 평론가들은 '회오리'라고 불렀다)은 엄청나
게 높았지만, 이곳 사람들이 말하기를, 정리 해고 때문이 아니라 높은
직업 이동성과 계속되는 기술 변화를 반영하는 것이었다. 회사는 뛰어
난 인재를 열심히 데려오려 했고 따라서 사람들은 계속해서 소속을 옮
겼다. 회사가 망하고 다른 회사가 들어오면서 이직이 발생하는 경우도
많았다. 어떤 사람들은 연달아 창업을 하면서 회사를 옮겼다. 창업을
해서 벤처 캐피탈의 자금을 넣어 놓고서, 다시 다음 회사를 창업하는
것이다. 아무도 일자리 보호를 필요로 하지 않았다. 그 대신 자유를 얻
었기 때문이다. 그리고 그들은 쉬지 않고 일했다.

작고한 애플 창업자 스티브 잡스Steve Jobs는 1980년대 초에 열린 '스
탠퍼드 기업가 정신 컨퍼런스'에서 처음으로 이런 담론의 기조를 설
정했다(검은 터틀넥 차림을 한 잡스의 모습은 아직도 실리콘 밸리 사람들에게 막
대한 영향을 끼치고 있다). "바로 이곳에서 지구 역사상 유례없는 규모의
일이 벌어지고 있습니다." 잡스는 특유의 거창한 말투로 "기업가 정신
에 기반한 리스크 문화의 임계 질량"이 이곳에서 형성됐다며 이렇게
말했다. "많은 사람들이 실리콘 밸리가 노조 조직화unionized될 수 있을
지 궁금해 합니다. 나는 모든 사람들이 연합되어unionized 있다고 말합
니다.… 내가 어디에서 본 것보다도 더 큰 연합union(union은 노조의 의미

로도 쓰인다─옮긴이)이 여기 있습니다. 오늘 이곳에서 우리가 목도하기 시작하는 것이 곧 미국 기업 전체를 새로이 규정할 것입니다."⁹ 잡스가 '유니언union'이라는 말의 의미를 모르는 척할 수 있었다는 것이 이 시대의 징표 중 하나였다. 어쨌든, 실리콘 밸리의 일터를 매우 강력한, 거의 벗어날 수 없을 정도로 강한 기업 문화가 지배하고 있다는 그의 묘사는 옳았다. 위계는 평평해졌고 부대시설은 좋아졌으며 스톡옵션은 풍부했다. 그리고 사무실이 (적어도 겉으로는) 더 높은 수준의 팀워크를 옹호하게 되었다. 역설적으로, 이는 언제라도 팀의 구성원이 다른 곳에 가서 경쟁 팀의 일원이 되는 것을 가능케 했다.

회오리 같고 자유로운 기풍에 적합하게도, 실리콘 밸리는 사무실의 혁명에서 태어났다. 1967년에 '8인의 반역자'로 알려진 젊은 엔지니어들이 쇼클리 반도체 연구소Shockley Semiconductor Labs에서 나와서 페어차일드 반도체Fairchild Semiconductor를 창업했다(이 회사는 실리콘으로만 칩을 만든 최초의 회사다). 1968년에 그 8인 중 두 명인 로버트 노이스Robert Noyce와 고든 무어Gordon Moore가 페어차일드를 그만두고 각자 25만 달러를 출자해 인텔을 세웠다.¹⁰ 인텔은 중고 철제 책상들로 위계적이지 않은 오픈 플랜 사무실을 꾸린 초창기 회사다.¹¹ 3년 뒤에 그들은 세계 최초로 마이크로프로세서를 생산한다. 실리콘 밸리의 다른 유명 기업들도 비슷한 창업 스토리를 갖고 있다. 이 이야기들은 교통 체증에 시달리는 캘리포니아를 벗어나 전국에 퍼져 나가면서 실리콘 밸리를 탈산업 사회의 전설이 되게 했다. 데이브 패커드Dave Packard와 윌리엄 휴렛William Hewlett은 (이제는 명소가 된) 차고에서 시작했고, 스티브 잡스와 스티브 워즈니악Steve Wozniak은 팔로 알토의 홈브루 컴퓨터 클럽Homebrew Computer Club에서 애플 1을 선보였다(잡스와 워즈니악은 각각 아타리와 휴렛패커드를 그만두고 나왔다). 물론 스탠퍼드 대학의 휴게실이나 기숙사 방에서 늦은 밤에 해킹에 열을 올리던 수천 명의 학생들도 '일터'가 어떠해야 하는지에 대해 어렴풋이 개념을 형성해 가고 있었다. 이러한 비공식성의 문화(혹은 컬트)가 24시간 쉬지 않고 일하는 헌신과 결합하면서 실리콘 밸리의 노동 환경에 막대한 영향을 준다.

실리콘 밸리가 떠오르는 데 기여한 또 하나의 요인은 반문화다. 실리콘 밸리 개척자 1세대는 인근의 버클리나 샌프란시스코 주립대학에서 벌어지던 희한한 일들에 별로 흥미를 느끼지 못했다. 1973년에 고든 무어는 『포천』과의 인터뷰에서 이렇게 말했다. "우리는 오늘날의 진정한 혁명가다. 한두 해 전에 머리와 수염을 기르고 학교를 때려부수던 사람들과는 다르다." 베트남 전쟁 시기에 미 국방부를 위해 연구를 수행한 패커드는 학생 운동의 타깃 중 하나였다. 이 시기에는 실리콘 밸리의 컴퓨터 괴짜들이 미국의 군수 분야를 지원하는 데에 별로 거리낌이 없었다. 하지만 잡스와 워즈니악의 세대인 2세대는 달랐다. 그들이 마약을 했다는 이야기는 많이 알려져 있고, 그보다는 덜 자주 이야기되었지만 정치 활동에 참가했다는 것도 잘 알려져 있다. 1990년대에 나온 영화 〈실리콘 밸리의 해적들 Pirates of Silicon Valley〉(스티브 잡스와 마이크로소프트 창업자 빌 게이츠를 다룬 영화)에는 잡스와 워즈니악이 마약 연기 자욱한 반전 운동 집회장을 왔다 갔다 하며 컴퓨터 부품을 집으로 가지고 가는 장면이 나온다. 또 잘 알려져 있듯이 스티브 잡스와 빌 게이츠는 대학 중퇴자이고 이 바닥에는 그런 사람들이 많았다. 1990년대에는 아이디어만 좋으면 막대한 자금을 투자한다는 벤처 캐피탈 때문에 중퇴자가 더 많아졌다. 권위자를 좋아하지 않는다는 점은 실리콘 밸리 사람들이 대학 교육을 오래 참지 못한다는 의미이기도 했다. 아이러니하게도 나중에 그들이 사무실을 대학 캠퍼스처럼 만들려고 하긴 했지만.

처음에 실리콘 밸리의 사무실은 큐비클로 가득 차 있었다. 또 하나의 냉혹한 기업 환경을 보여 주는 것 같지만, 실리콘 밸리 사람들은 이곳의 큐비클이 나머지 기업 세계에서 여전히 적용되고 있는 사무실 배열에 대한 의도적인 문제 제기라고 생각했다. 큐비클을 가능하게 한 뷔로란트샤프트가 애초에 그랬듯이, 큐비클로만 된 사무실은 평등을 상징했다. 미학적 가치야 어떻든 간에 사장이든 직원이든 누구나 파티션의 바다를 헤치고 나가야 한다는 것은, 평직원들은 책상만 있는 사무 공간에 밀어 넣고 소수의 고위직은 개인 사무실이나 화려한 임원실을 주는 것보다 평등적이었다. 그리고 사무실 레이아웃 자체는 인상적이지 않았다 해도 부대시설은 다른 회사들보다 훨씬 좋았다. 언론에 단골로 등장하게 되는 농구 골대와 푸스볼 게임장은 물론이고, (대부분까지는 아니라 해도) 많은 실리콘 밸리 회사들이 수영장과 오락실도 제공했다. 복장은 자유로웠고 근무 시간은 유연했다. 또 직무 로테이션이 있었고 자율적인 작업 팀이 꾸려지는 것이 일반적이었다. 기업과의 유대를 높이기 위해 소풍, 바비큐, 한 주를 마감하는 맥주 파티 등을 열어서 사람들이 모여 맥주를 마시면서, 불가피하게 더 많은 일을 하게 만들었다. 대학에서의 생활 양식이 초기의 스타트업으로 이어졌고, 스타트업이 커지면서 이 양식은 제도화되었다.

실리콘 밸리에서는 흔했던 이런 재미있는 직장 생활은 전설이 되었다. 『뉴욕타임스』 기자 로버트 라인홀드Robert Reinhold는 1984년에 실리콘 밸리의 텔레콤 회사인 롤름Rolm 코퍼레이션에 대해 쓴 기사에서 이렇게 언급했다. "(이곳 직원들은) 레스토랑 같은 구내 식당에서 회사가 비용을 보조해 주는 식사를 하고, 일하는 시간은 스스로 정하며, 수영장 두 개, 배구 코트, 라켓볼 코트, 그리고 스키 강좌에서부터 산전·산후 관리에 대한 강좌까지 열리는 레크리에이션 센터를 즐긴다." 글로벌 경쟁 위협에 처한 불안의 시대에, 라인홀드는 이런 문화를 일본 기업들이 직원 참여를 독려하는 기법과 견주었다. "방법은 다양하지만 (실리콘 밸리의 모든 기업들에는) 공통점이 있다. 이들 모두는 기술 변화가 너무나 빨라 한두 주만 늦어도 성패가 좌우되는 시대에, 동부 기업들의 전통적인 위계 구조가 미국 산업의 발목을 잡고 있다고 생각한다."[12]

하지만 시간이 지나면서 실리콘 밸리 직원들도 이곳의 회사들이 미래 유토피아의 전위 조직이 아니라 예전의 대기업처럼 되어 간다고 느끼기 시작했다. IBM의 육중한 건물에 드러나듯이(그리고 나중에는 아이디어를 훔치는 거대 기업 마이크로소프트와 빌 게이츠의 콧소리 섞인 목소리에서 드러나듯이), 이 기업들은 혁신을 육성하기보다는 질식시키는 기업이자 맞서 싸워야 할 기업이 되었다. 직원들은 사무실의 디자인에서 이것을 피부로 느꼈다. 1980년대의 실리콘 밸리를 돌아보면서 한 직원은 일터의 유토피아를 이렇게 비판했다.

경영진은 '미래의 사무실' 개념을 지지한다는 것에 대단히 자부심을 가진 것 같았다. 그것은 전통적인 사무실의 위계와 디자인을 급진적으로 바꿀 것이라며 찬사를 받았다. 변화는 내 집에서부터 시작된다고들 하기에 나는 내 사무실을 둘러보았다. 일련의 큐비클과 높은 파티션이 있었다. 누구에게 이야기를 하려면 일어나서 파티션 위로 그를 봐야 했다. 각 큐비클은 믿을 수 없을 정도로 좁았다. 창문도 없었고 천장은 폐소공포증을 일으킬 만큼 낮았다. 환풍기는 탁한 공기를 평등하고 민주적으로 흩트렸다. 상사의 환풍기는 바닥에 있었다. 내 바지가 환풍기 날에 걸려 찢어질 뻔해서 알게 된 사실이었다. 직원 대부분은 책상에 전화기도 없었다. 그런 특권은 생산성을 훼손할 정도로 남용될 것이기 때문이었다.…

결론은? 미래의 사무실=대체로 옛 사무실과 비슷.[13]

1990년대에 거대 테크놀로지 기업들이 더 성장하면서, 각 기업은 '닫힌 사무실'과 '큐비클로 채워진 열린 사무실'의 이점을 따져 볼 필요가 생겼다. 마이크로소프트는 닫힌 사무실을 더 많이 지었다. 애플도 그랬다. 1980년대 말 무렵이면 결근 문제로 골치를 썩이고 있었는데 직원들이 큐비클에서 집중하기가 어려워서 너무 많이 재택근무를 했기 때문이었다. 애플은 MIT 교수 마빈 민스키Marvin Minsky의 '동굴과 공용 공간' 접근법을 받아들여서 사무실을 다시 디자인했다. 창문이 있는 가장자리 쪽에 공용 회의 공간이 들어섰다.[14] 하지만 대부분의 테크놀로지 기업은 인텔을 따랐다. 인텔도 큐비클이 일하기 좋은 공간이라고 말하지는 않았다. 그보다는, 고위 경영진에게도 큐비클을 배정해서 더 평등한 환경을 육성한다며, 인텔에 "마호가니 열"은 존재하지 않아야 한다고 주장했다. 사무실 가구도 두 개의 크기와 두 개의 스타일만 사용했다. 디자인계의 국가 사회주의처럼 모든 사람이 미적 취향을 평등하게 박탈당한 셈이었다.[15] 기자 제임스 플래너건James Flanagan은 『LA 타임스』연례 투자 전략 회의'에서 그로브를 소개하면서 1996년에 인텔에 방문했을 때의 경험을 이렇게 묘사했다. "큐비클 파티션들이 여기 이렇게 있고 그 뒤로 책상, 컴퓨터 한 대, 그리고 한 사람이 있었습니다. 앤드루 그로브였습니다. 그걸 보면 이런 생각이 들죠. 어? 여기가 뭐 하는 곳이었지?"[16] 또 인텔의 어느 직원은 '인텔 국제 과학 공학 박람회'에서 그로브를 소개하면서 이렇게 말했다. "앤디는 인텔에 평등한 문화를 가져왔습니다.… 우리 회사에서는 앤디와 같은 큐비클에서, 아마 가로 세로 2.4×2.7미터일 것입니다. 모두가 그 똑같은 큐비클에서 일합니다."[17]

하지만 그로브의 평등주의적인 큐비클 이야기에는 얼토당토않은 면이 있었다. 큐비클이 화이트칼라 노동자들의 착취와 불행을 **나타내게** 된 것은 맞지만, 그 모듈형 칸막이들이, 그 게시판들이 무언가를 **결정**할 수 있다는 것은 완전히 틀린 생각이다. 나가고 싶을 때 나갈 수 있고 근무 시간 대부분을 회사 비행기로 여기저기 돌아다니면서 보내며 1년에 1억 달러 이상을 버는 사람을 '큐비클에서 일하는 사람'이라고 말하기는 어려울 것이다. 인텔 직원들도 이 점을 놓치지 않았다. 인텔의 "평등한 문화" 속에서 직원들은 'FACE 인텔'(FACE는 전·현직 인텔 직원들Former and Current Employee of Intel이라는 의미다)이라는 웹사이트를 만들었는데, 착취나 야근에 대한 불평이 올라오곤 하는 블로그 비슷한 공간이었다. 초기 화면에는 작가 엘리 비젤Elie Wiesel의 글이 인용돼 있었고("우리가 부당함을 막을 힘이 없는 시기는 있을 수 있지만 우리가 저항하지 않는 시기는 없어야 한다") 이 사이트를 만든 사람들은 헝가리계 유대인인 그로브 자신도 전쟁 동안 대피소에서 숨어 지냈다는 사실을 알고 있었다.

테크놀로지 기업에서 직원들이 이런 상황을 계속 경험하게 되면서, 1990년대의 실리콘 밸리에서는 전통적인 사무실에 대한 혐오가 커졌다. 「딜버트」는 위계에 반대하는 상징으로 보이는 것이 어떻게 진짜 위계를 숨기고 있는지를 드러내면서 큐비클이 기업의 냉혹성에 대한 완벽한 상징이 되게 만들었다. 하지만 벽이 네 개 있는 공간에서 일하는 마이크로소프트 엔지니어들(대부분 막힌 사무실에 있었다)이라고 해서 혁신이나 좋은 사고에 도움이 된다고 느낀 것도 아니었다. 파티션이 있건 없건 간에, 실리콘 밸리 거대 기업 사무실의 디자인은 흥미진진하게 여겨지지 않고 있었다. 숱하게 약속된 '일터의 멋진 신세계'에 부합하는 것 같지 않았다. 더 비공식적이고 인간적인 무엇이 필요했다. 더글러스 코플랜드가 1995년에 펴낸 소설 『마이크로서프스*MicroSerfs*』에는 비정한 회사와 끝없는 노동에 진력을 느낀 마이크로소프트 프로그래머들(저자처럼 예술 학교 출신이다)이 나온다. "처음으로 마이크로소프트에 스톡옵션이 줄고 주가도 오르지 않는 상황에 처한 직원들이 생겼다. 내 생각엔, 그래서 다른 회사 직장인이나 다를 바 없는 그냥 직장인이 되고 만 것 같다."[18] 그들은 회사를 나와 실리콘 밸리에 자신들의 회사를 차린다. 이전의 워싱턴 주 레드먼드에 있던 회사는 복도와 개인 사무실이 있는 형태였는데(마이크로소프트를 모델로 한 것이다) 팔로 알토의 새 사무실은 기숙사처럼 꾸며진다. 그러자 그들은 마치 본능처럼 자연스럽게 일의 흐름에 들어갔다 나왔다 하면서 일을 즐기게 된다. 한 프로그래머는 벤처 캐피탈을 찾아다니는 일도 중요치 않다며 거부한다. 일 자체가 전부라는 그는 이렇게 말한다. "나는 **아무것도** 바라지 않고 여기 왔어. 나는 보수를 받을 필요가 **없다고**. 돈이 아니야. 돈을 보고 한 일이 **절대** 아니야. 그랬던 적도 거의 **없고**."[19]

'신경제New Economy'라고들 부르는 꿈에 대한 열망과 그것의 실제 현실은 실리콘 밸리 회사들에 우울한 기운을 상당히 많이 드리웠다. 그 결과, 일종의 종교적인 분위기가 생겨났다. 앤드루 로스Andrew Ross 등 일터의 변화를 연구하는 학자와 기자들이 많이 보도했듯이, 기업 세계라기보다는 오순절 교회 회합과 더 비슷해 보이는 분위기에서 지식 노동자의 부활이 열광적으로 선포되곤 했다. 『와이어드Wired』 같은 새로운 잡지에는 기술 유토피아적인 미래를 예찬하는 선언문들이 실렸다. 톰 피터스는 더 미심쩍은 저서들이 성공을 거두고 나서 매킨지 컨설팅을 그만두고 나와 재야 경영학자로 스스로를 설정하고 나서[경영계의 티모시 리어리Timothy Leary(미국의 심리학자로 반문화의 핵심에서 활동했으며 LSD 등 환각제의 사용을 옹호했다 수감되었다. 1963년 하버드 대학 교수직에서 물러난 뒤 독자적 연구와 반문화 활동을 했다—옮긴이)라고나 할까], 곧 황홀경으로 치달을 새로운 경청, 사랑, 감정을 열정적으로 축복했다. 그가 맛보는 것을 우리도 맛볼 수만 있다면 우리도 알 수 있을 것이다! 그의 책 제목은 점점 과감해졌다. 『경영 혁명Thriving on Chaos』(원제는 '혼돈에서 번성하기'—옮긴이)를 거쳐 드디어 『해방 경영Liberation Management』에 도달했다. 전자는 그가 촉진한 바 있는 정크 본드에 대한 찬가이고, 후자는 거의 900쪽에 걸쳐 "나노세컨드의 90년대"가 보여 주는 영광된 무질서를 진지하게 다룬 책이다. "광기를 느끼지 않는다면 이 시대에 닿지 못한 것이다. 이 점은 중요하다. 오늘날은 약간 정신이 나간 시대다. 빠르고 찰나적이며 변덕스러운 것들을 다룰 수 있는, 정신이 조금 나간 조직들과 정신이 조금 나간 사람들이 생존에 필수적이다."[20] 피터스는 하나의 새로운 지역이 자신에게 종교적 계시를 주었다고 말했다. "『초우량 기업의 조건』을 쓰던 1978~1982년만 해도 내 눈은 여전히 동쪽을 향하고 있었다. 과거의 거대 제조업을 보고 있었던 것이다." 이렇게 고백하고서, 그는 점점 급진적인 말투를 쓰며 실리콘 밸리가 모든 것을 바꾸었다고 말했다. "실리콘 밸리의 번성을 보면서 내가 '조직'에 대해 갖고 있던 모든 가정이 찢겨 나갔다. 실리콘 밸리는 실패하고 실패하고 또 실패하면서, 그리고 그 과정에서 실패의 흥미로운 부산물로 서 많은 성공을 내놓으면서, 지구의 의식으로 들어왔다. 실리콘 밸리 가 어떻게 이 격변을 가져올 수 있었는지를 살펴보는 것은 도움이 될 것이다. 실리콘 밸리는 많은 사람들에게 해방의 맛을 강하게 보여 주 었고, 체계적이거나 조직되어 있지 않았다. 실리콘 밸리에서 나는 옛 이미지를 버려야 할 때가 됐음을 인정하게 되었다."[21] 그는 해방의 일 환으로 '비영역 사무실'을 칭송했다. 인텔이 1970년대에 시도했지만 많은 기업에 적용되기 시작한 것은 이 무렵이었다. 피터스는 비공식적 인 구조의 사무실에 구원이 있다고 말하는 것 같았다.

드디어 피터스가 예측한 것처럼 천국의 문이 열렸다. 빌 클린턴이 재선한 해에 경제 성장률은 예상 밖으로 뛰었고 투자자들은 열광했다. 그 전까지 오랫동안 컴퓨터 시대에 대한 동화 같은 약속들은 "생산성 통계에서만 빼고 모든 곳에서" 나타나는 것 같았다(노벨 경제학상 수상 자인 로버트 솔로Robert Solow의 표현이다). 그랬는데 1995년에서 2000년 사 이 시간당 생산성이 연간 2.8퍼센트씩 증가했다. 경제학자들은 정보 기술 인프라에 투자한 효과가 드디어 나타나기 시작한 것이라고 주장 했다. 곧이어 벤처 캐피탈이 거대한 파도처럼 정보 기술 업계에 밀려 들었다. 그 정점이던 1999년에는 하루에 2000만 달러가 샌프란시스 코 주위의 기업으로 흘러 들어갔다. 자금이 나이아가라 폭포 같은 힘 으로 실리콘 밸리에 쏟아져서 『마이크로서프스』 주인공이 말한 것 같 은 순수한 신실함은 아무도 유지할 수 없었다. 반문화 역시 어떤 저항 도 하지 않았다. 인터넷의 유토피아적 약속을 찬미한 해커들이 이제 자기 기업의 유토피아적 약속을 이야기하고 있었다. 사실 반문화와 신 경제는 기꺼이 협력하는 공모자였다. 반문화는 신경제를 '힙'해 보이게 만들면서 경제 영역에 참여하려 하지 않았던 게으름뱅이들을 닷컴 회사의 성실한 직원이 되게 했다. 그리고 이들은 곧 일터를 비공식성의 전당으로 만든다. 자신의 시대를 드디어 맞이한 지식 노동자들의 공간으로 말이다.

전형적인 닷컴 사무실에서의 노동 경험은 정신없는 속도와 느슨한 분위기가 뒤섞인 것으로, '느긋한 초조함'이라는 1990년대의 일반적인 감수성을 대표하고 있었다. 신경제의 사무실들은 '정교하게 만들어진 무관심'을 나타냈다. 피크닉 테이블 형태의 책상들이 이상한 각도로 배열돼 있었고 서류 뭉치와 얽히고설킨 전선이 곳곳에 있었으며 꾀죄죄한 직원들이 파자마 차림에 부스스한 머리를 하고 컴퓨터 앞에 앉아 있었고 고전적인 록 음악(새로운 시대의 뮤작 음악)이 흘러나왔다. 이전 세대의 사무실보다 더 나빠 보였다. 더 정신없고 관리도 더 어려웠다. 사실 모든 것이 너무 빨리 변해서 스키드모어, 오윙스 앤 메릴이 작업했던 프로세스를 밟아 가며 디자인하는 것은 불가능했다. 미스 반 데어로에의 의자나 임원 사무실의 원목 파티션도 존재할 수 없었다.

닷컴 프로그래머들이 디자인에 관심이 없어서가 아니었다. 오히려 반대였다. 닷컴 사람들은 주머니에 돈이 좀 생기면(1990년대에는 돈이 좀 생기는 것이 오래 걸리지 않았다) 사무실 규모를 최대한 빠르고 손쉽게 늘리고 싶어 했다. 한 주에는 15명을, 그다음 주에는 60명을 수용할 수 있는 공간 계획이 필요했다. 또 빠른 마감에 맞게 팀이 모였다가 새로운 프로젝트로 즉시 이동할 수 있어야 했다. 그들이 원한 것은 30년 전에 로버트 프롭스트가 상상한 것과 비슷한 사무실이었다. 필요할 때 즉시로 바뀔 수 있는 사무실 디자인, 디자인처럼 보이지 않는 디자인, '너그러운' 디자인.

하지만 디자인은 일에만 너그러우면 되는 게 아니라, 모호하고 손에 잡히지 않지만 꼭 있어야만 하는 것에 대해서도 너그러워야 했다. 바로 '기업 문화'였다. 이 개념의 유래는 인사 관리 학파의 이론으로까지 거슬러 올라간다. 이 개념을 구현한 곳으로, 유명한 닷컴 디자인 회사 레이저피시Razorfish를 꼽을 만하다(앤드루 로스가 『노 칼라No-Collar』에서 이 회사에 대해 상세히 다뤘다). 레이저피시는 1995년에 이스트 빌리지의 아파트에서 스타트업으로 시작해서 2000년에는 다국적 컨설팅 기업으로 성장해 보스턴, 새너제이, 샌프란시스코, LA, 런던, 암스테르담, 헬싱키, 밀라노, 스톡홀름, 오슬로, 함부르크, 프랑크푸르트, 도쿄에 사무실을 두고 있다. 이곳 직원들은 자신의 일터 분위기를 자랑스러워하면서 저널리스트 앤드루 로스에게 '문화'란 방임적인 분위기를 통해 육성되어야 한다고 말했다. 한 직원은 이를 "당신 자신에게, 그리고 다른 사람에게 방임을 하는 방임"이라고 표현했다(이렇게 말하는 사람 스스로도 "구제 불능으로 추상적인 표현"이라고 인정했다). 또 다른 직원은 이렇게 말했다. "문화에 대해 기본 강령 같은 것은 '강요된 재미'였지요. 하지만 우리에게는 그와 달리 스스로 창조한 것들이 있었어요."[22] 아무도 스스로 창조한 기업 문화의 사례를 콕 집어 이야기하지는 못했지만 무엇이 그 기업 문화가 '아닌지'는 이야기할 수 있었다. 사무실용으로 비디오 게임을 사거나 장난감 총으로 전쟁 놀이를 하는 것은 이곳 기업 문화가 아니었다. 실리콘 밸리의 대기업들(레이저피시의 고객사들)이 제공하는 풍부한 부대시설도 이곳 기업 문화가 아니었다. 그런 대기업에서 레이저피시 직원들은 큐비클 농장과 공허한 관계, 그리고 (이것이 최악이었다) 강요된 재미를 보았다. 사무실 디자인은 중요했다. 하지만 문화를 규율하기보다는 문화가 생겨날 수 있게 허용하는 디자인이어야 했다.

디자이너들이 여기에 꼭 준비되어 있었다는 말은 아니다. 디자인은 (실리콘 밸리적인 의미에서 보자면) 문화의 적이다. 무언가 디자인된다는 것은 공간과 개인적인(심지어는 집단적인) 표현에 제약을 가한다는 의미다. 건축가와 디자이너들은 완전하게 고안된 공간에 관심이 있었고 자신의 흔적을 프로젝트에 남기려고 했다. 넬슨이나 임스 같은 디자이너나 미스 반데어로에나 존슨 같은 건축가는 자신의 작업을 통해 세계관 전체를 실어 나르고 싶어 했다. 하지만 실리콘 밸리 사람들에게 이는 감당하기 어려운 일이었다. 이들은 자신의 상상에 다른 누구의 상상이 파고드는 것을 참을 수 없을 만큼 자부심이 컸다. "외부의 인테리어 디자이너와 일할 때 관건은 어떤 특정한 기능을 염두에 두고서 일을 엄청 빠르게, 그리고 비교적 저렴하게 하는 것이었다." 레이저피시 회장 크레이그 캐너릭Craig Kanarick은 이렇게 말했다. "그 사람은 예술가로서 표현하고 싶은 바에 대해 자신의 생각이 있었다. 그래서 훌륭한 디자이너인 것이었겠지만, 그것은 함께 일하기에 힘든 사람이라는 말이기도 했다."[23] 그리고 무엇보다도 그들은 일을 빨리 진행할 필요가 있었다. 일반적인 디자인의 속도는 너무 느렸다. "닷컴 고객은 항상 더 빠르고 더 싸고 더 좋은 시설을 원한다." 한 디자인 회사 회장은 『인테리어Interiors』와의 인터뷰에서 이렇게 말했다. "그들은 지옥에서 온 고객이다." 그리고 이렇게 덧붙였다. "그게 꼭 나쁜 것은 아니다."[24] 만개했던 짧은 기간 동안 닷컴 시대는 디자인을 되돌릴 수 없이 바꾸어 놓았는지도 몰랐다. 많은 디자이너들이 말하듯, 더 좋은 방향으로.

디자인 회사들은 닷컴 모델에 맞추기 위해 닷컴 고객사를 위한 별도 팀을 만들었다. 닷컴 팀은 늘 온라인 상태인 닷컴 고객사의 일정에 맞추기 위해 일하는 방식을 새로 개발했는데, 통상 이는 무지막지하게 긴 시간을 일해야 한다는 의미였다. "닷컴 기업은 이미지가 모든 것이다. 그들 대부분은 비즈니스의 옛 시스템을 인정하지 않는다." 디자인 스튜디오 스워브Swerve의 한 프로젝트 매니저는 이렇게 말했다.[25] 그래서 디자이너들은 닷컴 사람들의 저항 정신을 반영하기 위해 '힙'한 공간과 가구를 만들어 내야 했고, 그것도 매우 빠르게 만들어 내야 했다. 스워브 같은 회사는 아예 모든 것을 새로 디자인했다. 고객사 이볼브Evolve를 위해 스워브는 부메랑 모양의 책상이 있는, 화려한 색상에 에나멜로 칠해진 워크스테이션을 만들었는데, 이것을 8주 만에 해냈다. 컨퍼런스 탁자는 네 조각으로 분해가 가능했고, 보조 탁자는 한 직원이 다른 직원과 즉석 회의를 할 경우를 위해 책상에 '도킹'할 수 있게 돼 있었다. 슈페히트 하프만Specht Harpman의 디자이너들은 고객사 블루 하이퍼미디어Blue Hypermedia를 위해 필요에 따라 팀 공간에 넣었다가 개인 공간으로 다시 빼낼 수 있는 있는 책상, 파티션, 저장 공간, 조명을 만들었다. 맞춤형 금속 고정쇠들이 있어서 조립과 분해를 쉽게 할 수 있었다. 그리고 모든 것은 열린 공간 안에 공존해야 했고 파티션이 시야를 막으면 안 되었다. 피터 기번스가 〈뛰는 백수 나는 건달〉에서 큐비클을 때려 부수던 것이 일터에서의 저항에 대한 이미지로 큰 울림을 주던 시대에, 오픈 플랜은 다가오는 혁명의 이미지였다.

오픈 플랜을 뒷받침하는 논리가 또 있었다. 오픈 플랜의 원조인 뷔로란트샤프트까지 거슬러 올라가는 것으로, '우연한 만남'이라는 개념이었다. 프롭스트는 액션 오피스를 개발하는 동안 이 개념을 제시했지만 당시에는 크게 영향력이 없었다. 하지만 서로 다른 부서나 직위의 사람들이 예기치 못하게 만나는 와중에 혁신의 불꽃을 피운다는 생각은 닷컴 시기에 기업 문화의 핵심으로 신성화되었다. 닷컴의 견해에 따르면, 전통적인 사무실에서는 최고 경영자가 임원실에 틀어박혀서 직급이 낮은 사람들로부터 공간적으로 고립되어 있다. 별도의 화장실도 있기 때문에 화장실에서조차 우연히 마주치지 않는다. 하지만 닷컴 사무실에서는 사장도 오픈 플랜 공간을 자유롭게 날아다니는 너프 화살에(킥보드를 타고 들어오는 엔지니어가 쏜 화살일 것이다) 머리를 맞아 기발한 아이디어를 떠올릴 수 있다. 뉴턴이 떨어지는 사과를 보고 우주의 비밀을 알아냈듯이 말이다. '문화'가 일터의 어떤 갈등이라도 풀 수 있고 생산성을 높일 수 있다고 본다는 점에서, 인사 관리론이 한 번 더 진화한 버전이라고도 볼 수 있다.

닷컴 회사들에서는 '재미'를 지극히 강조하는 남성 동아리 분위기를 연상시키는 의미에서 '자연 발생성'이 중요시됐다. 자연 발생성을 강조하면서, 일과 레저 사이의 오래된 구분이 없어졌다. 실리콘 밸리에서는 많은 이들이 이 구분을 한물갔다고 생각했다. 신경제의 사무실은 미국에서 가장 노동 강도가 세기로 악명이 높았지만 사람들이 전혀 쉬지 못하는 채로 일을 해서는 아니었다. 사실 일의 리듬은 대체로 계획되어 있지 않았고, 여기에는 위험성이 있었다. 인터넷이 계속해서 주의를 흩뜨리는 것들(점점 많아지는 포르노 포함)을 제공하는 상황에서 작업은 질질 늘어지곤 했다. 닷컴 직원들은 20분 일하고, 커피 마시고, 다시 일하러 와서 한 시간 일하고, 운동하러 갔다가, 회사 라운지에서 어슬렁거리면서 한 시간 정도 웹진을 보고, 다시 컴퓨터 앞에 와서 일을 하고, 저녁 식사 배달을 주문하고, 비디오 게임을 하는 식으로 열여섯 시간도 보낼 수 있었다. 그리고 대부분의 시간은 컴퓨터 앞에 앉아서 보냈다.

1994년에 허먼 밀러가 닷컴 버블의 가장 강력한 상징인 에어론 의자Aeron chair를 선보였을 때 염두에 둔 점이 바로 이것이었다. 빌 스텀프(최초의 인체 공학 사무용 의자인 에르곤 의자Ergon chair를 디자인한 것으로 유명했다)와 돈 채드윅Don Chadwick이 디자인한 에어론의 최초 버전 '새러Sarah'는 본래 (이게 없었더라면 기존의 '레이지 보이' 안락의자로 만족했을) 요양원의 노인들을 위한 것이었다. 하지만 새러는 너무나 미래주의적이고 비싸서 요양원에서 사용하기에는 적절하지 않았다. 허먼 밀러는 새러에 있었던 푹신한 쿠션을 없애고 플라스틱 끈을 망사처럼 직조해서 앉는 부분과 등받이를 댄 새로운 의자를 선보였다. 요양원 노인들의 욕창을 막기 위해 디자인된 의자는 엔지니어들의 엉덩이 결림을 막기 위해 쓰이게 되었다. 이 쿠션 없는 최초의 인체 공학 의자는 750달러였다. 이는 일대 현상이었다. 기업들은 대량으로 이 의자를 구매했다. 시트콤 〈윌 앤 그레이스Will & Grace〉의 한 회분 이야기 전체가 윌이 에어론 의자를 구하려고 애쓰는 내용으로 구성되기도 했다. 하지만 이 의자의 성공은 닷컴 사무실의 자유와 끝없는 이동성을 상징하는 것이 아니라, 사람들을 한자리에 몇 시간이고 묶어 두는, 느긋한 듯하면서도 엄청나게 밀도 높은 작업 속도를 상징하는 것이었다.[26]

그렇다 해도, 닷컴 직원들은 돈뿐 아니라 스스로를 자유롭고 자율적인 예술가처럼 느끼게 해 주는 기업 문화에서도 동기 부여를 받았다. 무언가 새로운 것을 창조하고 있다고 믿을 수 있는 한, 그리고 남을 위해서가 아니라 자신을 위해서 그 일을 하고 있다고 믿을 수 있는 한, 긴 시간을 일하는 것이 좀 더 쉬워질 수 있었다. 닷컴 시절의 실리콘 밸리가 이러한 기풍을 가장 순수한 형태로 구현하긴 했지만, 이런 풍조는 실리콘 밸리나 닷컴 기업이라는 지리적·영역적 경계를 훨씬 넘어서까지 확산됐다. 앨리 러셀 혹실드Arlie Russell Hochschild는 『타임 바인드The Time Bind』(1997)에서, 포천 500대 기업의 기업 문화가 변화하면서('자율적인' 팀 등등) 직원들이 가정생활에서 누려야 할 만족을 점점 더 회사에서 추구하게 되었다고 분석했다. 그들은 집에서보다 회사에서 더 많은 시간을 보냈다. 일찍이 화이트가 사무실 생활이 가족생활을 잠식하는 것을 우려하긴 했지만 핵가족 자체가 부서지는 것까지 예상하지는 못했다. 그리고 그 핵가족의 자리를 차지한 것이 사무실이었다.

1980년대 이래로 경영 서적들은 친밀한 사무실 환경을 옹호해 왔다. 피터스와 워터먼은 친밀한 환경이 평직원들의 자율성을 지탱한다고 보았으며 협업의 팀워크를 강조했다. 그런데 이것을 "자신이 통제력을 가지고 있다는 환상"이라고 부르면서, 피터스와 워터먼은 (의도치는 않았겠지만) 조지 오웰식의 반전을 가지고 왔다. 『초우량 기업의 조건』은 이렇게 말한다. "직원들이 조금이나마 자신의 일과 상황에 대해 개인적인 통제력을 갖고 있다고 느낀다면 과업을 계속해서 수행할 것이다. 그러면 그들은 최선을 다할 것이다. 더 헌신할 것이다.… 자율성을 조금이라도 가졌다고 느끼게 되면 **훨씬 더** 헌신하게 된다."

□

전해 오는 이야기에 따르면, 닷컴 시절의 가장 대담한 사무실 실험에 대한 아이디어는 텔루라이드Telluride의 스키장에서 나왔다고 한다. 당시 62세였던 제이 차이어트Jay Chiat는 새로 쌓인 눈 위로 능숙하게 몸을 기울이며 경사면을 내려오다가 계시를 얻었다. 계시인즉, 테크놀로지의 발달로 과거의 사무실은 구식이 되었다. 그 테크놀로지를 활용해 미래의 사무실을 창조해야 할 때가 왔다. 바닥에 도착했을 때는 이미 결정을 내린 상태였다. 그의 회사 사무실이 일하는 방식을 근본적으로 바꾸어야 한다고.

스키를 타고 하강하는 속도 때문이었거나(중력이 마치 운명처럼 그의 스키를 당겨서) 아니면 평생 받아 온 찬사 속에서 쌓인 자만 때문이었거나, 어쩌면 둘 다일 것이다. 빛나는 흰머리와 확고한 눈빛, 가만히 못 있는 태도 등으로 차이어트는 어디 있어도 즉시 눈에 띄는 사람이었다. 그리고 주변에 온통 멍청한 사람들뿐이라는 생각을 늘상 하면서 참을 수 없어 하는 종류의 사람이었다. 고전적인 광고맨들(다우드Dowd, 오길비Ogilvy, 벨Bell, 번백Bernbach 등)처럼 차이어트는 자신이 한 말이 쉽게 인용되게 하려고 노력했다. 그의 말은 고압적이고 권위 있게 느껴진다는 장점도 있었다. "위험을 감수하는 것은 내게 에너지를 준다." "실패를 두려워하지 말아라. 단, 나를 위해 일하는 게 아닐 경우에만." "돈 때문에 내가 변한 것이 아니다. 나는 항상 재수없는 놈이었다." 그의 회사 차이어트/데이Chiat/Day의 직원들은 이런 경구를 사내보 『제이 회장님 어록Quotations from Chairman Jay』에 실었다. 프레젠테이션 자리에 들어갈 때면 그는 즉시 비판을 쏟아 냈다. "일관성이 없잖아." "아이디어라고는 하나도 없군." 이 회사의 전직 부사장은 이렇게 말했다. "그는 사람들에게 겁을 주었다. 일이 잘 돌아갈 때도 회사를 돌아다니면서 불평을 퍼부어 사람들을 못살게 굴었다." 차이어트는 분명히 스티브 잡스 같은 면모가 있었다(차이어트는 잡스에 대해 "내가 만나 본 중 가장 똑똑한 사람"이라면서도, 겨 묻은 개가 똥 묻은 개 나무란다고, 그가 "변덕이 심하고 기분파"라고 평했다).[27] 두 사람 다 실제로는 자신이 의존하고 있는 사람들을 극도로 비정하게 밀어붙이는 습관이 있었다. 차이어트는 고객사들에 광고를 억지로 밀어 넣어서 항복을 받아 내곤 했다는 설이 있다. 그래서 몇몇 고객사는 전前 고객사가 되었다.

　개인적으로 그를 어떻게 평가하든 간에, 차이어트는 성공했다. 그의 직원들은 회사 이름을 "차이어트/데이, 차이어트/나이트"라고 부르곤 했다. 직원들은 밤낮없이 일하며 1980년대를 대표하는 광고들을 만들어 냈다. 그의 회사는 건전지 에너자이저 버니 광고("오래가고 오래가고 오래가고 오래간다")를 만들었고, 1984년 슈퍼볼에서 선보인 최초의 애플 매킨토시에 대한 스팟 광고도 이 회사 작품이었다. 미국의 여성 운동선수가 해머를 들고 뛰다가, 연설하는 빅 브러더가 나오는 거대한 스크린에 해머를 던지는 내용으로 된 유명한 광고다(조지 오웰의 『1984』를 연상시키면서, 애플의 컴퓨터가 나오면 이런 독재는 이뤄지지 않는다는 의미를 담은 광고다―옮긴이). 그의 광고는 남들보다 뭔가를 좀 더 알고 있다는 현학적이고 지적인 포장으로 번쩍거렸다. 한 직원에 따르면, 그의 광고는 "모비 약간, 손택 약간, 레닌과 레논 약간씩을 넣고 휘저어서 월터와 마거릿 킨이 디자인한 접시에 담아낸 스튜"였다. 이렇게 해서 차이어트는 광고를 "포스트모던 시대"로 가져왔다.[28] 1990년에 광고업계 잡지 『애드버타이징 에이지Advertising Age』는 차이어트/데이를 "90년대를 대표하는 광고 회사"라고 칭했다. 다른 면에서도 차이어트/데이는 빨랐다. 이를테면 LA에서 사무실에 큐비클을 도입한 거의 초창기 회사였다. 큐비클에 대한 안 좋은 감정이 높아지긴 했지만 차이어트/데이의 사업에는 영향을 주지 않았다. 아니, 그 반대였다. 제이 차이어트와 그의 회사는 모든 것을 제대로 했다. 그런데 그것을 왜 바꾸어야만 했을까?

　알고 보니 모든 것을 제대로 한 것은 아니었다. 1990년대 초의 불황으로 차이어트/데이도 타격을 받았다. 두 개의 큰 고객사 시어슨 레먼

Shearson Lehman과 아메리칸 익스프레스American Express를 잃었다. 저명한 광고인인 톰 매켈리곳Tom McElligott을 영입했지만 그는 9개월 후에 사직했다. 손실을 메꾸기 위해 1989년에 합병했던 호주의 광고 회사도 매각해야 했다. 창조력도 빠져나가는 것 같았다. 『애드버타이징 에이지』는 베네통 광고에 대해 "너무 밋밋하고 너무 폭스 TV적이고 너무 셔먼 오크스Sherman Oaks적"이라며 "징징대는 청소년"의 악취를 풍긴다고 비판했다.[29] 그래서 1993년에 차이어트는 텔루라이드의 눈 덮인 산에서 모든 것을 바꾸어야 할 때임을 깨닫는다. 그리고 문제는 사무실이라고 확신했다.

차이어트는 사무실이 사내 정치 때문에 망가졌다고 생각했다. 사람들은 일보다는 서로에게 집착했다. 다른 사람의 필요보다 자신의 특권을 더 방어하려 했다. 진정으로 필요한 공간상의 문제보다 자신의 지위를 더 중요시했다. 지위가 높은 사람들은 마땅히 나와 있어야 할 때도 사무실에 틀어박혔고 낮은 사람들은 집중을 위한 방이 필요한데도 개방된 시끄러운 공간에 내맡겨졌다. 차이어트는 사무실이 일터가 아니라 영토 싸움의 장이 되었다고 주장했다. 사무실을 바꾸는 것은 "사내 정치에 신경 쓰기보다 일을 잘하는 것에 더 신경 쓰는 것을 의미"했다. "당신이 사무실에 일하러 오는 이유는 사무실이 자원이기 때문이다."[30]

차이어트는 전에도 한 번 사무실을 혁명적으로 바꾼 적이 있었다. 1986년에 그는 산타모니카의 주택으로 악명을 얻은 뒤 지지부진하던 건축가 프랭크 게리를 고용해서 캘리포니아 주 베니스에 있는 차이어트/데이 사무실 디자인을 맡겼다. 재미난 디자인으로 유명한 팝 아티스트 클래스 올덴버그Claes Oldenburg와 함께, 게리는 남부 캘리포니아의 상징적인 건물 하나를 만들었다. 중심에는 거대한 쌍안경이 있었다(각 안경은 컨퍼런스 룸이었다). 레이아웃도 특이했다. 비공식적인 회의를 위해 피자 부스가 있었고 쓰레기통 뚜껑이 천장 조명 덮개로 활용됐다. 그리고 제이 차이어트가 수집한 현대 미술품들이 있었다.『뉴욕 *New York*』이 나중에 평한 바에 따르면, 이 건물은 1991년에 선을 보였을 때 프랭크 게리를 일약 사무 디자인의 저명인사로 만든 "사무실의 오즈"였다. 그리고 이 건물은 이전 10년을 지배했던 광고 회사의 명성에 걸맞게 매우 야심찬 일터 중 하나가 되었다. 하지만 차이어트는 여전히 투덜거리고 징징거리고 불평하고 구시렁거렸다. 이것으로는 충분하지 않았다. 그리고 그의 회사는 더 이상 잘 나가고 있지 않았다.

1993년 11월 뉴욕에서 열린 '애드버타이징 에이지' 컨퍼런스에서 제이 차이어트는 새 계획을 발표했다. 이 계획에 따르면, 벽, 책상, 큐비클이 사라질 것이었다. 데스크톱 컴퓨터와 전화기도 마찬가지였다. 한때 '내 것'이라고 부를 수 있었던 것은 모두 사라질 것이었다. 그는 새 공간을 '팀 작업실'이라고 불렀지만 다른 사람들은 '가상의 사무실'이라고 불렀다. 노동은 '탈영토화'되었다. 직원들은 휴대폰과 랩톱 컴퓨터를 지급받아서 아무 곳이나 원하는 데서 일하게 될 것이었다. 차이어트/데이의 최고 운영 책임자 애들레이드 호턴Adelaide Horton은 직원들이 자연스럽게 팀으로 일하게 될 것이고 팀은 컨퍼런스 룸에서 일하게 될 것이라고 말했다[차이어트/데이는 컨퍼런스 룸을 '전략 비즈니스 유닛'이라고 부르는 것을 선호했다. 어쩐지 베트남 전쟁에서의 '전략촌'을 연상케 한다(남베트남 정부는 강제로 수천 명의 농민을 이주시켜 전략촌 등의 프로그램에 투입했다—옮긴이)]. 개인적인 것(강아지, 가족 사진, 화분 등)을 가지고 오면 사물함에 넣도록 정중히 요청받게 될 것이었다. 이를 두고 무슨 고등학교냐고 하는 사람들도 있었다. 하지만 차이어트는 새 공간 계획이 고등학교 교육보다는 대학 교육과 더 비슷하며 이 모든 것은 다 초등학교의 유치한 분위기를 피하기 위한 것이라고 보았다. "우리는 초등학교가 아니라 대학처럼 구조화하려고 한다. 대부분의 기업이 초등학교처럼 운영된다. 일하러 가서 화장실 갈 때만 사무실에서 나오는 것이다. 이러한 종류는 편협성과 두려움을 키우고 생산적이지도 않다. 중요한 것은, 당신이 어떤 종류의 일을 하는지에 초점을 맞추는 것이다."31

차이어트의 사무실 계획은 광고계뿐 아니라 기업계 전체에서 화제가 되었다. 대담한 광고 회사와 더 대담한 사장에게서 나온 이 계획은 사무실이 취할 수 있는 가장 흥미로운 시도인 것 같았다. 이것은 사무실의 뿌리, 사무실의 절대 0도, 급진적인 사무실이 갈 수 있는 한계치였다. "로드 워리어의 현대식 무기로 완전하게 무장을 한 차이어트/데이의 재택근무자는 정보 시대의 선구자다."『타임』은 이렇게 평했다.32 얼마 지나지 않아 모든 기업이 자사 사무실을 가상의 사무실로 만들 계획에 대해 이야기하기 시작했다. 언스트 앤 영Ernst & Young은 시카고 사무실에 호텔식 서비스를 도입했다. 직원들은(대부분은 외근을 한다) 호텔 체크인 하듯이 사무실에 들어올 때마다 책상을 배정받았다. 시스코Cisco와 스프린트Sprint도 가상의 사무실을 실험적으로 도입했다. 하지만 차이어트가 한 것만큼 완전하게 시도한 사례는 없었다. 그리고 차이어트는 자신의 실험이 성공해 사무실의 미래가 되리라고 선언하는 데에 주저함이 없었다. 개인 공간이 너무 적다는 불평이 있긴 했지만 차이어트는 회사의 모든 직원이 이 아이디어를 받아들이도록 설득했다(혹은 강요했다). 어떤 사람들은 비용 절감을 하려는 게 아니냐고 말하기도 했지만, 그건 아니었다. 이 계획은 속속들이 비용이 많이 들었다. 새로운 컴퓨터와 휴대폰과 가구를 사는 데는 차이어트/데이가 감당할 수 있는 것보다도 돈이 많이 들었다. 하지만 새로운 일터에 대한 비전은 재무제표에 대한 걱정이나 재무 책임자의 불평보다 강력했다.

가구가 먼저 왔다. 약속된 대로 사무실 벽은 없어졌고 큐비클 칸막이도 없어졌다. 공동 공간에는 휴게실처럼 소파와 테이블이 놓였다. 사물함은 빨강, 초록, 검정, 파랑으로 구분되었다(차이어트의 디자이너 가에타노 페세Gaetano Pesce는 화려한 색상을 좋아했다). 가장 유명한 것으로, 차이어트는 문 닫은 놀이공원에서 회전 컵 놀이 기구의 컵들을 들여왔다. 두 사람이 사적인 회의를 할 수 있게 하기 위해서였다. 이 컵들은 개인적인 전화를 걸고 받을 수 있는 유일한 공간이 되었다.

하지만 1년도 못 가서 이 실험은 산으로 가고 말았다. 『와이어드』의 보도에 따르면, 차이어트가 이 실험으로 없앨 수 있을 거라고 믿은 사내 정치가 더 강력하고 새로운 형태로 되돌아왔다. 잘못될 수도 있을 법한 것은 모두 잘못되었다. 회사에 온 사람들은 어디에 있어야 할지 모르다가 다시 회사를 떠나 다른 곳으로 갔다. 회사에 있을라치면 사람이 너무 많아 앉을 곳을 찾기가 어려웠다. 공용 탁자에는 아무것도 놓아둘 수 없게 되어 있어서(특히 종이를 놓아둘 수 없었다. 차이어트는 '종이 없는' 사무실이 되어야 한다고 주장했다), 하다 만 일은 사물함에 보관해야 했다. 그런데 사물함은 너무 작았다. 사람들은 자동차 트렁크를 사물함으로 쓰기 시작했다(한 직원은 장난감 손수레를 가지고 다녔다). 차이어트와 디자이너들은 컴퓨터와 휴대폰이 몇 대나 필요할지에 대해서도 계산을 잘못했다(어차피 더 많이 구매할 여력도 되지 않았다). 회사 가까이에 사는 사람들은 일찍 도착해서 컴퓨터와 전화기를 사물함에 챙기고, 일을 시작하기 전에 한두 시간 잠을 잤다. 아침에 일을 확실하게 할 수 있도록 컴퓨터와 전화기를 밤새 숨겨 놓기도 했다. 사람들은 꾀를 부리기 시작했다. 경영진은 직원들을 찾을 수가 없었다. 어떤 일도 굴러가지 않았다. 재앙이었다. 1998년에 이 실험은 끝났다. 더 전통적인, 적어도 덜 혼돈스러운 디자인이 다시 발주되었다.

『와이어드』와의 인터뷰에서 차이어트는 몇몇 실수를 인정했다. 이를테면 더 많은 컴퓨터가 필요했다고 말했다. 하지만 그는 프라이버시에 대해서는 자신의 견해가 옳았으며 가상의 사무실이 미래라고 본 것도 옳았다고 주장했다. 차이어트는 이 실험이 "비즈니스에서 내가 만족한 유일한 것"이라고 말했다. 차이어트/데이 이야기의 교훈은 너무 단순해서 차이어트 자신은 그것을 볼 수 없었다. 차이어트는 선견지명이 있으면서도 변덕스럽고, 평등주의적이면서도 고압적이었다. 광고업계에서의 경험에서 차이어트는 사람들이 뛰어난 일을 하게 하려면 몰아붙여야 한다고 생각하게 됐고, 그들이 뛰어남에 도달했는지를 판단할 수 있는 사람은 자신뿐이라고 생각했다. 위계를 없앤다는 명분으로 평등주의적인 시스템을 위계적으로 도입했고 그 시스템이 얼마나 평등적인지는 오직 그만이 판단할 수 있었다. '의도치 않은 결과'라는 말에 잘 들어맞는 사례로, 이 실험은 실패했고 실험 대상자에게 그 탓이 돌아갔다. 사람들이 평등한 사무실에 적응할 수 없기 때문에 평등한 사무실은 불가능하다, 어떤 사람들은 지시하는 데에, 어떤 사람들은 지시받는 데에 적합하다, 위계는 자연스러운 것이다 등등. 이 실험을 경험한 한 직원은 이렇게 말했다. "근본적으로는 우리 모두 아직 원시인들이다." 그리고 차이어트는 호화 사무실을 갖고 싶어 하는 열망을 문제의 근원으로 꼽았다. "우리 모두 호화 사무실이 성공의 징표라고 배웠다. 그것은 바꾸기가 어렵다." 새 밀레니엄 직전의 혁명적인 분위기에서도, 공간 계획에 사무실 노동자들의 목소리를 반영해야 할지, 일터가 어떻게 운영되어야 하는지에 대해 사무실 노동자들은 어떤 생각을 갖고 있을지 등을 묻는 것은 불가능했다. 여기에서, 지식 노동자는 어떤 것에 대해서도 아무것도 모르는 사람이었다.

차이어트/데이는 1998년 9월에 사무실을 정리하고 다른 공간으로 이사했다. 2년 뒤에 나스닥이 붕괴했다. 닷컴 사람들은 하나둘씩 사라졌다. 멋들어진 사무실에 쓸 돈은 남아 있지 않았다. 1990년대의 의기양양했던 실험은 끝났고 미래의 사무실은 죽은 것 같았다.

9
누구를 위하여 사무실은 존재하는가

어디라도 그 사무실이 될 수 있다.

흐릿한 모듈형 선반 위 간접 조명.

사실상 추상적 존재인 책상.

어디서 나오는지 불분명한 환풍기 소리.

당신은 숙련된 관찰자이지만 여기에는 관찰할 것이 없다.

— 데이비드 포스터 월리스David Foster Wallace, 『창백한 왕*The Pale King*』[1]

주식 시장은 샌프란시스코의 작업실과 창고를 텅 비우고, 밝고 흠 없던 닷컴 세계의 판타지를 한순간에 없애 버리면서 무너졌다. 그 뒤로 또 한 차례 화이트칼라 불황이 밀려왔다. 그리고 사무실은 모든 이가 증오하는 일터라는 제 역할을 되찾은 것 같았다.

이러한 부정적인 분위기를 영화 〈뛰는 백수 나는 건달〉보다 잘 표현한 작품은 없을 것이다. 이 영화는 호황의 정점이던 1999년에 나왔다. 극장 흥행 성적은 좋지 않았는데, 지금 돌이켜보면 열광적인 낙관이 휘감았던 새 밀레니엄 직전의 세계에서 이렇게 노골적으로 어둡고 심술궂은 영화가 묻힌 건 어쩌면 당연한 일이다. (1997년에 마이크로소프트의 연차 주주 총회에 참석한 한 기자는 이렇게 기록했다. "수십억 달러대 갑부인 스티브 발머Steve Ballmer 부회장은 시애틀의 실내 주경기장 '킹덤'을 가득 채운 9000명의 직원에게 이렇게 고함쳤다. '우리가 왜 마이크로소프트에 있습니까? 돈을 벌기 위해서죠!' 그는 소리 질렀다. '돈을 보여 줘!' 군중은 함성으로 화답했다. '돈을 보여 줘!'")[2] 이 영화에는 스테이플러, 엉뚱하게 전달된 메모, '하와이 셔츠 캐주얼 데이', 칙칙한 테크놀로지 회사를 위해 무의미한 일이나 하다가 인생을 낭비할 거라는 두려움 등에 대한 유머가 나오는데, 미친 듯한 열광의 시기였던 그때는 아무도 이런 유머에 준비되어 있지 못했다. 그리고 어쨌든 큐비클은 죽었지 않은가? 그랬는데, 거품이 터졌다. 하루아침에 스톡옵션이 사라졌고 푹신한 빈백 의자도 사라졌다. 그들은 다시 큐비클로 들어갔다. 아니면 큐비클에라도 들어가기를 간절하게 바라는 실업자가 되었다. 〈뛰는 백수 나는 건달〉은 작은 스크린, 그러니까 TV 스크린에서 다시 관객을 만났다. 영화가 묘사하는 사무직 노동자들에게 딱 맞는 화면이었다. 긴 하루를 컴퓨터 앞에서 씨름한 뒤 지친 채로 소파에서 TV를 보면서 짧은 밤을 시작하는 사람들. 1999년의 티켓 판매 수입은 제작비 1000만 달러를 거의 커버하지 못했지만, 2003년이 되면 컬트 무비의 고전이 되어 비디오 판매가 250만 개에 달했다. (코미디 센트럴 같은 케이블 채널에서도 수없이 방영됐다. 이곳 사무실 직원들도 귀찮았던 모양이다. "2시부터 5시까지 채울 만한 것 좀 있어?" "아 됐어. 〈뛰는 백수 나는 건달〉이나 다시 틀어.")

복음을 전하는 목사처럼 열정적이고 정확하게 〈뛰는 백수 나는 건달〉 대사를 인용할 수 있는 화이트칼라 노동자를 누구나 한 명쯤은 알고 있을 것이다. 이 영화를 보고 또 본 덕분에 사무직 노동자들이 스트레스를 풀 수 있었으리라는 가설은 충분히 현실적이다. 아마도 말로 표현하기 어려운 분노를 토해 내게 해서 회사를 꾹 참고 계속 다니는 데에 도움을 주었을 것이다. 그런데 사람들은 이 영화를 보고 회사를 그만두기도 했다. 오리건 주 포틀랜드의 한 웹마스터는 '빌어먹을 일 Bullshit Job'이라는 웹사이트를 만들었다. 〈뛰는 백수 나는 건달〉에 헌정하는 사이트이자 직장인들이 상사에게 받은 모욕적인 이메일을 올릴 수 있는 사이트다.[3] 〈뛰는 백수 나는 건달〉과 뒤이어 생긴 동지애적 사무실 풍자들을 통해 사무직 노동자들은 자신이 특별한 집단에 속한다는 것을 깨달았다. 이제까지 사무실은 그 생각을 늘 부인해 왔다. 그들이 실제로 어느 위치에 있든 간에 계속 위로 올라가는 중이라고 가정되었기 때문이다(스탠윅의 영화에 나오는 대사를 보라. "베이비 페이스는 당신의 계급 밖으로 벗어났어"). 〈뛰는 백수 나는 건달〉의 훌륭한 점 또 하나는 사무직 노동이 나쁜 이유가 꼭 노동자가 착취당해서만은 아니라고 이야기한다는 점이다. 이 영화는 사무직 노동이란 그 자체가 본질적으로 나쁘며 본질적으로 나쁜 환경에서 수행된다고 말한다.

〈뛰는 백수 나는 건달〉의 설정은 사무실 생활에 대한 사람들의 인식이 크게 달라졌음을 반영한다. 과거에는 시골 여성이 도시에 와서 성적인 세계이기도 한 화이트칼라 세계로 들어오는 것이 사무실 영화의 주요 내러티브였다. 혹은, 20세기 중반에는 조직 생활에서 겪는 순응의 압력을 피하려는 중간 관리자의 고충이 주된 플롯이었다. 하지만 〈뛰는 백수 나는 건달〉은 끔찍하게 싫어하는 곳을 정리 해고 때문에 억지로 떠나야 하는 사람들에 대해 이야기한다. 이는 미국 경제의 큰 변화를 반영한 것이다. 영국 TV 프로그램 〈오피스〉(여기에서는 '과잉 인력 정리'라는 더 모욕적인 표현을 쓴다), 미국의 사무실 소설『호모 오피스쿠스의 최후』와『월차』도 마찬가지다. 일자리를 잃을지 모르는 상황에 처한 주인공은 인생의 위기를 겪는다. 누가 친구인지, 내 충성심이 어떤 가치가 있었던 것인지, 내 일이 정말로 무엇인지를 알게 되는 것이다. 〈뛰는 백수 나는 건달〉에서는 '린 형태'를 만들기 위해 컨설턴트들이 와서 회사의 구조를 조사한다. 조사 방법이 정당하지는 않지만,

컨설턴트들은 쓸모없는 일을 하는 사람들을 정말로 찾아낸다.

> 밥 슬리델(존 C. 맥긴리 분): 이니테크에서 당신이 하시는 일은 고객에게 요구 사항들을 받아서 소프트웨어 엔지니어에게 전달하는 것이군요?
>
> 톰 스미코프스키(리처드 리엘 분): 네, 네, 맞아요.
>
> 밥 포터(폴 윌슨 분): 음, 그럼 말이지요, 여쭤볼게요. 왜 고객이 소프트웨어 엔지니어에게 요구 사항을 직접 말하지 않나요?
>
> 톰: 아 그건요, 엔지니어들은 고객들 다루는 일을 잘 못하기 때문이에요.
>
> 슬리델: 그러면 당신은 고객에게서 직접 요구 사항을 받나요?
>
> 톰: 음… 아니요, 비서가 하지요. 아니면 팩스로 받거나요.
>
> 포터: 그러면 소프트웨어 사람들에게 전달하는 것은 직접 하시겠군요?
>
> 톰: 음, 아뇨. 그러니까, 제 말은, 가끔은 그래요.
>
> 슬리델: 아까 이 회사에서 맡고 계신 일이 뭐라고 하셨죠?
>
> 톰: 보세요, 말씀드렸잖아요. 엔지니어들이 못 다루는 까다로운 고객들을 내가 상대한다니까요. (소리 지르며) 나는 **사람 대하는 기술**이 있다고요! 사람들 다루는 일을 잘한다고요! 못 알아들으시겠요? 대체 당신들 뭐가 문제죠?

톰 스미코프스키는 그 일을 왜 하는지 설명하지도 못하면서 자신의 일에 대해 방어적이다. 주인공 피터 기번스(론 리빙스턴 분)는 자신의 일이 거지 같다는 것을 알고 있다. 그리고 자신의 일이 무의미하다는 것을 알고 있다. Y2K에 대비해서 소프트웨어를 업데이트하는 일인데,

새 밀레니엄에 진입한 지금 시점에서 생각해 보면 정말 쓸데없는 일로 보인다. 피터는 웨이트리스인 조애나(제니퍼 애니스턴 분)에게 자신의 일을 설명하려고 애쓴다. "나는 큐비클에 앉아 있어요. 그리고 2000년에 바꿀 소프트웨어를 업데이트하죠. 음, 그러니까, 은행 소프트웨어를 만든 사람들이 말이죠, 공간을 덜 차지하게 하려고 네 자리 대신 두 자리를 썼거든요. 1998 대신에 98, 이런 식으로요. 그래서 나는 수천수만 줄의 코드를 읽어 나가면서, 음… 아, 이런 건 별로 중요하지 않아요. 나는 내 일이 싫어요." 나중에 피터는 컨설턴트에게 자신이 통상 하루 일과를 15분 늦게 시작하며 "한 시간 정도는 꾸물거리면서 보내고, 점심 먹고 나서도 한 시간 정도 또 그렇게 보내며, 1주일에 진짜로 일하는 시간은 15분 정도인 것 같다"고 털어놓는다.

반전은 이 정직함을 컨설턴트가 높이 산다는 점이다. 『회색 양복을 입은 남자』에서 '사실대로 말하는' 조직인이 계속 승진하는 아이러니와 마찬가지다. 피터는 출근도 제대로 안 하고 큐비클 벽을 때려 부숴서 일터를 엉망으로 만들기도 하지만 컨설턴트는 그를 승진시킨다. 컨설턴트는 피터의 상관에게 이렇게 말한다. "그는 윗사람에게 정직하고 건실한 사람입니다." 하지만 그 대신 실질적인 업무 경험이 있는 엔지니어 두 명이 해고된다. 둘 다 피터의 친구다. 여기서부터 영화는 점점 더 무모해지면서(그리고 개연성이 없어지면서), 피터와 해고당한 두 명은 그들이 경멸하는 회사에서 수만 달러를 빼낼 수 있는 바이러스를 심으려고 한다. 영화의 마지막에서, 둘째가라면 서러울 말더듬이 밀턴 워덤스(스티븐 루트 분)는 건물에 불을 지르고 피터의 엔지니어 친구들은 이니테크를 떠나 경쟁사인 이니트로드로 간다. 피터는 건설 공사장에서 블루칼라 일자리를 얻는다. 정주 인간을 위한 큐비클 사육장을 떠나 현장의 일을 하기로 한 것이다.

〈뛰는 백수 나는 건달〉은 미국의 사무직 노동자들의 일터에 대한 인식에서 막대한 위치를 차지하고 있다. 그런데 그것의 영향이(혹은 이 영화를 포함한 더 큰 담론의 영향이) 얄팍하게도 큐비클과 멍청한 상사에 대한 비판으로만 한정되는 경향은 유감스럽다. 〈뛰는 백수 나는 건달〉에서 (원제Office Space의) '스페이스'는 사람을 소중히 여기지 않는 조직을 상징한다. 영화가 정말로 문제 삼으려는 것은 오늘날 일터에 만연한 지독한 기대들이다. 직원에게 헌신을 요구하면서 그에 대한 대가는 아무것도 제공하지 않는 상황 말이다. 영화는 이것을 다른 종류의 일터에서도 드러내서 한층 더 강조한다. 웨이트리스 조애나는 초치키라는 이름의 체인 레스토랑에서 일한다. 이곳의 불합리한 기대들은 사무실과 매우 비슷하다. 조애나의 일에는 슬로건과 로고가 그려진 우스꽝스러운 배지를 주렁주렁 다는 것도 포함된다. 그 배지는 '플레어flair'라고 불린다. 한 장면에서 상사는 조애나를 불러서 플레어에 대해 훈계를 한다.

스탠(마이크 저지 분): 조애나! 플레어에 대해 이야기 좀 해야겠군.

조애나: 네? (보여 주면서) 열다섯 개나 했는데요?

스탠: 열다섯 개는 최소한이야. 최소한만 하고 싶은지는 자네 마음이지만. 브라이언 같은 사람은 **서른일곱 개**를 하고서 **환상적인** 미소를 띠고 있다고.

조애나: 아, 그럼 플레어를 더 달까요?

스탠: (한숨 쉬며) 이것 봐, 조애나, 사람들은 어디에서든 치즈버거를 먹을 수 있어. 그들이 여기 오는 것은 분위기와 태도 때문이야. 그래서 플레어를 하는 거라고. 재미있으니까.

조애나: 네… 그러니까, 더 달게요.

스탠: 이봐, 우리는 자네가 자신을 좀 표현하기를 원하는 거야. 알아들어? 최소한만으로도 충분하다고 생각한다면, 뭐 그것도 좋아. 하지만 어떤 사람들은 플레어를 더 달려고 하고 우리는 그것을 독려하지. 자네도 자신을 표현하고 싶지 않나?

조애나의 상사는 사무실의 컨설턴트와 비슷하다. 임금에 맞는 명확한 업무량을 설정하기보다는 그 직원이 '정직하고 건실한 사람'임을 확인하기 위해 모호하기 짝이 없는, 개인성에 기반한 '자기 표현'을 찾아내려 하는 것이다. 플레어가 주렁주렁 달린 조애나의 멜빵은 개성을 표현하도록 장식된 큐비클의 벽과 비슷하다. 〈뛰는 백수 나는 건달〉이 보여 주는 개인의 애착물들은 너무 기이하고 집착적이어서 (빨간 스테이플러에 대한 밀턴의 집착처럼) 아직도 무언가 더 표현할 개인성이 남아 있다는 게 믿기지 않을 정도다. 플레어 풍자에도 감흥이 없다면, 사무용품 업체 보드빌 카탈로그를 보시길. 인조 다이아가 박힌 사원증 끈, "팀워크의 향기가 나Smells like Team Spirit"라든지 "어메이징의 징은 내 것 I Put the 'Zing' in Amazing"이라고 쓰인 티셔츠 같은 것이 무수히 있을 테니.

〈뛰는 백수 나는 건달〉이 말하는 것들을 알게 된 후에, 어떤 너그러움을 가질 수 있을까? 사무실이 약속된 유토피아를 가져다주는 데 실패한 것이나 다름없다는 걸 알면서도 어떻게 아무 일도 없었다는 듯이 다닐 수 있을까? 많은 이들에게 이 질문은 단지 수사적인 질문일 뿐이었다. 사무실에 계속 다니지 못하고 기껏해야 임시직으로 살아가는 사람들에게는 말이다. 하지만 어떤 사람들에게는 더 나은 사무실에 대한 꿈이 사라지지 않았다. 테크놀로지가 여전히 사무실 노동을 사무실 밖의 더 광범위한 공공 공간으로 끄집어내 줄 것이라고 믿는 사람들도 있었고, 사무실이 불만과 무기력에 빠져드는 사람들에게 훨씬 더 세심하고 인간적인 공간이 되어야 한다고 생각하는 이들도 있었다. 이 두 가지 길은 하나의 목적으로 합쳐졌다. 노동을 즐길 수 있게 하는 것. 일터의 실수들로 타락한 노동을 원래의 순수성으로 돌려놓는 것. 사회학자 막스 베버는 합리성이 진전되고 과학적 탈신비화가 진행되면서 점진적으로 "세계가 탈주술화"하는 경향이 있다고 말한 바 있다. 그와 비슷한 일이 사무실 노동과 관련해서 일어났다. 사무실을 독특하게 중산층적인 곳으로, 고통스러운 공장 노동의 대안으로 보는 장밋빛 이미지는 돌이킬 수 없이 깨졌다. 이제 사무실은 '재주술화'되어야 했다.

□

광고 회사 TBWA/차이어트/데이의 새 본사 사무실에 가려면 주차장에서 노란 계단을 통해 특색 없어 보이는 어느 창고 건물로 들어가면 된다. 원형 안내 데스크를 지나 15미터 정도의 경사진 터널을 통과하면 이제까지 지어진 것 중 가장 엉뚱하고 기발한 사무실을 보게 된다. 책상이 줄줄이 있거나 큐비클이 들어찬 광경(이런 황량하고 익명적인 광경이라면 〈군중〉부터 〈아파트〉, 〈플레이타임〉, 〈뛰는 백수 나는 건달〉 등 숱한 사무실 영화에서 볼 수 있다)이 아닌, 실내 공원과 풀 사이즈 농구장 옆으로 나 있는 한 블록 길이의 거리가 나온다. 여기서 유일하게 사무실 느낌이 나는 곳이라면, 따뜻하게 조명이 들어오는 사무실 몇 개가 있는 3층짜리 타워가 있다. 그런데 그것도 사무실 안이 아니라 건물 밖에서 보는 것처럼 느껴진다. 늦은 밤에 인도를 걷다가 불 켜진 사무실 건물을 보면서 '야근을 하는 모양이군' 하고 생각할 때의 느낌과 비슷하다.

그리고 이 모든 것을 활발한 대화 소리가 감싸고 있다. 직원들이 커피를 들고 공원의 나무 아래를 지나가면서 반갑게 인사를 한다.

차이어트가 '가상의 사무실' 실험이 끝났다고 선언한 뒤, 1997년에 TBWA/차이어트/데이는 건축가 클라이브 윌킨슨Clive Wilkinson을 고용해 사무실을 다시 디자인하도록 했다. 윌킨슨의 디자인은 차이어트의 비전과는 상반되는 목적을 가진 것처럼 보였다. 직원들을 유목민처럼 만들어 공포스러운 자유에 짓눌리게 하기보다는, 코네티컷 제너럴 이래로 늘 그랬듯이 완전히 **디자인된** 사무실을 만들었다. 회의를 위한 막힌 공간, 비공식적인 공간 등으로 구성되었고, 한 회의실에는 서프보드를 켜켜이 쌓아 만든 테이블이 있었다. 또 건물 전체적으로 여기저기에 흰색의 큰 스판덱스 천막이 천장에 매달려 내려와 있었다(멋져 보이긴 했지만 잘 찢어지고 교체하는 데 돈이 많이 든다고 한다). 가상의 사무실을 비웃기라도 하듯, 직원들은 여전히 개인별 책상을 가지고 있었고 낮은 파티션들로 구획된 공간에 모여서 일했다. 트인 공간은 옥외에 있는 것 같은 느낌을 주도록 되어 있었다(꽤 혼잡스러웠는데, 회사의 설명에 따르면 회사가 너무 빠르게 성장해서 그렇다고 한다). 하루에 600끼의 식사를 대는 구내 식당은 사무 공간의 역할도 했다. 사람들은 랩톱 옆에 따뜻한 파니니를 놓고 먹으면서 회의를 했다. 벽에는 직원이 만드는 이달의 샌드위치를 광고하는 포스터가 있었다. 이 역시 '문화' 만들기로, 레저처럼 보이는 업무 활동이었다. 사실 노닥거릴 수 있는 공간이 너무 많아서(당구대, 에스프레소 바, 농구장 등), 여기는 사무실이고 놀이 시간은 일하는 시간에 활력을 주기 위한 보조적인 시간이라는 점을 계속 되뇌지 않으면 까먹을 판이었다.

알고 보니 이곳 직원들은 근무 시간이 상당히 길었다. 이 회사에 오래 다녀서 가상의 사무실 실험도 겪었던 사무실 서비스 부장 캐럴 마돈나는, 농구 시합 등으로 사이사이 머리를 식히기는 하지만 주말 근무와 야근은 흔하다고 말했다. "광고는 팀 경기예요. 사람들은 혼돈에서 번성하죠." (나는 '혼돈에서 번성하기'가 톰 피터스의 책 제목이기도 하다는 점을 알아차렸다.) 캐럴의 말은 사람들이 사무실에 함께 모여 있을 필요가 있다는 뜻이었다. 아이디어란 "교차 수분"이 되어야 하고, 사적 공간과 공공 공간을 혼합한 디자인이 촉진하고자 한 바가 바로 이것이었다. 이 사무실이 제이 차이어트가 원했던 초기의 급진적인 버전과 어떻게 다르냐고 물었더니, 마돈나는 결국 제이가 옳았다고 말했다. "그는 직원들이 숨어서 고립되기를 바라지 않았어요."[4] 둘러보니 실제로

TBWA/차이어트/데이의 새 사무실.

많은 직원들이 밖에서 걸어 다니거나 함께 이야기를 하고 있었다. 어마어마한 크기를 생각하면, 이 공간이 유쾌하게 떠들썩하다는 사실이 매우 놀라웠다. 나는 이렇게 대화가 가득한데도 이렇게 조용한 사무실은 처음 보았다.

통합 디자인이라는 측면에서 이 사무실은 고인이 된(2002년 사망했다) 차이어트의 권위주의적 정신에 충실했다. 예전에 시도한 가상의 사무실은 특정한 방법으로 직원들을 자신만의 안락한 공간에서 나오도록 강제했다. 그리고 윌킨슨의 디자인은 그것을 심지어 강화했다. 윌킨슨의 디자인이 선을 보였을 때 건축 평론가 니콜라이 우루소프Nicolai Ouroussoff는 "유토피아 공동체인 동시에 오웰적인 악몽"이라고 평했다. "그 안에 있는 사람들은 공동의 목적을 가지고 바깥 세계로부터 세심하게 격리된다. 공공의 열망에 대한 미묘한 조작이다."⁵ 그러나 내가 보기에는 유토피아적이지도, 오웰적이지도 않았다. 그보다, 곳곳의 엉뚱함은 디즈니랜드를 연상시켰다. 실제로 건축가가 디즈니랜드의 모티프들을 포스트모던적으로 차용했다고 한다(이를테면 이 건물 안의 '메인 스트리트'는 디즈니랜드의 'U.S.A. 메인 스트리트' 구역에서 따온 것이다). 실내의 거리에 크게 인상을 받은 맬컴 글래드웰Malcolm Gladwell은 이 사무실을, 『미국 대도시의 죽음과 삶』에서 제인 제이콥스가 묘사한 그리니치빌리지의 극히 섬세한 네트워크에 빗대기도 했다. 이 사무실이 시도하려는 바에 대한 아름다운 묘사이기는 한데, 그리니치빌리지와 이 건물은 근본적으로 차이가 있다. 제이콥스가 그리니치빌리지를 이야기했을 때 핵심은 거주자들의 공동체적 활동에서 자연스럽게 유기적으로 발전해 가는 도시였다. 하지만 TBWA/차이어트/데이의 파라다이스는 분명코 인공적이었다. 도시 비유를 이어 가자면, 블리커가街

나 맥두걸가의 길거리보다는 플로리다 주 셀러브레이션 디즈니 마을의 막다른 골목과 더 비슷했다.

예술적 기교와 통합적이고 완전한 디자인을 갖춘 이 건물은 놀랍고도 무서웠다. 공간으로서는 대단히 인상적이었다. 방문객으로 가서 짧게 둘러보면 거기서 일하고 싶다는 생각이 절로 드는 곳이었다(적어도 거기서 농구를 하고 싶다는 생각이라도 들 것이다). 이것을 도시라고 본다면, 흥미롭게도 밖의 도시를 전혀 참고하지 않은 것처럼 보였다. 어떤 면에서는 이 실내 도시가 더 **나았다**. LA의 거리 중에 이 창고 사무실의 실내 거리처럼 걸어 다닐 수 있는 곳은 거의 없다. 보행자용 구름다리, 농구대 아래 등을 걸어서 돌아다니면서 내 자동차, 고속도로, 타야 할 비행기 등을 억지로 떠올리다 보니 이런 생각이 들었다. 여길 왜 떠나야 하지?

캘리포니아 북부의 구글 본사를 갔을 때도 비슷한 느낌이었다. 구글 같은 기업 단지는 직원이 하는 모든 활동을 한 공간에 다 포함하고 있다. 구글 단지 안에서 하루 종일 공짜 식사를 할 수 있을 뿐 아니라 언제든 체육관에도 갈 수 있고 어린이집, 병원, 치과, 물살의 저항이 있는 수영장도 있고 엔진 오일을 교체할 수도 있다. 도심에서 살고 싶어서 구글 본사가 있는 마운틴뷰에 가기 싫다면 샌프란시스코의 몇몇 지정 장소에서 구글 통근 버스를 타고 하루 일과를 버스에서 시작하면 된다(구글 버스가 서는 곳 인근은 집세가 급등했다. 이는 사무실이 유리와 콘크리트로 된 직접적인 영역을 넘어서 영향을 끼친다는 걸 보여 준다).

구글의 마운틴뷰 본사에 가면 처음에는 그리 압도되지 않는다. 겉보기에 여타의 교외 기업 단지와 그리 달라 보이지 않는다. 낮은 유리 건물들, 잘 정돈된 잔디밭, 주위로는 교통량이 많은 거리와 고속도로 들. 물론 여기에 비치 발리볼 코트, '공동체' 정원, 그리고 구글 자전거 등이 일반적인 테크놀로지 회사의 미학에 캘리포니아 특유의 진보적 분위기를 더해 주긴 한다. 전략적으로 놓인 작은 구글 자전거는 구글의 네 가지 색(노랑, 파랑, 초록, 빨강)으로 칠해져 있다. (부끄러워하지 말고) 그 자전거를 타고 단지 내 건물들 사이를 이동하면 된다. 분위기가 조금 달라진다고 느끼게 되는 것은 건물 안으로 들어갈 때다. 밖에서는 화사한 큐비클 농장 중 하나로 보였을 것이 안에서는 '캠퍼스'를 더 작심하고 닮은 것으로 바뀐다.

TBWA/차이어트/데이처럼 구글 본사('구글 플렉스')도 자족적인 세계가 되도록 설계됐다. 직원들은 뭘 하려든지 간에 이 단지를 떠날 필요가 없다. 공짜 음식 트레이가 돌아다니고 트레드밀 책상까지 있어서, 생물학적 필요를 위해서도 사무실을 떠날 필요가 없다. 하지만 이 세계의 모델은 TBWA/차이어트/데이와 달리 도시가 아닌 대학이었다. 그것도 도시 한복판에 있는 유럽 대학이 아닌 스탠퍼드 대학이었다. 구글 창업자 세르게이 브린Sergey Brin과 래리 페이지Larry Page는 스탠퍼드를 다니다 중퇴했고, 물론 직원들 상당수가 스탠퍼드 출신이다.

보통은 힘겹기 마련인, 대학 생활에서 직장 생활로의 전환을 매끄럽게 만들자는 것이 구글의 생각이었다. 구글은 2004년에 파산한 실리콘 그래픽스Silicon Graphics에서 이 단지를 인수했다. 실리콘 그래픽스는 메인 스트리트가 건물을 가로지르고 거기서 작은 길이 갈라져 마을들로 이어지며 사람들이 엘리베이터보다는 계단으로 다니도록 만들어서 우연히 만날 수 있게 한다는, 이제는 다소 진부해진 도시 개념을 일찌감치 도입한 기업이었다. 구글은 건축가 클라이브 윌킨슨(TBWA/차이어트/데이를 디자인한 사람)을 고용해서 건물들 사이에 연결점을 더 넣고 회사에서의 '캠퍼스 라이프'를 강조하면서 순환과 회전에 대한 아이디어를 더 밀어붙였다. 옥외 스포츠, 풍부한 음식, 다양한 공공시설, 공원 등은 대표적인 '캠퍼스 라이프'의 요소였다. 건물 안은 '뜨거운' 구역과 '차가운' 구역으로 나뉘었다. 뜨거운 구역은 회의실, 라운지, 협업 공간 등이고 차가운 구역은 도서관, 연구실 등으로 개별 업무나 집중을 요하는 업무를 하는 곳이었다. 그리고 코딩을 해야 하는 엔지니어들을 위해서는 두세 명이 들어갈 수 있는 천막이 마련됐다. 창립자들에 따르면 이것이 코딩에 딱 맞는 규모였다.

나는 2012년 봄에 구글의 마운틴뷰 본사를 방문했다. 공간들과 가구들의 거대한 집합체였다. 다행히도 혁신을 한계까지 밀어붙이지는 않았다. 트레드밀 책상(이것을 사용하는 사람은 본 적이 없다)은 별도로 하고, 몇몇 공간에는 큐비클이 있었다. 또 많은 워크스테이션들이 촘촘히 붙어 있었다. 동시에 직원들의 선호에도 막대하게 신경을 쓰는 것 같았다. 새로운 조명, 의자, 책상을 계속해서 시도했다. 구글 홍보 담당 크리스토퍼 콜먼은, 한 건물에서는 어떤 것이 직원에게 가장 잘 맞는지 알아보기 위해 "열 종류의 조명과 네 종류의 기계 시스템과 다섯 종류의 가구 제조업체를 시도하는 중"이라고 말했다.[6] 이런 면에서 구글은 코네티컷 제너럴이나 심지어는 라킨 빌딩으로까지 거슬러 올라가는, 가족적이고 모든 것을 갖춘 일터를 추구하는 것처럼 보였다. 구글은 큐비클 같은 전통적인 배열과 달걀 모양의 개인 안식처 같은 엉뚱한 개념을 결합하기를 좋아했다(달걀 모양 안식처는 구글 취리히 사무실에 도입됐는데, 개인적인 대화를 나눌 수도 있고 파묻혀 낮잠을 잘 수도 있다).

TBWA/차이어트/데이처럼 구글도 직원들이 회사에서 돌아다니기를 원했다. 콜먼에게 구글이 재택근무를 허용하느냐고 물었더니 "아니요, 그렇게 하지 않도록 권합니다"라고 대답했다. 그는 구글이 원하는 것은 직원들이 회사에 나와서 생산성을 발휘하는, 사무실 아닌 곳에서 조율하는 것은 도움이 되지 않는다고 했다. 하지만 나와 이야기한 (익명을 요구한) 직원은 이 정책이 그리 엄격하지는 않다고 말했다. 이 직원은 구글에서 몇 년 일하다가 닷컴 스타트업 회사로 옮겼다가 다시 구글로 왔다. "내가 일해 본 중 가장 유연한 회사예요. 출퇴근을 많이 했으면 금요일에는 집에서 일을 하는 경우가 많아요. 일을 제대로 하기만 한다면 근무 장소에 대해서는 꽤 느슨한 편이죠. 이 회사는 직원이 회사를 위해 어련히 일을 잘하겠거니 하고 믿어요."[7]

콜먼은 커다란 원형 강당으로 나를 데려갔다. 2층짜리 스크린이 있었다. 이 스크린을 통해 금요일마다 창립자들이 직원들에게, 회사가 무엇을 하려고 하는지에 대해 이야기한다고 했다. 멋지게 가부장적으로 보이도록 한 설정이 다소 공포스러웠다. 〈시민 케인〉의 커다란 포스터가 열광하는 사람들을 내려다보는 광경이 떠올랐다. 곧 콜먼은 구글 직원들이 이 건물에서 아주 좋아한다는 장소 중 한 곳으로 나를 안내했다. 대화 소리와 블렌더 돌아가는 소리가 가득한 작은 카페로 걸어가면서 그가 말했다. "사람들은 여기를 아주 좋아해요." 그곳은 주스바였다. 콜먼은 주스라고 적힌 칠판을 가리켰다. 여기가 가장 좋아하는 곳이라고? 콜먼은 사람들이 왜 여기를 좋아할 것 같으냐고 내게 물었다. "주스인가요?" 내가 대답했다. 그러자 그는 통유리 창문을 가리켰다. 초록빛과 함께 캘리포니아 봄의 늦은 오후 햇살이 들어오고 있었다. "자연과 가까우니까요."

단순성과 쾌활한 무계획성은 구글이 쌓은 세련된 이미지와 상반되어 보였다. 앞에서 언급한 직원의 말을 들어 봐도 그랬다. 그는 식당이

"이렇게 희한한 디자인으로 돼 있어서, 다 먹고 빈 트레이는 음식을 받으려고 사람들이 줄 서서 기다리는 곳에 갖다 놓아야" 한다고 말했다. "그리고 이렇게 아주 불편한 교차로들이 있어요." 창립자들은 물론 우연한 만남을 촉진하고 엔지니어들 간에 우애를 북돋우기 위해서 그렇게 했을 것이다. 하지만 그 직원에게 구글의 긴 복도가 어떤 용도인 것 같으냐고 물었더니 그는 이렇게 대답했다. "제가 **추측하기엔**, 사람들을 마주치게 해서 관계를 형성하게 하고, 그게 혁신을 촉진하는 것 같아요." 그리고 이렇게 고백했다. "**왜** 이렇게 해 놓았는지 모르겠어요." 이 직원이 보기에 사회성 증진에 정작 효과가 있었던 것은 사무실 디자인과 별로 상관이 없었다. 그것은 강아지를 데리고 와도 된다는 정책이었다. 강아지랑 같이 있는 사람을 마주치면 더 인간적인 상호 작용이 가능하다는 것이었다. "왜인지는 몰라도 사람들은 더 사교적이 돼요." 얘기인즉, 긴 복도를 통해 사람들이 우연히 만나게 하는 것은 좋긴 하지만 효과가 모호하다. 반면 강아지를 허용하는 정책은 매우 효과가 있다.

□

구글과 TWBA/차이어트/데이의 일터 모델은 직원들에게 이의 제기할 수 없는 권위를 발하고 있었다. 외부인에게도 인기가 있었다. 외부의 많은 사람들이 그 안에 들어가려고 애썼다. 구글은 1주일에 7만 5000건의 이력서를 받는데, 일터 환경이 좋다는 평판이 한몫했음은 물론이다. 또한 그 결과로 매우 폐쇄적인 환경이기도 하다. 구글의 비공식적인 분위기는 입사한 사람들이 이미 어느 정도 동질적이라서 가능하기 때문이다. 공공연한 비밀인데, 구글은 아이비리그 출신들을 주로 채용해서 모든 직원이 동일하게 지적으로 교양 있는 풍토를 갖게 한다고 한다.

하지만 구글 출신의 마리사 메이어Marissa Mayer가 직원의 모든 욕구를 세심히 살펴 줌으로써 직원들을 대체로 회사에 머물게 만드는 모델을 야후에서 도입하려고 하자 큰 반발이 일었다. 야후는 구글과 비슷한 시기에 생겼지만 눈에 띄게 뒤처져서 '한때의 실리콘 밸리'라고 불릴 정도였다. 2012년에 야후가 CEO로 메이어를 영입한 것은(당시 메이어는 구글 서열 20번째였다. 수백만 달러는 벌고 있었을 것이다) 회생의 마지막 노력이자 대담한 조치였다. 대담함은 메이어가 임신 중이었다는 사실과도 관련이 있었다. 메이어가 경영과 육아를 어떻게 병행할지 사람들은 궁금해 했다. 그 답은 불면증적 일 중독과 초기 프로테스탄트도 울고 갈 노동 윤리에서 어느 정도는 찾을 수 있었다. 『비즈니스 인사이더Business Insider』에 따르면 "그녀는 1주일에 130시간을 일했는데, 책상 밑에서 자고 '전략적으로 샤워하는' 방법으로 이 일정을 유지할 수 있었다."[8] 물론 육아를 맡아 주는 도우미나 가족의 도움을 받을 것이라고 예상되기도 했다. 그렇다 해도, 많은 사람들은 메이어가 엄마로서 일과 삶의 조화를 회사에 정책적으로 도입할 것이라고 기대했다. 그런데 메이어는 출산 휴가를 2주밖에 쓰지 않겠다고 해서 이 기대를 저버렸다.

그리고 2012년 2월 말에 야후의 내부 메모 하나가 유출됐다. 재택근무제를 없애서 집에서 일하던 직원들로 하여금 사무실에 나와 일하도록 한다는 내용이었는데, 이에 대해 자녀가 있는 직원들이 격렬하게 분노했다. 사람들은 이것이 메이어가 제안한 정책이라고 생각했다. 리사 벨킨Lisa Belkin은 『허핑턴 포스트Huffington Post』에 이렇게 썼다. "메이어는 일과 삶의 조화를 주장하기는커녕 이 둘을 구식으로, 그리고 강제로 구분하라고 요구했다. 원격 근무를 해도 된다는 조건으로 입사한 직원들에게 회사에 나오거나 아니면 그만두라고 말하고 있는 것이다." 한 블로거는 웹사이트 '무서운 엄마Scary Mommy'에 이렇게 적었다. "마리사 메이어 아이 있는 거 맞아? 언론 플레이나 뭐 그런 거 아냐?" 유연 노동의 기술을 개척한 업계에서(그리고 지역에서) 진보적인 정책을 폐지하는 것은 반동적인 움직임이라고 많은 이들이 생각했다. 이런 정서는 널리 퍼졌다.[9]

하지만 냉정하리만치 합리적인 것이긴 했어도 그 조치 자체는 충분히 시도할 만한 것이었고 예상할 수 있는 일이었다. 사면초가에 몰린 회사에서 CEO는, 원거리의 이점을 활용해 비생산적인 채로 월급만 받는 직원들을 솎아 내는 힘겨운 결정을 내려야 했던 것이다. 메이어와 가까운 한 취재원은 "(야후에) 많은 사람들이 숨어" 있다며 "원격 근무를 하는 사람 중에는 여전히 야후에 다니고 있는 줄 아무도 모르는 사람도" 있다고 말했다. 이들 중 상당수가 새 정책이 요구하는 대로 출퇴근을 할 수 없어서 퇴사해야 한다는 것은 분명했다. 그 취재원은 "부풀어 오를 대로 오른 야후의 거대한 인프라가 야기한 문제를 다루기 위한 조심스러운 방법"이었다고 말했다. 구글 출신이라서 메이어가 그런 결정을 내렸다는 주장은 그럴싸하긴 하지만 아마 사실이 아닐 것이다. 구글에서도 (회사 차원에서 광고는 안 했지만) 유연 노동이 실제로 행해지고 있었으니 말이다. 또한 이로부터 한두 달 뒤에 그 논란에도 불구하고, 아니 약간은 그 논란 때문에, 메이어는 부모 모두의 출산 휴가를 8주간 유급으로 연장하는 정책을 내놓았다. 스웨덴의 '80퍼센트 급여로 16개월 출산 휴가'라는 국가 정책에 비할 바는 아니지만, 유급 출산 휴가가 의무 사항조차 아닌 미국에서는 옳은 방향의 조치였다.

의도한 건 아니었겠지만 야후의 결정으로 일터의 속성에 대해 폭넓은 논쟁이 촉발됐다. 사무직 노동자들은 이런 논의를 점점 더 절박하게 필요로 했다. 핵심 이슈는 통제였다. 자고로 노동자란 경영진의 시야에서 너무 많이 벗어나 있으면 안 된다는 견해가 있었고 많은 이들이 여기에 동의했다. 그래서 어떤 사람들은 모바일 근무에 대해 유행하는 이야기야 어떻든지 간에 사람들은 사무실에서 함께 일해야 일을 더 잘한다고 주장했다. 한편 다른 사람들은 오랜 경영 이론의 견해를 따라서 노동자들이 전보다 교육을 훨씬 더 많이 받아 기대치도 높아졌으며 따라서 자율성이 더 많이 필요하다고 보았다. 이들은 노동자들이 굳이 한곳에 모여 있을 필요가 없으며 감시받지 않을 때 일을 더 잘한다고 주장했다.

무엇이 맞건 간에, 옛 의미에서의 '통제' 개념이 최근 몇 년간 크게 흔들렸다는 점만큼은 분명하다. 그 대신, 적어도 표면적으로라도, 더 비공식적이고 노동자의 자율성이 더 많이 보장되는 일터가 부상했다. 많은 이들이 테크놀로지가 제공한 이동성이 이런 변화의 요인이라고 생각했다. 상당 부분 맞는 말이긴 하다. 다들 알고 있듯이 오늘날의 테크놀로지는 우리가 일터의 경계 밖에서 일하는 것을 허용하며 그러도록 요구하기도 한다. 그래도 모바일 기술을 생산하는 회사가 꼭 자사 직원들에게 모바일 근무를 독려하는 것은 아니다. 네덜란드 건축사학자 유리안 반 메일Juriaan van Meel이 내게 말했듯이 "새로운 노동 방식들의 작은 아이러니는, 우리가 장소에 구애받지 않고 어디에서든지 일할 수 있게 클라우드 환경의 소프트웨어를 만든 사람들은 정작 사무실에서 일하는 사람들이라는 점"이다. "그들은 (적어도 구글에서는) 그룹으로 모여 큐비클에서 일하는 사람들"이다. "카페에서 아이패드로 개발한 것도 아니고,… 원하는 곳을 마음대로 돌아다니면서 개발한 것도 아니"다.

사무실이 노동자에게 갖는 영향력은 클라우드 환경이 등장하기 전에도 이미 사라지기 시작하고 있었다. 임시직, 프리랜서, 계약직 노동은 '날씬하고 비정하던' 1980년대에 미국 기업의 평생 고용이 서서히 깨진 것과 나란히 발생했다. 인수 합병과 정리 해고가 심해지고 일반화하면서 계약직 노동자의 비중이 늘었고, 이 중 많은 이들이 전에는 정규직이었다가 계약직이 된 경우였다. 물론 그중에는 스스로 원해서 반半정규 근무를 선택한 사람들도 있었다. 재택근무라는 말이 익숙해지기 한참 전부터도 이러한 노동력의 변화는 **일**을 어떤 특정한 **장소**에서 해야 한다는 생각에 균열을 일으켰다. 역사학자 에린 해턴Erin Hatton은 탁월한 저서 『임시 경제*The Temp Economy*』에서 1950년대부터 현재까지 임시직 산업의 성장을 추적했다. 켈리 걸 에이전시처럼 초기의 임시직 사무실은 일과 젠더를 명시적으로 연결했다. 대부분의 임시직은 여성이었고, **진짜** 일은 가정의 일이라는 전제하에 다만 돈이 필요해서 집밖의 일을 하는 사람들이었다. 임시직이 미국 경제의 본질적이고 특징적인 부분이 된 것은 기업들이 정규직 노동자를 두는 것에 덜 신경 쓰게 된 1980년대가 되어서였다. 파업 노동자를 대체하기 위해 임시직이 고용됐고, 테크놀로지 기업에서는 영구 계약직(사실상 정규직이지만 부가 급부는 받지 않는 사람)이 일반 현상이 되었다.[10] 우리가 오늘날 알고 있는 유목민적인 사무실, 비영역 사무실, 유연 노동 정책 등은 기술 변화만큼이나 이러한 노동의 역사에서 크게 영향을 받았다.

□

　제이 차이어트가 뜻밖에도 설득이 어려웠던 직원들에게 가상의 사무실을 강요하려 하던 때와 비슷한 시기에, 에릭 펠트훈Erik Veldhoen이라는 컨설턴트가 독일 보험 회사 인터폴리스Interpolis에서 비슷한 일을 하고 있었다. 차이어트/데이처럼 인터폴리스도 1990년대 초반에 경영 상황이 좋지 않았다. 인터폴리스는 어디에나 존재하는 컨설팅 회사 매킨지를 불러다 컨설팅을 받았는데 매킨지는 당연하게도 정리 해고 안을 들고 나왔다. 하지만 정리 해고는 문제를 해결하지 못했다. 절박한 인터폴리스는 펠트훈을 찾았다. 그는 1995년에 『사무실의 몰락 The Demise of Office』이라는 책으로 화제가 된 사람이었다. 그 책은, 당시에 많이들 그랬듯이, 텔레커뮤니케이션으로 곧 우리가 아는 사무실이 사라질 것이라고 주장했다. 펠트훈의 회사는 아주 간단한 계획을 가지고 왔다. 펠트훈은 각 층에 팀을 보내서 층별로 다양한 사무 환경을 만들도록 했다. 개인 사무실, 반쯤 개방된 공간, 완전히 개방된 공간 등등. 개인 책상은 없어졌다. 직원들은 사물함, 평소에 일을 하는 '홈 존', 그리고 내부용 이동 전화를 갖게 되었다. 또 원하는 만큼 집에서 일하는 것도 허용되었다. 대개 1주일에 하루이틀 정도였다. 인터폴리스가 설득하기 어려웠던 쪽은 직원이 아니라 경영자였다. 경영자들은 직원을 계속 볼 수 있는 위치에 너무 익숙해져 있었다. 직원들이 건물의 어느 곳에서든, 그리고 건물 밖에서도 일할 수 있다는 생각은 경영자들에게 두려움을 일으켰다. 펠트훈+컴퍼니의 컨설턴트 루이스 로이스트Louis Lhoest는 내게 이렇게 말했다. "그들은 직원이란 내가 봐야만 일을 하는 존재라고 생각합니다. 하지만 그건 사실이 아니에요. 대부분의 경영자는 상당히 형편없는 경영자입니다. 정말로 직원들과 잘 소통하고 있다면 매일, 매시간 직원들을 보고 있어야 할 필요가 없지요."[11]

직원들이 온통 보이지 않게 될 거라는 경영진의 두려움은 근거 없는 것으로 판명됐다. 네덜란드의 일터 연구소 '빌딩과 공간 센터Center for Buildings and Places'의 연구에 따르면 노동자들은 서로를 더 많이 찾았고 내부 커뮤니케이션은 증가했다.[12] 지위, 프라이버시, 개인화에 대한 욕구가 유연 노동 도입에 장애가 된다는 환경심리학의 연구들도 맞지 않았다. 처음에는 저항이 있었지만 직원들은 새 배열에 금세 적응했다('작업 기반' 배열에서는 사람들이 그때그때 다른 자리에서 일할 것으로 예상된 것과 달리, 여전히 사람들은 늘 앉는 같은 자리에서 일하는 경향을 보이기는 했다).

인터폴리스에 갔을 때 로이스트와 함께 이 건물의 티볼리 플라자에서 점심을 먹었다. 유연성을 더 높이기 위한 2단계 작업에서 새로 더해진 공공 공간이었다. 인터폴리스 복합 단지의 여러 건물을 연결하는 텅 빈 아트리움(픽사 건물에 있는 것과 비슷한)에 불과했을 곳을, 몇 개의 구획으로 나눠 각기 다른 예술가와 건축가에게 디자인을 맡겼다. 각각 다른 사람이 디자인한 일곱 개의 '클럽하우스'들은 '거리'들로 연결되어 있었다(도시 은유가 다시 등장한다). 그중 한 곳에는 걸상들이 줄지어 있는 바 옆에 팔레트처럼 생긴 노란 탁자가 있고 그 주위에 에어론 의자들이 빙 둘러 있었다. 위에는 볼링핀처럼 생긴 전등이 있었고 바닥에는 중세 태피스트리처럼 밝은 노란색과 초록색의 카펫이 있었다. 근처에 있는 다른 클럽하우스에는 거대한 오두막과 앉아 있는 사람 모양을 한 의자가 있었다. 로이스트는 '귀 의자'도 보여 주었다. 등받이가 높은 긴 소파인데 밖을 향해 날개가 달려 있어서 앉는 사람의 머리를 보호하게 되어 있었다. 겉보기에는 콘크리트 같았지만 꽤 푹신하고 편안했으며, 놀랍게도 소리를 거의 차단했다. 두 개를 붙이면 사적인 대화를 나눌 수도 있었다. 클럽하우스들은 모두 회의용, 컨퍼런스용, 개별 작업용 등에 맞게 이런 공간들을 두고 있다. 1주일에 사나흘만 회사에 나오는 직원들을 위한 것치고는 퍽 기분 좋게 후한 공간이었다.

인터폴리스는 독창적이었지만, 개념을 강요해서 나는 불편함을 느꼈다. 로이스트는 "활동 기준 작업"을 도입하려면 경영진의 의지가 필요하다고 계속해서 말했다. 경영진이 믿고 밀어주지 않으면 아무 일도 안 된다는 것이었다. 하지만 아래는 어떤가? 직원들도 믿고 밀어줘야 하지 않는가? 로이스트가 활동 기준 작업에서는 신뢰가 핵심이라고 말하긴 했지만(지속적인 감시는 가능하지 않아졌으므로 직원-경영자 간 신뢰가 중요해졌다는 것이다) 이 문제는 제대로 이야기되지 않았다. 로이스트가 '신뢰'라고 부른 것은 사실 직원들 입장에서는 '동의'였다. 경영진이 결정을 내리면 거기에 따르는 것 말이다. 그리고 직원들이 동의하지 못한 경우도 있었다. 인터폴리스에서는 유연 노동 체제로 바꾼 뒤 공간과 작업에 대한 만족도가 증가했지만, 비슷한 시스템을 도입한 네덜란드의 기업 중에는 직원들의 만족도가 크게 떨어진 곳도 많았다. 네덜란드 하를럼에 있는 디나미스 칸토르Dynamisch Kantoor(네덜란드 '주거, 공간 계획 및 환경부'의 주거·건축 부서가 이 건물에 있다)에서는 새 공간 계획을 도입한 이후에 '활동 기준' 시스템이 생산성에 도움이 된다고 생각하는 직원의 비중이 60퍼센트에서 25퍼센트로 떨어졌다. 집중할수 있는 공간이 부족하다, 소음과 방해가 계속된다, 일을 계획하는 데 시간이 과도하게 들어간다 등등 불만은 아주 많았다.[13] 집중 작업을 위한 셀 형태의 작업실, 협업을 위한 비공식적 공간, 공식 회의를 위한 닫힌 회의실 등 필요한 요소를 두루 갖추었는데도 그랬다.

인터폴리스의 티볼리 플라자. 1998년.

어떤 개념을 명령으로 강제하면, 창조적으로 보이긴 하지만 정작 굴러가지는 않는 일터가 되기 쉽다. '실제 노동자들'의 '실제 경험'에 기반한 것이 아니라 유토피아적인 개념에 기반해 나온 계획은 시도가 부족해서가 아니라 경청이 부족해서 실패한다. 예를 들면 MIT 교수인 토머스 앨런Thomas Allen을 따라(그는 사람들이 서로에게서 멀어질수록 상호 작용이 기하급수적으로 줄어든다는 것을 발견해 유명해졌다), 디자이너들은 사적인 공간은 별로 배려하지 않으면서 사람들을 한 군데에 몰아넣는 디자인 경향을 보였다. 그러나 그 결과는 소음과 방해였다(비용이 기하급수적으로 줄어든 것도 아니었다). 또 '동굴과 공용 공간' 접근법을 따라서 그 신성한 '우연한 만남'을 촉진하기 위해 개인 사무실들로 이어지는 중앙에 공용 공간을 두었더니 오히려 상호 작용이 전혀 없는 상태(적어도 유의미한 상호 작용은 없는 상태)로 귀결되기도 했다. 어느 미디어 에이전시 사례를 보면, 공용 공간에 사람들이 계속 지나다니긴 했는데 기대했던 혁신적인 불꽃은 전혀 일지 않았다. 지나다니는 사람이 일단 너무 많았고, 에이전시 소장이 여기서 자주 커피를 마시는 바람에 직원들은 자기들 말을 소장이 들을까 봐 공용 공간에 오래 머무는 것을 꺼렸다.[14]

에릭 펠트훈은 자신이 세운 회사를 곧 매각했다(이유는 모호한데, 마이크로소프트의 암스테르담 사무실 디자인을 두고 파트너들 사이에 이견이 있었던 것 같다). 밀도 있고 창조적인 네덜란드 디자인계의 명사인 펠트훈은 이제 프리랜서 컨설턴트가 되어 저술과 강연으로 자신의 주장을 알리고 있다. 그는 노동자들이 자신의 환경을 스스로 결정할 수 있는 자율권이 있어야 한다고 강하게 주장한다. 나는 펠트훈이 자주 가는 암스테르담의 도핀Dauphine에서 그를 만났다. 도핀은 파리 스타일 카페로, 그의 접근법을 지지하는 사람들이 현대의 지식 노동자에게 적합한 네트워크 작업 공간의 사례로 종종 들곤 하는 장소다. 자율성에 대해 묻자마자 이야기가 줄줄 나왔다. "위계 모델은 통제에 기반하고 있습니다.… 사람들은 자신의 활동에 대해 주인이 되어야 합니다." 그리고 디지털 혁명의 미래에 대해 이야기하기 시작했다. 펠트훈은 디지털 혁명이 산업 혁명에 비견할 만한 큰 변화이며 이미 사람들이 시공간을 경험하는 방식을 바꾸고 있다고 생각했다. 그는 산업 혁명이 노동을 특정한 장소에 묶어 놓았다는 점에서 200년 동안 실수를 했다며, 새로운 시대는 우리를 산업 시대 **이전**으로 데려다 놓을 것이라고 말했다. "우리는 임노동의 종말을 보고 있습니다. 우리는 장인의 세계로 다시 돌아갈 것입니다." 정보 기술은 노동을 시간과 장소에서 독립시켰고, 사람들은 원하는 대로 시간을 조직할 수 있게 됐다. "가령 1주일에 40시간 일하는 사람을 보죠. 1주일은 168시간입니다. 40시간 중에 20시간은 '다른 사람들과 함께'하는 시간이라고 해 보죠. 협업이요. 그리고 20시간은 자기가 원하는 대로 시간을… 짜서… 작업한다고 칩시다. 충분히 가능한 일입니다. 이것은 사람들이 삶을 어떻게 조직할지, 일과 삶의 조화를 어떻게 이룰지에 큰 영향을 미칠 것입니다. 아주 큰 변화를 가져올 거예요."**15**

나는 그 결과로 위계 시스템은 어떻게 될 것 같은지 물었다. "미래에는 더 이상 경영자가 필요치 않을 것입니다." 그는 이렇게 말하더니 안경을 벗고 파란 눈을 의식적으로 크게 떴다. 자신이 거대한 언명을 했다는 것을 알고 있었고 그것을 강조하려 했다. "노동 계약은 극적으로 달라질 것입니다. '나를 위해 일해. 내가 보스야. 너는 내가 하라는 것을 해'가 아니라, '우리 회사는 이러저러한 목표를 가지고 있다. 당신은 그 목표에 도달하는 데에 무엇을 기여할 수 있는가?'가 될 것입니다. 그다음에 계약을 하는 거죠. 당신은 그것을 해내야만 합니다. 하지만 그 결과를 내기 위해 당신 마음대로 시간을 짤 수 있어요. 그것은 당신의 책임입니다. 회사가 아니고요." 나는 잠깐 어리둥절했다. 그가 관리자는 없앴지만 경영진, 혹은 산업 혁명을 가능하게 했던 옛날 형태의 오너십을 없애지는 않은 것 같았기 때문이다. 그는 곧이어 또 하나의 거대한 언명을 했다. "카를 마르크스 아시지요?" 다시 한 번 눈을 크게 뜨고 말했다. "마르크스는 요즘에 살았어야 해요. 그의 꿈이 이제 실현되고 있으니까요. 노동자에게 권력을, 민중에게 권력을."

□

노동자의 자율성이 커져야 한다는 펠트훈의 자칭 마르크스주의적 주장과, 노동 구성이 산업 사회 이전 같아질 것이라는 그의 예상을 들으니 오늘날의 노동 양상에 대해 글을 쓴 또 한 사람이 생각났다. 리처드 그린월드Richard Greenwald였다. 나는 그를 브루클린 윌리엄스버그의 한 카페에서 만났다. 카페에는 랩톱으로 일하고 있는 사람이 많았다. 이들이 바로 그린월드가 최근 몇 년간 연구하고 있는 주제였다. 프리랜서 말이다. 노동사 및 사회학 교수인(브루클린의 세인트조지프 대학 교수이자 이 대학의 학장이다) 그린월드는 원래 '의류 노조의 성장'과 같은 더 전통적인 주제를 연구했었다. 하지만 노동 활동가이자 저널리스트로 일을 하면서 보게 된 세상은 노조로 조직화된 도시의 산업 노동자 세계와 많이 달랐다. 넉넉한 부가 급부와 높은 임금이라는 기업 세계와는 거리가 멀어도 한참 멀었다. 작고한 피터 드러커가 말년에 설파한 "포스트 자본주의 사회에서 생산 수단을 통제하는 지식 노동자"와도 맞지 않아 보였다. 그린월드가 발견한 것은 하나의 일거리에서 다음 일거리로 옮겨 다니면서 영구적인 실업에 가까운 불안정한 길을 가고 있는 사람들이었다.

"프리랜서는 우리 경제에서 가장 빠르게 성장하는 영역입니다." 그린월드가 내게 말했다. 정확한 인구 수는 알 수 없지만('자가 고용'으로 세금 신고를 하는 사람들도 정규직을 동시에 갖고 있을 수 있다. 그리고 노동 통계 연구소는 2005년부터 프리랜서 추산을 하지 않는다) 미국 노동력의 25~30퍼센트가량으로 알려져 있다. 유럽에서도 프리랜서는 증가하고 있다. 그래서 어떤 저자들은 고용 안정성이 없는 사무실 프롤레타리아트를 일컬어 '프레카리아트precariat'('불안정한'이라는 의미의 precarious와 프롤레타리아트를 합한 말―옮긴이)라고 부르기도 한다. 이들 불안정한 노동자들 중 일부는 스스로 정규직 일자리를 떠났지만 많은 사람들이 강제로 밀려났다. 대부분은 의료 보험이 없고, 많은 이들이 지속적으로 "절박하게 돈이 필요한 상태"다. 또한 이들은 "자신들 중에는 착취당하는 사람이 많지 않다는 환상"도 겪고 있다.[16] 그런데, 펠트훈에 따르면 자본주의의 종말을 알려야 할 사람들이 바로 이들이었다.

그린월드는 물론 그림은 이것보다 복잡하다고 설명했다. 프리랜서들, 그리고 그들에게 일을 발주하는 사람들과 이야기를 나눠 보니, 계약 노동이 일종의 자유를 제공하기는 하고 있었다. 프리랜서의 태도에서는 (〈뛰는 백수 나는 건달〉을 우리가 믿는다면) 경제에서 거의 사라진 "일에 대한 정체성과 자부심"을 느낄 수 있었다. 그래픽 디자인 등 창조적인 분야에 종사하는 사람들은 일에서 얻는 만족감을 이야기했다. 잘나가는 프리랜서들은 일하는 시간과 일의 결과물에 대해 상당한 통제력을 가질 수 있다. 그들도 다른 이들처럼 노동을 팔지만, 자신이 제공하는 노동에 대한 조건을 스스로 정할 수 있다.

하지만 이런 만족감과 함께 걱정도 많았다. 착취를 당할 때(적은 돈에 많은 일을 해야 하고 달리 돈 나올 곳도 없는데 고지서가 밀려들 때) 프리랜서들은 "도저히 착취를 피할 방법이 없다"고 느낀다. 또한 프리랜서 삶에서 오는 즐거움은 수많은 문제도 수반한다. 프리랜서들은 혼자 일하고, 스스로를 '기업가'라고 칭한다. 이는 자신이 고유하다는 뜻이다. 하지만 실패할 경우에 시스템에 책임을 묻지 못하고 온전히 혼자 책임져야 한다는 뜻이기도 하다. 단호한 어조로, 그린월드는 이것을 "화이트칼라 환상의 지속"이라고 표현했다. 그린월드는 프리랜서를 위한 처세술 책을 비난했는데, 프리랜서가 직면해야 하는 어려움에 대해서는 말하지 않은 채 계약 노동을 추어올리기만 하기 때문이다.

계약 노동의 증가가 미래의 노동에 대해 더 일반적으로 의미하는 바는 무엇이었을까? 그린월드도 옛 장인 같은 독립 상공인이 돌아오는 것을 예상한다. 하지만 큰 차이가 있다. 거대 초국적 기업은 없어지는 중이 아니라 오히려 노동력의 많은 부분을 흡수하면서 더 성장하고 있다. 달라진 것은 노동력이 점점 더 불안정한 방식으로 고용되고 있다는 점이다. 그린월드는 프리랜서 방식이 작동할 수 있는 유일한 방법은 안전망을 증가시키는 것뿐이라고 본다. 유연성은 높이면서도, 실패했을 경우에 개인에게 재앙이 되지 않도록 말이다. 그는 19세기 길드가 경제적 위기 때 보호의 기능을 했던 것과 비슷한 방식을 제안했다. 이보다 쾌활한 어조로 펠트훈도 비슷한 이야기를 했다. 하지만 비관적인 견해나 낙관적인 견해 어느 쪽도 사회주의적 유토피아의 도래를 말해 주는 것 같지는 않았다.

조건부 노동의 증가에 긍정적인 면이 있다면, 노동자 자신이 노동 과정에 대해 더 많은 자율권을 갖고 경영진의 통제나 위계는 줄어든 일터가 등장한 점일 것이다. 경영 이론가들은 이러한 세계를 수십 년 동안이나 예언해 왔다. 톰 피터스 같은 사람들은 경영진이 위계를 없애야 한다고 오래도록 주장했다. 피터 드러커도 마지막 저서에서 (역시 마르크스의 용어로) 지식 노동자가 드디어 "생산 수단"(즉 지식)을 통제하게 되었고 "탈자본주의" 사회를 가져왔다고 말했다. 노동 이론가 찰스 헤크셔Charles Heckscher도 통제보다는 신뢰로 특징 지을 수 있는 "탈관료주의"사회가 생겨나리라 내다봤다. 문제는, 이런 예상들이 실제 노동 현장을 묘사한 경우는 거의 없었다는 점이다. 실제 상황을 보면, 일자리 증가는 지식 노동자라고 부를 만한 영역에서보다는 저임금 단순직에서 주로 발생할 것으로 예상된다. 엄격하게 모니터링되는 콜 센터는 테일러주의가 끝났다는 말이 거짓임을 보여 준다.[17] 또 어느 경영학교수는 새 시대의 직장인들이 사고방식의 유연성 혹은 자가 고용적인 사고방식을 가져야 한다고 주장했다. 고용주를 '고객'으로 생각하고, 고객의 '비즈니스'를 위해 고객을 만족시켜야 한다는 것이다.[18]

하지만 위계 형태를 느슨하게 하는 방향으로 유의미한 실험을 하는 기업들도 생겨나고 있다. '상사 없는 사무실'로 알려진 이 회사들은 테크놀로지 영역에 많으며, 대표적인 곳으로 멘로 이노베이션Menlo Innovations과 비디오 게임 회사 밸브Valve를 들 수 있다. 여기에서는 위계가 비교적 수평적이고 일은 그룹 단위로 이뤄지며 리더십은 관료제적 근거에 따라 할당되는 게 아니라 프로젝트 기반으로 나타났다 사라졌다 한다. 오픈 소스 소프트웨어를 공유하고 편집하는 프로그램을 만든 샌프란시스코의 소프트웨어 회사 깃허브GitHub도 그런 일터 중 하나다. 나는 2013년 9월에 깃허브가 새로 이사한 커다란 창고 사무실에 가 보았다. 몇 년간 수익을 낸 후에 마침내 갖게 된 안정감과 자신감을 표현하는 사무실이었다. 3개 층에 걸쳐 있었는데, 돈 들여 만든 엉뚱함은 초기의 닷컴 회사들을 방불케 했다. 거대한 안내 데스크 영역은 백악관을 본뜬 것이고, 한쪽의 비밀 벽을 열면 마호가니 패널과 가죽 가구가 있는 도서관으로 이어지며, 다른 쪽 비밀 벽은 사무실 내부의 비밀 사무실로 이어진다. 넓은 바닥에 들어선 회의실들은 화물 컨테이너shipping container를 분해해서 만들었다. 코드를 '시핑shipping'한다는 이 회사의 은어를 표현한 것이다. 개인 책상을 배정받은 사람들도 있지만 대부분은 고정 좌석 없이 일하고 있었으며 집중이 필요한 일은 개인 실에서 할 수 있었다. 1층은 이벤트를 위한 열린 공간이었다. 전체적으로, 사무실 디자인의 현대적인 개념들을 두루 반영하고 있었다. 깃 허브는 직원의 70퍼센트 이상이 외근을 하거나 해외 사무실에서 일한 다. 일과 관련해 중요한 논의는 모두 온라인 대화로 진행되거나 (필요 한 사람은 나중에 볼 수 있도록) 온라인 포럼에서 진행된다. 그런데도 깃허브 최고 운영 책임자인 스콧 채콘Scott Chacon은 직원들이 "세렌디피티 적 만남"을 하는 것이 매우 중요하다고 계속 강조했다. 직원들이 거의 사무실에 나오지 않는데 그런 만남이 어떻게 생길 수 있느냐고 물었더니, 자신이 원하는 것은 그런 만남이 한두 달에 한 번 정도로 드물게 일어나되 "더 깊은 상호 작용"이 이뤄지는 것이라고 대답했다. 그가 말하는 것은 직원들이 회사 행사나 사무실에서 우연히 만난 다음에 그 만남이 실제로 깊이 있는 대화로 이어지는 것이었다. "제 생각에는 이게 '화장실 가는 길에 아무개를 만났어'라든가 '점심 먹으러 가서 그들 뒤에 줄을 서 있었어'보다 훨씬 가치가 있어요. 화장실 가다 만나는 것은 가치 있는 상호 작용이 아니죠."[19] 전 세계의 사무실 디자인계에서 숱하게 이야기되는 '우연한 만남'의 게으른 개념을 반박하는 것이었다.

일에 대해 깃허브가 보이는 너그러운 태도는 이 회사의 가벼운 경영 구조와도 관련이 있었다. 깃허브는 경영자가 없는 회사로 언론에 많이 소개됐다. 하지만 팀 클렘Tim Clem은(깃허브의 홍보 담당 리즈 클린켄비어드는 그를 "우리 회사의, 음, 그러니까 **경영**팀이라고 생각하시면 돼요"라고 말했다) "우리 회사에 경영이 없다는 말은 약간은 거짓"이라고 했다. "우리는 대부분의 직원들이 경영 기능의 대부분을 하도록 기대합니다." 깃허브는 경영이 코딩의 위에 존재하는 구조여서 아래 단계부터 몇 년 동안 경영 훈련을 받아 가며 올라야 하는 것으로 보지 않았다. 그보다, 경영의 기능이란 일의 과정에서 저절로 생겨나는 것이라고 보았다. 스콧 채콘은 이것이 오픈 소스 모델에서 나온 것이라고 설명했다. "깃허브가 일하는 방식의 상당 부분이 오픈 소스 프로젝트 방식과 비슷합니다. 프로젝트들이 있고 사람들은 여러 프로젝트에 걸쳐 자신이 잘하는 일을 선택하지요. 리더십은 생겨났다가 사라집니다." 이것을 기업 조직의 모델로서 다른 기업에도 추천하기에는 무리라고 보는 사람들도 있지만, 리즈 클린켄비어드는 전통적인 분업 구조를 넘나드는 것은 다른 회사에도 득이 될 수 있다고 말했다. 가령, 소규모의 엔지니어로만 프로젝트 팀을 띄운 뒤 결과물 공개는 다 개발된 마지막에 가서야 하는 게 아니라, 유연한 구조라면 아예 처음부터 여러 부서에서 참여하고 의견을 낼 수 있을 것이다. 채콘은 이렇게 말했다. "일이 잘 진행되지 않아 속상할 수도 있겠죠. 이런 구조에서는 사람들을 설득해야만 합니다.… 여기에는 많은 실험이 필요하고 좌절도 많이 하게 되죠. 하지만 많은 위대한 것들이 그러한 과정에서 나옵니다."[20]

깃허브는 정부에도 적게나마 영향을 미치기 시작했다. 몇몇 시 정부와 주 정부가 깃허브의 소프트웨어를 통해 일반 대중이 관리할 수 있도록 데이터를 공개한 것이다. 관료제에 대한 전반적인 태도에 대해 이것이 미칠 영향이 무엇일지, 깃허브 같은 곳이 탈관료주의 일터가 떠오르는 신호인지 등에 대해서는 아직 답할 수 없다. 현재로서 분명한 것은, 널리 칭송받은 다른 일터 환경들이 그랬듯 깃허브가 예외적인 기업이라는 사실이다. 내부적으로도 이 회사의 느슨한 경영 방식은 소유 구조 자체를 불분명하게 만들었다. 어쨌든 이 접근법은 한 세기 동안 사무실 환경에서 발달해 온 경영 통제 시스템에 대한 사람들의 불만을 반영한다. 마리사 메이어와 야후를 둘러싼 논쟁이 보여 준 것도 바로 이 점이었다. 위계를 고수하는 조직은 점점 정당화하기 어려워지고 있다. 오늘날 노동자에게 요구되는 '유연한 사고방식'은 대체로 의존성과 불안정성을 의미하지만, 그것을 자율성을 의미하는 것으로 바꿀 수도 있다.

□

프랜시스 더피에게 인터폴리스 같은 네덜란드 사무실이 사무실의 미래라고 생각하는지 물어보았다. 그는 "가늘게 새어 드는 빛"이라고는 생각하지만 충분히 급진적이지는 않다고 말했다. 더 나아가려면 사무실만이 아니라 도시 자체를 바꿔야 한다는 것이었다. 사무실 디자인은 진보했는데 사무 건물 공급은 퇴행하고 있었다.

한 세기 넘게 사무 건물 개발의 지배적인 모델은 투기였다. 미국과 영국에서 특히 그랬고 이제는 중국이나 인도 같은 신흥 시장 국가들에서도 그렇다. 사무 건물은 특정한 목적을 위해 지어지는 게 아니라 상상된 미래 수요를 충족하기 위해 지어진다. 이는 밴쿠버, 뉴욕, 쿠알라룸푸르, 상하이 등 많은 곳에서 사람들이 감탄하는 놀라운 스카이라인을 만들어 내긴 했지만, 막대한 인적·환경적·사회적 비용을 초래했다. 개발 계획은 크든 작든 금융 위기에서 거의 살아남지 못한다. 그리고 2008년 위기는 많은 사무 건물들을 시체로 서 있게 만들었다. 뉴저지 주 프린스턴이나 북부 버지니아 근처의 사무 단지를 자동차로 지나다 보면 수십 개 혹은 수백 개의 사무실 건물에 '임대합니다' 문구가 내걸린 것을 볼 수 있다. 중국 전역에서는 사람 없는 거리에서 스모그를 뚫고 빈 고층 건물들이 빽빽하게 올라와 있는 텅빈 상업 지구의 유령 도시를 볼 수 있다. 베네수엘라의 수도 카라카스에서는 자금난으로 고층 사무 건물 토레 다비드가 세워지다 말았다(짓다 만 이 건물을 도시 토지 점유자들이 점거해 비공식적인 고층 건물 공동체로 발전시켰다).

사용 중인 건물도 낭비되고 있다. 대부분의 시간에는 비어 있고(전등은 켜진 채로), 몇몇 추정치에 따르면 평일에도 자기 자리에 앉아 있는 사람은 3분의 1 정도다. 이런 통계를 가지고 기업들은 책상 크기를 줄이고 사람들을 더 좁은 공간에 몰아넣을 수도 있겠지만, 이런 통계가 주는 교훈은 부동산적인 것보다 범위가 크다. 소프트웨어 회사 인포시스Infosys의 기업 단지는 인도 벵갈루루에서 경제 특구인 일렉트로닉 시티에 위치해 있다. 일렉트로닉 시티에는 수도와 전기가 도시 자체와 별도로 공급된다. 조경도 잘되어 식물 군상도 훌륭하다. (나비는 별로 없지만.) 벵갈루루는 한때 '정원 도시'로 불렸다. 1980년대까지만 해도 인도 남부의 작고 한적한 도시였다. 그러다 10년 후에 인도 경제가 자유화되면서 인도 정보 기술 분야의 중심지이자 인도에서 가장 빠르게 성장하는 도시가 되었다. 하지만 인프라가 성장을 따라가지 못했다. 대부분의 좋은 회사들은 화이트 필드나 일렉트로닉 시티 같은 경제 특구로 옮겨 가서 자신들의 정원 도시를 세웠다.

인포시스 기업 단지는 모던한 유리 건물들로 되어 있었다. 방문객에게 글로벌한 이미지를 주기 위해 디자인된 것이었다. 가장 놀라운, 혹은 이상한 건물은 유리로 된 건물 중앙에 투명한 부분이 둥그렇게 파인 건물인데, 인포시스 사람들은 '세탁기 건물'이라고 부른다. 인포시스 홍보 담당자는 이런 건물은 인포시스의 과거이며 인포시스는 점점 녹색으로 바뀌고 있다고 말했다.[21] 녹색이든 아니든 간에, 빈곤층이

30퍼센트에 달하는 도시에서 이 회사에 주어지는 혜택은 지속 가능하지 않아 보이는 것은 물론이고 매우 불평등해 보였다. 게다가 내부 디자인에는 진보적인 면이 거의 없었다. 인포시스의 건물에는 큐비클이 빽빽하게 들어차 있었다. 내가 가 본 또 다른 기업 단지인 제너럴 일렉트릭의 연구동도(화이트 필드에 있다) 마찬가지였다. 제너럴 일렉트릭 홍보 담당자에게 큐비클을 사용한 이유를 물었더니 이런 대답이 돌아왔다. "그럼 사무실을 어떻게 다르게 디자인하나요?"[22]

프랜시스 더피는 저서 『일과 도시*Work and the City*』(2008)에서, 사무실을 만드는 기준이 '투기'가 아닌 '사용'이 되게 하려면 공급망이 완전히 재조정돼야 한다고 주장했다. 아주 꿈같은 제안만은 아니다. 최근 몇 년간 많이 생겨난 '공동 작업 공간'은 사무실에 대해 사용 중심적인 접근이 가능함을 보여 준다. 공동 작업 공간은 여러 형태를 띨 수 있는데, 가장 기초적인 것은 집에서 혼자 일하지 않고 사회적인 환경에서 일하고자 하는 프리랜서에게 사용료를 받고 공동 작업실 공간(책상, 회의실, 커피 등)을 빌려주는 것이다. 이런 사무실의 내부는 거의 전부 새 천 년 시기의 고전적인 '창조적' 사무실의 모양을 하고 있다. 오픈 플랜, 고풍스러운 가구, 자전거 주차장, 화이트보드. 내가 가 본 곳은 필라델피아에 있는 '인디 홀Indy Hall'이었는데 쉽게 조립했다 해체하고 폐기할 수 있는 저렴한 이케아 가구로 채워져 있었다. 사용자는 대부분 '유연' 회원이었다. 의미인즉, 자주 나오지 않는 사람들이었다. 이들은 이곳을 메인 작업실로는 사용하지 않았다. 인디 홀을 만든 사람 중 한 명인 알렉스 힐먼Alex Hillman은 인디 홀이 다른 사무실과 경쟁하는 게 아니라 회원들의 집과 경쟁한다고 말했다. 소파, 약간 낡은 책장, 부엌이 있었고, 개수대에는 막 설거지한 접시가, 냉장고에는 수

인디홀. 필라델피아에 있는 공동 작업 공간.

제 맥주가 있었다. 책꽂이에는 일반적인 경영 서적과 좀 더 해커다운 책들이 나란히 꽂혀 있었다. 스티브 잡스 전기, 로런스 레시그Lawrence Lessig의 자유로운 문화에 대한 책, 그리고 『피터 드러커의 미래 경영The Essential Drucker』 등.

공동 작업 공간이 암묵적으로 약속하는 바는 물론 기업가들 사이의 세렌디피티적 만남이다. 무수히 많은 경영 강의가 공동 작업의 미덕과 공동 작업 환경이 만들어 내는 '창조적 충돌'이나 '급진적 협업'의 가능성을 찬양했다. (허브HUB 창업자 중 한 명인 팀 프룬들리히Tim Freundlich는 사회적 교류를 원하는 기업가를 위한 공동 작업 공간에 대해 이렇게 말했다. "사람들, 특히 1982년에서 2000년 사이에 태어난 세대의 사람들이 물리적으로 어떻게 일하러 가고 싶어 하는지에 관한 지질 구조상의 격변, 그리고 빠르게 원형을 만들고 협업을 하고 '창조적 충돌'을 하는 것의 효용에 대한 이해, 여기에 더해 지속 가능성을 갖는 것과 다른 사람의 가치가 우리의 일에 통합되는 것의 급증, 이 모든 것이 이러한 유형을 성공적으로 만든다."[23] 이해하셨는지?)

그래도 우연한 만남을 더 진정한 가능성으로 만드는 데는 어느 한 회사의 사무실보다 공동 작업 공간의 잠재력이 더 크다. 내가 속한 제한된 영역이 아닌 다른 영역의 사람에게서 유용한 정보를 얻을 가능성이 더 큰 것이다. 가령 장난감 디자이너는 소셜 미디어에 대해 아무것도 모를 수 있다. 그런데 마케팅을 잘 아는 사람을 만나서 도움을 받을 수 있다. 비용을 좀 내야겠지만. 돈 내고 사무실에 간다는 개념이 좀 낯설기는 하지만(프리랜서라는 것은 원래 사무실 밖에 존재하는 사람들이 아니던가) 공동 작업 공간은 매우 인기가 있다. 2012년에 미국에 공동 작업 공간이 1800개 있었는데, 2005년부터 매년 두 배씩 늘어난 결과다. 사용료를 내고 작업실을 이용하는 사람은 최소 9만 명이다(이 중 절반이 미국에 있다).[24] 당연히, 어떤 회사는 공동 작업 공간을 비용 절감의 기회로 본다. 2011년에 캘리포니아의 전자 회사 플랜트로닉스Plantronics는 직원 175명에게 개인 책상을 더 이상 배정하지 않겠다고 했다. 직원들은 재택근무를 하든지, 회사로 나오든지(이 경우, 공유 공간을 사용해야 한다), 아니면 새너제이에 있는 공동 작업 공간 '넥스트스페이스NextSpace'를 사용할 수 있었다. 이의를 제기한 사람은 열 명 정도였다(이들도 정확히 거부를 한 것은 아니었다).

공동 작업 공간은 한 회사가 다른 회사들과 공간을 공유할 수 있는 모델을 제공하기도 한다. 미시건 주 그랜드래피즈에 있는 '그리드70GRid70'에서는 가구 회사 스틸케이스, 마케팅 회사 암웨이, 식료품 체인 메이저Meijer, 신발 회사 울버린Wolverine Worldwide이 아이디어, 회의, 때로는 음식을 공유한다. 라스베이거스의 자포스Jappos와 런던의 구글

그리드70. 여러 회사의 공동 작업 공간. 미시건 주 그랜드래피즈.

도 더 많은 창조적 충돌을 기대하면서 외부인에게 자사 사무실을 개방했다.[25] 2013년 5월에 그리드70에 가 보았을 때, 나는 작업 공간의 진정한 개방성과 비공식성에 깊은 인상을 받았다. 프레젠테이션 공간을 여러 기업이 공유하게 되어 있어서, 여러 회사 사람들이 모여 다른 회사 사업은 어떻게 돌아가는지 보는 광경을 볼 수 있었다.

유연한 일터를 위해 유연한 새 가구 양식이 등장했다. 스탠퍼드 디자인 스쿨 교수인 스콧 돌리Scott Doorley와 스콧 위트호프트Scott Witthoft는 저서『공간 만들기: 창조적인 협업을 위한 무대 만드는 법Make Space: How to Set the Stage for Creative Collaboration』에서, 사무 환경 디자인에 대해 학생들과 함께 작업했던 것들을 예시로 소개했다. 이들은 즉석 파티션을 위한 이동식 가림막, 임시 좌석을 위한 스티로폼 블록, 회의를 할 때 방을 분할할 수 있는 슬라이딩 화이트보드, 프로젝트를 위한 큰 탁자, 덜 끝난 프로젝트를 보관해 두기 위한 여닫이 상판 탁자 등을 제시했다. 일찍이 로버트 프롭스트가 창조적 공간의 모델로 제시한 너그럽고 유연한 사무실 같았다. 혼자 조용히 생각할 수 있는 공간도 배려하긴 했지만 돌리와 위트호프트의 강조점은 분명하게 협업에 있었다. 2012년 봄에 방문해 보니 그들의 사무실도 개방형으로 되어 있었다.

격변의 세계에서, 사무 가구 시장을 지배했던 옛 가구 회사들(특히 스틸케이스와 허먼 밀러)은 고전하고 있으며 기본으로 돌아가려 하고 있다. 사무실 노동자들의 행동과 욕구에 대해 상세한 연구를 하는 것이다. 한 공급자가 건물 전체에 가구를 대는(1970년대에 스틸케이스가 시어스 타워 전체에 가구를 공급한 것과 같은) 방식은 더 이상 업계를 지탱하기에 적절하지 않다. 스틸케이스의 연구 전략 부서장인 폴 시버트는 다가올 시대에 사무실 디자이너들이 매우 큰 곤란에 처할 것이라고 말했다. "작업 공간 디자인 면에서, 새로운 종류의 통합적인 원칙이 필요하거나, 어쨌든 생겨날 것 같습니다. 인테리어 디자이너들이 그 추세에 부응하기 위해 매우 고전하게 될 것이라는 말이지요. 건축가도 그렇고요. 공간 계획가들과 제품 디자이너들도 다 마찬가지예요."[26] 최근에 스틸케이스와 허먼 밀러 모두 참여 관찰, 비디오 민족지 연구, 사물 테스트 등 인류학적 기법들을 강화했다. 사무실 노동자들의 행동을 더 잘 파악해서, 그들의 행동을 바꾸려 하기보다는 그들의 행동에 기반해 디자인하기 위해서였다. 허먼 밀러의 최신 가구 라인인 '리빙 오피스 Living Office'는 로버트 프롭스트의 옛 방식을 따른 간소화 접근법을 취했다. 큰 스티로폼 블록으로 허리까지 오는 짧은 파티션 벽을 만들어 쉽게 옮길 수 있게 했다. 파란 쿠션에 날개가 달린 세 칸짜리 긴 의자들은 붙여 놓으면 즉석 회의실로 사용할 수 있다. 모든 것이 유연했다. 허먼 밀러는 가능한 각각의 배열을, 옛 용어를 불러와 '리빙 오피스 랜드스케이프'라고 부르면서 이렇게 설명했다. "리빙 오피스는 딱 보기만 하면 사람들이 무엇을 할 수 있는지, 어디로 갈 수 있는지, 어떤 것들이 무엇에 쓰이는 것인지, 그것들이 왜 그런 방식으로 되어 있는지를 직관적으로 알 수 있다." 미국에서 가장 많이 비난받는 사무실 양식을 만들어 낸 이 기업이 이제 매우 인간적이었던 원래의 기원으로 돌아가려 하고 있었다.

미시건 주 질랜드에 있는 허먼 밀러 본사에 갔을 때 내 주된 목적은 프롭스트 아카이브에서 액션 오피스를 보는 것이었다. 그런데 허먼 밀러 자체의 새 사무실 디자인은 대체로 오픈 플랜으로 되어 있었다. 들어서니 에스프레소 바가 보이고 경영진이 개방 공간에 나와 젊은 직원들과 함께 일하고 있었다. 개별 회의실이 많았고 조지 넬슨의 금속관

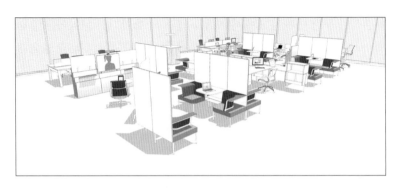

허먼 밀러, 자사의 액션 오피스를 버리다. 리빙 오피스. 2012년.

다리 책상이 있는 화려한 색상의 사무실도 있었지만, 액션 오피스는
보이지 않았다. 얼마 후 담당자는 이 지역의 제조 공장으로 나를 안내
했다. 조립 라인을 내려다볼 수 있는 보행자 다리 위에 서자 합판 향기
가 물씬 풍겨 와 놀랐다. 아래에서 노동자들이 고글을 쓰고 거대한 합
판에 헝겊을 씌우고 있었다. 큐비클은 여전히 주요 산업이었다.

□

좀 더 큰 기업들에서도 공동 작업실 형태의 공간을 받아들이는 곳이
있긴 하지만 현재로서 공동 작업 공간은 노동력 중 아주 일부에게만
호소력 있는 현상으로 보인다. 하지만 이런 노동력은 증가할 것으로
예상된다. 소프트웨어 회사 인튜이트Intuit는, 2020년에 프리랜서, 임
시직, 일용직, 독립 계약자가 노동력의 40퍼센트를 차지할 것으로 추
정했다. 그린월드는 50퍼센트까지 이를 수 있다고 예상한다. 아마 이
수치도 미국에서 벌어지는 노동력 비정규화의 규모를 과소평가한 수
치일 것이다. 물론 이들 모두가 사무직 노동자인 것은 아니다. 하지만
상당수의 사무직 노동자가 프리랜서가 되거나, 적어도 일생 중 어느

한 시기에 프리랜서로 살게 될 것으로 보인다.

여기서 '자율성'이라는 질문을 다시 하게 된다. 정규직 고용자들이 보면 프리랜서와 임시직은 자율성을 더 많이 누리는 것처럼 보인다. 자신이 하는 일의 종류도 스스로 결정하고(프리랜서), 일을 하는 기간도 자신이 결정한다(임시직). 하지만 조건부 노동은 그 이상으로는 요구할 수 있는 것이 별로 없다. 프리랜서 계약은 계약 준수를 강제해 내기가 어렵기로 악명이 높다. 노동 시장이 더 유연해질수록 기업들이 노동력에 가하는 통제는 더 강해진다. 독립 계약자가 의료 보험과 그 밖의 사회 보장을 받을 수 있게 도와주는 프리랜서 노조Freelancers Union에 따르면 프리랜서의 77퍼센트가 보수를 제때 못 받아 고생한 적이 있다. 프리랜서와 기타 비공식 노동자의 수는 아마도 적게 추산되었을 것이다. 이런 면에서, 미국은 에릭 펠트훈이 암시한 것과는 다른 의미에서 산업 사회 이전으로 돌아가고 있다. 19세기 중반에 노동 시장은 광대하고 규제가 없었다. 노동자들은 어떤 체계적인 방식으로도 추산되지 않았다. 불안정한 고용이 증가하면서, 혹은 정규직 고용의 불안정성이 증가하면서, 노동은 진보가 아니라 퇴보하는 것처럼 보인다. 불안정성의 초창기 시절로 말이다. 사무실이 사라질지 모른다는 것, 적어도 20세기 초에 등장한 것 같은 형태의 사무실이 사라질지 모른다는 것도 우연은 아니다.

유연성이 꼭 노동자들을 유순하고 순종하게 만드는 경영 지침서의 술수가 돼야 한다는 법은 없다. 유연성은 테크놀로지처럼 도구이고 기회다. 누군가 사용하기 전까지는 그 자체로는 아무것도 아니다. 노동자들이 책상이나 사무실 같은 지위 징표를 버릴 의사가 있다는 것은 경영진의 비용 절감에 순응하는 징후이기만 한 것이 아니다. 그것은 큐비클에서 임원실로, 혹은 속기사실에서 복도 옆 사무실로 가는 경로 즉, 지난 수세대 동안 화이트칼라 노동자를 규정했던 직업 경력상의 경로가 끝나고 있으며, 아직 명확히 형태가 잡히지 않은 새로운 종류의 노동이 생겨나고 있음을 암시하기도 한다. 이 자유를 의미 있게 만드는 것, 닳아 빠진 노동 계약서가 약속하는 '자율성'을 진정한 자율성으로 만들고 일터를 진정으로 그들 자신의 것이 되게 하는 것은 사무직 노동자들의 몫이다. "그들이 어떤 역사를 가졌든지 간에 그것은 사건이 없는 역사다. 그들이 어떤 공통의 이해관계를 가졌든지 간에 그것은 그들을 단결로 이끌지 않는다." C. 라이트 밀스는 20세기 중반에 이렇게 적었다. 앞으로 올 시대는 이 예언이 맞는지 판가름하는 시기가 될 것이다.

감사의 글

이 책은 합작품이다. 이 책에서 인용한 수많은 학자들의 연구가 없었더라면 이 책은 나올 수 없었을 것이다. 뉴욕역사협회, 컬럼비아 대학, 스탠퍼드 대학, 유타 대학, 펜실베이니아 대학의 도서관과 그곳 직원들에게도 감사를 전한다.

책의 편집과 자료 수집에 도움을 주신 분들에게 감사드린다. 도널드 알브레히트, 벳 알렉산더, 카리나 비셥, 칼라 블루멘크란츠, 벤저민 버클리, 킴 버클리, 주디 캔델(스탠퍼드 대학 영문학과), 어맨다 클레이보, 리즈 클린켄비어드(깃허브), 조지아 콜린스(DEGW), 니컬러스 데임스, 마리예 덴 홀란더르(리크스게바우벤딘스트), 스티븐 디스틴티, 프랜시스 더피, 조지프 폭스 서점 직원들, 에드워드 모건 데이 프랭크, 브라이언 갤러거, 조 갤러거, 리처드 그린월드, 마크 그리프, 케이티 하스(스틸케이스), 라라 하이머트, 코럴리 헌터, 글로리아 제이콥스, 린다 배런(허먼 밀러 아카이브), 사다프 칸(인포시스), 케이트 킹언, 벤저민 쿤켈, 마크 램스터, 알렉산드라 레인지, 루이스 로이스트(펠트훈+컴퍼니), 앨리슨 로렌젠, 치담바람 말테시(제너럴 일렉트릭), 마크 맥걸, 제레미 메디나, 제임스 멜리아, 프랑코 모레티, 조앤 오크먼, 브루스 로빈스, 마르코 로스, 짐 러트먼, 마크 슈먼(허먼 밀러), 제이콥 셸, 캐서린 솔로몬슨, 너대니얼 서프린, 데이나 토르토리치, 유리안 반 메일, 아스트리트 반 랄터(마이크로소프트 스히폴), 에릭 펠트훈, 존 빔르, 카니예 웨스트, 알렉스 월로치, 해너 우드.

　다음 분들의 지도와 지원도 큰 힘이 되었다. 개리슨 부부, $n+1$의 모든 분들, 케이스 기슨, 채드 하바흐, 에드워드 올로프, 제럴드 하워드.

　나의 가족들에게 모든 것에 대해 감사를 전한다.

　이 책과 이 책을 쓴 저자는 섀넌에게 바친다.

주

머리말

1 노동의 세계를 광범위하게 다루지 않는 것으로 이 책의 주제를 한정하면서, 나는 텔레비전은 배제하고 영화와 소설에만 초점을 맞췄다. 오늘날에는 밀스의 시대보다 텔레비전이 더 강력한 문화적 힘을 발하고 있으므로 텔레비전을 배제한 것은 사실 정당성이 약하긴 하다. 사무실의 문화사를 전반적으로 이야기하려 하지는 않았다는 점에서 편향적인 면이 있지만, 나는 문화 속에서 사무실에 대한 내러티브가 사회의 변화에 대한 반응으로 나왔거나 사회 세계를 구성하는 데에 일조한 순간들을 포착하고자 했다.

2 C. Wright Mills, *White Collar: The American Middle Classes* (1951; New York: Oxford University Press, 2002), 353.

1장 사무원 계급의 형성

1 Benjamin Browne Foster, *Down East Diary*, ed. Charles H. Foster (Orono: University of Maine Press, 1975). 다음에 인용됨. Michael Zakim, "Business Clerk as Social Revolutionary; or, A Labor History of the Nonproducing Classes," *Journal of the Early Republic* 26, no. 4 (Winter 2006): 580.

2 Herman Melville, "Bartleby, the Scrivener" (1853). 다음에 수록됨. *Billy Budd and*

Other Stories (New York: Penguin, 1986), 8.

3 Herman Melville, *Moby-Dick; or, The Whale* (1851; New York: Penguin, 2001), 4.

4 Melville, "Bartleby," 4.

5 Ibid.

6 Ibid., 8.

7 Ibid., 11.

8 Ibid., 12.

9 Ibid.

10 "Marginalized: Notes in Manuscripts and Colophons Made by Medieval Scribes and Copyists," *Lapham's Quarterly* 5, no. 2 (2012): 155.

11 Evelyn Nakano Glenn and Roslyn L. Feldberg, "Degraded and Deskilled: The Proletarianization of Clerical Work." 다음에 수록됨. *Women and Work*, ed. Rachel Kahn-Hut, Arlene Kaplan Daniels, and Richard Cloward (New York: Oxford University Press, 1982): 204.

12 Brian Luskey, *On the Make: Clerks and the Quest for Capital in Nineteenth Century America* (New York: New York University Press, 2010), 6. 그러나 러스키는 이 인구 조사가 민간 부문 노동자와 공무원을 구분하지 않았고 법률 사무소 직원과 회계 사무소 직원을 구분하지도 않았다고 덧붙였다.

13 *American Whig Review*, April 1853, 75; *American Phrenological Journal* 17 (1853); *Vanity Fair*, February 18, March 17, 1860. 다음에 인용됨. Zakim, "Business Clerk as Social Revolutionary," 570.

14 다음에 인용됨. Michael Zakim, *Ready-Made Democracy: A History of Men's Dress in the Early Republic, 1760-1860* (Chicago: University of Chicago Press, 2003), 109-10.

15 Edgar Allan Poe, "The Man of the Crowd" (1840). 다음에 수록됨. *Poems, Tales, and Selected Essays* (New York: Library of America, 1996), 389-90.

16 Walt Whitman, *New York Dissected* (New York: Rufus Rockwell Wilson, 1936), 120.

17 다음에 인용됨. Michael Zakim, "Producing Capitalism." 다음에 수록됨. *Capitalism Takes Command: The Social Transformation of Nineteenth-Century America*, ed. Michael Zakim and Gary J. Kornblith (Chicago, U.K.: Cambridge University Press, 2012), 226.

18 Stuart Blumin, *The Emergence of the Middle Class: Social Experience in the American City, 1760-1900* (Cambridge, U.K.: Cambridge University Press, 1989), 73-4.

19 Willis Larimer King, "Recollections and Conclusions from a Long Business Life," *Western Pennsylvania Historical Magazine* 23 (1940): 226. 다음에 인용됨. Ileen A. DeVault, *Sons and Daughters of Labor: Class and Clerical Work in Turn-of-the-Century Pittsburgh* (Ithaca, N.Y.: Cornell University Press, 1990), 9.

20　다음에 인용됨. Robert G. Albion, *The Rise of New York Port*, 264. 다음에 인용됨. Alfred Chandler, *The Visible Hand: The Managerial Revolution in American Business* (Cambridge, Mass.: Belknap Press, 1977), 37.

21　Michael Zakim, "Producing Capitalism," 229-30.

22　Chandler, *Visible Hand*, 15.

23　Blumin, *Emergence of the Middle Class*, 83.

24　Ibid., 95.

25　Ibid., 116.

26　Edward N. Tailer, Diary, January 1, 1850, New-York Historical Society.

27　Harry Braverman, *Labor and Monopoly Capital: The Degradation of Work in the Twentieth Century* (1974; New York: Monthly Review Press, 1998), 204.

28　다음에 인용됨. Blumin, *Emergence of the Middle Class*, 78.

29　Ralph Waldo Emerson, "Self-Reliance." 다음에 수록됨. *The Essays of Ralph Waldo Emerson* (Cambridge, Mass.: Harvard University Press, 1987), 43.

30　다음에 인용됨. Tailer, Diary, December 2, 1848.

31　Tailer, Diary, December 15, 1849.

32　Ibid.

33　Tailer, Diary, January 17, 1850.

34　Luskey, *On the Make*, 129-31.

35　Tailer, Diary, Movember 12, 1852. 다음에 인용됨. Ibid., 186.

36　Luskey, 191-93.

37　다음에 인용됨. Ibid., 137.

38　*New York Daily Tribune*, August 16, 1841, 2.

39　*New York Daily Tribune*, September 2, 1841.

40　다음에 인용됨. Luskey, 138.

41　"Familiar Scenes in the Life of a Clerk," *Hunt's Merchants' Magazine* 5 (1841): 56. 다음에 인용됨. Margery Davies, *Woman's Place Is at the Typewriter: Office Work and Office Workers, 1870-1930* (Philadelphia: Temple University Press, 1982), 21.

42　다음을 참고하라. Martin J. Burke, *The Conundrum of Class: Public Discourse on the Social Order in America* (Chicago: University of Chicago Press, 1995), 108.

2장 사무실의 탄생

1　Henry Adams, *The Education of Henry Adams* (New York: Houghton Mifflin, 1918 [1907]), 445.

2 Wiliam C. Gannett, "Blessed Be Drudgery." 다음에 수록됨. *Blessed Be Drudgery, and Other Papers* (Glasgow: David Bryce and Sons, 1890), 2.

3 Ibid., 7.

4 Horatio Alger Jr., *Rough and Ready: or, Life Among the New York Newsboys* (Philadelphia: John C. Winston, 1897), 262.

5 Eric Sundstrom, *Work Places: The Psychology of the Physical Environment in Offices and Factories* (Cambridge, U.K.: Cambridge University Press, 1986), 33.

6 Susan Henshaw Jones. 다음 책의 서문. *On the Job: Design and the American Office*, ed. Donald Albrecht and Chrysanthe B. Broikos (New York: Princeton Architectural Press, 2001), 18.

7 Jerome P. Bjelopera, *City of Clerks: Office and Sales Workers in Philadelphia, 1870-1920* (Chicago: University of Illinois Press, 2005), 26.

8 챈들러의 책이 나온 이후 여러 학자들이 지적했듯이, 챈들러는 "경영 혁명"이 가져온 효율성을 과장하고 있다. 또한 기업 합병과 가격 전쟁에 불을 붙인 1890년대의 불황 등과 같은 더 큰 범위의 경제적 변화를 간과하고 있다. 다음을 참고하라. William G. Roy, *Socializing Capital: The Rise of the Industrial Corporations in America* (Princeton, N.J.: Princeton University Press, 1997), 21-40; Naomi Lamoreaux, *The Great Merger Movement in American Business, 1895-1904* (Cambridge, U.K.: Cambridge University Press, 1985), 153-55.

9 Oliver Zunz, *Making America Corporate, 1870-1920* (Chicago: University of Chicago Press, 1990), 47.

10 다음을 참고하라. Lamoreaux, *The Great Merger Movement in American Business*, 85-7.

11 Ibid., 33.

12 Marshall McLuhan, *Understanding Media: The Extensions of Man* (New York: McGraw-Hill, 1966), 262.

13 Sinclair Lewis, *The Job* (New York: Grosset & Dunlap, 1917), 234.

14 JoAnne Yates, *Control Through Communication: The Rise of System in American Management* (Baltimore: Johns Hopkins University Press, 1989), 34.

15 Mills, *White Collar*, 189.

16 Aldous Huxley, *Brave New Work, and Brave New World Revisited* (1932; New York: Harper Perennial, 2005), 20.

17 다음에 인용됨. Yates, *Control Through Communication*, 9.

18 Sharon Hartman Strom, *Beyond the Typewriter: Gender, Class, and the Origins of Modern American Office Work* (Urbana: University of Illinois Press, 1992), 20-2.

19 다음에 인용됨. Sundstrom, *Work Places*, 31.

20 James S. Russell, "Form Follows Fad." 다음에 수록됨. Albrecht and Broikos, *On the Job*, 53.

21 다음에 인용됨. Sudhir Kakar, *Frederick Taylor: A Study in Personality and Innovation* (Cambridge, Mass.: MIT Press, 1974), 168.

22 Daniel T. Nelson, *Frederick Talyor and the Rise of Scientific Management* (Madison: University of Wisconsin Press, 1980), 29.

23 *The Taylor and Other systems of Shop Management: Hearings Before Special Committee of the House of Representatives to Investigate Talyor and Other Systems of Shop Management, Under Authority of H. Res. 90*, Vol. 3, 1912: 1414.

24 다음에 인용됨. Daniel Rodgers, *The Work Ethic in Industrial America, 1850-1920* (Chicago: University of Chicago Press, 1974), 53.

25 Frederick W. Taylor, *The Principles of Scientific Management* (New York: Harper & Brothers, 1913), 69.

26 Ibid., 7.

27 Ibid., 83.

28 Robert Kanigel, *The One Best Way: Frederick Winslow Taylor and the Enigma of Efficiency* (New York: Penguin, 1997), 433-4.

29 Strom, *Beyond the Typewriter*, 34-5.

30 다음에 인용됨. Kakar, *Frederick Talyor*, 2.

31 *Providence Labor Advocate*, November 30, 1913, 1. 다음에 인용됨. David Montgomery, *The Fall of the House of Labor: The Workplace, the State, and American Labor Activism* (New Haven, Conn.: Yale University Press, 1987), 221.

32 Montgomery, *Fall of the House of Labor*, 221.

33 John Dos Passos, *The Big Money* (New York: Houghton Mifflin, 2000 [1933]), 15, 19.

34 *System*, January 1904, 484-5.

35 Robert Thurston Kent, "Introduction." 다음에 수록됨. Frank Gilbreth, *Motion Study* (New York: D. Van Nostrand Company, 1921), xiv.

36 William H. Leffingwell, *Scientific Office Management: A Report on the Results of the Applications of the Taylor System of Scientific Management to Offices, Supplemented with a Discussion of How to Obtain the Most Important of These Results* (Chicago: A. W. Shaw, 1917), 214.

37 Ibid., 16.

38 Ibid., 35.

39 Ibid., 33.

40 Ibid., 19.

41 Ibid., 7.

42 Ibid., 11.

43 Lee Galloway, *Office Management: Its Principles and Practice* (New York: Ronald Press, 1919), ix.

44 Angel Kwolek-Folland, *Engendering Business: Men and Women in the Corporate Office, 1870-1930* (Baltimore: Johns Hopkins University Press, 1998), 110.

45 쿠올렉폴랜드는 같은 책(108)에서 예술과 경영의 유사점에 대해 언급했다.

46 Upton Sinclair, *The Brass Check* (Pasadena, Calif., 1920), 78.

47 "When Wall Street Calls Out the Reserves," *Busienss Week*, December 11, 1929, 36. 다음에 인용됨. Daniel Abramson, *Skyscraper Rivals: The AIG Building and the Architecture of Wall Street* (Princeton, N.J.: Princeton Architectural Press, 2001), 160.

48 Russell, "Form Follows Fad," 50; Jack Quinan, *Frank Lloyd Wright's Larkin Building: Myth and Fact* (Chicago: University of Chicago Press, 2006), 44.

49 Quinan, *Frank Lloyd Wright's Larkin Building*, 15.

50 Ibid., 18.

51 Darwin Martin, app. C. 다음에 수록됨. Ibid., 133.

52 다음에 수록됨. Ibid., app. G, 144.

53 *Frank Lloyd Wright: An Autobiography* (New York: Deull Sloan and Pearce, 1943), 143.

54 Quinan, *Frank Lloyd Wright's Larkin Building*, 62.

55 다음에 인용됨. Ibid., 156.

56 Ibid., 44.

57 다음에 인용됨. Ibid., 153.

58 다음에 인용됨. Ibid., 143-4.

59 Ibid., 180.

60 Rodgers, *Work Ethic*, 88.

3장 흰 블라우스 혁명

1 다음에 인용됨. Kwolek-Folland, *Engendering Business*, 94.

2 Lewis, *The Job*, 5.

3 Christopher Morley, *Plum Pudding: Of Divers Ingredients, Discreetly Blended and Seasoned* (Garden City, N.Y.: Doubleday, 1922), 232.

4 Lewis, *The Job*, 42.

5 Strom, *Beyond the Typewriter*, 177.

6 Davies, *Woman's Place Is at the Typewriter*, 51.

7 Bjelopera, *City of Clerks*, 13.

8 Lisa M. Fine, *The Souls of the Skyscraper* (Philadelphia: Temple University Press, 1992), 31.

9 다음에 인용됨. Wilfred A. Beeching, *Century of the Typewriter* (Bournemouth, U.K.: British Typewriter Museum Publishing, 1990), 35.

10 다음에 인용됨. Davies, *Woman's Place Is at the Typewriter*, 54.

11 William H. Leffingwell, *Office Management: Principles and Pratice* (New York: A. W. Shaw, 1925), 620-1.

12 Strom, *Beyond the Typewriter*, 189.

13 National Industrial Conference Board, *Clerical Salaries in the United States* (New York: National Industrial Conference Board, 1926), 11-21, 29.

14 Kwolek-Folland, *Engendering Business*, 27.

15 Kim Chernin, *Is My Mother's House* (New York: Harper & Row, 1984), 47-8. 다음에 인용됨. Strom, *Beyond the Typewriter*, 274.

16 Strom, *Beyond the Typewriter*, 276.

17 Bureau of Vocational Information Survey of Secretaries and Stenographers 915 (444), California, Schelsinger Library, Redcaliffe College. 다음에 인용됨. Strom, *Beyond the Typewriter*, 323.

18 Fine, *Souls of the Skyscraper*, 53-4; Fessenden Chase, *Women Stenographers* (Portland, Maine: Southworth, 1910). 다음에 인용됨. Fine, *Souls of the Skyscraper*, 59.

19 Egmont. 다음에 인용됨. Fine, *Souls of the Skyscraper*, 58.

20 Ibid., 59.

21 Julie Berebitsky, *Sex and the Office: A History of Gender, Power, and Desire* (New Haven, Conn.: Yale University Press, 2012), 43-4. 그 소송에 대한 이 책의 설명은 베레비츠키의 연구를 많이 참고했다.

22 다음에 인용됨. Ibid., 103.

23 Ibid., 108.

24 Ibid., 87.

25 Ibid., 88.

26 Zunz, *Making America Corporate*, 119-20.

27 Faith Baldwin, *The Office Wife* (Philadelphia: Triangle Books, 1929), 91.

28 Lynn Peril, *Swimming in the Steno Pool: A Retro Guide to Making It in the Office* (New York: W.W. Norton, 2011). 42.

29 "'Katie' Gibbs Grads Are Secretarial Elite," *BusinessWeek*, September 2, 1961, 44.

30 Ibid., 46.

31 Rosabeth Moss Kanter, *Men and Women of the Corporation* (New York: Basic Books, 1977), 27.

32 Ibid.

33 Peril, *Swimming in the Steno Pool*, 42.

34 Judith Krantz, *Scruples* (New York: Crown, 1978), 122.

35 Ibid., 122-3.

36 Ibid., 126.

37 다음에 인용됨. Peril, *Swimming in the Steno Pool*, 42.

4장 고층 건물로

1 Le Corbusier, *When the Cathedrals Were White*, trans. Francis Hyslop (New York: Reynal & Hitchcock, 1947), 68.

2 Juriaan van Meel, *The European Office: Office Design and National Context* (Rotterdam: OIO, 2000), 31.

3 Hugh Morrison, *Louis Sullivan: Prophet of Modern Architecture* (New York: W. W. Norton, 2001), 111.

4 Max Weber, *The Protestant Ethic and the Spirit of Capitalism, and Other Writings*, trans. Peter Baehr and Gordon Wells (New York: Penguin, 2002), 121. 학자들이여, 조심하시길. 이 구문은 '강철 우리iron cage'라고 잘못 번역되어 그렇게 널리 알려졌으나(탈콧 파슨스Talcot Parsons의 번역이다) 독일어 원문은 stahlhartes Gehäuse이다.

5 다음에 인용됨. Robert Twombly and Narciso G. Menocal, *Louis Sullivan: The Poetry of Architecture* (New York: W. W. Norton, 2000), 34.

6 Daniel Bluestone, *Constructing Chicago* (New Haven, Conn.: Yale University Press, 1991), 105.

7 Ogden to George S. Boutwell, January 27, 1982, Public Building Service Records, RG 121, entry 26, box 8, National Archives, Washington, D.C. 다음에 인용됨. Ibid., 112.

8 Joanna Merwood-Salisbury, *Chicago 1890: The Skyscraper and the Modern City* (Chicago: University of Chicago Press, 2009), 29-30. 고층 건물 설계에 무정부주의가 미친 영향에 대한 내 설명은 머우드솔즈베리의 연구를 많이 참고했다.

9 Lucy Parsons, "Our Civilization: Is It Worth Saving?" *Alarm: A Socialist Weekly*, August 8, 1885, 3. 다음에 인용됨. Ibid., 32.

10 Henry B. Fuller, *The Cliff-Dwellers*, ed. Joseph A. Dimuro (Toronto: Broadview,

2010), 75.

11 Editorial, *Building Budget*, August 1886, 90. 다음에 인용됨. Merwood-Salisbury, *Chicago 1890*, 37.

12 *Chicago Tribune*, February 16, 1890. 다음에 인용됨. Donald Hoffman, *The Architecture of John Wellborn Root* (Baltimore: Johns Hopkins University Press, 1973), 112.

13 Bluestone, *Constructing Chicago*, 140.

14 Henry James, *The American Scene, Together with Three Essays from "Portraits of Places"* (New York: C. Scribner's Sons, 1946), 78.

15 John J. Flinn, *The Standard Guide to Chicago* (Chicago: Standard Guide Company, 1893), 47. 다음에 인용됨. Bluestone, *Constructing Chicago*, 119.

16 Faith Baldwin, *Skyscraper* (1931; New York: Feminist Press, 2003), 13-4.

17 Ibid., 15.

18 Edith Johnson, *To Women of the Business World* (Philadelphia: J. B. Lippincott, 1923), 40-1. 다음에 인용됨. Strom, *Beyond the Typewriter*, 318.

19 Bluestone, *Constructing Chicago*, 141.

20 "The New Pullman Office and Apartment Building," *Western Manufacturer*, March 31, 1884, 41. 다음에 인용됨. Bluestone, *Constructing Chicago*, 141.

21 "The Pullman Palace-Car Company," *National Car-Builder*, February 1873, 38. 다음에 인용됨. Blustone, *Constructing Chicago*, 115.

22 Hardy Green, *The Company Town: The Industrial Edens and Satanic Mills That Shaped the American Economy* (New York: Basic Books, 2010), 37-41.

23 다음에 인용됨. Bluestone, *Constructing Chicago*, 115.

24 William Dean Howells, *Impressions and Experiences* (New York: Harper & Brothers, 1896), 3:265.

25 Ibid.

26 건축에서 '벌집' 비유에 대한 논의는 다음을 참고하라. Katherine Solomonson, *The Chicago Tribune Tower Competition: Skyscraper Design and Cultural Change in the 1920s* (Chicago: University of Chicago Press, 2003), 208-11.

27 일반적으로 이렇게 쓰이지만 설리번의 원래 구문은 "형태는 언제나 기능을 따른다"이다.

28 Jürgen Kocka, *White Collar Workers in America, 1890-1940*, trans. Maura Kealey (London: Sage, 1980), 156.

29 Ibid., 174.

30 Ibid., 164.

31 Lynn Dumenil, *The Modern Temper: American Culture and Society in the 1920s* (New

York: Hill and Wang, 1995), 87.

32 Margaret Mather, "White Collar Workers an Students Swing into Action," *New Masses*, June 5, 1934, 17.

33 "What Can the Office Worker Learn from the Factory Worker?" *American Federationist*, August 1929, 917-8.

34 다음에 인용됨. Mills, *White Collar*, 301.

35 Emil Lederer, *Problem of the Salaried Employee: Its Theoretical and Statistical Basis*, trans. Works Progress Administration (New York: Department of Social Welfare, 1937), 121-2.

36 Siefried Kracauer, *The Salaried Masses*, trans. Quintin Hoare (New York: Verso, 1998), 32.

37 Ibid., 88.

38 Ibid., 39.

39 Ibid., 48.

40 Ibid., 46.

41 Ibid., 82.

42 Val Burris, "The Discovery of the New Middle Class," *Theory and Society* 15, no. 3, May 1986, 331.

43 Charles Yale Harrison, "White Collar Slaves," *New Masses*, May 1930.

44 Stanley Burnshaw, "White Collar Slaves," *New Masses*, March 1928, 8.

45 Michael Gold, "Hemingway—White Collar Poet," *New Masses*, March 1928, 21.

46 Lewis Corey, *The Crisis of the Middle Class* (New York: Covici Friede Publishers, 1935), 259.

47 맬컴 카울리Malcolm Cowley가 에드먼드 윌슨Edmund Wilson에게 보낸 편지. 1940년 2월 2일. 다음에 수록됨. *The Long Voyage: Selected Letters of Malcolm Cowley, 1915-1987*, edited by Hans Bak (Cambridge: Harvard University Press, 2013), 163.

48 다음을 참고하라. Michael Denning, *The Cultural Front: The Laboring of American Culture in the Twentieth Century* (New York: Verso, 1996).

49 Whiting Williams, "What's on the Office Worker's Mind?" *Proceedings of the Annual Conference of the National Office Management Association* (1935): 98-9.

50 Harold C. Pennicke, "Important Aspects of the Personnel Problem: Selection and Training," *Proceedings of the Annual Conference of the National Office Management Association* (1936): 40.

51 예를 들어, 다음에 대한 콜먼 메이즈Coleman L. Maze의 논평을 참고하라. W. M. Beers, "Centralization of Office Operations—Why and to What Extent?" *Proceedings of the Annual Conference of the National Office Management Association* (1935): 66.

52 Williams, "What's on the Office Worker's Mind?" 99.

53 Elton Mayo, *The Human Problems of an Industrial Civilization* (New York: Macmillan, 1933), 175-6.

54 Le Corbusier, *Towards a New Architecture*, trans. Frederick Etchells (1927; New York: Dover, 1986), 270.

55 Ibid., 288.

56 Ibid., 289.

57 Le Corbusier, *When the Cathedrals Were White*, 51-3.

58 Ibid., 52.

59 Ibid., 54-5.

60 Ibid., 53.

61 Reyner Banham, *The Architecture of the Well-Tempered Environment* (Chicago: University of Chicago Press, 1969), 157-8.

62 Ibid., 172-4.

63 Carol Willis, *Form Follows Finance* (New York: Princeton Architectural Press, 1995), 136.

64 Ibid., 137.

65 Mumford, "The Lesson of the Master," *The New Yorker*, September 13 (1958): 141.

66 Lewis Mumford, "A Disoriented Symbol." 다음에 수록됨. *From the Ground Up: Observations on Contemporary Architecture, Housing, Highway Building, and Civic Design* (New York: Harcourt, Brace, 1956), 49-50.

67 다음에 인용됨. Carol Herselle Krinsky, *Gordon Bunshaft of Skidmore, Owings and Merrill* (Cambridge, Mass.: MIT Press, 1988), 18.

68 Mumford, "House of Glass." 다음에 수록됨. *From the Ground Up*, 161.

69 Manfredo Tafuri and Francesco Dal Co, *Architettura Contemporanea* (Milan: Mondadori, 1976), 381.

70 다음에 인용됨. Franz Schulze, *Philip Johnson: Life and Work* (Chicago: University of Chicago Press, 1994), 139.

71 다음을 참고하라. Phyllis Lambert, *Building Seagram* (New Haven, Conn.: Yale University Press, 2013), 170-1.

72 Jane Jacobs, *The Death and Life of Great American Cities* (New York: Random House, 1961), 168.

73 Authur Drexler, "Transformations on Modern Architecture." 1979년 4월 10일에 현대미술관에서 전시 #1250 '현대 건축의 변화'(1979년 2월 21일-4월 24일)를 맞아 진행한 강연. 다음의 녹음. Museum-Related Events, 79: 29, Museum of Modern

Art Archives. 다음에 인용됨. Felicity D. Scott, "An Army of Shadows or a Meadow: The Seagram Building and the 'Art of Modern Architecture,'" *Journal of the Society of Architectural Historians* 70, no. 3 (September 2011), 331.

5장 회사남, 회사녀

1   Joseph Schumpeter, *Capitalism, Socialism and Democracy* (New York: HarperCollins, 2008 [1947]), 128.

2   Louise A. Mozingo, *Pastoral Capitalism: A History of Suburban Corporate Landscapes* (Cambridge, Mass.: MIT Press, 2011), 23.

3   Philip Herrera, "That Manhattan Exodus," *Fortune*, June 1967, 144. 다음에 인용됨. Ibid., 24.

4   "Should Management Move to the Country?" *Fortune*, December 1952, 143. 다음에 인용됨. Mozingo, *Pastoral Capitalism*, 24.

5   "Should Management Move to the Country?" 168. 다음에 인용됨. Mozingo, *Pastoral Capitalism*, 26.

6   Mozingo, *Pastoral Capitalism*, 62.

7   Jon Gertner, *The Idea Factory: Bell Labs and the American Age of Innovation* (New York: Penguin, 2012), 77.

8   Mozingo, *Pastoral Capitalism*, 63.

9   "At Bell Labs, Industrial Research Looks like Bright College Years," *BusinessWeek*, February 6, 1954, 74-5. 다음에 인용됨. Mozingo, *Pastoral Capitalism*, 62.

10   Francis Bello, "The World's Greatest Industrial Laboratory," *Fortune*, November 1958, 148. 다음에 인용됨. Mozingo, *Pastoral Capitalism*, 63.

11   Phillip G. Hofstra, "Florence Knoll, Design, and the Modern American Office Workplace" (PhD diss., University of Kansas, 2008), 65.

12   다음을 참고하라. Bobbye Tigerman, "'I Am Not a Decorator': Florence Knoll, the Knoll Planning Unit, and the Making of the Modern Office," *Journal of Design History* 20, no. 1 (2007): 65.

13   "A Dramatic New Office Building," *Fortune*, September 1957, 230.

14   Alexandra Lange, "Tower Typewriter and Trademark: Architects, Designers, and the Corporate Utopia" (PhD diss., New York University, 2005) 46.

15   "Dramatic New Office Building," 169.

16   Joe Alex Morris, "It's Nice to Work in the Country," *Saturday Evening Post*, July 5, 1958, 70. 다음에 인용됨. Lange, "Tower Typewriter and Trademark," 44.

17 다음에 인용됨. Lange, "Tower Typewriter and Trademark," 45.

18 "Insurance Sets a Pattern," *Architectural Forum*, September 1957, 127. 다음에 인용됨. Lange, "Tower Typewriter and Trademark," 21.

19 Richard Yates, *Revolutionary Road* (1961; New York: Vintage, 2000), 59.

20 Richard Edwards, *Contested Terrain: The Transformation of the Workplace in the Twentieth Century* (New York: Basic Books, 1979), 74.

21 Ibid., 77.

22 다음을 참고하라. Robert Brenner, *The Economics of Global Turbulence: The Advanced Capitalist Economies from Long Boom to Long Downturn, 1945-2005* (New York: Verso, 2008), 58-9.

23 Schumpeter, *Capitalism, Socialism and Democracy*, 138.

24 다음을 참고하라. Everett M. Kassalow, "White Collar Trade Unions in the United States." 다음에 수록됨. *White Collar Trade Unions: Contemporary Developments in Industrialized Societies*, ed. Adolf Sturmthal (Chicago: University Illinois Press, 1966), 308.

25 Ibid., 85.

26 Reinhold Martin, *The Organizational Complex: Architecture, Media, and Corporate Space* (Cambridge, Mass.: MIT Press, 2003), 166.

27 다음에 인용됨. Ibid., 159.

28 Merrill Schleier, *Skyscraper Cinema: Architecture and Gender in American Film* (Minneapolis: University of Minnesota Press, 2009), 256.

29 Ibid., 233.

30 다음에 인용됨. Ibid., 240.

31 David Riesman, *The Lonely Crowd: A Study of the Changing American Character*, with Nathan Glazer and Reuel Denney (1961; New Haven, Conn.: Yale University Press, 2001), 136.

32 Joseph Heller, *Something Happened* (New York: Alfred A. Knopf, 1974), 14.

33 Harrington, *Life in the Crystal Palace*, 148.

34 William H. Whyte Jr., *The Organization Man* (New York: Simon & Schuster, 1956), 82.

35 Ibid., 71.

36 Ibid., 72-3.

37 Ibid., 74.

38 Ibid., 64.

39 William H. Whyte Jr., *Is Anybody Listening? How and Why U.S. Business Fumbles When*

It Talks with Human Beings (New York: Simon & Schuster, 1952), 57.

40 Ibid., 65, 72.

41 Ibid., 4.

42 다음에 인용됨. Robert B. Reich, *The Work of Nations: Preparing Ourselves for 21st-Century Capitalism* (New York: Alfred A. Knopf, 1991), 43.

43 다음에 인용됨. Whyte, *Is Anybody Listening?* 15.

44 다음을 참고하라. Whyte, *Organization Man*, 171–201.

45 Ibid., 173.

46 Sloan Wilson, *The Man in the Gray Flannel Suit* (New York: Simon & Schuster, 1955), 15–17.

47 Whyte, *Organization Man*, 251.

48 Ibid., 132.

49 Wilson, *Man in the Gray Flannel Suit*, 304.

50 Alan Harrington, *Life in the Crystal Palace* (New York: Alfred A. Knopf, 1959), 32–3.

51 Ibid., 112.

52 Riesman, *Lonely Crowd*, 163.

53 Schleier, *Skyscraper Cinema*, 226.

54 Whyte, *Is Anybody Listening?* 180.

55 Ibid., 146.

56 Ibid.

57 Kanter, *Men and Women of the Corporation*, 105.

58 다음에 인용됨. Whyte, *Is Anybody Listening?* 151.

59 다음에 인용됨. Ibid., 162.

60 Helen Gurley Brown, *Sex and the Office* (New York: B. Geis & Associates, 1964), 285.

61 Ibid., 183.

62 Jennifer Scanlon, *Bad Girls Go Everywhere: The Life of Helen Gurley Brown* (New York: Oxford University Press, 2009), 1.

63 Ibid., 15.

64 Brown, *Sex and the Office*, 286.

65 Scanlon, *Bad Girls Go Everywhere*, 24.

66 Ibid.

67 Ibid., 28.

68 Brown, *Sex and the Office*, 3.

69 Ibid., 9.

70 Ibid., 12.

71 Ibid., 59.

6장 오픈 플랜

1 Robert Propst, *The Office: A Facility Based on Change* (Elmhurst, Ill.: Business Press, 1968), 25.

2 Stanley Abercrombie, *George Nelson: The Design of Modern Design* (Cambridge, Mass.: MIT Press, 1995), 210.

3 *Salesmarts* magazine, Herman Miller Archives.

4 Tom Pratt, "A View of Robert Propst," March 8, 1985, Herman Miller Archives.

5 John R. Berry, *Herman Miller: The Purpose of Design* (New York: Rizzoli, 2009), 117.

6 Edward T. Hall, *The Silent Language* (Garden City, N.Y.: Doubleday, 1959), 169.

7 Edward T. Hall, *The Hidden Dimension* (1966; New York: Doubleday, 1982), 4.

8 Ibid., 54.

9 Thomas Frank, *The Conquest of Cool: Business Culture, Counterculture, and the Rise of Hip Consumerism* (Chicago: University of Chicago Press, 1997), 21-2.

10 Douglas McGregor, *The Human Side of Enterprise* (New York: McGraw-Hill, 1960), 12.

11 Ibid.

12 다음에 따르면 그렇다. Paul Leinberger and Bruce Tucker, *The New Individualists: The Generation After "The Organization Man"* (New York: HarperCollins, 1991), 189.

13 Frank, *Conquest of Cool*, 22.

14 다음을 참고하라. Mauro F. Guillén, *Models of Management: Work, Authority, and Organization in Comparative Perspective* (Chicago: University of Chicago Press, 1994), 58-65.

15 Ibid., 67.

16 익명의 기고자, "Why White Collar Workers Can't Be Organized," *Harper's*, August 1957, 48.

17 Ibid.

18 Harry R. Dick, "The Office Worker: Attitudes Toward Self, Labor, and Management," *Sociological Quarterly* 3, no. 1 (1962): 50.

19 Peter Drucker, *The Age of Discontinuity: Guidelines to Our Changing Society* (New York: Harper & Row, 1969), 269.

20 Ibid., 270.

21 다음을 참고하라. Taylor, *Principles of Scientific Management*, 61.

22 Drucker, *Age of Discontinuity*, 277.

23 Peter Drucker, *The New Society: Anatomy of Industrial Order* (New York: Harper & Row), 357.

24 Fritz Machlup, *The Production and Distribution of Knowledge in the United States* (Princeton, N.J.: Princeton University Press, 1962), 396-7.

25 Ibid., 41.

26 Francis Duffy, "The Case for Bürolandschaft." 다음에 수록됨. *The Changing Workplace*, ed. Patrick Hannay (London: Phaidon Press, 1992), 10.

27 "Landscaping: An Environmental System." 다음에 수록됨. *Office Landscaping* (Elmhurst, Ill.: Business Press, 1969), 13.

28 Francis Duffy, "Commerce: The Office," 미출판, 1.

29 Francis Duffy, "The Princeton Dissertation." 다음에 수록됨. Hannay, *Changing Workplace*, 79.

30 프롭스트는 다음 논문에서 이에 대해 언급했다. "The Action Office," *Journal of the Human Factors Society* 8, no. 4 (1966): 303. "이 작업은 뷔로란트샤프트라고 불리는 독일의 사무 공간 계획에서 추가적인 영향을 많이 받았다. 문자 그대로는 '사무실 조경'인데, 자유롭게 가구들을 그룹 지어 열린 사무 공간을 만드는 것을 강조했다. 그 결과로 나오는 불규칙적인 배치로 사무실 공간은 직사각형 형태로 사용되지 않게 된다. 공간 사용과 고려 사항에 더 많은 유연성이 생기고 공간을 더 밀도 있게 활용하게 되며, 소리를 반사하는 파티션을 없애서 소음을 줄이고 더 많은 직원들이 창문으로 전망을 볼 수 있게 해 준다."

31 여기에서 설명된 것은 다음을 종합한 것이다. Henry Panzarelli, "A Testimonial to Life in a Landscape." 다음에 수록됨. *Office Landscaping*, 55-9; Duffy, "Case for Bürolandschaft," 11-23.

32 Propst. 다음에 인용됨. Howard Sutton, Background Information, Action Office, January 25, 1965, Herman Miller Archive.

33 Ibid.

34 Abercrombie, *George Nelson*, 9.

35 George Nelson, "Peak Experiences and the Creative Act," *Mobilia* 265/266, 12.

36 Mina Hamilton, "Herman Miller In Action," *Industrial Design*, January 1965. 다음에 인용됨. Abercrombie, *George Nelson*, 213; William K. Zinsser, "But Where Will I Keep My Movie Magazines," *Saturday Evening Post*, January 16, 1965. 다음에 인용됨. Abercrombie, *George Nelson*, 213.

37 Propst, *The Office: A Facility Based on Change*, 49.

38 Ibid., 25.

39 Ibid., 29.

40 Sylvia Porter, "Revolution Hits the Office," *New York Post*, June 3, 1969.

41 Julie Schlosser, "Cubicles: The Great Mistake," *Fortune*, March 2006, http://money.
cnn.com/2006/03/09/magazines/fortune/cubicle_howiwork_fortune/.

42 다음에 인용됨. Abercrombie, *George Nelson*, 219.

43 Peter Hall, "Doug Ball Digs Out of the Cube," *Metropolis*, July 2006, http://www.
metropolismag.com/story/20060619/doug-ball-digs-out-of-the-cube.

44 John Pile, *Open Office Planning* (New York: Whitney Library of Design, 1978), 14.

45 Propst, "Notes on Proposal for Repositioning Action Office," January 23, 1978,
Herman Miller Archives.

46 Van Meel, *European Office*, 38.

47 다음에 인용됨. Ibid., 37.

48 다음에 인용됨. Ibid., 39.

49 Ibid.

50 Yvonne Abraham, "The Man Behind the Cubicle," *Metropolis*, November 1998.

51 Francis Duffy. 저자와의 인터뷰, 2012년 7월 14일.

7장 공간 침입자들

1 Betty Lehan Harragan, *Games Mother Never Taught You: Corporate Gamesmanship for
Women* (New York: Warner Books, 1977), 286-7.

2 다음을 참고하라. Kanter, *Men and Women of the Corporation*, 34.

3 Don DeLillo, *Americana* (New York: Penguin, 1971), 20.

4 Kanter, *Men and Women of the Corporation*, 57.

5 Ibid., 56.

6 Studs Terkel, *Working: People Talk About What They Do All Day and How They Feel
About What They Do* (New York: Pantheon Books, 1972), 56.

7 "Advertising's Creative Explosion," *Newsweek*, August 18, 1969. 다음에 인용
됨. Barbara Ehrenreich, *Fear of Falling: The Inner Life of the Middle Classes* (New York:
Pantheon Books, 1989), 176.

8 다음에 인용됨. John P. Frenandez, *Black Managers in White Corporations* (New York:
John Wiley & Sons, 1975), 39.

9 다음에 인용됨. Ibid., 95.

10 John P. Fernandez, *Racism and Sexism in Corporate Life* (New York: D.C. Heath,
1981), 53.

11 Floyd Dickens Jr. and Jacqueline B. Dickens, *The Black Manager: Making it in the Corporate World* (New York: AMACOM, 1982), 56.

12 Ibid., 57.

13 다음을 참고하라. Ivan Berg, *Education and Jobs* (New York: Praeger, 1970), 93.

14 George de Mare, *Corporate Lives: A Journey into the Corporate World*, with Joanne Summerfield (New York: Van Nostrand Reinhold, 1976), 57.

15 다음에 인용됨. Eric Darton, *Divided We Stand: A Biography of New York's World Trade Center* (New York: Basic Books, 2011), 141.

16 Charles Jencks, *The Language of Post-modern Architecture* (New York: Rizzoli, 1978), 9.

17 Ibid., 15.

18 Philip Johnson, "Whither Away: Non-Miesian Directions." 다음에 수록됨. *Philip Johnson: Writings* (New York: Oxford University Press, 1979), 227, 230.

19 다음 책의 서문에 인용됨. Emmanuel Petit, *Philip Johnson: The Constancy of Change* (New Haven, Conn.: Yale University Press, 2009), 2.

20 Marisa Bartolucci, "550 Madison Avenue," *Metropolis*, October 1993, 28.

21 Kazys Varnelis, "Philip Johnson's Empire: Network Power and the AT&T Building." 다음에 수록됨. *Philip Johnson: The Constancy of Change*, 128.

22 Mark Lamster, "Highboy Hullabaloo," *Design Observer*, September 11, 2010, http://observatory.designobserver.com/entry.html?entry=20608.

23 Maurice Carroll, "AT&T to Build New Headquarters Tower at Madison and 55th Street," *New York Times*, March 31, 1978. 다음에 인용됨. Ibid., 129.

24 "His Office Designs Fulfill Human Needs," *Milwaukee Sentinel*, July 21, 1978, 12.

25 Michael Sorkin, *Exquisite Corpse: Writing on Buildings* (New York: Verso, 1991), 12.

26 다음에 인용됨. John Pastier, "'First Monument of a Loosely Defined Style': Michael Graves' Portland Building." 다음에 수록됨. *American Architecture of the 1980s* (Washington, D.C.: American Institute of Architects Press, 1990), xxi.

27 Bartolucci, "550 Madison Avenue," 33. 다음도 참고하라. Lamster, "Highboy Hullabaloo."

28 Jeffrey H. Keefe and Rosemary Batt, "United States." 다음에 수록됨. *Telecommunications: Restructuring Work and Employment Relationships Worldwide* (Ithaca, N.Y.: International Labor Relations Press, 1997), 54.

29 다음에 인용됨. Jill Andresky Fraser, *White-Collar Sweatshop: The Deterioration of Work and Its Rewards in Corporate America* (New York: W. W. Norton, 2001), 129.

30 Tom Peters, "Tom Peters' True Confessions," *Fast Company*, December 2001, http://

www.fastcompany.com/44077/tom-peters-true-confessions.

31 Williams S. Ouchi, *Theory Z: How American Business Can Meet the Japanese Challenge* (Reading, Mass.: Addison-Wesley, 1981).

32 Ibid., 17.

33 Thomas J. Peters and Robert H. Waterman Jr., *In Search of Excellence: Lessons from America's Best-Run Companies* (New York: Harper & Row, 1982).

34 Ibid., 15.

35 다음에 인용됨. Fraser, *White-Collar Sweatshop*, 117.

36 Amanda Bennett, *The Death of the Organization Man* (New York: Simon & Schuster, 1991), 98.

37 Andrew S. Grove, *Only the Paranoid Survive: How to Exploit the Crisis Points That Challenge Every Company and Career* (New York: Currency/Doubleday, 1996). 다음에 인용됨. Fraser, *White-Collar Sweatshop*, 155.

38 Peters and Waterman, *In Search of Excellence*, 80.

39 다음에 인용됨. Bennett, *Death of the Organization Man*, 141.

40 "Commentary: Help! I'm a Prisoner in a Shrinking Cubicle!" *BusinessWeek*, August 3, 1997.

41 "Nearly Half of Americans Indicate Their Bathroom Is Larger Than Their Office Cubicle," 보도자료, 2007년 7월 17일.

42 "Texas Reduces Prison Overcrowding with Breakaway Construction Program," PR Newswire, June 29, 1994.

43 Catherine Strong, "Prison Labor Has Monopoly Contracts but Delivers Late," Associated Press, August 11, 1998.

44 "Air Makes Workers Ill," Reuters, June 6, 1991.

45 Scott Haggert, "Making the Office Fit to Work," *Financial Post* (Canada), November 25, 1991.

46 John Markoff, "Where the Cubicle Is Dead," *New York Times*, April 25, 1993.

47 Sheila McGovern, "Working in Comfort," *Gazette* (Montreal), January 17, 1994.

48 Kirk Johnson, "In New Jersey, I.B.M. Cuts Space, Frills, and Private Desks," *New York Times*, March 14, 1994.

49 Scott Adams, *The Dilbert Principle: A Cubicle-Eye View of Bosses, Meetings, Management Fads & Other Workplace Afflictions* (New York: HarperBusiness, 1996), 4.

50 Yvonne Abraham, "The Man Behind the Cubicle," *Metropolis*, November 1998.

51 다음을 참고하라. Stewart Brand, *How Buildings Learn* (New York: Viking Penguin, 1994), 170.

52 *Work in America: Report of a Special Task Force to the Secretary of Health, Education, and Welfare* (Cambridge, Mass: MIT Press, 1973), 38.

53 Ibid., 40.

54 다음에 인용됨. Barbara Garson, *The Electronic Sweatshop: How Computers Are Transforming the Office of the Future into the Factory of the Past* (New York: Simon & Schuster, 1988), 172.

55 Robert Howard, *Brave New Workplace: America's Corporate Utopias –How They Create Inequalities and Social Conflict in Our Working Lives* (New York: Penguin, 1985) 102.

56 Karen Ho, *Liquidated: An Ethnography of Wall Street* (Minneapolis: University of Minnesota Press, 2009), 52.

57 Peril, *Swimming in the Steno Pool*, 194.

58 Ibid., 203.

59 Ibid.

60 Ethel Strainchamps, ed., *Rooms with No View: A Woman's Guide to the Man's World of the Media* (New York: Harper & Row, 1974), 12.

61 다음에 인용된 익명의 노동자. Jean Tepperman, *Not Servants, Not Machines: Office Workers Speak Out!* (Boston: Beacon Press, 1976), 33.

62 Ibid., 63–4.

63 John Hoerr, *We Can't Eat Prestige: The Women Who Organized Harvard* (Philadelphia: Temple University Press, 1997), 47.

64 Tepperman, *Not Servants, Not Machines*, 64.

65 다음에 인용됨. Jefferson Cowie, *Stayin' Alive: The 1970s and the Last Days of the Working Class* (New York: New Press, 2010), 351–2.

66 1980년 '일하는 여성 교육 펀드'가 보스턴과 클리블랜드에서 실시한 설문 조사에서 915명의 응답. 다음에 인용됨. Joe Makower, *Office Hazards: How Your Job Can Make You Sick* (Washington, D.C.: Tilden Press, 1981), 128.

67 Tepperman, *Not Servants, Not Machines*, 21.

68 Ibid.

8장 미래의 사무실

1 Thomas Pynchon, *Bleeding Edge* (New York: Penguin Press, 2013), 43.

2 "The Office of the Future," *Business Week*, June 30, 1975, 40.

3 Ibid.

4 Juriaan van Meel, "The Origins of New Ways of Working: Office Concepts in the

1970s," *Facilities* 29, no. 9/10 (2011): 361.

5 Ibid., 359.

6 Ibid.

7 다음에 인용됨. Juriaan van Meel and Paul Vos, "Funky Offices," *Journal of Corprorate Real Estate* 3, no. 4 (2011): 323.

8 Jack M. Nilles, *Making Telecommuting Happen* (New York: Van Nostrand Reinhold, 1994), xiii.

9 Howard, *Brave New Workplace*, 4.

10 "What Matters Is How Smart You Are," *BusinessWeek*, August 25, 1997, 69.

11 David Manners and Tsugio Makimoto, *Living with the Chip: How the Chip Affects Your Business, Your Family, Your Home, and Your Future* (London: Chapman & Hall, 1995), 41.

12 Robert Reinhold, "Mixing Business and Pleasure for Profit in Silicon Valley," *New York Times*, February 12, 1984.

13 Christopher Winks, "Manuscript Found in a Typewriter." 다음에 수록됨. *Bad Attitude: The "Processed World" Anthology*, ed. Chris Carlsson with Mark Leger (New York: Verso, 1990), 20.

14 John Markoff, "Where the Cubicle Is Dead," *New York Times*, April 25, 1993.

15 William Scott, "Intel Corp. Serves as Role Model for Aerospace Companies in Transition," *Aviation Week and Space Technology*, August 24, 1992, 60.

16 Intel Keynote Transcript: "Los Angeles Times 3rd Annual Investment Strategies Conference," May 22, 1999, http://www.intel.com/pressroom/archive/speeches/cn052499.htm.

17 Intel Keynote Transcript: "Intel International Science and Engineering Fair," May 9, 2001, http://www.intel.com/pressroom/archive/speeches/grove20010509.htm.

18 Douglas Coupland, *Microserfs* (New York: Regan Books, 1995), 16.

19 Ibid., 319.

20 Thomas J. Peters, *Liberation Management: Necessary Disorganization for the Nanosecond Nineties* (New York: Alfred A. Knopf, 1992), 18.

21 Ibid., xxxiii–xxxiv.

22 Andrew Ross, *No-Collar: The Humane Workplace and Its Hidden Costs* (New York: Basic Books, 2003), 98-9.

23 Marisa Bowe and Darcy Cosper, "The Sharper Image: A Conversation with Craig Kanarick," *Interiors*, October 2000, 105.

24 Roger Yee, "Connecting the Dots," *Interiors*, October 2000, 61.

25 다음에 인용됨. Raul Barreneche, "Industry Non-standard," *Interiors*, October 2000,

83.

26 Cliff Kuang, "The Secret History of the Aeron Chair," *Slate*, November 5, 2012, http://www.slate.com/articles/life/design/2012/11/aeron_chair_history_herman_miller_s_office_staple_was_originally_designed.html.

27 "Virtual Chiat," *Wired*, July 1994.

28 Randall Rothenberg, "A Eulogy for a Whiner: My Experience with Jay Chiat," *Advertising Age*, April 29, 2002, http://adage.com/article/randall-rothenberg/eulogy-a-whiner/34339/.

29 다음에 인용됨. Thomas R. King, "Creating Chaos," *Wall Street Journal*, April 17, 1995.

30 "Virtual Chiat,"

31 Ibid.

32 Leon Jaroff and Saneel Ratan, "The Age of the Road Warrior," *Time*, March 1, 1995, 38.

9장 누구를 위하여 사무실은 존재하는가

1 David Foster Wallace, *The Pale King* (2011; New York: Back Bay Books, 2012), 539.

2 Leslie Helm, "Microsoft Testing Limits on Temp Worker Use," *Los Angeles Times*, December 7, 1997. 다음에 인용됨. Fraser, *White-Collar Sweatshop*, 147.

3 "The Fax of Life," *Entertainment Weekly*, May 23, 2003, http://www.ew.com/ew/article/0,,452194,00.html.

4 Carol Madonna. 저자와의 인터뷰, 2012년 4월 23일.

5 Nicolai Ouroussoff, "A Workplace Through the Looking Glass," *Los Angeles Times*, January 31, 1999.

6 Chris Coleman. 저자와의 인터뷰, 2012년 4월 26일.

7 익명을 요구한 사람과의 인터뷰, 2013년 8월 15일.

8 Carolyn Cutrone and Max Nisen, "19 Successful People Who Barely Sleep," *Business Insider*, September 18, 2012.

9 Lisa Belkin, "Marissa Mayer's Work-from-Home Ban Is the Exact Opposite of What CEOs Should Be Doing," *Huffington Post*, February 23, 2013, http://www.huffingtonpost.com/lisa-belkin/marissa-mayer-work-from-home-yahoo-rule_b_2750256.html; Kelly Steele, "New Moms at Work," *Scary Mommy*, http://www.scarymommy.com/new-moms-at-work/.

10 Erin Hatton, *The Temp Economy: From Kelly Girls to Permatemps in Postwar America*

(Philadelphia: Temple University Press, 2011).

11 Louis Lhoest. 저자와의 인터뷰, 2012년 7월 12일.

12 Paul Vos and T. van der Voordt, "Tomorrow's Offices Through Today's Eyes: Effects of Innovation in the Working Environment," *Journal of Corporate Real Estate* 4 (2001): 53.

13 T. van der Voordt, "Productivity and Employee Satisfaction in Flexible Workplaces," *Journal of Corporate Real Estate* 6, no. 2 (2004): 137.

14 Anne Laure-Fayard and John Weeks, "Who Moved My Cube?" *Harvard Business Review*, July 2011, 104.

15 Erik Veldhoen. 저자와의 인터뷰, 2012년 7월 13일.

16 Richard Greenwald. 저자와의 인터뷰, 2013년 8월 9일.

17 "Employment Projections, 2010-2020," Bureau of Labor Statistics, February 1, 2012. 다음도 참고하라. Ursula Huws, "The Making of a Cybertariat? Virtual Work in a Real World," *Socialist Register*, 2001, 12-3.

18 Clive Morton, Andrew Newall, and John Sparkes, *Leading HR: Delivering Competitive Advantage* (London: CIPD Publishing, 2001), 22-3. 이 책의 저자들은 다음에 수록된 아민 라잔의 연구를 지칭하고 있다. Amin Rajan and P. van Eupen, *Tomorrow's People* (Kent, U.K.: CREATE, 1998).

19 Scott Chacon. 저자와의 인터뷰, 2013년 9월 24일.

20 Scott Chacon, Tim Clem, and Liz Clinkenbeard. 저자와의 인터뷰, 2013년 9월 24일.

21 Sadaf Khan. 저자와의 인터뷰, 2012년 6월 5일.

22 K. Santhosh. 저자와의 인터뷰, 2012년 6월 5일.

23 Paul Shankman, "Tim Freundlich: HUB, a New Kind of Workspace," *Lincoln Now*, February 28, 2013.

24 Greg Lindsay, "Coworking Spaces from Grind to GRid70 Help Employees Work Beyond the Cube," *Fast Company*, March 2013, http://www.fastcompany.com/3004915/coworking-nextspace.

25 Ibid.

26 Paul Siebert. 저자와의 인터뷰, 2013년 5월 5일.

도판 출처

11, 120, 138, 238, 241, 247쪽 Photofest

34, 40쪽 Early Office Museum

56쪽 Courtesy of the Carson Collection of the Rare Book Division of the Library of Congress

70쪽 Frederick Winslow Taylor Collection, Samuel C. Williams Library, Stevens Institute of Technology, Hoboken, New Jersey

77쪽 *Life*(1925)

89쪽 Smithsonian Institution

96쪽 Buffalo Historical Society

115쪽 General Research Division, The New York Public Library, Astor, Lenox and Tilden Foundations

123쪽 Museum of the History of New York

149쪽 New York Public Library

166쪽 Tamiment and Robert F. Wagner Library, New York University

186, 187, 189, 191, 199, 205쪽 Ezra Stoller, ESTO

233쪽 Sophia Smith Collection, Smith College

250, 281, 283, 286, 290, 414쪽 Courtesy of Herman Miller

275쪽 Courtesy of Vitra Design Museum

313쪽 *Time & Life* Pictures

383쪽 Photograph by Benny Chan, Fotoworks

397쪽 Photograph by Kim Zwart, Courtesy of Veldhoen+Company

409쪽 CJ Dawson Photography

411쪽 Courtesy of Steelcase

찾아보기

인명

ㄱ·ㄴ

ㄷ

건물 · 상호 · 기관명

책 · 영화 외 작품명

ㄱ · ㄴ · ㄷ

큐브,
칸막이 사무실의 은밀한 역사

초판 1쇄 인쇄 2015년 10월 30일
초판 1쇄 발행 2015년 11월 10일

지은이 | 니킬 서발
옮긴이 | 김승진

펴낸이 | 연준혁
편집인 | 정보배
편집 | 엄정원
디자인 | 간소

펴낸곳 | 이마 출판등록 | 2014년 12월 8일 제2014-000225호
주소 | (410-380) 경기도 고양시 일산동구 정발산로 43-20 센트럴프라자 6층
전화 | (031) 936-4000 팩스 | (031) 903-3895
홈페이지 | www.yima.co.kr 전자우편 | yima2015@naver.com
페이스북 | www.facebook.com/yima2015 트위터 | twitter.com/yima2015

값 18,000원
ISBN 979-11-954340-9-1 03300

이 도서의 국립중앙도서관 출판시도서목록(CIP)은 서지정보유통지원시스템 홈페이지(http://
seoji.nl.go.kr)와 국가자료공동목록시스템(http://www.nl.go.kr/kolisnet)에서 이용하실 수
있습니다.(CIP제어번호: CIP2015028112)